Cloud Native DevOps mit Kubernetes

John Arundel ist Berater und Autor mit über 30 Jahren Erfahrung in der Computerbranche. Er arbeitet weltweit mit Firmen zusammen und berät sie zu Kubernetes sowie Cloud- und Infrastruktur-Themen.

Justin Domingus ist DevOps-Engineer bei *CareZome.com*. Er hat sich auf Kubernetes und Cloud Computing spezialisiert.

John Arundel • Justin Domingus

Cloud Native DevOps mit Kubernetes

Bauen, Deployen und Skalieren moderner Anwendungen in der Cloud

dpunkt.verlag

John Arundel • Justin Domingus

Übersetzung: Thomas Demmig
Lektorat: Sandra Bollenbacher
Copy-Editing: Petra Heubach-Erdmann, Düsseldorf
Satz: Gerhard Alfes, mediaService, Siegen, *www.mediaservice.tv*
Herstellung: Stefanie Weidner
Umschlaggestaltung: Helmut Kraus, *www.exclam.de*
Druck und Bindung: mediaprint solutions GmbH, 33100 Paderborn

Bibliografische Information der Deutschen Nationalbibliothek
Die Deutsche Nationalbibliothek verzeichnet diese Publikation in der Deutschen Nationalbibliografie; detaillierte bibliografische Daten sind im Internet über *http://dnb.d-nb.de* abrufbar.

ISBN:
Print 978-3-86490-698-5
PDF 978-3-96088-828-4
ePub 978-3-96088-829-1
mobi 978-3-96088-830-7

1. Auflage 2019

Wieblinger Weg 17
69123 Heidelberg

Hinweis:
Dieses Buch wurde auf PEFC-zertifiziertem Papier aus nachhaltiger Waldwirtschaft gedruckt. Der Umwelt zuliebe verzichten wir zusätzlich auf die Einschweißfolie.

PEFC zertifiziert
Das Papier für dieses Buch stammt aus nachhaltig bewirtschafteten Wäldern und kontrollierten Quellen.
PEFC/04-31-0810 www.pefc.de

Schreiben Sie uns:
Falls Sie Anregungen, Wünsche und Kommentare haben, lassen Sie es uns wissen: hallo@dpunkt.de.

5 4 3 2 1 0

Cloud Native DevOps ist für die verteilten Systeme von heute ein unentbehrliches Handbuch. Es ist ausgesprochen klar, sehr informativ und behandelt alle Details, während es gut lesbar bleibt. Ich habe viel gelernt und definitiv ein paar Aufgaben für mich mitgenommen!

– Will Thames, Platform Engineer, Skedulo

Der umfassendste, maßgeblichste und praxisnächste Text über die Hege und Pflege von Kubernetes-Infrastruktur. Absolut unverzichtbar.

– Jeremy Yates, SRE Team, The Home Depot QuoteCenter

Ich wünschte, ich hätte dieses Buch schon gehabt, als ich anfing! Es ist Pflichtlektüre für alle, die in Kubernetes entwickeln und Anwendungen laufen lassen.

– Paul van der Linden, Lead Developer, vdL Software Consultancy

Dieses Buch hat mich wirklich begeistert. Für jemanden auf der Suche nach Informationen über Kubernetes ist es unbezahlbar und ich habe das Gefühl, mein Niveau dadurch angehoben zu haben.

– Adam McPartlan (@mcparty), Senior Systems Engineer, NYnet

Ich habe es wirklich genossen, dieses Buch zu lesen. Es ist sehr lehrreich, gleichzeitig aber auch deutlich in seinen Empfehlungen. Man findet darin viele tolle praktische Tipps. Genau die Art von Informationen, die jeder sucht, von denen er aber nicht weiß, wie er sie bekommen soll.

– Nigel Brown, Cloud Native Trainer und Kursautor

Inhaltsverzeichnis

Vorwort xix

Einleitung xxi

1 Revolution in der Cloud 1

1.1 Die Entstehung der Cloud 2
1.1.1 Zeit einkaufen 3
1.1.2 Infrastructure as a Service 3
1.2 Der Aufstieg von DevOps 3
1.2.1 Keiner versteht DevOps 5
1.2.2 Der Geschäftsvorteil 6
1.2.3 Infrastruktur als Code 6
1.2.4 Gemeinsames Lernen 7
1.3 Das Aufkommen von Containern 7
1.3.1 State of the Art 8
1.3.2 Innerhalb der Box denken 8
1.3.3 Software in Containern verpacken 9
1.3.4 Plug-and-Play-Anwendungen 10
1.4 Das Container-Orchester dirigieren 11
1.5 Kubernetes 12
1.5.1 Von Borg zu Kubernetes 12
1.5.2 Was macht Kubernetes so wertvoll? 13
1.5.3 Wird Kubernetes wieder verschwinden? 14
1.5.4 Kubernetes kann nicht alles 15
1.6 Cloud Native 16
1.7 Die Zukunft von Operations 19
1.7.1 Verteiltes DevOps 19
1.7.2 Manches wird zentralisiert bleiben 19
1.7.3 Developer Productivity Engineering 20
1.7.4 Sie sind die Zukunft 21
1.8 Zusammenfassung 21

2 Erste Schritte mit Kubernetes 23

2.1 Starten Sie Ihren ersten Container 23

2.1.1 Docker Desktop installieren 24
2.1.2 Was ist Docker? 24
2.1.3 Ein Container-Image starten 25

2.2 Die Demo-Anwendung 25

2.2.1 Den Quellcode anschauen 26
2.2.2 Go? 26
2.2.3 Wie die Demo-Anwendung funktioniert 27

2.3 Einen Container bauen 27

2.3.1 Dockerfiles verstehen 28
2.3.2 Minimale Container-Images 28
2.3.3 docker image build ausführen 29
2.3.4 Ihrem Image einen Namen geben 29
2.3.5 Port Forwarding 30

2.4 Container-Registries 30

2.4.1 Sich an der Registry authentifizieren 31
2.4.2 Ihr Image benennen und pushen 31
2.4.3 Ihr Image ausführen 31

2.5 Hallo Kubernetes 32

2.5.1 Die Demo-App starten 32
2.5.2 Wenn der Container nicht startet 33

2.6 Minikube 34

2.7 Zusammenfassung 34

3 Kubernetes-Installationen 35

3.1 Cluster-Architektur 36

3.1.1 Die Steuerungsebene 36
3.1.2 Komponenten auf den Knoten 37
3.1.3 Hochverfügbarkeit 38

3.2 Die Kosten eines selbst gehosteten Kubernetes 39

3.2.1 Es ist mehr, als Sie denken 40
3.2.2 Es geht nicht nur um das initiale Setup 41
3.2.3 Tools nehmen Ihnen nicht die ganze Arbeit ab 41
3.2.4 Kubernetes ist schwer 42
3.2.5 Administrativer Overhead 42
3.2.6 Beginnen Sie mit Managed Services 42

3.3 Managed Kubernetes Services 44

3.3.1 Google Kubernetes Engine (GKE) 44
3.3.2 Cluster Autoscaling 45

3.3.3 Amazon Elastic Container Service for Kubernetes (EKS) .. 45
3.3.4 Azure Kubernetes Service (AKS) 46
3.3.5 OpenShift 46
3.3.6 IBM Cloud Kubernetes Service 46
3.3.7 Heptio Kubernetes Subscription (HKS) 46

3.4 Turnkey-Kubernetes-Lösungen 47

3.4.1 Stackpoint 47
3.4.2 Containership Kubernetes Engine (CKE) 47

3.5 Kubernetes-Installer 48

3.5.1 kops 48
3.5.2 Kubespray 48
3.5.3 TK8 49
3.5.4 Kubernetes The Hard Way 49
3.5.5 kubeadm 49
3.5.6 Tarmak 50
3.5.7 Rancher Kubernetes Engine (RKE) 50
3.5.8 Puppet Kubernetes Module 50
3.5.9 Kubeformation 50

3.6 Kaufen oder bauen: Unsere Empfehlungen 51

3.6.1 Run Less Software 51
3.6.2 Nutzen Sie Managed Kubernetes, wenn Sie können 52
3.6.3 Aber was ist mit dem Vendor Lock-In? 52
3.6.4 Nutzen Sie Self-Hosting-Standard-Tools für Kubernetes, wenn Sie müssen 53
3.6.5 Wenn Ihre Auswahl begrenzt ist 53
3.6.6 Bare-Metal und On-Prem 54

3.7 Clusterless Container Services 54

3.7.1 Amazon Fargate 55
3.7.2 Azure Container Instances (ACI) 55

3.8 Zusammenfassung 56

4 Mit Kubernetes-Objekten arbeiten 59

4.1 Deployments 59

4.1.1 Supervising und Scheduling 60
4.1.2 Container neu starten 60
4.1.3 Deployments abfragen 61

4.2 Pods 62

4.3 ReplicaSets 62

4.4 Den gewünschten Status warten 63

4.5 Der Kubernetes-Scheduler 64

4.6 Ressourcen-Manifeste im YAML-Format 65

4.6.1 Ressourcen sind Daten 65
4.6.2 Deployment-Manifeste 66
4.6.3 kubectl apply verwenden 66
4.6.4 Service-Ressourcen 67
4.6.5 Das Cluster mit kubectl abfragen 69
4.6.6 Ressourcen noch leistungsfähiger machen 70

4.7 Helm: Ein Kubernetes-Paketmanager 71

4.7.1 Helm installieren 71
4.7.2 Einen Helm-Chart installieren 72
4.7.3 Charts, Repositories und Releases 73
4.7.4 Helm-Releases anzeigen 73

4.8 Zusammenfassung 74

5 Ressourcen managen 77

5.1 Ressourcen verstehen 77

5.1.1 Ressourcen-Einheiten 78
5.1.2 Ressourcen-Anforderungen 78
5.1.3 Ressourcen-Grenzen 79
5.1.4 Halten Sie Ihre Container klein 80

5.2 Den Lebenszyklus des Containers managen 81

5.2.1 Liveness-Probe 81
5.2.2 Verzögerung und Häufigkeit der Probe 82
5.2.3 Andere Arten von Proben 82
5.2.4 gRPC-Proben 83
5.2.5 Readiness-Proben 83
5.2.6 Dateibasierte Readiness-Proben 84
5.2.7 minReadySeconds 84
5.2.8 Pod Disruption Budgets 85

5.3 Namensräume verwenden 86

5.3.1 Mit Namensräumen arbeiten 87
5.3.2 Welchen Namensraum sollte ich verwenden? 87
5.3.3 Service-Adressen 88
5.3.4 Resource Quotas 89
5.3.5 Standards für Ressourcen-Anforderungen und -Grenzen .. 90

5.4 Die Kosten von Clustern optimieren 91

5.4.1 Deployments optimieren 91
5.4.2 Pods optimieren 92
5.4.3 Vertical Pod Autoscaler 93
5.4.4 Knoten optimieren 93
5.4.5 Storage optimieren 95
5.4.6 Ungenutzte Ressourcen aufräumen 96
5.4.7 Freie Kapazitäten prüfen 98

5.4.8 Reservierte Instanzen nutzen 98
5.4.9 Präemptive (Spot)-Instanzen verwenden 99
5.4.10 Sorgen Sie für eine ausgeglichene Verteilung Ihrer Workloads 101
5.5 Zusammenfassung 103

6 Cluster betreiben 105

6.1 Sizing und Skalieren des Clusters 105
6.1.1 Kapazitätsplanung 106
6.1.2 Knoten und Instanzen 109
6.1.3 Das Cluster skalieren 111
6.2 Konformitäts-Prüfungen 113
6.2.1 CNCF Certification 114
6.2.2 Konformitäts-Tests mit Sonobuoy 115
6.3 Validierung und Auditing 116
6.3.1 K8Guard 117
6.3.2 Copper 117
6.3.3 kube-bench 118
6.3.4 Kubernetes Audit Logging 118
6.4 Chaos Testing 118
6.4.1 Nur Produktion ist Produktion 119
6.4.2 chaoskube 120
6.4.3 kube-monkey 120
6.4.4 PowerfulSeal 121
6.5 Zusammenfassung 121

7 Power-Tools für Kubernetes 123

7.1 Die Arbeit mit kubectl 123
7.1.1 Shell-Aliasse 123
7.1.2 Kurze Flags verwenden 124
7.1.3 Ressourcen-Typen abkürzen 124
7.1.4 Autovervollständigen von kubectl-Befehlen 125
7.1.5 Hilfe erhalten 125
7.1.6 Hilfe zu Kubernetes-Ressourcen erhalten 126
7.1.7 Detaillertere Ausgaben nutzen 126
7.1.8 Mit JSON-Daten und jq arbeiten 127
7.1.9 Objekte beobachten 128
7.1.10 Objekte beschreiben 128
7.2 Mit Ressourcen arbeiten 128
7.2.1 Imperative kubectl-Befehle 128
7.2.2 Wann Sie keine imperativen Befehle verwenden sollten ... 129

7.2.3 Ressourcen-Manifeste generieren ... 130
7.2.4 Ressourcen exportieren ... 131
7.2.5 Ressourcen diffen ... 131
7.3 Mit Containern arbeiten ... 132
7.3.1 Die Logs eines Containers anzeigen ... 132
7.3.2 Sich mit einem Container verbinden ... 133
7.3.3 Kubernetes-Ressourcen mit kubespy beobachten ... 133
7.3.4 Einen Container-Port weiterleiten ... 134
7.3.5 Befehle in Containern ausführen ... 134
7.3.6 Container zur Fehlersuche ausführen ... 135
7.3.7 BusyBox-Befehle verwenden ... 136
7.3.8 BusyBox zu Ihren Containern hinzufügen ... 137
7.3.9 Programme auf einem Container installieren ... 138
7.3.10 Live Debugging mit kubesquash ... 138
7.4 Kontexte und Namensräume ... 139
7.4.1 kubectx und kubens ... 140
7.4.2 kube-ps1 ... 141
7.5 Shells und Tools für Kubernetes ... 142
7.5.1 kube-shell ... 142
7.5.2 Click ... 142
7.5.3 kubed-sh ... 143
7.5.4 Stern ... 143
7.6 Bauen Sie Ihre eigenen Kubernetes-Tools ... 144
7.7 Zusammenfassung ... 145

8 Container ausführen 147

8.1 Container und Pods ... 147
8.1.1 Was ist ein Container? ... 148
8.1.2 Was gehört in einen Container? ... 149
8.1.3 Was gehört in einen Pod? ... 150
8.2 Container-Manifeste ... 151
8.2.1 Image-Bezeichner ... 152
8.2.2 Das Tag »latest« ... 153
8.2.3 Container-Digests ... 153
8.2.4 Basis-Image-Tags ... 154
8.2.5 Ports ... 154
8.2.6 Ressourcen-Anforderungen und -Grenzen ... 154
8.2.7 Image-Pull-Richtlinie ... 155
8.2.8 Umgebungsvariablen ... 155
8.3 Sicherheit von Containern ... 156
8.3.1 Container als Nicht-Root-Benutzer ausführen ... 157
8.3.2 Root-Container blockieren ... 158

8.3.3 Ein Read-Only-Dateisystem nutzen ... 158
8.3.4 Privilege Escalation deaktivieren ... 159
8.3.5 Capabilities ... 159
8.3.6 Pod Security Contexts ... 161
8.3.7 Pod Security Policies ... 161
8.3.8 Pod Service-Accounts ... 162

8.4 Volumes ... 162

8.4.1 emptyDir-Volumes ... 163
8.4.2 Persistente Volumes ... 164

8.5 Neustart-Richtlinien ... 165

8.6 Image Pull Secrets ... 165

8.7 Zusammenfassung ... 166

9 Pods managen 167

9.1 Labels ... 167

9.1.1 Was sind Labels? ... 167
9.1.2 Selektoren ... 168
9.1.3 Komplexere Selektoren ... 169
9.1.4 Andere Einsatzzwecke für Labels ... 170
9.1.5 Labels und Anmerkungen ... 171

9.2 Node Affinities ... 171

9.2.1 Hard Affinities ... 172
9.2.2 Soft Affinities ... 173

9.3 Pod Affinities und Anti-Affinities ... 173

9.3.1 Pods zusammenhalten ... 174
9.3.2 Pods auseinanderhalten ... 175
9.3.3 Soft Anti-Affinities ... 175
9.3.4 Wann Sie Pod Affinities verwenden ... 176

9.4 Taints und Tolerations ... 176

9.5 Pod-Controller ... 178

9.5.1 DaemonSets ... 178
9.5.2 StatefulSets ... 180
9.5.3 Jobs ... 181
9.5.4 Cronjobs ... 182
9.5.5 Horizontal Pod Autoscaler ... 183
9.5.6 PodPresets ... 184
9.5.7 Operatoren und Custom Resource Definitions (CRDs) ... 186

9.6 Ingress-Ressourcen ... 187

9.6.1 Ingress-Regeln ... 187
9.6.2 TLS Termination mit Ingress ... 188
9.6.3 Ingress-Controller ... 189

9.7 Istio ... 190
9.8 Envoy ... 191
9.9 Zusammenfassung ... 192

10 Konfiguration und Secrets 195

10.1 ConfigMaps ... 195
10.1.1 ConfigMaps erstellen ... 196
10.1.2 Umgebungsvariablen aus ConfigMaps setzen ... 197
10.1.3 Die gesamte Umgebung aus einer ConfigMap erstellen ... 199
10.1.4 Umgebungsvariablen in Argumenten für Befehle einsetzen . 200
10.1.5 Konfigurationsdateien aus ConfigMaps erstellen ... 201
10.1.6 Pods bei einer Konfigurationsänderung aktualisieren ... 203
10.2 Kubernetes-Secrets ... 203
10.2.1 Secrets als Umgebungsvariablen verwenden ... 204
10.2.2 Secrets in Dateien schreiben ... 205
10.2.3 Secrets lesen ... 205
10.2.4 Zugriff auf Secrets ... 206
10.2.5 Encryption at Rest ... 207
10.2.6 Secrets behalten ... 207
10.3 Strategien zum Verwalten von Secrets ... 207
10.3.1 Secrets in der Versionsverwaltung verschlüsseln ... 208
10.3.2 Secrets remote ablegen ... 209
10.3.3 Ein dediziertes Secrets-Management-Tool einsetzen ... 209
10.3.4 Empfehlungen ... 210
10.4 Secrets mit Sops verschlüsseln ... 211
10.4.1 Einführung in Sops ... 211
10.4.2 Eine Datei mit Sops verschlüsseln ... 212
10.4.3 Ein KMS-Backend verwenden ... 214
10.5 Zusammenfassung ... 214

11 Sicherheit und Backups 217

11.1 Zugriffskontrolle und Berechtigungen ... 217
11.1.1 Den Zugriff vom Cluster abhängig machen ... 217
11.1.2 Role-Based Access Control (RBAC) ... 218
11.1.3 Rollen ... 219
11.1.4 Rollen mit Benutzern verbinden ... 220
11.1.5 Welche Rolle benötige ich? ... 220
11.1.6 Den Zugriff auf cluster-admin beschränken ... 221
11.1.7 Anwendungen und Deployment ... 221
11.1.8 Fehlersuche mit RBAC ... 222

11.2 Security Scanning 223
11.2.1 Clair 223
11.2.2 Aqua 223
11.2.3 Anchore Engine 224
11.3 Backups 224
11.3.1 Muss ich ein Backup von Kubernetes machen? 225
11.3.2 Backup von etcd 225
11.3.3 Backup des Ressourcen-Status 226
11.3.4 Backup des Cluster-Status 226
11.3.5 Große und kleine Katastrophen 226
11.3.6 Velero 227
11.4 Den Cluster-Status monitoren 230
11.4.1 kubectl 230
11.4.2 CPU- und Speicherauslastung 232
11.4.3 Konsole des Cloud-Providers 233
11.4.4 Kubernetes Dashboard 234
11.4.5 Weave Scope 235
11.4.6 kube-ops-view 235
11.4.7 node-problem-detector 236
11.5 Weitere Informationen 237
11.6 Zusammenfassung 237

12 Kubernetes-Anwendungen deployen 239

12.1 Manifeste mit Helm bauen 239
12.1.1 Was befindet sich in einem Helm-Chart? 240
12.1.2 Helm-Templates 241
12.1.3 Variablen interpolieren 242
12.1.4 Template-Werte mit Anführungszeichen versehen 243
12.1.5 Abhängigkeiten festlegen 243
12.2 Helm-Charts deployen 244
12.2.1 Variablen setzen 244
12.2.2 Werte in einem Helm-Release angeben 245
12.2.3 Eine Anwendung mit Helm aktualisieren 245
12.2.4 Zu früheren Versionen zurückrollen 246
12.2.5 Ein Helm-Chart-Repo erstellen 246
12.2.6 Helm-Chart-Secrets mit Sops managen 247
12.3 Mehrere Charts mit Helmfile managen 249
12.3.1 Was befindet sich in einem Helmfile? 249
12.3.2 Chart-Metadaten 250
12.3.3 Das Helmfile anwenden 251

12.4 Fortgeschrittene Tools zur Manifest-Verwaltung ... 252
12.4.1 ksonnet ... 252
12.4.2 Kapitan ... 253
12.4.3 kustomize ... 254
12.4.4 kompose ... 254
12.4.5 Ansible ... 255
12.4.6 kubeval ... 255
12.5 Zusammenfassung ... 256

13 Entwicklungs-Workflow 259
13.1 Entwicklungs-Tools ... 259
13.1.1 Skaffold ... 259
13.1.2 Draft ... 260
13.1.3 Telepresence ... 260
13.1.4 Knative ... 261
13.2 Deployment-Strategien ... 261
13.2.1 Rollierende Updates ... 262
13.2.2 Recreate ... 262
13.2.3 maxSurge und maxUnavailable ... 263
13.2.4 Blue/Green-Deployments ... 264
13.2.5 Rainbow-Deployments ... 265
13.2.6 Canary-Deployments ... 265
13.3 Migration mit Helm ... 265
13.3.1 Helm Hooks ... 266
13.3.2 Umgang mit fehlgeschlagenen Hooks ... 267
13.3.3 Andere Hooks ... 267
13.3.4 Hooks verketten ... 267
13.4 Zusammenfassung ... 268

14 Continuous Deployment in Kubernetes 271
14.1 Was ist Continuous Deployment? ... 271
14.2 Welches CD-Tool soll ich verwenden? ... 272
14.2.1 Jenkins ... 272
14.2.2 Drone ... 273
14.2.3 Google Cloud Build ... 273
14.2.4 Concourse ... 273
14.2.5 Spinnaker ... 273
14.2.6 GitLab CI ... 274
14.2.7 Codefresh ... 274
14.2.8 Azure Pipelines ... 274

14.3 CD-Komponenten ... 274
14.3.1 Docker Hub ... 274
14.3.2 Gitkube ... 275
14.3.3 Flux ... 275
14.3.4 Keel ... 275
14.4 Eine CD-Pipeline mit Cloud Build ... 275
14.4.1 Google Cloud und GKE einrichten ... 276
14.4.2 Das Demo-Repository forken ... 276
14.4.3 Erste Schritte in Cloud Build ... 276
14.4.4 Den Test-Container bauen ... 277
14.4.5 Die Tests ausführen ... 277
14.4.6 Den Anwendungs-Container bauen ... 278
14.4.7 Die Kubernetes-Manifeste überprüfen ... 278
14.4.8 Das Image veröffentlichen ... 279
14.4.9 Git-SHA-Tags ... 279
14.4.10 Den ersten Build-Trigger erstellen ... 279
14.4.11 Den Trigger testen ... 280
14.4.12 Von einer CD-Pipeline deployen ... 281
14.4.13 Einen Deploy-Trigger erstellen ... 283
14.4.14 Die Build-Pipeline optimieren ... 284
14.4.15 Die Beispiel-Pipeline anpassen ... 284
14.5 Zusammenfassung ... 285

15 Observability und Monitoring 287

15.1 Was ist Observability? ... 287
15.1.1 Was ist Monitoring? ... 287
15.1.2 Black-Box Monitoring ... 288
15.1.3 Was heißt »Up«? ... 289
15.1.4 Logging ... 291
15.1.5 Metriken ... 292
15.1.6 Tracing ... 294
15.1.7 Observability ... 295
15.2 Die Observability-Pipeline ... 296
15.3 Monitoring in Kubernetes ... 297
15.3.1 Externe Black-Box Checks ... 298
15.3.2 Interne Health-Checks ... 299
15.4 Zusammenfassung ... 301

16 Metriken in Kubernetes 303

16.1 Was sind Metriken wirklich? 303

16.1.1 Zeitreihen-Daten 304
16.1.2 Zähler und Maße 304
16.1.3 Was können uns Metriken sagen? 305

16.2 Die Wahl guter Metriken 305

16.2.1 Services: Das RED-Muster 306
16.2.2 Ressourcen: Das USE-Muster 307
16.2.3 Business-Metriken 308
16.2.4 Kubernetes-Metriken 309

16.3 Metriken analysieren 313

16.3.1 Was ist an einem einfachen Durchschnitt falsch? 313
16.3.2 Mittelwert, Median und Ausreißer 314
16.3.3 Perzentile 315
16.3.4 Perzentile auf Metrikdaten anwenden 315
16.3.5 Meist wollen wir das Schlimmste wissen 317
16.3.6 Mehr als Perzentile 317

16.4 Metriken in Dashboards visualisieren 318

16.4.1 Ein Standard-Layout für alle Services verwenden 318
16.4.2 Einen Information Radiator mit Master Dashboards bauen 319
16.4.3 Dashboards mit Fehlerursachen 321

16.5 Alarme durch Metriken 321

16.5.1 Was ist falsch an Alarmen? 322
16.5.2 Bereitschaftsdienst sollte nicht die Hölle sein 323
16.5.3 Dringende, wichtige und umsetzbare Alarme 324
16.5.4 Dokumentieren Sie Warnungen und Alarme außerhalb der Bürozeiten und in der Nacht 325

16.6 Tools und Services für Metriken 325

16.6.1 Prometheus 326
16.6.2 Google Stackdriver 328
16.6.3 AWS Cloudwatch 328
16.6.4 Azure Monitor 329
16.6.5 Datadog 329
16.6.6 New Relic 330

16.7 Zusammenfassung 331

17 Nachwort 333

17.1 Wohin als Nächstes? 333

17.2 Willkommen an Bord 334

Index 335

Vorwort

Willkommen zu »Cloud Native DevOps mit Kubernetes«.

Kubernetes ist eine echte Revolution für die Branche. Schon ein kurzer Blick auf die Interactive Landscape der Cloud Native Foundation *(https://landscape.cncf.io)* mit Daten über mehr als 600 aktuelle Projekte zeigt, wie wichtig Kubernetes heutzutage ist. Nicht alle diese Tools wurden für Kubernetes entwickelt, ja nicht einmal alle können mit Kubernetes genutzt werden, aber alle sind Teil des riesigen Ökosystems, in dem Kubernetes eines der Aushängeschilder ist.

Kubernetes hat die Art und Weise verändert, wie Anwendungen entwickelt und betrieben werden. Es ist eine zentrale Komponente der heutigen DevOps-Welt. Kubernetes verschafft Entwicklern Flexibilität und Operations-Freiheiten. Heutzutage können Sie Kubernetes mit jedem wichtigen Cloud-Provider nutzen, On-Premise auf eigenen Rechnern einsetzen *(Bare-Metal)*, aber auch lokal auf dem Entwicklerrechner verwenden. Stabilität, Flexibilität, eine mächtige API, Open Code und eine offene Entwickler-Community sind ein paar der Gründe, warum Kubernetes zum Branchenstandard wurde – so wie Linux ein Standard bei den Betriebssystemen ist.

»Cloud Native DevOps mit Kubernetes« ist ein großartiges Handbuch für Leute, die tagtäglich mit Kubernetes arbeiten, aber auch für die, die gerade erst ihre Reise mit Kubernetes begonnen haben. John Arundel und Justin Domingus behandeln alle wichtigen Aspekte des Deployens, Konfigurierens und Betreibens von Kubernetes und Best Practices für das Entwickeln und Ausführen von Anwendungen darauf. Zudem liefern sie einen Überblick über zugehörige Technologien, unter anderem Prometheus, Helm und Continuous Deployment. Dieses Buch ist Pflichtlektüre für jeden in der Welt von DevOps.

Kubernetes ist nicht einfach nur ein weiteres tolles Tool – es ist ein Branchenstandard und Grundlage für moderne Technologien wie Serverless-Tools (OpenFaaS, Knative) und Werkzeuge zum maschinellen Lernen (Kubeflow). Die gesamte IT-Branche verändert sich mit der Cloud-Native-Revolution und es ist ausgesprochen spannend, dabei zu sein.

– Ihor Dvoretskyi, Develover Advocate,
Cloud Native Computing Foundation, Dezember 2018

Einleitung

In der Welt von IT Operations sind die Prinzipien von DevOps gut verstanden und weitgehend umgesetzt, aber jetzt hat sich die Situation geändert. Eine neue Anwendungsplattform namens Kubernetes kommt bei immer mehr Firmen auf der ganzen Welt und in allen möglichen Branchen zum Einsatz. Mit mehr und mehr Anwendungen und Geschäftsszenarien, die von klassischen Servern in die Kubernetes-Umgebung wandern, fragen sich die Leute, wie man in dieser neuen Welt denn DevOps umsetzen soll.

Dieses Buch erklärt, was DevOps in einer Cloud-Native-Welt bedeutet, in der Kubernetes die Standard-Plattform ist. Es wird Ihnen dabei helfen, die besten Tools und Frameworks im Kubernetes-Ökosystem auszuwählen. Auch wird es einen stimmigen Weg für den Einsatz dieser Tools und Frameworks beschreiben und erprobte Lösungen bieten, die jetzt schon zum Einsatz kommen – in der produktiven Wirklichkeit.

Was werde ich lernen?

Sie werden lernen, was Kubernetes ist, woher es kommt und was es für die Zukunft der Software-Entwicklung und von Operations bedeutet. Sie werden erfahren, wie Container funktionieren, wie man sie baut und managt und wie man Cloud Native Services und Infrastruktur entwirft.

Sie werden verstehen, was das Bauen und Hosten eigener Kubernetes-Cluster im Vergleich zum Einsatz von Managed Services bedeutet. Sie werden die Möglichkeiten, Grenzen sowie Vor- und Nachteile beliebter Installations-Tools für Kubernetes wie kops, kubeadm und Kubespray kennenlernen. Sie werden einen Überblick über die großen gemanagten Kubernetes-Angebote von den wichtigsten Anbietern wie Amazon, Google oder Microsoft erhalten.

Im Buch finden Sie Erfahrungen aus der Praxis zum Schreiben und Deployen von Kubernetes-Anwendungen, das Konfigurieren und Betreiben von Kubernetes-Clustern und das Automatisieren der Cloud-Infrastruktur und der Deployments mit Tools wie Helm. Sie lernen etwas über die Unterstützung von Kubernetes in den Bereichen Sicherheit, Authentifizierung und Berechtigungen, einschließlich der Role-Based Access Control (RBAC) und über Best Practices zum Absichern von Containern und Kubernetes im Produktivumfeld.

Sie werden erfahren, wie Sie Continuous Integration und Deployment mit Kubernetes umsetzen, wie Sie Daten sichern und wiederherstellen, wie Sie Ihr Cluster auf Konformität und Zuverlässigkeit prüfen, wie Sie Metriken überwachen, verfolgen, protokollieren und aggregieren und wie Sie Ihre Kubernetes-Infrastruktur skalierbar, widerstandsfähig und kostengünstig betreiben.

All das machen wir anhand einer sehr einfachen Demo-Anwendung deutlich. Sie können unsere Beispiele mithilfe des Codes aus unserem Git-Repo nachvollziehen.

Für wen ist dieses Buch gedacht?

Dieses Buch richtet sich vor allem an Mitarbeiter aus IT Operations, die für Server, Anwendungen und Services verantwortlich sind, und an Entwickler, die entweder neue Cloud Native Services bauen oder bestehende Anwendungen auf Kubernetes und in die Cloud migrieren sollen. Wir erwarten kein vorhandenes Wissen über Kubernetes oder Container – keine Sorge, all das werden wir Ihnen vorstellen.

Aber auch erfahrene Kubernetes-Anwender sollten in diesem Buch fündig werden: Es behandelt auch fortgeschrittene Themen wie RBAC, Continuous Deployment, Secrets-Management und Observability. Unabhängig von Ihrem Wissen hoffen wir, dass Sie auf diesen Seiten etwas Nützliches finden werden.

Welche Fragen beantwortet dieses Buch?

Bei der Planung und Entstehung dieses Buches haben wir mit Hunderten von Leuten über Cloud Native und Kubernetes gesprochen – von Branchenführern und Experten bis hin zu kompletten Neulingen. Dies sind ein paar der Fragen, die sie gerne in solch einem Buch beantwortet haben wollten:

- »Ich will erfahren, warum ich meine Zeit für diese Technologie aufwenden sollte. Welche Probleme löst sie für mich und mein Team?«
- »Kubernetes scheint toll zu sein, hat aber eine ziemlich steile Lernkurve. Eine schnelle Demo ist leicht aufgesetzt, aber Operations und Fehlersuche schrecken mich ab. Wir hätten gerne ein paar vernünftige Ratschläge von Leuten, die Kubernetes-Cluster in der Realität betreiben, und wüssten gerne, welche Probleme sich dabei stellen.«
- »Gut begründete Empfehlungen wären nützlich. Das Ökosystem von Kubernetes enthält zu viele Möglichkeiten, aus denen sich neu damit befassende Teams wählen müssen. Welcher Weg ist der beste, wenn man etwas erreichen will? Wir entscheiden wir uns?«

Und die vielleicht wichtigste Frage von allen: »Wie nutze ich Kubernetes, ohne meine Firma zu gefährden?«

Wir haben diese Fragen – und viele andere – im Hinterkopf behalten, während wir das Buch schrieben, und wir haben uns Mühe gegeben, sie auch zu beantworten. Ist es uns gelungen? Finden Sie es auf den nächsten Seiten heraus.

Konventionen in diesem Buch

Die folgenden typografischen Konventionen werden in diesem Buch genutzt:

Kursiv

Für neue Begriffe, URLs, E-Mail-Adressen, Dateinamen und Dateierweiterungen.

`Nichtproportionalschrift`

Für Programmlistings, aber auch für Codefragmente in Absätzen, wie zum Beispiel Variablen- oder Funktionsnamen, Datenbanken, Datentypen, Umgebungsvariablen, Anweisungen und Schlüsselwörter.

`fette Nichtproportionalschrift`

Für Befehle und anderen Text, der genau so vom Benutzer eingegeben werden sollte.

`kursive Nichtproportionalschrift`

Für Text, der vom Benutzer durch eigene Werte ersetzt werden sollte.

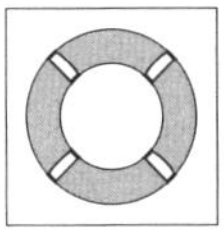

Tipp

Dieses Symbol steht für einen Tipp oder Vorschlag.

Hinweis

Dieses Symbol steht für einen allgemeinen Hinweis.

Warnung

Dieses Symbol steht für eine Warnung oder Vorsichtsmaßnahme.

Der Einsatz von Codebeispielen

Zusätzliches Material (Codebeispiele, Übungen und so weiter) finden Sie (auf Englisch) zum Herunterladen auf *https://github.com/cloudnativedevops/demo*.

Dieses Buch ist dazu da, Ihnen beim Erledigen Ihrer Arbeit zu helfen. Im Allgemeinen dürfen Sie die Codebeispiele aus diesem Buch in Ihren eigenen Programmen und der dazugehörigen Dokumentation verwenden. Sie müssen uns dazu nicht um Erlaubnis fragen, solange Sie nicht einen beträchtlichen Teil des Codes reproduzieren. Beispielsweise benötigen Sie keine Erlaubnis, um ein Programm zu schreiben, in dem mehrere Codefragmente aus diesem Buch vorkommen. Wollen Sie dagegen eine CD-ROM mit Beispielen aus Büchern von dpunkt verkaufen oder verteilen, benötigen Sie eine Erlaubnis. Eine Frage zu beantworten, indem Sie aus diesem Buch zitieren und ein Codebeispiel wiedergeben, benötigt keine Erlaubnis. Eine beträchtliche Menge Beispielcode aus diesem Buch in die Dokumentation Ihres Produkts aufzunehmen, bedarf hingegen einer Erlaubnis.

Wir freuen uns über Zitate, verlangen diese aber nicht. Ein Zitat enthält Titel, Autor, Verlag und ISBN. Beispiel: »Cloud Native DevOps mit Kubernetes von John Arundel und Justin Domingus (dpunkt.verlag). Copyright 2019 dpunkt.verlag GmbH, 978-3-86490-698-5.«

Wenn Sie glauben, dass Ihre Verwendung von Codebeispielen über die übliche Nutzung hinausgeht oder außerhalb der oben vorgestellten Nutzungsbedingungen liegt, kontaktieren Sie uns bitte unter *hallo@dpunkt.de*.

Wie Sie uns erreichen

Mit Anmerkungen, Fragen oder Verbesserungsvorschlägen zu diesem Buch können Sie sich jederzeit an den Verlag wenden:

hallo@dpunkt.de

Bitte beachten Sie, dass über unsere E-Mail-Adresse kein Software-Support angeboten wird.

Die englische Errata-Seite des Buches finden Sie unter:

http://bit.ly/cloud-nat-dev-ops

Danksagung

Unser ganzer Dank gilt den vielen Leuten, die frühe Versionen dieses Buches gelesen und uns wertvolles Feedback und gute Ratschläge gegeben haben oder uns auf andere Art und Weise behilflich waren. Dazu gehören (ohne Anspruch auf Vollständigkeit) Abby Bangser, Adam J. McPartlan, Adrienne Domingus, Alexis Richardson, Aron Trauring, Camilla Montonen, Gabriell Nascimento, Hannah Klemme, Hans Findel, Ian Crosby, Ian Shaw, Ihor Dvoretskyi, Ike Devolder, Jeremy Yates, Jérôme Petazzoni, Jessica Deen, John Harris, Jon Barber, Kitty Karate, Marco Lancini, Mark Ellens, Matt North, Michel Blanc, Mitchell Kent, Nicolas Steinmetz, Nigel Brown, Patrik Duditš, Paul van der Linden, Philippe Ensarguet, Pietro Mamberti, Richard Harper, Rick Highness, Sathyajith Bhat, Suresh Vishnoi, Thomas Liakos, Tim McGinnis, Toby Sullivan, Tom Hall, Vincent De Smet und Will Thames.

1 Revolution in der Cloud

Es gab nie einen Zeitpunkt, an dem die Welt angefangen hat, weil sie immer wie in einem Kreis herumgeht. Auf einem Kreis gibt es aber keinen Punkt, wo er beginnt.

– Alan Watts

Eine Revolution findet statt. Eigentlich sind es sogar drei Revolutionen zugleich.

Die erste Revolution ist das Entstehen der Cloud – und wir werden noch erläutern, um was es sich da handelt und warum das wichtig ist. Die zweite ist das Aufkommen von DevOps, zu dem Sie erfahren werden, was darin steckt und wie es Operations verändert. Die dritte Revolution ist der Einsatz von Containern. Zusammen schaffen diese drei Wellen eine neue Software-Welt: die *Cloud Native*-Welt. Und das Betriebssystem für diese Welt nennt sich Kubernetes.

In diesem Kapitel werden wir kurz auf die Geschichte und Bedeutung dieser Revolutionen eingehen und aufzeigen, wie die Veränderungen die Art und Weise beeinflussen, nach der wir Software deployen und betreiben. Wir werden zeigen, was *Cloud Native* bedeutet und welche Unterschiede Sie in dieser neuen Welt erwarten können, wenn Sie im Software Development, in Operations, Deployment, der Entwicklung, im Networking oder im Sicherheitsumfeld tätig sind.

Wir denken, dass die Zukunft des Computing dank der Auswirkungen dieser miteinander verbundenen Revolutionen in cloudbasierten, containerisierten, verteilten Systemen liegt, die dynamisch per Automatisierung verwaltet werden und auf der Kubernetes-Plattform (oder etwas sehr Ähnlichem) laufen. Die Kunst des Entwickelns und Ausführens dieser Anwendungen – *Cloud Native DevOps* wollen wir dann im weiteren Verlauf dieses Buches unter die Lupe nehmen.

Sind Sie mit diesem Hintergrund schon vertraut und wollen einfach mit Kubernetes loslegen, dürfen Sie gerne direkt zu Kapitel 2 springen. Wenn nicht, machen Sie es sich bequem, schnappen Sie sich eine Tasse Kaffee (oder was Sie gerne mögen) und dann legen wir los.

1.1 Die Entstehung der Cloud

In den Anfängen (okay, in den 1960ern) füllten Computer Rack um Rack in großen, abgelegenen, klimatisierten Rechenzentren. Die Anwender bekamen sie nie zu sehen und konnten auch gar nicht direkt mit ihnen interagieren. Stattdessen reichten die Entwickler ihre Jobs aus der Ferne an den Computer ein und warteten auf die Ergebnisse. Viele Hunderte oder Tausende von Anwendern nutzten alle die gleiche Rechen-Infrastruktur und jeder erhielt eine Rechnung für die genutzte Prozessorzeit oder die verwendeten Ressourcen.

Für einzelne Unternehmen oder Organisationen lohnte es sich nicht, ihre eigene Rechenhardware zu kaufen und zu warten, daher entstand ein Geschäftsmodell, bei dem die Anwender die Rechenleistung auf woanders untergebrachten Computern gemeinsam nutzten, die jemand anderem gehörten, der sich auch um sie kümmerte.

Wenn sich das so anhört, als ob das nicht aus dem letzten Jahrhundert stammt, sondern hochaktuell ist – stimmt, das ist kein Zufall. Das Wort *Revolution* bedeutet »kreisförmige Bewegung« und die Computer sind, in gewisser Hinsicht, wieder dort gelandet, wo es begann. Sie sind zwar im Laufe der Jahre viel leistungsfähiger geworden – die aktuelle Apple Watch entspricht in etwa drei der Mainframes, die Sie in Abbildung 1–1 sehen – aber ein Pay-per-Use-Zugriff auf gemeinsam genutzte Rechenressourcen ist eine sehr alte Idee. Jetzt nennen wir das *die Cloud* und die Revolution, die mit Timesharing-Mainframes begann, hat ihren Kreis geschlossen.

Abb. 1–1 *Frühes Cloud Computing: Das IBM System/360 Model 91 im Goddard Space Flight Center der NASA*

1.1.1 Zeit einkaufen

Die zentrale Idee der Cloud ist folgende: Statt einen *Rechner* zu kaufen, kaufen Sie *Rechenleistung*. Statt also große Mengen an Kapital in realen Maschinen zu versenken, die sich schlecht skalieren lassen, kaputtgehen und schnell obsolet werden, kaufen Sie einfach Zeit auf dem Rechner von jemand anderem und lassen ihn sich um das Skalieren, Warten und Aktualisieren kümmern. In den Tagen der »Bare-Metal«-Geräte – dem »Eisenzeitalter«, wenn Sie so wollen – handelte es sich bei Rechenleistung um Anlagekosten. Jetzt sind es Betriebsausgaben, was einen großen Unterschied ausmacht.

Bei der Cloud geht es aber nicht nur um woanders stehende, gemietete Rechenleistung. Es geht auch um verteilte Systeme. Sie kaufen vielleicht reine Rechenressourcen (wie eine Google-Compute-Instanz oder eine AWS-Lambda-Funktion) und nutzen sie, um Ihre eigene Software auszuführen, aber zunehmend mieten Sie auch *Cloud Services* – im Prinzip den Einsatz von Software von jemand anderem. Verwenden Sie zum Beispiel PagerDuty, um Ihre Systeme zu monitoren und Sie zu benachrichtigen, wenn etwas nicht läuft, setzen Sie einen Cloud Service ein (manchmal auch als *Software as a Service* oder *SaaS* bezeichnet).

1.1.2 Infrastructure as a Service

Nutzen Sie die Cloud-Infrastruktur, um Ihre eigenen Services laufen zu lassen, kaufen Sie *Infrastructure as a Service* (IaaS). Sie müssen kein Kapital binden, um sie zu kaufen, Sie müssen sie nicht aufbauen und auch nicht aktuell halten. Es ist einfach ein Rohstoff, so wie Strom oder Wasser. Cloud Computing ist eine Revolution in der Beziehung zwischen Unternehmen und ihrer IT-Infrastruktur.

Das Outsourcen der Hardware ist nur ein Teil der Geschichte – die Cloud ermöglicht es Ihnen zudem, die *Software* outzusourcen, die Sie nicht schreiben: Betriebssysteme, Datenbanken, Clustering, Replikation, Networking, Monitoring, Hochverfügbarkeit, Queue und Stream Processing und all die Unmengen an Software- und Konfigurations-Schichten, die die Lücke zwischen Ihrem Code und der CPU füllen. Managed Services können sich um so gut wie all das *undifferenzierte »Heavy Lifting«* für Sie kümmern (mehr zu den Vorteilen von Managed Services finden Sie in Kapitel 3).

Die Revolution in der Cloud hat auch eine Revolution bei den Leuten ausgelöst, die sie nutzen: die DevOps-Bewegung.

1.2 Der Aufstieg von DevOps

Vor DevOps handelte es sich beim Entwickeln und Betreiben von Software mehr oder weniger um zwei getrennte Jobs, die von zwei verschiedenen Gruppen durchgeführt wurden. *Entwickler* schrieben Software, die sie dann an die *Opera-*

tions-Kollegen gaben, die die Software in der *Produktivumgebung* ausführten und betreuten (also echte Anwender bedienten, statt nur unter Testbedingungen zu laufen). Wie Computer, die eine eigene Etage im Gebäude brauchten, hat diese Trennung ihre Wurzeln in der Mitte des letzten Jahrhunderts. Software-Entwicklung war eine Aufgabe für Spezialisten, genauso wie das Betreiben der Computer, und es gab zwischen beidem nur wenig Überschneidungen.

Die beiden Abteilungen hatten dabei ziemlich unterschiedliche Ziele und Anreize, die öfter mal miteinander in Konflikt gerieten (Abbildung 1–2). Entwickler konzentrieren sich gerne darauf, schnell neue Features zu liefern, während es Operations-Teams wichtiger ist, Services langfristig stabil und zuverlässig zu machen.

Abb. 1–2 *Getrennte Teams können zu miteinander in Konflikt stehenden Anreizen führen. (Foto von Dave Roth)*

Als die Cloud am Horizont erschien, wurde es anders. Verteilte Systeme sind komplex und das Internet ist sehr groß. Die Formalitäten beim Betreiben des Systems – Wiederherstellen nach Ausfällen, Umgang mit Timeouts, flüssiges Aktualisieren auf neuere Versionen – lassen sich nicht so einfach vom Design, der Architektur und Implementierung des Systems trennen.

Zudem ist »das System« nicht mehr länger nur Ihre Software: Es besteht aus In-House-Software, Cloud Services, Netzwerkressourcen, Load Balancern, Monitoring, Content Distribution Networks, Firewalls, DNS und so weiter. All diese Dinge sind eng miteinander verbunden und voneinander abhängig. Die Leute, die

die Software schreiben, müssen verstehen, wie sie mit dem Rest des Systems im Zusammenhang steht, und die Leute, die das System betreiben, müssen verstehen, wie die Software funktioniert – oder auch nicht funktioniert.

Die Ursprünge der DevOps-Bewegung liegen in den Versuchen, diese beiden Gruppen zusammenzubringen – um zusammenzuarbeiten, ein gemeinsames Verständnis zu schaffen, die Verantwortung für die Zuverlässigkeit des Systems und die Korrektheit der Software zusammenzutragen und die Skalierbarkeit sowohl der Software-Systeme als auch der Teams zu verbessern, die sie bauen.

1.2.1 Keiner versteht DevOps

DevOps wird gelegentlich als sehr umstrittene Sache angesehen, sowohl von Leuten, die darauf bestehen, dass es sich um nicht mehr als einen neuen Namen für bestehende gute Praktiken in der Software-Entwicklung handelt, wie auch von anderen, die keinen Bedarf für eine bessere Zusammenarbeit zwischen Entwicklung und Operations sehen.

Es gibt zudem ein weitverbreitetes Missverständnis darüber, was DevOps tatsächlich ist: Ein Job-Titel? Ein Team? Eine Methodik? Eine Reihe von Fähigkeiten? Der einflussreiche DevOps-Autor John Willis hat vier zentrale Säulen von DevOps herausgearbeitet, die er als Kultur, Automation, Messen und Teilen (Culture, Automation, Measurement and Sharing; CAMS) bezeichnet. Man kann es auch wie Brian Dawson als DevOps-Dreifaltigkeit bezeichnen: Menschen und Kultur, Prozess und Praktik sowie Tools und Technologie.

Mancher denkt, dass Cloud und Container zur Folge haben, dass wir kein DevOps mehr brauchen – eine Sichtweise, die manchmal als *NoOps* bezeichnet wird. Die Idee dahinter: Da das gesamte IT-Operations an einen Cloud-Provider oder eine andere Fremdfirma ausgelagert wurde, brauchen Firmen keine Vollzeit-Operations-Mitarbeiter mehr.

Der NoOps-Trugschluss basiert auf einer Fehleinschätzung dessen, was für Aufgaben DevOps tatsächlich beinhaltet:

> *Mit DevOps fällt ein großer Teil der klassischen Operations-Arbeit schon an, bevor der Code die Produktivumgebung erreicht. Zu jedem Release gehören Monitoring, Logging und A/B-Tests. CI/CD-Pipelines führen bei jedem Commit automatisch Unit-Tests, Security-Scans und Policy-Checks aus. Deployments sind automatisiert. Prüfroutinen, Aufgaben und nicht-funktionale Anforderungen werden nun vor dem Release implementiert und nicht erst während oder nach einem kritischen Ausfall.*
>
> *– Jordan Bach (AppDynamics, https://blog.appdynamics.com/engineering/is-noops-the-end-of-devops-think-again)*

Bei DevOps ist es am wichtigsten, sich darüber im Klaren zu sein, dass es sich vor allem um ein Thema rund um Organisation und Menschen handelt, nicht um eines rund um Technik. Dazu passt Jerry Weinbergs *Second Law of Consulting*:

> *Egal, wie es zu Beginn aussieht – es ist immer ein menschliches Problem.*
>
> *– Gerald M. Weinberg, Secrets of Consulting*

1.2.2 Der Geschäftsvorteil

Aus wirtschaftlicher Sicht wurde DevOps beschrieben als »Verbessern der Qualität Ihrer Software durch das Beschleunigen von Release-Zyklen mithilfe von Cloud-Automation und -Praktiken, ergänzt durch den zusätzlichen Vorteil von Software, die im Produktivumfeld auch tatsächlich stabil läuft« (The Register, *https://www.theregister.co.uk/2018/03/06/what_does_devops_do_to_decades_old_planning_processes_and_assumptions*).

Die Übernahme von DevOps fordert von Unternehmen einen grundlegenden kulturellen Wandel, der in der Führungs- und strategischen Ebene beginnen und sich Schritt für Schritt auf jeden Teil der Firma ausweiten muss. Geschwindigkeit, Agilität, Zusammenarbeit, Automatisierung und Software-Qualität sind die zentralen Ziele von DevOps und für viele Unternehmen bedeutet das eine deutliche Veränderung in der Denkweise.

Aber DevOps funktioniert und Studien zeigen regelmäßig, dass Firmen, die DevOps-Prinzipien übernehmen, bessere Software schneller herausbringen, besser und schneller auf Fehler und Probleme reagieren, agiler im Markt vorgehen und die Qualität ihrer Produkte massiv verbessern:

> *DevOps ist keine Modeerscheinung – stattdessen handelt es sich um den Weg, auf dem erfolgreiche Organisationen heutzutage das Bereitstellen qualitativ hochwertiger Software industrialisieren, und er wird die neue Grundlage für die Zukunft und die kommenden Jahre darstellen.*
>
> *– Brian Dawson (Cloudbees), Computer Business Review (https://www.cbronline.com/enterprise-it/applications/devops-fad-stay)*

1.2.3 Infrastruktur als Code

Früher kümmerten sich Entwickler um Software und die Operations-Teams um die Hardware und die Betriebssysteme, die darauf liefen.

Jetzt steht die Hardware in der Cloud und alles ist mehr oder weniger Software. Die DevOps-Bewegung bringt nun Softwareentwickler-Fähigkeiten nach Operations: Tools und Abläufe für das schnelle, agile, gemeinsame Bauen komplexer Systeme. Untrennbar mit DevOps verbunden ist dabei die Idee von *Infrastruktur als Code*.

Statt Computer und Switches physisch aufeinanderzustapeln und miteinander zu verkabeln, lässt sich Cloud-Infrastruktur automatisch durch Software provisionieren. Statt Hardware manuell zu deployen und zu aktualisieren, sind Operations-Techniker zu den Leuten geworden, die die Software zum Automatisieren der Cloud schreiben.

Dabei handelt es sich nicht um eine Einbahnstraße. Entwickler lernen von Operations-Teams, wie man Fehler und Probleme bei verteilten, cloudbasierten Systemen vorhersieht, ihre Folgen minimiert und wie man Software entwirft, die möglichst nur teilweise ausfällt und sicher zum Halten kommt.

1.2.4 Gemeinsames Lernen

Sowohl Entwicklungs- wie auch Operations-Teams lernen dabei, zusammenzuarbeiten. Sie lernen, wie man Systeme entwirft und baut, wie man im Produktivumfeld Systeme überwacht und Feedback bekommt und wie man mit diesen Informationen die Systeme verbessert. Noch wichtiger ist dabei, dass die Teams lernen, wie sie die User Experience verbessern und für das Business mehr Wert erzeugen, das sie bezahlt.

Die schiere Größe der Cloud und die kollaborative, Code-zentrierte Natur der DevOps-Bewegung haben Operations zu einem Software-Problem werden lassen. Gleichzeitig wurde Software zu einem Operations-Problem, was zusammen zu diesen Fragen führt:

- Wie deployen und aktualisieren Sie Software über große, gemischte Netzwerke hinweg mit unterschiedlichen Server-Architekturen und Betriebssystemen?
- Wie deployen Sie in verteilte Umgebungen auf zuverlässige und reproduzierbare Art und Weise mit größtenteils standardisierten Komponenten?

Hier betritt die dritte Revolution die Bühne: Container.

1.3 Das Aufkommen von Containern

Um eine Software zu deployen, brauchen Sie nicht nur sie selbst, sondern auch ihre *Abhängigkeiten (Dependencies)*. Das sind Bibliotheken, Interpreter, Unterpakete, Compiler, Extensions und so weiter.

Außerdem brauchen Sie die *Konfiguration* der Software: Einstellungen, Site-spezifische Details, Lizenzschlüssel, Datenbankpasswörter – alles, was die rohe Software in einen nützlichen Service verwandelt.

1.3.1 State of the Art

Frühere Versuche, dieses Problem zu lösen, griffen auf Systeme zum *Konfigurationsmanagement* zurück, wie zum Beispiel Puppet oder Ansible, die Code zum Installieren, Ausführen, Konfigurieren und Aktualisieren der auszuliefernden Software enthielten.

Alternativ bringen einige Sprachen ihre eigenen Paket-Mechanismen mit, wie zum Beispiel die JAR-Dateien von Java, die Eggs von Python oder die Gems bei Ruby. Aber das sind sprachspezifische Dinge und sie lösen das Abhängigkeitsproblem noch nicht ganz – immer noch ist zum Beispiel eine installierte Java Runtime notwendig, um eine JAR-Datei ausführen zu können.

Eine andere Lösung ist das *Omnibus Package*, das (wie der Name schon andeutet) versucht, alles für die Anwendung Notwendige in eine einzige Datei zu stecken. Ein Omnibus Package enthält die Software, ihre Konfiguration, die abhängigen Software-Komponenten, *deren* Konfiguration, *deren* Abhängigkeiten und so weiter. (So würde ein Java Omnibus Package zum Beispiel die Java Runtime und alle für die Anwendung nötigen JAR-Dateien enthalten.)

Manche Hersteller sind sogar noch einen Schritt weitergegangen und haben das gesamte Computersystem mit aufgenommen, das zum Ausführen erforderlich ist – in einem *Virtual Machine Image*, aber diese sind groß und unhandlich, kosten Zeit beim Bauen und Warten, lassen sich nur schwierig betreiben, langsam herunterladen und deployen und sind in Bezug auf Performance und Ressourcenverbrauch sehr ineffizient.

Aus Sicht von Operations müssen Sie nicht nur diese verschiedenen Arten von Paketen verwalten, sondern sich auch noch um eine ganze Armada von Servern kümmern, auf denen sie laufen.

Server müssen provisioniert werden, man muss sie korrekt ins Netz hängen, konfigurieren, mit Sicherheits-Patches aktuell halten, monitoren, managen und so weiter.

Das kostet alles deutlich Zeit, Skills und Aufwand – nur um eine Plattform bereitzustellen, auf der die Software laufen kann. Gibt es da keine bessere Möglichkeit?

1.3.2 Innerhalb der Box denken

Um diese Probleme zu lösen, hat sich die Tech-Branche eine Idee aus der Schifffahrt abgeschaut: die *Container*. In den 1950ern hat ein Truckfahrer namens Malcolm McLean vorgeschlagen *(https://hbswk.hbs.edu/item/the-truck-driver-who-reinvented-shipping)*, nicht mehr aufwendig Güter einzeln in den Häfen aus den LKW-Anhängern zu holen und auf die Schiffe zu verladen, sondern die LKWs selbst auf die Schiffe zu laden – oder eher die LKW-Rümpfe.

Ein LKW-Anhänger ist nicht viel mehr als eine große Metallbox auf Rädern. Wenn Sie die Box – den Container – von den Rädern und dem Chassis trennen können, auf denen er transportiert wurde, haben Sie etwas, das sich sehr leicht heben, verladen, stapeln und entladen lässt, und Sie können es direkt auf ein Schiff oder am anderen Ende der Reise auf einen anderen LKW verladen (Abbildung 1–3).

McLeans Container-Reederei Sea-Land wurde mit diesem System sehr erfolgreich, weil die Güter viel billiger transportiert werden konnten, und Container setzten sich schnell durch *(https://www.freightos.com/the-history-of-the-shipping-Container)*. Heutzutage werden jedes Jahr über einhundert Millionen Container verschifft, in denen sich Güter im Wert vieler Billionen Dollar befinden.

Abb. 1–3 *Standardisierte Container haben die Kosten für den Transport von Massengütern drastisch gesenkt. (Foto von Pixabay [https://www.pexels.com/@pixabay], lizensiert unter Creative Commons 2.0)*

1.3.3 Software in Containern verpacken

Der Software-Container verfolgt genau die gleiche Idee: ein standardisiertes Paket- und Distributionsformat, generisch und weitverbreitet, das eine deutlich verbesserte Nutzlast besitzt, geringere Kosten hat, gut skalierbar ist und sich leicht handhaben lässt. Das Container-Format enthält alles, was die Anwendung zur Ausführung benötigt, verpackt in einer *Image-Datei*, die von einer *Container Runtime* ausgeführt werden kann.

Wie unterscheidet sich das von einem Image einer virtuellen Maschine? Auch dort ist alles enthalten, was die Anwendung zu ihrer Ausführung benötigt – aber noch viel mehr. Ein klassisches VM-Image ist etwa 1 GiB groß.[1] Ein gut designtes Container-Image kann andererseits hundertmal kleiner sein.

Weil die virtuelle Maschine viele Programme, Bibliotheken und andere Dinge enthält, die die Anwendung niemals nutzen wird, ist viel von dem Platz verschwendet. Das Übermitteln von VM-Images über das Netz dauert viel länger als bei optimierten Containern.

Noch schlimmer ist, dass virtuelle Maschinen *virtuell* sind: Die genutzte reale CPU implementiert letztendlich eine *emulierte* CPU, auf der dann die virtuelle Maschine läuft. Die Virtualisierungs-Schicht hat einen dramatischen negativen Effekt auf die Performance *(https://www.stratoscale.com/blog/Containers/running-Containers-on-bare-metal)*: In Tests laufen virtualisierte Aufgaben ungefähr 30 % langsamer als in entsprechenden Containern.

Container laufen hingegen direkt auf der realen CPU ohne Virtualisierungs-Overhead, so wie die normalen Binaries.

Und weil Container nur die Dateien beinhalten, die sie benötigen, sind sie viel kleiner als VM-Images. Zudem nutzen sie eine clevere Technik von Dateisystem-*Layern*, die sich direkt ansprechen lassen und von mehreren Containern gemeinsam genutzt und wiederverwendet werden können.

Wenn Sie zum Beispiel zwei Container haben, die beide vom gleichen Debian-Linux-Basis-Image abgeleitet sind, muss das Basis-Image nur einmal heruntergeladen werden und jeder Container kann dann einfach darauf verweisen.

Die Container Runtime wird alle notwendigen Layer zusammenführen und nur die herunterladen, die noch nicht lokal gecacht sind. Das sorgt für einen sehr effizienten Einsatz des Plattenplatzes und der Netzwerk-Bandbreite.

1.3.4 Plug-and-Play-Anwendungen

Der Container ist nicht nur die Deployment-Einheit und die Verpackungs-Einheit: Sie ist auch die Einheit, die *wiederverwendet* wird (das gleiche Container-Image kann als Komponente für viele verschiedene Services genutzt werden), die *Skalierungs*-Einheit und die Einheit zur *Ressourcen-Anforderung* (ein Container kann überall dort laufen, wo ausreichend Ressourcen für seine spezifischen Anforderungen vorhanden sind).

1. Das *Gibibyte* (GiB) ist die Dateneinheit der International Electrotechnical Commission (IEC), definiert als 1024 *Mebibytes* (MiB). Wir werden IEC-Einheiten (GiB, MiB, KiB) in diesem Buch nutzen, um Unklarheiten zu vermeiden.

Entwickler müssen sich nicht mehr darum kümmern, dass verschiedene Versionen der Software auf unterschiedlichen Linux-Distributionen gegen unterschiedliche Bibliotheken und Sprachversionen und so weiter laufen. Der Container hängt nur noch vom Betriebssystem-Kernel ab (zum Beispiel Linux).

Stellen Sie Ihre Anwendung einfach in einem Container-Image zur Verfügung, dann wird sie auf jeder Plattform laufen, die das Standard-Container-Format unterstützt und einen kompatiblen Kernel besitzt.

Die Kubernetes-Entwickler Brendan Burns und David Oppenheimer haben es in ihrem Artikel »Design Patterns for Container-based Distribution Systems« *(https://www.usenix.org/node/196347)* wie folgt beschrieben:

> *Indem sie hermetisch abgeschlossen sind, ihre Abhängigkeiten bei sich haben und ein atomares Deployment-Signal bieten (»erfolgreich«/»fehlerhaft«), verbessern Container den bisherigen State of the Art des Deployens von Software im Datacenter oder in der Cloud. Aber Container haben das Potenzial, viel mehr als nur eine bessere Deployment-Möglichkeit zu sein – wir glauben, dass sie dafür bestimmt sind, das Äquivalent zu Objekten in objektorientierten Software-Systemen zu werden und damit die Entwicklung von Entwurfsmustern für verteilte Systeme zu ermöglichen.*

1.4 Das Container-Orchester dirigieren

Auch Operations-Teams stellen fest, dass ihre Arbeit durch Container deutlich einfacher wird. Statt einen stetig wachsenden Maschinenpark mit verschiedensten Typen, Architekturen und Betriebssystemen zu betreuen, müssen sie nur einen *Container-Orchestrierer* laufen lassen – eine Software, die dazu entworfen wurde, verschiedene Maschinen in einem *Cluster* zusammenzuführen: einer Art vereinheitlichtes Rechen-Substrat, das für den Anwender als ein sehr leistungsfähiger Computer erscheint, auf dem Container ausgeführt werden können.

Die Begriffe *Orchestrieren* und *Scheduling* werden häufig mehr oder weniger gleich genutzt. Streng genommen bedeutet *Orchestrieren* in diesem Kontext das Koordinieren und Sequenzieren verschiedener Aktivitäten, um ein gemeinsames Ziel zu erreichen (wie die Musiker in einem Orchester). *Scheduling* bedeutet, die verfügbaren Ressourcen zu verwalten und Workloads dorthin zuzuweisen, wo sie am effizientesten ausgeführt werden können. (Verwechseln Sie das nicht mit dem Scheduling im Sinne von *Scheduled Jobs*, die zu vorgegebenen Zeiten ausgeführt werden.)

Eine dritte wichtige Aktivität ist das *Cluster Management*: Dabei werden mehrere reale oder virtuelle Server in einer einheitlichen, zuverlässigen, fehlertoleranten und scheinbar nahtlosen Gruppe zusammengeführt.

Der Begriff des *Container-Orchestrierers* bezieht sich meist auf einen einzelnen Service, der sich um Scheduling, Orchestrieren und Cluster Management kümmert.

Das *Containerisieren* (der Einsatz von Containern als Standard-Methode beim Deployen und Ausführen von Software) hat viele offensichtliche Vorteile gebracht und ein De-facto-Standard-Container-Format ermöglichte eine Reihe von Skaleneffekten. Aber ein Problem stand der umfassenden Übernahme von Containern noch im Weg: das Fehlen eines Standard-Orchestrierungs-Systems für Container.

Solange viele verschiedene Tools für das Scheduling und Orchestrieren von Containern im Markt in Konkurrenz standen, hielten sich Unternehmen dabei zurück, auf eine bestimmte Technologie zu setzen. Aber das hat sich geändert.

1.5 Kubernetes

Google hat Container im großen Maßstab für produktive Workloads schon lange vor irgendjemand anderem eingesetzt. So gut wie alle Services bei Google laufen in Containern: Gmail, Google Search, Google Maps, Google App Engine und so weiter. Weil es damals kein passendes Container-Orchestrierungs-System gab, musste Google eben selbst eines erfinden.

1.5.1 Von Borg zu Kubernetes

Um das Problem zu lösen, sehr viele Services im globalen Maßstab auf Millionen von Servern laufen zu lassen, hat Google ein privates, internes Container-Orchestrierungs-System namens Borg entwickelt *(https://pdos.csail.mit.edu/6.824/papers/borg.pdf)*.

Borg ist im Prinzip ein zentralisiertes Management-System, das Container auf einem Server-Pool allokiert und schedult. Es ist zwar sehr leistungsfähig, aber eng mit Googles eigenen internen und proprietären Technologien verbunden, lässt sich nur schlecht erweitern und unmöglich der Öffentlichkeit zur Verfügung stellen.

2014 hat Google ein Open-Source-Projekt namens Kubernetes begründet (vom griechischen Wort κυβερνήτης, »Steuermann« oder »Pilot«, abgeleitet), in dem ein Container-Orchestrierer entwickelt werden sollte, der von jedem eingesetzt werden kann und in das die Erfahrungen aus Borg und seinem Nachfolger Omega einfließen *(https://storage.googleapis.com/pub-tools-public-publication-data/pdf/41684.pdf)*.

Kubernetes' Aufstieg war kometenhaft. Es gab zwar schon vor Kubernetes andere Container-Orchestrierungs-Systeme, aber bei diesen handelte es sich um kommerzielle Produkte, die mit einem Hersteller verbunden waren, was immer eine Hürde für ihre weitreichende Verbreitung darstellte. Mit der Einführung eines wirklich freien und Open-Source-basierten Container-Orchestrierers wurden sowohl Container als auch Kubernetes unglaublich schnell umfassend eingesetzt.

Ende 2017 waren die Orchestrierungs-Kriege beendet und Kubernetes ging als Sieger daraus hervor. Andere Systeme sind zwar immer noch im Einsatz, aber Firmen, die sich überlegen, ihre Infrastruktur in Container zu verlagern, müssen sich nur noch mit einer Plattform befassen: Kubernetes.

1.5.2 Was macht Kubernetes so wertvoll?

Kelsey Hightower, Entwickler bei Google, Mitautor von *Kubernetes – Eine kompakte Einführung* (dpunkt.verlag, *https://www.dpunkt.de/buecher/13165/9783864905421-kubernetes.html*) und Universal-Legende in der Kubernetes-Community, erklärt es so:

> *Kubernetes erledigt die Dinge so, wie es die besten Systemadministratoren machen würden: Automatisierung, Failover, zentralisiertes Logging, Monitoring. Was wir in der DevOps-Community gelernt haben, macht es zum Standardverhalten.*
>
> *– Kelsey Hightower*

Viele der klassischen Sysadmin-Aufgaben wie das Aktualisieren von Servern, das Installieren von Sicherheits-Patches, das Konfigurieren von Netzen und das Ausführen von Backups sind in der Cloud-nativen Welt weniger problematisch. Kubernetes kann all diese Dinge für Sie automatisieren, sodass sich Ihr Team darauf konzentrieren kann, seiner eigentlichen Arbeit nachzugehen.

Manche dieser Features, wie zum Beispiel Load Balancing und Autoscaling, sind schon im Kubernetes-Core enthalten. Andere kommen durch Add-Ons, Erweiterungen und Tools von dritter Seite dazu, die die Kubernetes-API verwenden. Das Kubernetes-Ökosystem ist groß und wächst fortlaufend.

Kubernetes erleichtert das Deployen

Ops-Mitarbeiter lieben Kubernetes dafür, aber es gibt auch für Entwickler signifikante Vorteile. Kubernetes reduziert Zeit und Aufwand zum Deployen deutlich. Zero-Downtime-Deployments sind nicht unüblich, weil Kubernetes standardmäßig rollierende Updates durchführt (es startet Container mit der neuen Version, wartet, bis sie wirklich zur Verfügung stehen, und fährt dann die alten herunter).

Kubernetes unterstützt auch das Implementieren von Continuous-Deployment-Praktiken, wie zum Beispiel *Canary-Deployments*: Dabei werden Updates immer nur auf einem Server gleichzeitig durchgeführt, um Probleme frühzeitig zu erkennen (siehe Abschnitt 13.2.6). Eine andere weitverbreitete Praktik sind *Blue/Green*-Deployments: Es wird parallel eine neue Version des Systems hochgefahren und der Traffic dorthin umgeleitet, wenn es wirklich läuft (siehe Abschnitt 13.2.4).

Anforderungsspitzen sorgen nicht mehr länger dafür, dass Ihr Service nicht verfügbar ist, weil Kubernetes Autoscaling unterstützt. Wenn zum Beispiel die CPU-Last durch einen Container einen bestimmten Wert erreicht, kann Kubernetes weitere Replicas des Containers hinzufügen, bis die Last wieder unter die Grenze fällt. Sinkt die Anforderung, fährt Kubernetes die Replicas wieder herunter und gibt Cluster-Kapazitäten für andere Workloads frei.

Weil Kubernetes Redundanz und Failover schon eingebaut hat, werden Ihre Anwendungen zuverlässiger und widerstandsfähiger sein. Manche Managed Services können sogar das Kubernetes-Cluster selbst abhängig von den Anforderungen hoch- und runterskalieren, sodass Sie niemals für ein größeres Cluster zahlen, als Sie gerade brauchen (siehe Abschnitt »Autoscaling« auf Seite 112).

Die Finanzabteilung wird Kubernetes ebenfalls lieben, weil es Infrastruktur-Kosten reduziert und die bestehenden Ressourcen besser nutzt. Klassische Server – selbst Cloud-Server – befinden sich den größten Teil der Zeit im Leerlauf. Unter normalen Umständen sind die Kapazitäten verschwendet, die zum Verarbeiten von Anforderungsspitzen notwendig sind.

Kubernetes verwendet diese verschwendete Kapazität, um darauf andere Workloads auszuführen, sodass Sie Ihre Maschinen deutlich besser ausnutzen können – und Sie bekommen noch kostenlos Scaling, Load Balancing und Failover dazu.

Während manche dieser Features, wie etwa Autoscaling, schon vor Kubernetes zur Verfügung standen, waren sie doch immer mit einem bestimmten Cloud-Provider oder Service verbunden. Kubernetes ist *Provider-agnostisch*: Haben Sie einmal die zu verwendenden Ressourcen definiert, können Sie sie auf jedem Kubernetes-Cluster ausführen – unabhängig vom zugrunde liegenden Cloud-Provider.

Das heißt nicht, dass Kubernetes Sie auf den kleinsten gemeinsamen Nenner beschränkt. Es bildet Ihre Ressourcen auf die passenden anbieterspezifischen Features ab. Zum Beispiel wird ein Kubernetes-Service mit Load Balancing auf der Google Cloud einen Google Cloud Load Balancer erstellen, auf Amazon aber einen AWS Load Balancer. Kubernetes abstrahiert die Cloud-spezifischen Details weg und ermöglicht es Ihnen so, sich auf das Verhalten Ihrer Anwendung zu fokussieren.

So wie Container eine portable Möglichkeit sind, Software zu definieren, bieten Kubernetes-Ressourcen eine portable Definition des Ausführens von Software.

1.5.3 Wird Kubernetes wieder verschwinden?

Es mag seltsam klingen, aber trotz der momentanen Begeisterung für Kubernetes werden wir in den kommenden Jahren vielleicht gar nicht mehr viel darüber sprechen. Viele Dinge, die einmal neu und revolutionär waren, sind mittlerweile so sehr Teil des Computer-Alltags, dass wir gar nicht mehr wirklich über sie nachdenken: Mikroprozessoren, die Maus, das Internet.

Kubernetes wird ebenfalls sehr wahrscheinlich aus unserem Sichtfeld verschwinden und einfach Teil der Infrastruktur werden. Es ist langweilig, aber auf gute Art und Weise: Haben Sie einmal gelernt, was Sie zum Deployen Ihrer Anwendung auf Kubernetes wissen müssen, sind Sie mehr oder weniger fertig.

Die Zukunft von Kubernetes liegt vermutlich im Bereich der Managed Services. Virtualisierung, die einmal eine neue und spannende Technologie war, ist mittlerweile einfach ein Werkzeug. Viele Leute mieten virtuelle Maschinen bei einem Cloud-Provider, statt ihre eigene Virtualisierungs-Plattform wie vSphere oder Hyper-V zu betreiben.

Genauso wird unserer Meinung nach Kubernetes so sehr zu einem normalen Bestandteil der Standard-Umgebung werden, dass Sie gar nicht mehr wissen werden, dass es da ist.

1.5.4 Kubernetes kann nicht alles

Wird die Infrastruktur der Zukunft vollständig auf Kubernetes basieren? Vermutlich nicht. Erstens, weil manche Dinge nicht gut zu Kubernetes passen (zum Beispiel Datenbanken):

> *Zum Orchestrieren von Software in Containern gehört das Hochfahren neuer, austauschbarer Instanzen, die sich nicht untereinander koordinieren müssen. Aber Datenbank-Replicas sind nicht austauschbar – sie haben alle einen eindeutigen Status und das Deployen einer Datenbank-Replica erfordert eine Koordination mit den anderen Knoten, um zum Beispiel sicherzustellen, dass Dinge wie Schema-Änderungen überall gleichzeitig durchgeführt werden.*
>
> *– Sean Loiselle (Cockroach Labs, https://www.cockroachlabs.com/blog/kubernetes-state-of-stateful-apps)*

Es ist durchaus möglich, zustandsbehaftete Workloads (wie Datenbanken) in Kubernetes mit einer für eine Produktivumgebung notwendigen Zuverlässigkeit laufen zu lassen, aber dafür ist so viel Zeit und Wissen nötig, dass dies für Ihre Firma nicht unbedingt sinnvoll ist (siehe Abschnitt 3.6.1). Stattdessen ist es im Allgemeinen kosteneffektiver, Managed Services zu verwenden.

Und zweitens ist Kubernetes für manche Dinge gar nicht notwendig, weil sie auf sogenannten *Serverless* Plattformen laufen können, besser bezeichnet als *Functions as a Service* oder *FaaS*-Plattformen.

Cloud-Funktionen und Funtainer

AWS Lambda ist zum Beispiel eine FaaS-Plattform, auf der Sie Code ausführen können, der in Go, Python, Java, Node.js, C# oder anderen Sprachen geschrieben ist, ohne Ihre Anwendung überhaupt kompilieren oder deployen zu müssen. Amazon erledigt all das für Sie.

Weil Sie für die Ausführungszeit in 100-ms-Schritten bezahlen müssen, ist das FaaS-Modell perfekt für Berechnungen, die nur laufen, wenn Sie sie benötigen, statt einen Cloud-Server zu bezahlen, der die ganze Zeit läuft – egal ob Sie Ihn brauchen oder nicht.

Diese *Cloud-Funktionen* sind in manchen Situationen praktischer als Container (auch wenn manche FaaS-Plattformen auch Container ausführen können). Aber am besten passen sie zu kurzen Standalone-Jobs (AWS Lambda beschränkt Funktionen zum Beispiel auf 15 Minuten Laufzeit und etwa 50 MiB bei deployten Dateien), insbesondere zu solchen, die mit bestehenden Cloud-Rechen-Services zusammenarbeiten, wie zum Beispiel Microsoft Cognitive Services oder die Google Cloud Vision API.

Warum bezeichnen wir dieses Modell nicht gerne als *Serverless*? Nun, weil es das nicht ist – der Server gehört nur jemand anderem. Entscheidend ist, dass Sie den Server nicht aufbauen und warten müssen, darum kümmert sich der Cloud-Provider.

Nicht jede Workload lässt sich irgendwie sinnvoll auf FaaS-Plattformen ausführen, aber es handelt sich trotzdem sehr wahrscheinlich um eine Schlüssel-Technologie für Cloud-Native-Anwendungen in der Zukunft.

Cloud-Funktionen sind auch nicht auf öffentliche FaaS-Plattformen wie Lambda oder Azure Functions beschränkt: Haben Sie schon ein Kubernetes-Cluster und wollen FaaS-Anwendungen darauf laufen lassen, ermöglichen das OpenFaaS *(https://www.openfaas.com)* und andere Open-Source-Projekte. Dieser Hybrid aus Funktionen und Containern wird manchmal als *Funtainer* bezeichnet – ein Name, der uns sehr gut gefällt.

Aktuell wird eine ausgefeiltere Plattform namens Knative zum Bereitstellen von Software für Kubernetes entwickelt, die sowohl Container wie auch Cloud-Funktionen berücksichtigt (siehe Abschnitt 13.1.4). Dies ist ein sehr vielversprechendes Projekt, das vielleicht dazu führt, dass die Grenzen zwischen Containern und Funktionen in Zukunft aufgeweicht werden oder ganz verschwinden.

1.6 Cloud Native

Der Begriff *Cloud Native* hat zunehmend Verbreitung gefunden, wenn man über moderne Anwendungen und Services spricht, die die Vorteile der Cloud, von Containern und Orchestrierung nutzen und oft auf Open-Source-Software basieren.

In der Tat wurde die Cloud Native Computing Foundation (CNCF, *https://www.cncf.io*) 2015 gegründet, um »eine Community rund um eine Gruppe hochwertiger Projekte zu fördern, die Container als Teil einer Microservices-Architektur orchestriert.«

Als Teil der Linux Foundation will die CNCF Entwickler und Endanwender mit Herstellern zusammenbringen, unter anderem mit den großen öffentlichen Cloud-Providern. Das bekannteste Projekt der CNCF ist Kubernetes selbst, aber die Foundation dient auch als Inkubator und Förderer anderer zentraler Komponenten des Cloud-Native-Ökosystems: Prometheus, Envoy, Helm, Fluentd, gRPC und viele weitere.

Was meinen wir jetzt genau mit *Cloud Native*? Wie viele solche Dinge hat es für unterschiedliche Leute auch eine unterschiedliche Bedeutung, aber vielleicht gibt es ja einen gemeinsamen Kern.

Cloud-Native-Anwendungen laufen in der Cloud – darüber gibt es keine Diskussionen. Aber einfach nur eine bestehende Anwendung zu nehmen und sie auf einer Recheninstanz in der Cloud laufen zu lassen, macht sie nicht Cloud Native. Genauso wenig geht es darum, sie in einem Container laufen zu lassen oder Cloud Services wie Azures Cosmos DB oder Googles Pub/Sub zu verwenden, auch wenn das durchaus wichtige Aspekte einer Cloud-Native-Anwendung sein können.

Schauen wir uns also ein paar der Eigenschaften von Cloud-Native-Systemen an, denen die meisten Leute zustimmen können:

- *Automatisierbar*
  Wenn Anwendungen nicht von Menschen, sondern von Maschinen deployt und verwaltet werden sollen, müssen sie verbreitete Standards, Formate und Schnittstellen erfüllen. Kubernetes bietet diese Standard-Schnittstellen auf eine Art und Weise an, dass Anwendungsentwickler sich gar nicht darum kümmern müssen.
- *Überall einsetzbar und flexibel*
  Weil sie von realen Ressourcen wie Festplatten oder spezifischem Wissen über den Rechenknoten entkoppelt sind, auf dem sie laufen werden, können Containerisierte Microservices leicht von einem Knoten auf einen anderen verschoben werden – oder sogar von einem Cluster in ein anderes.
- *Widerstandsfähig und skalierbar*
  Klassische Anwendungen tendieren dazu, einzelne Schwachstellen (Single Points of Failure) zu entwickeln: Die Anwendung läuft nicht mehr, wenn ihr Hauptprozess abstürzt, die zugrunde liegende Maschine einen Hardware-Defekt hat oder eine Netzwerk-Ressource überlastet ist. Cloud-Native-Anwendungen lassen sich durch Redundanz und Graceful Degradation hochverfügbar machen, weil sie schon inhärent verteilt sind.
- *Dynamisch*
  Ein Container-Orchestrierer wie Kubernetes kann Container so schedulen, dass sie die verfügbaren Ressourcen maximal ausnutzen. Er kann viele Kopien von ihnen laufen lassen, um eine hohe Verfügbarkeit zu erreichen, und rollierende Updates durchführen, um Services still und leise zu aktualisieren, ohne irgendwelchen Traffic zu verlieren.

- *Observability*
  Cloud-Native-Anwendungen lassen sich aufgrund ihrer Natur schlechter inspizieren und debuggen. Daher ist eine zentrale Anforderung verteilter Systeme ihre *Beobachtbarkeit (Observability)*: Monitoring, Logging, Tracing und Metriken helfen Entwicklern und Technikern dabei, zu verstehen, was ihre Systeme tun (und warum sie sich falsch verhalten).
- *Verteilt*
  Cloud Native ist ein Ansatz zum Bauen und Ausführen von Anwendungen, der sich die Vorteile der verteilten und dezentralisierten Natur der Cloud zunutze macht. Es geht nicht darum, wo Ihre Anwendung läuft, sondern wie sie funktioniert. Statt Ihren Code als einzelne Entität zu deployen (auch als *Monolith* bekannt), tendieren Cloud-Native-Anwendungen dazu, aus vielen miteinander kooperierenden, verteilten *Microservices* zusammengesetzt zu sein. Ein Microservice ist einfach ein in sich abgeschlossener Service, der eine Aufgabe erledigt. Bringen Sie genug Microservices zusammen, erhalten Sie eine Anwendung.

Es geht nicht nur um Microservices

Allerdings sind Microservices keine Patentlösung. Monolithen lassen sich leichter verstehen, weil sich alles an einem Platz befindet, und Sie können die Interaktionen der verschiedenen Teile besser verfolgen. Aber es ist schwer, Monolithen zu skalieren – sowohl in Bezug auf den Code selbst als auch auf die Entwickler, die sich darum kümmern. Wächst der Code, wachsen die Interaktionen zwischen den diversen Teilen exponentiell und das System als Ganzes wächst über die Grenzen dessen hinaus, was ein einzelner Mensch verstehen kann.

Eine gut designte Cloud-Native-Anwendung besteht aus Microservices, aber es ist nicht einfach, zu entscheiden, was diese Microservices sein sollen, wo die Grenzen sind und wie die verschiedenen Services miteinander interagieren. Ein gutes Design von Cloud-Native-Services trifft weise Entscheidungen beim Aufteilen der verschiedenen Elemente Ihrer Architektur. Aber auch eine gut designte Cloud-Native-Anwendung ist immer noch ein verteiltes System, wodurch es inhärent komplex ist, sich schlecht beobachten und durchdringen lässt und auf überraschende Art und Weise Fehler produzieren kann.

Während Cloud-Native-Systeme eher verteilt sind, kann man auch monolithische Anwendungen in der Cloud mit Containern laufen lassen und daraus Mehrwert für das Business schaffen. Das kann ein Schritt hin zum graduellen Migrieren von Teilen des Monolithen hin zu modernen Microservices sein, aber auch eine Übergangslösung, während das System für Cloud Native vollständig neu designt wird.

1.7 Die Zukunft von Operations

Operations, Infrastructure Engineering und Systemadministration sind hoch qualifizierte Jobs. Werden sie in einer Cloud-Native-Zukunft überflüssig sein? Unserer Meinung nach nicht.

Stattdessen werden diese Fähigkeiten nur noch wichtiger. Das Entwerfen und Verstehen verteilter Systeme ist schwer. Netzwerke und Container-Orchestrierer sind kompliziert. Jedes Team, das Cloud-Native-Anwendungen entwickelt, benötigt Operations-Wissen und -Fähigkeiten. Durch die Automatisierung können sich die Mitarbeiter von langweiligen, sich wiederholenden Aufgaben befreien und mit komplexeren, interessanteren und netteren Problemen befassen, die die Computer selbst noch nicht lösen können.

Das bedeutet nicht, dass alle Operations-Jobs sicher erhalten bleiben werden. Sysadmins konnten im Allgemeinen ohne Programmierkenntnisse auskommen (außer vielleicht für das Zusammenschreiben einfacher Shell-Skripte). In der Cloud reicht das nicht mehr.

In einer durch Software definierten Welt wird die Fähigkeit entscheidend, Software zu schreiben, zu verstehen und zu warten. Wenn Sie sich keine neuen Kenntnisse aneignen wollen oder können, werden Sie zurückbleiben – so wie es schon immer war.

1.7.1 Verteiltes DevOps

Statt in einem einzelnen Operations-Team konzentriert zu sein, das andere Teams bedient, wird die Ops-Expertise auf viele Teams verteilt werden.

Jedes Entwicklungs-Team wird mindestens einen Ops-Spezialisten benötigen, der für das Befinden des Systems oder die Services verantwortlich ist, die vom Team bereitgestellt werden. Das wird auch ein Entwickler sein, aber er ist dann der Experte für Networking, Kubernetes, Performance, Resilienz und die Tools und Systeme, die es anderen Entwicklern ermöglichen, ihren Code in die Cloud auszuliefern.

Dank der DevOps-Revolution wird es in den meisten Organisationen keinen Platz mehr für Entwickler geben, die kein Ops beherrschen, oder für Operations-Leute, die nicht programmieren können. Die Unterscheidung zwischen diesen beiden Disziplinen ist obsolet und wird sehr schnell verschwinden. Entwickeln und Betreuen von Software sind nur noch zwei Aspekte der gleichen Aufgabe.

1.7.2 Manches wird zentralisiert bleiben

Gibt es Grenzen für DevOps? Oder wird das klassische, zentrale IT- und Operations-Team ganz verschwinden und sich in eine Gruppe vagabundierender interner Berater auflösen, die bei Ops-Themen coachen, lehren und Fehler beheben?

Unserer Meinung nach nicht – oder zumindest nicht vollständig. Manche Dinge sind immer noch zentralisiert von Vorteil. Es ist zum Beispiel nicht sinnvoll, wenn jedes Anwendungs- oder Service-Team seinen eigenen Weg zum Erkennen und Kommunizieren von Produktions-Zwischenfällen hat, oder ein eigenes Ticketing-System oder Deployment-Tools nutzt. Es gibt keinen Grund, wenn jeder das Rad neu erfindet.

1.7.3 Developer Productivity Engineering

Wichtig ist, dass Self-Services ihre Grenzen haben. Das Ziel von DevOps ist, Entwicklungs-Teams zu beschleunigen, und nicht, sie mit unnötiger und redundanter Arbeit auszubremsen.

Ja, ein großer Teil der klassischen Operations-Arbeit kann und sollte an andere Teams übergeben werden, vor allem alles, was Code-Deployment und das Reagieren auf Code-bezogene Zwischenfälle betrifft. Aber damit das geschehen kann, muss es ein starkes zentrales Team geben, das das DevOps-Ökosystem aufbaut und unterstützt, in dem alle anderen Teams agieren.

Statt dieses Team *Operations* zu nennen, mögen wir den Namen *Developer Productivity Engineering (DPE)*. DPE-Teams tun das, was nötig ist, damit die Entwickler ihre Arbeit schneller und besser erledigen können: die Infrastruktur betreuen, Tools bauen, Probleme beheben.

Und während das Developer Productivity Engineering weiterhin ein Bereich für die Spezialisten bleibt, können die Techniker selbst vielleicht in die Organisation ausschwärmen, um diese Expertise dorthin zu bringen, wo sie gebraucht wird.

Der Lyft-Entwickler Matt Klein hat vorgeschlagen, dass ein reines DevOps-Modell für Start-ups und kleine Firmen sinnvoll ist, es aber bei wachsenden Unternehmen eine natürliche Tendenz gibt, Infrastruktur- und Zuverlässigkeits-Experten in einem zentralen Team zu versammeln. Aber er sagt auch, dass dieses Team selbst nicht unbegrenzt wachsen kann:

> *Wenn die Entwicklungs-Organisation etwa 75 Personen groß geworden ist, gibt es mit ziemlicher Sicherheit ein zentrales Infrastruktur-Team, das sich darum kümmert, allgemein genutzte Features zu bauen, die von den Produkt-Teams für das Bauen von Microservices benötigt werden. Aber irgendwann wird ein Punkt erreicht, an dem das zentrale Infrastruktur-Team nicht mehr länger gleichzeitig die für den Geschäftserfolg entscheidende Infrastruktur bauen und betreiben und den Support für die Produkt-Teams bei operativen Aufgaben leisten kann.*
>
> *– Matt Klein (https://medium.com/@mattklein123/the-human-scalability-of-devops-e36c37d3db6a)*

Jetzt kann nicht mehr jeder Entwickler ein Infrastruktur-Experte sein, und ein einziges Team aus Infrastruktur-Experten schafft es nicht mehr, eine stetig wachsende Zahl von Entwicklern zu unterstützen. Bei größeren Organisationen ist ein zentrales Infrastruktur-Team weiterhin notwendig, aber es kann auch sinnvoll sein, *Site Reliability Engineers (SREs)* in jedes Entwicklungs- oder Produkt-Team zu bringen. Sie stellen den Teams Expertise als Berater zur Verfügung und bilden eine Brücke zwischen der Produkt-Entwicklung und Infrastruktur-Operations.

1.7.4 Sie sind die Zukunft

Wenn Sie dieses Buch lesen, heißt das, Sie werden Teil dieser neuen Cloud-Native-Zukunft sein. In den restlichen Kapiteln werden wir all das Wissen und die Fähigkeiten behandeln, die Sie als Entwickler oder Operations-Techniker brauchen, der mit der Cloud-Infrastruktur, Containern und Kubernetes arbeitet.

Manche dieser Dinge werden Ihnen vertraut sein, andere neu, aber wir hoffen, dass Sie am Ende dieses Buches mehr Vertrauen darin haben, Fähigkeiten für Cloud Native aufzubauen und zu beherrschen. Ja, es gibt viel zu lernen, aber das ist machbar. Sie schaffen das schon!

Lesen Sie weiter.

1.8 Zusammenfassung

Wir haben Ihnen notgedrungen nur einen groben Überblick über die Cloud-Native-DevOps-Landschaft gegeben, aber wir hoffen, dass das ausreicht, um Ihnen deutlich zu machen, was für Probleme die Cloud, Container und Kubernetes lösen und wie sie sehr wahrscheinlich die IT-Branche verändern werden. Wenn Sie das schon wussten, danken wir für Ihre Geduld.

Eine kurze Zusammenfassung der vielen Punkte, bevor Sie im nächsten Kapitel Kubernetes selbst kennenlernen werden:

- Cloud Computing befreit Sie von den Ausgaben und dem Overhead beim Umgang mit Ihrer eigenen Hardware und ermöglicht es Ihnen, widerstandsfähige, flexible und skalierbare verteilte Systeme zu bauen.
- DevOps ist die Erkenntnis, dass moderne Software-Entwicklung nicht mit dem Ausliefern des Codes erledigt ist: Es geht darum, die Feedback-Schleife zu schließen zwischen denen, die den Code schreiben, und denen, die ihn nutzen.
- DevOps überträgt einen Code-zentrierten Ansatz und gute Software-Entwicklungs-Praktiken in die Welt der Infrastruktur und von Operations.
- Container erlauben es Ihnen, Software in kleinen, standardisierten, in sich abgeschlossenen Einheiten zu deployen und auszuführen. Das erleichtert und vergünstigt das Bauen großer, diverser verteilter Systeme durch das Verbinden Containerisierter Microservices.

- Orchestrierungs-Systeme kümmern sich um das Deployen Ihrer Container, das Scheduling, Skalieren, Networking und all die Dinge, die ein guter Systemadministrator erledigen würde – aber auf eine automatisierte und programmierbare Art und Weise.
- Kubernetes ist der De-facto-Standard bei Container-Orchestrierungs-Systemen und es lässt sich heute schon produktiv bei Ihnen einsetzen.
- *Cloud Native* ist ein nützlicher Begriff für cloudbasierte, Containerisierte, verteilte Systeme aus miteinander kooperierenden Microservices, die dynamisch von automatisierter Infrastruktur als Code verwaltet werden.
- Operations- und Infrastruktur-Fähigkeiten sind durch die Cloud-Native-Revolution bei Weitem noch nicht obsolet, sondern werden wichtiger denn je.
- Es ist immer noch sinnvoll, dass ein zentrales Team die Plattformen und Tools baut und betreut, die DevOps für all die anderen Teams ermöglicht.
- Verschwinden wird die scharfe Trennung zwischen Software-Entwicklern und Operations-Technikern. Jetzt ist alles Software und wir sind alle Techniker.

2 Erste Schritte mit Kubernetes

Um etwas wirklich Lohnendes zu tun, darf ich nicht zögern und an die Kälte und Gefahr denken, sondern ich muss mit Begeisterung hineinspringen und mich so gut ich kann hindurchwühlen.

– Og Mandino

Genug der Theorie, widmen wir uns der Arbeit mit Kubernetes und Containern. In diesem Kapitel werden Sie eine einfache Containerisierte Anwendung bauen und sie auf ein lokales Kubernetes-Cluster deployen, das auf Ihrem Rechner läuft. Mit diesem Prozess werden Sie einige sehr wichtige Cloud-native Technologien und Konzepte kennenlernen: Docker, Git, Go, Container-Registries und das Tool `kubectl`.

Tipp

Dieses Kapitel ist interaktiv! In diesem Buch werden wir Sie häufiger dazu auffordern, die Beispiele nachzuvollziehen, indem Sie Dinge auf Ihrem eigenen Computer installieren, Befehle eingeben und Container ausführen. Unserer Meinung nach lernen Sie so viel effektiver, als wenn Sie sich die Erklärungen einfach nur durchlesen.

2.1 Starten Sie Ihren ersten Container

Wie Sie in Kapitel 1 gesehen haben, ist der Container eines der Schlüsselkonzepte in der Cloud-Native-Entwicklung. Das zentrale Tool für das Bauen und Ausführen von Containern ist Docker. In diesem Abschnitt werden wir das Docker Desktop-Tool verwenden, um eine einfache Demo-Anwendung zu bauen, sie lokal auszuführen und das Image in eine Container-Registry zu übertragen.

Wenn Sie schon mit Containern vertraut sind, springen Sie gleich zu Abschnitt 2.5, wo es so richtig losgeht. Wollen Sie aber wissen, was Container sind und wie sie funktionieren – und ein bisschen Übung bekommen, bevor Sie mit Kubernetes selbst anfangen –, dann lesen Sie weiter.

2.1.1 Docker Desktop installieren

Docker Desktop ist eine vollständige Kubernetes-Entwicklungsumgebung für den Mac oder für Windows, die Sie auf Ihrem Laptop (oder Desktop-Rechner) nutzen können. Sie enthält ein Kubernetes-Cluster mit einem einzelnen Knoten, auf dem Sie Ihre Anwendungen testen können.

Installieren wir jetzt Docker Desktop und nutzen Sie es, um eine einfache Containerisierte Anwendung laufen zu lassen. Haben Sie Docker schon installiert, überspringen Sie diesen Abschnitt und gehen direkt zu Abschnitt 2.1.3.

Laden Sie eine Version der Docker Desktop Community Edition unter *https://hub.docker.com/search/?type=edition&offering=community* herunter, die für Ihren Computer passt, und dann folgen Sie den Anweisungen für Ihre Plattform, um Docker zu installieren und zu starten.

Hinweis

Docker Desktop gibt es aktuell nicht für Linux, daher müssen Linux-Anwender stattdessen die Docker Engine *(https://www.docker.com/products/docker-engine)* installieren, gefolgt von Minikube (siehe Abschnitt 2.6).

Haben Sie das erledigt, sollten Sie ein Terminal öffnen und die folgende Anweisung ausführen können:

```
docker version
Client:
 Version:      18.02.1-ce
 ...
```

Die Ausgabe wird von der von Ihnen genutzten Plattform abhängen, aber wenn Docker korrekt installiert ist und läuft, werden Sie einen ähnlichen Text erhalten. Auf Linux-Systemen müssen Sie eventuell stattdessen `sudo docker version` nutzen.

2.1.2 Was ist Docker?

Docker *(https://docs.docker.com)* besteht aus einer Reihe unterschiedlicher, aber zusammengehöriger Elemente: einem Container-Image-Format, einer *Container-Runtime*-Bibliothek, die die Container während ihrer Lebensspanne betreut, einem Befehlszeilen-Tool für das Packen und Ausführen von Containern und eine API für das Container-Management. Die Details sollen uns hier nicht interessieren, da Kubernetes Docker als eine (wenn auch wichtige) Komponente von vielen verwendet.

2.1.3 Ein Container-Image starten

Was genau ist ein Container-Image? Die technischen Details sind für unsere Zwecke unwichtig, aber Sie können sich ein Image wie eine ZIP-Datei vorstellen. Es handelt sich um eine einzelne Binärdatei mit einer eindeutigen ID, die alles enthält, was notwendig ist, um den Container zu starten.

Unabhängig davon, ob Sie den Container direkt mit Docker oder auf einem Kubernetes-Cluster ausführen, müssen Sie nur die ID oder URL eines Container-Images angeben und das System kümmert sich dann darum, den Container für Sie zu finden, herunterzuladen, auszupacken und zu starten.

Wir haben eine kleine Demo-Anwendung geschrieben, die wir in diesem Buch nutzen werden, um deutlich zu machen, worum es geht. Sie können die Anwendung mithilfe eines von uns schon vorbereiteten Container-Images herunterladen und ausführen. Geben Sie den folgenden Befehl ein:

```
docker container run -p 9999:8888 --name hello cloudnatived/demo:hello
```

Lassen Sie diesen Befehl laufen und rufen Sie in Ihrem Browser *http://localhost:9999* auf.

Sie sollten folgende nette Nachricht erhalten:

```
Hello, ??
```

Immer dann, wenn Sie diese URL aufrufen, wird unsere Demo-Anwendung dafür bereit sein und Sie begrüßen.

Haben Sie ausreichend Spaß gehabt, stoppen Sie den Container, indem Sie im Terminal *Strg+C* drücken.

2.2 Die Demo-Anwendung

Wie funktioniert das nun? Laden Sie den Quellcode für die Demo-Anwendung herunter, die in diesem Container läuft, und schauen Sie sich an.

Dafür müssen Sie Git installiert haben.[2] Wenn Sie nicht sicher sind, ob Git schon zur Verfügung steht, versuchen Sie einmal den folgenden Befehl:

```
git version
git version 2.17.0
```

Läuft Git bei Ihnen noch nicht, folgen Sie den Installations-Anweisungen unter *https://git-scm.com/download* für Ihre Plattform.

Nach der Installation von Git führen Sie diesen Befehl aus:

```
git clone https://github.com/cloudnativedevops/demo.git
Cloning into demo...
...
```

2. Wenn Sie mit Git nicht vertraut sind, lesen Sie das ausgezeichnete Buch *Pro Git* von Scott Chacon und Ben Straub (Apress, auch online verfügbar unter *https://git-scm.com/book/en/v2*).

2.2.1 Den Quellcode anschauen

Das Git-Repository enthält die Demo-Anwendung, die wir in diesem Buch nutzen werden. Um besser zu verstehen, was bei jedem Schritt passiert, finden Sie im Repo auch jede entsprechende Version der App in einem Unterverzeichnis. Das erste heißt einfach *hello*. Um den Quellcode anzuzeigen, geben Sie ein:

```
cd demo/hello
ls
Dockerfile  README.md
go.mod      main.go
```

Öffnen Sie die Datei *main.go* in Ihrem Lieblingseditor (wir empfehlen Visual Studio Code *[https://code.visualstudio.com]* mit seiner ausgezeichneten Unterstützung von Go, Docker und Kubernetes). Dies ist der Quellcode:

```
package main

import (
        "fmt"
        "log"
        "net/http"
)

func handler(w http.ResponseWriter, r *http.Request) {
        fmt.Fprintln(w, "Hello, ??")
}

func main() {
        http.HandleFunc("/", handler)
        log.Fatal(http.ListenAndServe(":8888", nil))
}
```

2.2.2 Go?

Unsere Demo-Anwendung ist in der Programmiersprache Go geschrieben.

Go ist eine moderne Programmiersprache (seit 2009 bei Google entwickelt), die sich Einfachheit, Sicherheit und Lesbarkeit auf ihre Fahnen geschrieben hat und dafür entworfen ist, im großen Maßstab konkurrierende Anwendungen zu bauen, insbesondere Netzwerk-Services. Außerdem macht es Spaß, darin zu programmieren.[3]

Kubernetes selbst ist in Go geschrieben – genauso wie Docker, Terraform und viele andere beliebte Open-Source-Projekte. Das macht Go zu einer guten Wahl für das Entwickeln von Cloud-Native-Anwendungen.

3. Wenn Sie schon ein ziemlich erfahrener Programmierer sind, Ihnen Go aber noch nicht vertraut ist, hilft *The Go Programming Language* von Alan Donovan und Brian Kernighan (Addison-Wesley, *https://www.gopl.io*) weiter.

2.2.3 Wie die Demo-Anwendung funktioniert

Wie Sie sehen, ist die Demo-Anwendung sehr einfach, obwohl sie einen HTTP-Server implementiert (Go bringt eine umfangreiche Standard-Bibliothek mit). Zentrales Element ist die Funktion `handler`:

```
func handler(w http.ResponseWriter, r *http.Request) {
        fmt.Fprintln(w, "Hello, ??")
}
```

Wie der Name schon andeutet, werden hiermit HTTP-Requests verarbeitet. Der Request wird als Argument an die Funktion übergeben (auch wenn sie aktuell noch nichts damit macht).

Ein HTTP-Server muss auch einen Weg haben, etwas zurück an den Client zu senden. Das Objekt `http.ResponseWriter` ermöglicht es unserer Funktion, dem Benutzer eine Nachricht für seinen Browser mitzugeben – hier einfach nur den String `Hello, ??`.

Das erste Beispielprogramm in einer Programmiersprache gibt klassischerweise immer `Hello, world` aus. Aber weil Go schon nativ Unicode unterstützt (den internationalen Standard für das Repräsentieren von Text), nutzen Beispiel-Go-Programme gerne `Hello, ??`, um das zu zeigen. Wenn Sie kein Chinesisch können, ist das schon in Ordnung – Go kann es!

Der Rest des Programms kümmert sich darum, die Funktion `handler` als Handler für HTTP-Requests zu registrieren und den HTTP-Server tatsächlich auch zu starten und an Port 8888 lauschen zu lassen.

Das ist die ganze Anwendung! Sie tut noch nicht viel, aber wir werden Schritt für Schritt weitere Dinge hinzufügen.

2.3 Einen Container bauen

Sie wissen, dass ein Container-Image eine einzelne Datei ist, die alles enthält, was der Container zu seiner Ausführung benötigt. Aber wie bauen Sie solch ein Image? Nun, dazu nutzen Sie den Befehl `docker image build`, der als Eingabedatei eine spezielle Textdatei erwartet, die als *Dockerfile* bezeichnet wird. Das Dockerfile legt genau fest, was in das Container-Image wandern soll.

Einer der Hauptvorteile von Containern ist ihre Fähigkeit, neue Images auf bestehende Images aufbauen zu lassen. So können Sie zum Beispiel ein Container-Image mit dem kompletten Betriebssystem Ubuntu nehmen, eine einzelne Datei ergänzen und so ein neues Image erhalten.

Im Allgemeinen enthält ein Dockerfile Anweisungen für das Ausgangs-Image (das sogenannte *Base-Image*), dann wird dieses irgendwie umgewandelt und das Ergebnis als neues Image abgespeichert.

2.3.1 Dockerfiles verstehen

Schauen wir uns das Dockerfile für unsere Demo-Anwendung an (Sie finden sie im Unterverzeichnis *hello* des App-Repos):

```
FROM golang:1.11-alpine AS build

WORKDIR /src/
COPY main.go go.* /src/
RUN CGO_ENABLED=0 go build -o /bin/demo

FROM scratch
COPY --from=build /bin/demo /bin/demo
ENTRYPOINT ["/bin/demo"]
```

Die genauen Details, wie das funktioniert, sind jetzt nicht so wichtig, aber es wird ein weitverbreiteter Build-Prozess für Go-Container namens *Multi-Stage Build* genutzt. Im ersten Schritt wird ein offizielles Container-Image `golang` genommen, in dem sich nur ein Betriebssystem (in diesem Fall Alpine Linux) zusammen mit der Go-Sprachumgebung befindet. Es führt den Befehl `go build` aus, um die weiter oben vorgestellte Datei *main.go* zu kompilieren.

Das Ergebnis dessen ist eine ausführbare Binärdatei namens *demo*. Im zweiten Schritt wird ein komplett leeres Container-Image genutzt (genannt *Scratch*-Image) und das *demo*-Binary dort hineinkopiert.

2.3.2 Minimale Container-Images

Warum der zweite Build Stage? Nun, die Go-Sprachumgebung und der Rest von Alpine Linux wird wirklich nur gebraucht, um das Programm zu *bauen*. Zum Ausführen ist nur das Binary *demo* erforderlich, daher erstellt das Dockerfile einen neuen Scratch-Container, um es dort hineinzukopieren. Das resultierende Image ist sehr klein (ungefähr 6 MiB) – und dieses Image kann dann in die Produktivumgebung deployt werden.

Ohne den zweiten Schritt hätten Sie ein Container-Image mit ungefähr 350 MiB, von denen 98 % unnötig sind und nie ausgeführt werden. Je kleiner das Container-Image ist, desto schneller kann es hoch- und runtergeladen werden und desto schneller wird es auch starten.

Minimale Container haben auch eine verringerte *Angriffsfläche* und sind so sicherer. Je weniger Programme es auf Ihrem Computer gibt, desto weniger mögliche Angriffspunkte sind vorhanden.

Weil Go eine kompilierende Sprache ist, die eigenständige Executables erzeugt, ist es ideal zum Schreiben von minimalen Containern. Zum Vergleich: Das offizielle Ruby-Container-Image ist 1,5 GiB groß – über 250 Mal größer als unser Go-Image, und das schon, bevor Sie Ihr Ruby-Programm hinzugefügt haben!

2.3.3 docker image build ausführen

Sie haben gesehen, dass das Dockerfile Anweisungen für das Tool `docker image build` enthält, um unseren Go-Quellcode in einen ausführbaren Container umzuwandeln. Nun, probieren wir es aus. Führen Sie im Verzeichnis *hello* den folgenden Befehl aus:

```
docker image build -r myhello .
Sending build context to Docker daemon  4.096kB
Step 1/7 : FROM golang:1.11-alpine AS build
...
Successfully built eeb7d1c2e2b7
Successfully tagged myhello:latest
```

Herzlichen Glückwunsch, Sie haben gerade Ihren ersten Container gebaut! Aus der Ausgabe sehen Sie, dass Docker jede der Aktionen im Dockerfile nacheinander für die neu gebauten Container ausführt, was zu einem Image führt, das Sie direkt einsetzen können.

2.3.4 Ihrem Image einen Namen geben

Wenn Sie ein Image bauen, erhält es standardmäßig nur eine hexadezimale ID, die Sie später als Referenz nutzen können (zum Beispiel, um es auszuführen). Diese IDs sind nicht sehr gut zu merken oder einzugeben, daher erlaubt Docker es Ihnen, dem Image einen für Menschen lesbaren Namen zu geben, indem Sie bei der Anweisung `docker image build` den Schalter `-t` mitgeben. Im vorigen Beispiel haben Sie das Image `myhello` genannt und damit sollten Sie das Image nun starten können.

Schauen wir, ob es funktioniert:

```
docker container run -p 9999:8888 myhello
```

Jetzt läuft bei Ihnen Ihre eigene Version der Demo-Anwendung und Sie können das kontrollieren, indem Sie die gleiche URL wie zuvor ansteuern *(http://localhost:9999)*.

Sie sollten die Ausgabe `Hello, ??` sehen. Wenn Sie das Image nicht mehr laufen lassen wollen, drücken Sie *Strg+C*, um den Befehl `docker container run` zu beenden.

Übung

Wenn Sie experimentierfreudig sind, passen Sie die Datei *main.go* in der Demo-Anwendung an und verändern den Gruß so, dass er »Hallo Welt« sagt (oder was auch immer Sie wollen). Bauen Sie den Container neu und führen Sie ihn aus, um zu prüfen, ob es funktioniert.

Herzlichen Glückwunsch, Sie sind nun ein Go-Programmierer! Aber hören Sie jetzt nicht auf – nehmen Sie an der interaktiven Tour of Go *(https://tour.golang.org/welcome/1)* teil, um mehr zu lernen.

2.3.5 Port Forwarding

Programme, die in einem Container laufen, sind von anderen Programmen isoliert, die auf derselben Maschine laufen. Das bedeutet, dass sie nicht direkt auf Ressourcen wie zum Beispiel Netzwerk-Ports zugreifen können.

Die Demo-Anwendung lauscht an Port 8888 auf Verbindungen, aber das ist der private Port 8888 des *Containers*, kein Port auf Ihrem Computer. Um sich mit dem Container-Port 8888 zu verbinden, brauchen Sie einen *Forward* von einem Port Ihres lokalen Rechners an diesen Port des Containers. Es könnte jeder Port sein – auch 8888 selbst –, aber wir werden stattdessen 9999 verwenden, um deutlich zu machen, welcher Ihr Port ist und welcher der des Containers.

Um Docker anzuweisen, einen Port weiterzuleiten, können Sie den Schalter `-p` verwenden, so wie wir es weiter oben in Abschnitt 2.1.3 getan haben:

```
docker container run -p HOST_PORT:CONTAINER_PORT ...
```

Läuft der Container, werden alle Requests an `HOST_PORT` auf dem lokalen Computer automatisch weitergeleitet an `CONTAINER_PORT` auf dem Container. So können Sie sich von Ihrem Browser aus mit der App verbinden.

2.4 Container-Registries

In Abschnitt 2.1.3 konnten Sie ein Image einfach dadurch ausführen, dass Sie seinen Namen angegeben haben – Docker hat es dann automatisch für Sie heruntergeladen.

Sie mögen sich zu Recht fragen, von wo es heruntergeladen wurde. Sie können Docker zwar problemlos nutzen, um nur lokale Images zu bauen und auszuführen, aber es ist viel nützlicher, wenn Sie Images in eine *Container-Registry* pushen und daraus pullen können. Die Registry erlaubt es Ihnen, Images zu speichern und über einen eindeutigen Namen wieder zu lesen (wie `cloudnatived/demo:hello`).

Die Standard-Registry für den Befehl `docker container run` ist Docker Hub, aber Sie können auch eine andere angeben oder eine eigene aufsetzen.

Bleiben wir aber fürs Erste bei Docker Hub. Während Sie jedes öffentliche Container-Image von Docker Hub herunterladen und einsetzen können, brauchen Sie zum Pushen eigener Images einen Account (eine *Docker ID*). Folgen Sie den Anweisungen auf *https://hub.docker.com*, um Ihre Docker ID zu erstellen.

2.4.1 Sich an der Registry authentifizieren

Haben Sie Ihre Docker ID erhalten, müssen Sie als Nächstes Ihren lokalen Docker-Daemon mit Docker Hub verbinden und dabei Ihre ID und Ihr Passwort verwenden:

```
docker login
Login with your Docker ID to push and pull images from Docker Hub. If you don't
have a Docker ID, head over to https://hub.docker.com to create one.
Username: YOUR_DOCKER_ID
Password: YOUR_DOCKER_PASSWORD
Login Succeeded
```

2.4.2 Ihr Image benennen und pushen

Um ein lokales Image in die Registry zu schieben, müssen Sie es im Format `YOUR_DOCKER_ID/myhello` benennen.

Dazu müssen Sie das Image nicht neu bauen, sondern Sie können folgenden Befehl nutzen:

```
docker image tag myhello YOUR_DOCKER_ID/myhello
```

Das ist notwendig, damit Docker weiß, in welchem Account es gespeichert werden soll, wenn Sie das Image in die Registry schieben.

Pushen Sie das Image jetzt mit diesem Befehl auf den Docker Hub:

```
docker image push YOUR_DOCKER_ID/myhello
The push refers to repository [docker.io/YOUR_DOCKER_ID/myhello]
b2c591f16c33: Pushed
latest: digest:
        sha256:
7ac57776e2df70d62d7285124fbff039c9152d1bdfb36c75b5933057cefe4fc7
size: 528
```

2.4.3 Ihr Image ausführen

Herzlichen Glückwunsch! Ihr Container-Image kann nun überall ausgeführt werden (zumindest überall dort, wo es Zugriff auf das Internet gibt), und zwar mit folgendem Befehl:

```
docker container run -p 9999:8888 YOUR_DOCKER_ID/myhello
```

2.5 Hallo Kubernetes

Nachdem Sie nun Ihr erstes Container-Image gebaut und gepusht haben, können Sie es mit dem Befehl `docker container run` ausführen, aber das ist nicht so interessant. Werden wir etwas wagemutiger und starten es in Kubernetes.

Es gibt viele Wege, ein Kubernetes-Cluster zu erhalten, und wir werden einige davon detaillierter in Kapitel 3 behandeln. Haben Sie schon Zugriff auf ein Kubernetes-Cluster, ist das großartig, und wenn Sie wollen, können Sie es für die restlichen Beispiele in diesem Kapitel einsetzen.

Wenn nicht, ist das kein Problem. Docker Desktop besitzt auch Kubernetes-Support. (Linux-Anwender schauen sich bitte Abschnitt 2.6 an.) Um ihn zu aktivieren, öffnen Sie die Docker Desktop Preferences, wählen den Kubernetes-Tab aus und markieren *Enable Kubernetes* (siehe Abbildung 2–1).

Abb. 2–1 *Kubernetes-Support in Docker Desktop aktivieren*

Es dauert ein paar Minuten, um Kubernetes zu installieren und zu starten. Aber dann können Sie die Demo-App ausführen!

2.5.1 Die Demo-App starten

Beginnen wir damit, das Demo-Image zu starten, das Sie gebaut haben. Öffnen Sie ein Terminal und geben Sie den Befehl `kubectl` mit den folgenden Argumenten ein:

```
kubectl run demo --image=YOUR_DOCKER_ID/myhello --port=9999 --labels app=demo
deployments.app "demo" created
```

Machen Sie sich um die Feinheiten dieses Befehls erst einmal keine Gedanken: Es ist mehr oder weniger das Äquivalent zu `docker container run`, das Sie weiter oben im Kapitel zum Ausführen des Demo-Images genutzt haben. Wenn Sie Ihr eigenes Image noch nicht gebaut haben, können Sie unseres verwenden:

```
--image=cloudnatived/demo:hello
```

Sie erinnern sich daran, dass Sie Port 9999 auf Ihrem lokalen Rechner weiterleiten mussten an Port 8888 des Containers, um ihn mit Ihrem Webbrowser in Verbindung zu bringen. Sie werden hier das Gleiche tun müssen, wozu Sie `kubectl port-forward` verwenden:

```
kubectl port-forward deploy/demo 9999:8888
Forwarding from 127.0.0.1:9999 -> 8888
Forwarding from [::1]:9999 -> 8888
```

Lassen Sie diesen Befehl laufen und öffnen Sie ein neues Terminal für die nächsten Schritte.

Verbinden Sie Ihren Browser mit *http://localhost:9999*, um die Nachricht `Hello, ??` angezeigt zu bekommen.

Es kann ein paar Sekunden dauern, bis der Container gestartet und die Anwendung verfügbar ist. Wenn sie nach mehr als einer halben Minute immer noch nicht da ist, versuchen Sie einmal diesen Befehl:

```
kubectl get pods --selector app=demo
NAME                    READY     STATUS    RESTARTS   AGE
demo-54df94b7b7-qgtc6   1/1       Running   0          9m
```

Läuft der Container und verbinden Sie sich mit dem Browser, werden Sie im Terminal diese Ausgabe erhalten:

```
Handling connection for 9999
```

2.5.2 Wenn der Container nicht startet

Wenn der `STATUS` nicht als `Running` angezeigt wird, gibt es vielleicht ein Problem. Wenn er zum Beispiel `ErrImagePull` oder `ImagePullBackoff` lautet, konnte Kubernetes das angegebene Image nicht finden und herunterladen. Vielleicht haben Sie einen Tippfehler beim Image-Namen gemacht – schauen Sie sich den `kubectl run`-Befehl nochmals genauer an.

Ist der Status `ContainerCreating`, ist alles gut – Kubernetes ist noch dabei, das Image herunterzuladen und zu starten. Warten Sie einfach ein paar Sekunden und probieren Sie es erneut.

2.6 Minikube

Wenn Sie den Kubernetes-Support in Docker Desktop nicht nutzen wollen oder können, gibt es eine Alternative: das geliebte Minikube. Wie Docker Desktop stellt Minikube ein Kubernetes-Cluster mit einem Knoten bereit, der auf Ihrem eigenen Rechner läuft (eigentlich in einer virtuellen Maschine, aber das ist hier nicht weiter wichtig).

Um Minikube zu installieren, folgen Sie den Installations-Anweisungen unter *https://kubernetes.io/docs/tasks/tools/install-minikube*.

2.7 Zusammenfassung

Wenn Sie wie wir schnell ungeduldig werden, weil jemand langatmig erklärt, warum Kubernetes so großartig ist, hoffen wir, dass Sie es genossen haben, in diesem Kapitel mit ein paar praktischen Aufgaben versorgt worden zu sein. Sind Sie schon erfahrener Docker- oder Kubernetes-Anwender, entschuldigen Sie hoffentlich den Auffrischungskurs. Wir wollen sicherstellen, dass jeder zumindest grundlegend verstanden hat, wie Container gebaut und ausgeführt werden, und dass Sie auf jeden Fall eine Kubernetes-Umgebung haben, mit der Sie spielen und experimentieren können, bevor wir uns den komplizierteren Sachen zuwenden.

Das sind die Dinge, die Sie aus diesem Kapitel mitnehmen sollten:

- Alle Quellcode-Beispiele (und vieles mehr) finden Sie im Demo-Repository zum Buch unter *https://github.com/cloudnativedevops/demo*.
- Das Docker-Tool ermöglicht es Ihnen, Container lokal zu bauen, sie in eine Container-Registry wie Docker Hub zu pushen oder von dort zu pullen und Container-Images lokal auf Ihrem Rechner laufen zu lassen.
- Ein Container-Image ist durch ein Dockerfile vollständig spezifiziert. Dabei handelt es sich um eine Textdatei mit Anweisungen für den Bau des Containers.
- Mit Docker Desktop können Sie ein kleines Kubernetes-Cluster (aus einem Knoten) auf Ihrer Maschine aufsetzen, die trotz der Größe beliebige Containerisierte Anwendungen laufen lassen kann. Minikube ist eine weitere Möglichkeit.

3 Kubernetes-Installationen

Ratlosigkeit ist der Anfang vom Wissen.

– Khalil Gibran

Kubernetes ist das Betriebssystem der Cloud-nativen Welt. Es stellt eine zuverlässige und skalierbare Plattform für das Ausführen Containerisierter Workloads bereit. Aber wie sollten Sie Kubernetes betreiben? Selbst hosten? Auf Cloud-Instanzen? Auf Bare-Metal-Servern? Oder sollten Sie einen Managed Kubernetes Service nutzen? Oder eine Managed Plattform, die auf Kubernetes basiert, aber durch Workflow-Tools, Dashboards und Webschnittstellen erweitert ist? Das sind viele Fragen für ein Kapitel, aber wir wollen versuchen, sie zu beantworten.

Wir möchten darauf hinweisen, dass wir uns hier nicht so sehr mit den technischen Details des Betreibens von Kubernetes befassen wollen wie das Bauen und Tunen von Clustern und die Fehlersuche darin. Dafür gibt es viele ausgezeichnete Ressourcen, von denen wir insbesondere das Buch *Managing Kubernetes: Operating Kubernetes Clusters in the Real World* von Kubernetes-Mitbegründer Brendan Burns empfehlen (O'Reilly, *http://shop.oreilly.com/product/0636920146667.do*).

Stattdessen wollen wir unser Augenmerk darauf legen, dass Sie die grundlegende Architektur eines Clusters verstehen und Informationen erhalten, mit deren Hilfe Sie entscheiden können, wie Sie Kubernetes betreiben. Wir werden die Vor- und Nachteile von Managed Services aufzählen und uns ein paar bekannte Anbieter anschauen.

Wollen Sie Ihr eigenes Kubernetes-Cluster betreiben, geben wir ein paar der besten Installations-Tools an, die Ihnen dabei helfen, Clusters einzurichten und zu verwalten.

3.1 Cluster-Architektur

Sie wissen, dass Kubernetes mehrere Server in einem *Cluster* zusammenführt, aber was ist ein Cluster und wie funktioniert es? Die technischen Details sind im Rahmen dieses Buches nicht wichtig, aber Sie sollten die grundlegenden Komponenten von Kubernetes und ihr Zusammenspiel kennen, um zu verstehen, welche Optionen Sie haben, wenn es darum geht, ein Kubernetes-Cluster zu bauen oder zu kaufen.

3.1.1 Die Steuerungsebene

Das Gehirn eines Clusters wird als *Steuerungsebene (Control Plane)* bezeichnet und sie führt alle Aufgaben aus, die notwendig sind, damit Kubernetes seinen Job machen kann: Container schedulen, Services managen, API-Requests bedienen und so weiter (siehe Abbildung 3–1).

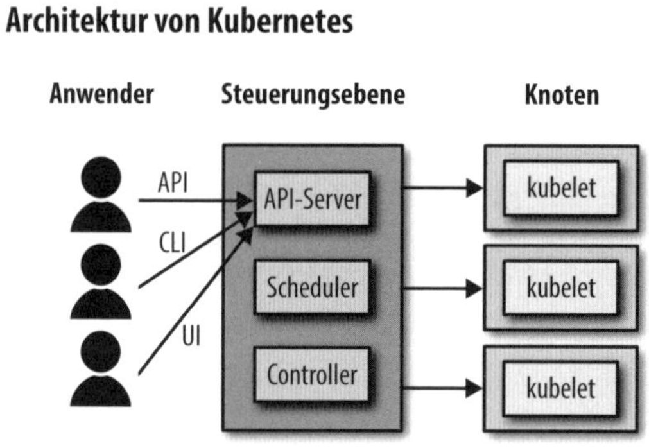

Abb. 3–1 *Wie ein Kubernetes-Cluster arbeitet*

Die Steuerungsebene besteht in Wirklichkeit aus einer Reihe von Komponenten:

`kube-apiserver`
Dies ist der Frontend-Server für die Steuerungsebene, der sich um die API-Requests kümmert.

- `etcd`
  Dies ist die Datenbank, in der Kubernetes all seine Informationen speichert: welche Knoten existieren, welche Ressourcen im Cluster vorhanden sind und so weiter.
- `kube-scheduler`
  Hier wird entschieden, wo neu erzeugte Pods ausgeführt werden sollen.
- `kube-controller-manager`
  Diese Komponente ist für das Ausführen von Ressourcen-Controllern wie zum Beispiel Deployments verantwortlich.

- `cloud-controller-manager`
  Dies interagiert mit dem Cloud-Provider (in cloudbasierten Clustern) und kümmert sich um Ressourcen wie Load Balancer und Disk Volumes.

Die Mitglieder des Clusters, die die Steuerungsebenen-Komponenten ausführen, werden als *Master Nodes* bezeichnet.

3.1.2 Komponenten auf den Knoten

Mitglieder des Clusters, die Workloads von Anwendern ausführen, werden als *Worker Nodes* bezeichnet (siehe Abbildung 3–2). Jeder Worker Node in einem Kubernetes-Cluster führt diese Komponenten aus:

- `kubelet`
  Diese ist verantwortlich dafür, dass die Container-Runtime Workloads startet, die für diesen Knoten geschedult wurden, und für das Überwachen ihres Status.
- `kube-proxy`
  Hier findet die Netzwerk-Magie statt, die Requests zwischen Pods auf verschiedenen Knoten und zwischen Pods und dem Internet routet.
- *Container-Runtime*
  Diese startet und stoppt letztendlich die Container und kümmert sich um ihre Kommunikation. Normalerweise ist das Docker, aber Kubernetes unterstützt auch andere Runtimes wie zum Beispiel `rkt` und CRI-O.

Abgesehen davon, dass unterschiedliche Software-Komponenten ausgeführt werden, gibt es keinen wesentlichen Unterschied zwischen Master Nodes und Worker Nodes. Master Nodes führen im Allgemeinen keine Workloads von Anwendern aus, außer in sehr kleinen Clustern (wie Docker Desktop oder Minikube).

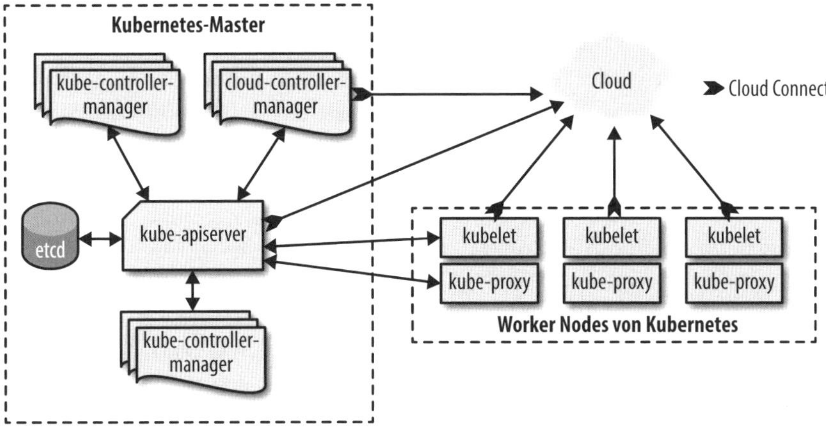

Abb. 3–2 *Wie die Komponenten von Kubernetes zusammenarbeiten*

3.1.3 Hochverfügbarkeit

Eine korrekt konfigurierte Steuerungsebene von Kubernetes besitzt mehrere Master Nodes und ist damit *hochverfügbar* – wenn also einer der einzelnen Master Nodes ausfällt, wird das Cluster weiterhin funktionieren. Eine hochverfügbare Steuerungsebene kümmert sich auch um die Situation, in der die Master Nodes korrekt laufen, aber ein Teil von ihnen aufgrund eines Netzwerkausfalls nicht mit den anderen kommunizieren kann (was als *Network Partition* bezeichnet wird).

Die Datenbank `etcd` wird auf mehrere Knoten repliziert und kann den Ausfall einzelner Knoten überstehen, solange als Quorum über mehr als die Hälfte der ursprünglichen Mitglieder an `etcd`-Replikas weiterhin verfügbar ist.

Wenn all dies korrekt konfiguriert ist, kann die Steuerungsebene einen Neustart oder temporären Ausfall einzelner Master Nodes verkraften.

Ausfall der Steuerungsebene

Eine defekte Steuerungsebene heißt nicht unbedingt, dass Ihre Anwendungen ausfallen, aber sie kann durchaus zu seltsamem und zufälligem Verhalten führen.

Wenn Sie zum Beispiel alle Master Nodes in Ihrem Cluster stoppten, würden die Pods auf den Worker Nodes weiterhin laufen – zumindest eine Weile lang. Aber Sie könnten keine neuen Container deployen oder Kubernetes-Ressourcen verändern und die Controller (wie zum Beispiel Deployments) würden nicht mehr funktionieren.

Daher ist die Hochverfügbarkeit der Steuerungsebene entscheidend für ein korrekt arbeitendes Cluster. Sie müssen so viele Master Nodes zur Verfügung haben, dass das Cluster auch dann ein *Quorum* realisieren kann, wenn einer ausfällt – für produktive Cluster sind das mindestens drei (siehe Abschnitt »Das kleinste Cluster« auf Seite 106).

Ausfall von Worker Nodes

Im Gegensatz dazu ist der Ausfall beliebiger Worker Nodes gar kein Problem. Kubernetes wird das Problem erkennen und die Pods des Knotens woandershin reschedulen, solange die Steuerungsebene noch funktioniert.

Wenn eine große Zahl von Knoten gleichzeitig ausfällt, kann das dazu führen, dass das Cluster nicht mehr genug Ressourcen besitzt, um die gesamte benötigte Workload auszuführen. Zum Glück passiert das nicht oft – und selbst wenn, wird Kubernetes so viele Pods wie möglich am Laufen halten, während Sie die fehlenden ersetzen.

Bedenken Sie aber: Je weniger Worker Nodes Sie haben, desto größer ist der Anteil an der Kapazität des Clusters durch jeden einzelnen. Sie sollten einkalkulieren, dass ein einzelner Knoten jederzeit ausfallen kann – insbesondere in der Cloud – und zwei gleichzeitige Ausfälle auch nicht völlig unwahrscheinlich sind.

Eine seltene, wenn auch durchaus mögliche Art von Ausfall ist der Verlust einer vollständigen Cloud *Availability Zone*. Cloud-Anbieter wie AWS oder Google Cloud stellen eine Reihe von Availability Zones in jeder Region bereit, die jeweils mehr oder weniger einem Data Center entsprechen. Aus diesem Grund ist es eine gute Idee, nicht all Ihre Worker Nodes in der gleichen Zone unterzubringen, sondern sie über zwei oder sogar drei Zonen zu verteilen.

Vertrauen, aber auch kontrollieren

Auch wenn es Ihr Cluster aufgrund der Hochverfügbarkeit verkraften sollte, einen Master oder ein paar Worker Nodes zu verlieren, ist es immer sinnvoll, das auch *tatsächlich zu testen*. Versuchen Sie einmal, während eines geplanten Wartungsfensters oder außerhalb der Hauptbelastungszeiten einen Worker durchzustarten, um zu sehen, was dann passiert. (Hoffentlich nichts oder zumindest nichts, was die Anwender Ihrer App bemerken würden.)

Für einen kritischeren Test starten Sie einen der Master Nodes neu. (Managed Services wie zum Beispiel Google Kubernetes Engine, auf die wir später eingehen werden, erlauben Ihnen das aus offensichtlichen Gründen nicht.) Ein produktiv-taugliches Cluster sollte auch dann ohne Probleme weiterlaufen.

3.2 Die Kosten eines selbst gehosteten Kubernetes

Die wichtigste Entscheidung für jemanden, der sich überlegt, produktive Workloads in Kubernetes auszuführen, ist: *kaufen oder bauen?* Sollten Sie Ihr eigenes Cluster betreiben oder jemanden dafür bezahlen, dass er das tut? Schauen wir uns ein paar der Optionen an.

Die grundlegendste Wahl ist ein selbst gehostetes Kubernetes. Mit *selbst gehostet* meinen wir, dass Sie persönlich, oder ein Team in Ihrer Organisation, Kubernetes installieren und konfigurieren, auf Maschinen, die Sie besitzen oder kontrollieren – so wie Sie das mit jeder anderen Software tun würden, die Sie verwenden, wie zum Beispiel Redis, PostgreSQL oder Nginx.

Das ist die Option, die Ihnen die größtmögliche Flexibilität und Kontrolle bietet. Sie können entscheiden, welche Versionen von Kubernetes ausgeführt werden sollen, welche Optionen und Features aktiviert werden, wann und ob Cluster aktualisiert werden und so weiter. Aber es gibt auch wichtige Nachteile, wie Sie im nächsten Abschnitt sehen werden.

3.2.1 Es ist mehr, als Sie denken

Bei der selbst gehosteten Variante sind auch die meisten Ressourcen erforderlich – in Bezug auf Personen, Fähigkeiten, Technikerzeit, Wartung und Fehlersuche. Einfach nur ein lauffähiges Kubernetes-Cluster aufzusetzen ist ziemlich einfach, aber damit sind Sie noch weit davon entfernt, ein Cluster für ein Produktivumfeld zu haben. Sie müssen zumindest die folgenden Fragen bedenken:

- Ist die Steuerungsebene hochverfügbar? Wenn also ein Master Node herunterfährt oder nicht mehr reagiert – funktioniert Ihr Cluster dann weiterhin? Können Sie immer noch Anwendungen deployen oder aktualisieren? Werden sich Ihre laufenden Anwendungen auch ohne Steuerungsebene weiterhin fehlertolerant verhalten? (Siehe Abschnitt 3.1.3.)
- Ist Ihr Pool aus Worker Nodes hochverfügbar? Wenn ein Ausfall eine ganze Reihe von Worker Nodes betrifft oder gar eine ganze Availability Zone – werden Ihre Workloads dann nicht mehr laufen? Wird Ihr Cluster weiterhin laufen? Wird es automatisch neue Knoten provisionieren können, um sich selbst zu heilen, oder wird ein manueller Eingriff nötig sein?
- Ist Ihr Cluster *sicher* aufgesetzt? Kommunizieren die internen Komponenten mithilfe der TLS-Verschlüsselung und vertrauenswürdigen Zertifikaten? Haben Anwender und Anwendungen so wenig Rechte und Berechtigungen für Cluster-Operationen wie möglich? Sind die Sicherheitsstandards für die Container sauber gesetzt? Haben Knoten unnötigen Zugriff auf Komponenten der Steuerungsebene? Ist der Zugriff auf die zugrunde liegende `etcd`-Datenbank sauber kontrolliert und authentifiziert?
- Sind alle Services in Ihrem Cluster sicher? Wenn sie vom Internet aus erreichbar sind – sind sie sauber authentifiziert und autorisiert? Ist der Zugriff auf die Cluster-API streng begrenzt?
- Ist Ihr Cluster *konform*? Erfüllt es die Standards für Kubernetes-Cluster, die von der Cloud Native Computing Foundation definiert wurden? (Siehe Abschnitt 6.2.)
- Sind Ihre Cluster-Knoten vollständig durch eine *Konfiguration gemanagt*, statt durch imperative Shell-Skripte aufgesetzt und dann allein gelassen zu sein? Betriebssystem und Kernel müssen auf jedem Knoten aktuell sein, Sicherheitspatches müssen angewandt werden und so weiter.
- Gibt es ein sauberes Backup für die Daten in Ihrem Cluster, auch die auf dem persistenten Storage? Wie sieht der Restore-Prozess aus? Wie oft testen Sie den Restore?
- Wie warten Sie ein laufendes Cluster? Wie provisionieren Sie neue Knoten? Rollen Konfigurationsänderungen für bestehende Knoten aus? Rollen Kubernetes-Updates aus? Skalieren Sie als Reaktion auf Anforderungen? Setzen Sie Richtlinien um?

Cindy Sridharan, Autorin und Entwicklerin verteilter Systeme, hat geschätzt (*https://twitter.com/copyconstruct/status/1020880388464377856*), dass es etwa eine Million Dollar an Techniker-Gehältern kostet, um Kubernetes in einer produktiven Konfiguration aus dem Nichts heraus aufzusetzen und lauffähig zu haben. (»Und dann sind Sie vielleicht immer noch nicht fertig.«) Diese Zahl sollte jedem Technik-Verantwortlichen zu denken geben, wenn er überlegt, Kubernetes selbst zu hosten.

3.2.2 Es geht nicht nur um das initiale Setup

Nun denken Sie noch daran, dass Sie all diese Faktoren nicht nur beim ersten Aufsetzen des ersten Clusters berücksichtigen müssen, sondern bei allen Clustern und die ganze Zeit. Nehmen Sie Änderungen oder Aktualisierungen an Ihrer Kubernetes-Infrastruktur vor, müssen Sie die Auswirkungen auf die Hochverfügbarkeit, Sicherheit und so weiter bedenken.

Sie müssen Monitoring aufgesetzt haben, um sicherzustellen, dass die Cluster-Knoten und all die Kubernetes-Komponenten korrekt arbeiten, und ein Alerting-System, damit die Mitarbeiter benachrichtigt werden können, wenn es Probleme gibt – Tag und Nacht.

Kubernetes wird immer noch weiterentwickelt und fortlaufend gibt es neue Features und Updates. Sie müssen Ihr Cluster aktuell halten und verstehen, wie die Änderungen Ihr bestehendes Setup beeinflussen. Eventuell müssen Sie Ihr Cluster reprovisionieren, um alle Vorteile der neuesten Kubernetes-Funktionalität zu erhalten.

Es reicht auch nicht aus, ein paar Bücher oder Artikel zu lesen, das Cluster richtig zu konfigurieren und es dabei zu belassen. Sie müssen die Konfiguration regelmäßig testen und überprüfen – indem Sie zum Beispiel einen Master Node abschießen und sicherstellen, dass weiterhin alles funktioniert.

Automatische Resilienztest-Tools wie zum Beispiel Chaos Monkey von Netflix können dabei helfen, indem sie zufällig Knoten, Pods oder Netzwerkverbindungen abschießen. Abhängig von der Zuverlässigkeit Ihres Cloud-Providers werden Sie eventuell feststellen, dass Chaos Monkey unnötig ist, da normale, reale Ausfälle ebenfalls die Widerstandsfähigkeit Ihres Clusters und der darauf laufenden Services auf die Probe stellen (siehe Abschnitt 6.4).

3.2.3 Tools nehmen Ihnen nicht die ganze Arbeit ab

Es gibt Tools – viele, viele Tools –, die Ihnen dabei helfen, Kubernetes-Cluster einzurichten und zu konfigurieren, und viele davon werben damit, schnelle Lösungen mehr oder weniger ohne Aufwand, nur mit ein paar Klicks zu bieten. Unserer Meinung nach ist die traurige Wahrheit, dass der Großteil dieser Tools nur die leichten Probleme löst, während die schweren ignoriert werden.

Andererseits tendieren leistungsfähige, flexible, produktiv und professionell einsetzbare Tools dazu, sehr teuer zu sein oder gar nicht öffentlich zur Verfügung zu stehen, da mehr Geld damit zu verdienen ist, einen Managed Service zu verkaufen, statt ein allgemein einsetzbares Cluster-Management-Tool.

3.2.4 Kubernetes ist schwer

Es herrscht im Allgemeinen die Ansicht vor, es sei leicht einzurichten und zu managen, aber die Wahrheit ist: *Kubernetes ist schwer.* Angesichts dessen, was es tut, ist es erstaunlich einfach und gut entworfen, aber es muss mit sehr komplexen Situationen umgehen, und das führt zu komplexer Software.

Täuschen Sie sich nicht: Sowohl das Erlernen, wie Sie Ihr eigenes Cluster sauber managen, als auch die tägliche Verwaltungsarbeit kosten deutlich Zeit und Energie. Wir wollen Sie nicht davon abhalten, Kubernetes einzusetzen, aber wir wollen Ihnen deutlich machen, was dazu gehört, Kubernetes selbst zu betreiben. Das wird Ihnen dabei helfen, eine gut begründete Entscheidung angesichts der Kosten und Vorteile des Self-Hostings zu treffen – im Gegensatz zum Einsatz von Managed Services.

3.2.5 Administrativer Overhead

Ist Ihre Organisation groß und hat die Ressourcen für ein dediziertes Team für das Betreuen eines Kubernetes-Clusters, mag das kein so großes Problem sein. Aber für kleine bis mittlere Unternehmen oder sogar Start-ups mit nur einer Handvoll Entwicklern kann der administrative Overhead beim Betreiben eines eigenen Kubernetes-Clusters durchaus abschreckend sein.

Tipp

Bei einem begrenzten Budget und nur wenig Personal, das für IT-Operations zur Verfügung steht – welchen Teil Ihrer Ressourcen wollen Sie für die Administration eines selbst betriebenen Kubernetes-Clusters aufwenden? Würden diese Ressourcen nicht besser dafür eingesetzt sein, die Workloads der Firma zu unterstützen? Können Sie Kubernetes kosteneffizienter mit Ihren eigenen Mitarbeitern betreiben oder durch den Einsatz eines Managed Service?

3.2.6 Beginnen Sie mit Managed Services

Sie mögen ein bisschen überrascht sein, dass wir in einem Kubernetes-Buch empfehlen, Kubernetes nicht laufen zu lassen. Zumindest nicht selbst. Aufgrund der im vorigen Abschnitt aufgeführten Gründe denken wir, dass der Einsatz von Managed Services viel kosteneffizienter ist, als selbst ein Kubernetes-Cluster zu hosten. Sofern Sie nichts Seltsames oder Experimentelles mit Kubernetes umsetzen wollen, das von keinem Managed Provider unterstützt wird, gibt es keine guten Gründe, selbst zu hosten.

Tipp

Wir (und viele der Leute, mit denen wir gesprochen haben) haben die Erfahrung gemacht, dass ein Managed Service der beste Weg ist, Kubernetes einzusetzen.

Wenn Sie überlegen, ob Kubernetes überhaupt eine Option für Sie ist, können Sie das mit einem Managed Service sehr gut ausprobieren. Sie erhalten innerhalb von ein paar Minuten ein voll funktionsfähiges, sicheres, hochverfügbares, produktiv einsetzbares Cluster – und das für ein paar Dollar pro Tag. (Die meisten Cloud-Provider bieten sogar eine kostenlose Variante an, bei der Sie Kubernetes ein paar Wochen oder Monate einsetzen können, ohne Ihnen etwas in Rechnung zu stellen.) Selbst wenn Sie sich nach einer Probezeit dazu entscheiden, lieber Ihr eigenes Kubernetes-Cluster aufzubauen, wird Ihnen der Managed Service zeigen, wie es aussehen sollte.

Wenn Sie andererseits schon damit experimentiert haben, Kubernetes selbst aufzusetzen, werden Sie überrascht sein, wie viel einfacher Managed Services den Prozess machen. Sie würden ein Haus vermutlich nicht selbst bauen – warum sollten Sie dann Ihr eigenes Cluster bauen, wenn es einfacher und günstiger ist, es jemand anderes machen zu lassen, und wenn die Ergebnisse besser sind?

Im nächsten Abschnitt werden wir ein paar der verbreitetsten Kubernetes-Services vorstellen, Ihnen unsere Meinung dazu schreiben und unseren Favoriten empfehlen. Wenn Sie immer noch nicht überzeugt sind, wird die zweite Hälfte des Kapitels die Kubernetes-Installer beschreiben, die Sie nutzen können, um Ihre eigenen Cluster aufzubauen (siehe Abschnitt 3.5).

Wir sollten noch erwähnen, dass keiner der Autoren mit einem Cloud-Provider oder kommerziellen Kubernetes-Anbieter verbandelt ist. Niemand bezahlt uns dafür, sein Produkt oder seinen Service zu empfehlen. Die hier vorgestellten Meinungen sind unsere eigenen, basieren auf persönlicher Erfahrung und der Ansicht Hunderter von Kubernetes-Anwendern, mit denen wir während der Entstehung dieses Buches gesprochen haben.

In der Welt von Kubernetes verändert sich noch vieles und insbesondere der Markt der Managed Services ist besonders wettbewerbsorientiert. Gehen Sie daher davon aus, dass die hier beschriebenen Features und Services bald anders aussehen. Die vorgestellte Liste ist nicht vollständig, aber wir haben versucht, die unserer Meinung nach besten, verbreitetsten oder aus anderen Gründen wichtigen Services aufzunehmen.

3.3 Managed Kubernetes Services

Managed Kubernetes Services befreien Sie nahezu vollständig vom administrativen Overhead beim Aufsetzen und Ausführen von Kubernetes-Clustern, insbesondere bei der Steuerungsebene. Letztendlich sorgt ein Managed Service dafür, dass Sie jemanden (zum Beispiel Google) dafür bezahlen, das Cluster für Sie zu betreiben.

3.3.1 Google Kubernetes Engine (GKE)

Wie Sie es von den Urhebern von Kubernetes erwarten würden, bietet Google einen kompletten Managed Kubernetes Service an *(https://cloud.google.com/kubernetes-engine)*, der vollständig mit der Google Cloud Platform integriert ist. Wählen Sie einfach die Anzahl an Worker Nodes und klicken Sie auf einen Button in der GCP Web Console, um ein Cluster zu erzeugen, oder nutzen Sie das Deployment Manager Tool, um eines zu provisionieren. Innerhalb von ein paar Minuten wird Ihr Cluster einsatzbereit sein.

Google kümmert sich um das Monitoring und den Ersatz ausgefallener Knoten, wendet Sicherheitspatches automatisch an und sorgt für eine Hochverfügbarkeit der Steuerungsebene und von `etcd`. Sie können Ihre Knoten so einrichten, dass sie automatisch während eines Wartungsfensters Ihrer Wahl auf die neueste Kubernetes-Version aktualisiert werden.

Hochverfügbarkeit

GKE bietet Ihnen ein produktiv einsetzbares, hochverfügbares Kubernetes-Cluster ohne den Overhead durch das Einrichten und Warten bei einer selbst gehosteten Infrastruktur. Alles lässt sich über die Google Cloud API mithilfe des Deployment Managers[4], Terraform oder andere Tools steuern oder Sie nutzen die GCP Web Console. Natürlich ist GKE vollständig mit all den anderen Services in Google Cloud integriert.

Für eine erweiterte Hochverfügbarkeit können Sie *Multizone* Cluster erstellen, die die Worker Nodes über mehrere Failure Zones verteilt (was mehr oder weniger einzelnen Data Centers entspricht). Ihre Workloads werden auch dann weiterlaufen, wenn eine ganze Failure Zone durch einen Ausfall betroffen ist.

Regionale Cluster führen dies noch weiter, indem sie Master Nodes und Worker über mehrere Failure Zones verteilen.

4. Der Deployment Manager ist Googles Befehlszeilentool für das Managen von Cloud-Ressourcen – verwechseln Sie es nicht mit Kubernetes Deployments.

3.3.2 Cluster Autoscaling

GKE bietet auch eine attraktive Autoscaling-Option (siehe Abschnitt »Autoscaling« auf Seite 112). Mit aktivem Autoscaling fügt das System automatisch neue Knoten hinzu, wenn es Workloads gibt, die darauf warten, dass ein Knoten verfügbar wird.

Gibt es umgekehrt ungenutzte Kapazität, führt der Autoscaler Pods auf einer kleineren Zahl von Knoten zusammen und entfernt die überflüssigen Knoten. Da die Kosten für GKE auf der Zahl der Worker Nodes basieren, hilft Ihnen das, die Kosten im Griff zu behalten.

GKE ist erstklassig

Google ist mit Kubernetes länger im Geschäft als jeder andere, und das merkt man auch. Unserer Meinung nach ist GKE der bestgemanagte Kubernetes Service, der zur Verfügung steht. Haben Sie schon Infrastruktur in Google Cloud, ist es sinnvoll, GKE einzusetzen, um Kubernetes zu betreiben. Sind Sie schon mit einer anderen Cloud im Geschäft, heißt das nicht, dass Sie auf GKE verzichten müssen, wenn Sie das wollen, aber Sie sollten sich dann zunächst die Managed-Optionen bei Ihrem bestehenden Cloud-Provider anschauen.

Haben Sie noch keine Entscheidung für einen Cloud-Provider getroffen, ist GKE ein sehr überzeugendes Argument für die Wahl von Google Cloud.

3.3.3 Amazon Elastic Container Service for Kubernetes (EKS)

Amazon bietet ebenfalls schon eine lange Zeit Managed Container Cluster Services an, aber bis vor Kurzem gab es nur den Elastic Container Service (ECS, *https://aws.amazon.com/de/eks*) – Amazons eigene Technologie.

Es lässt sich zwar gut einsetzen, aber ECS ist trotzdem nicht so leistungsfähig oder flexibel wie Kubernetes und letztendlich hat sich auch Amazon dazu entschieden, dass die Zukunft in Kubernetes liegt, und den Elastic Container Service for Kubernetes (EKS) vorgestellt. (Ja, *EKS* sollte für *Elastic Kubernetes Service* steht, aber das tut es nicht.)

Es funktioniert nicht ganz so reibungslos wie Google Kubernetes Engine *(https://blog.hasura.io/gke-vs-aks-vs-eks-411f080640dc)*, seien Sie daher darauf gefasst, beim Einrichten mehr selbst machen zu müssen. Und anders als manche Mitbewerber berechnet EKS Ihnen auch den Master Node und andere Cluster-Infrastruktur. Dadurch wird es für eine gegebene Clustergröße teurer als die Managed Kubernetes Services von Google oder Microsoft.

Haben Sie schon Infrastruktur in AWS liegen oder lassen Containerisierte Workloads im älteren ECS-Service laufen, den Sie nach Kubernetes transferieren wollen, ist EKS keine unvernünftige Wahl. Als neuester Mitspieler im Markt der Managed Kubernetes Services hat Amazon aber durchaus noch einiges gegenüber den Angeboten von Google und Microsoft aufzuholen.

3.3.4 Azure Kubernetes Service (AKS)

Auch wenn Microsoft etwas später in das Cloud-Geschäft einstieg als Amazon oder Google, holt es schnell auf. Die Azure Kubernetes Services (AKS, *https://azure.microsoft.com/de-de/services/kubernetes-service*) bieten die meisten Features seiner Mitbewerber an. Sie können Cluster über die Weboberfläche erstellen oder das Azure-Befehlszeilentool `az` verwenden.

Wie bei GKE und EKS haben Sie keinen Zugriff auf die Master Nodes, die intern verwaltet werden, und Ihre Rechnung basiert auf der Zahl der Worker Nodes in Ihrem Cluster.

3.3.5 OpenShift

OpenShift *(https://www.openshift.com)* ist mehr als nur ein Managed Kubernetes Service: Es handelt sich um ein vollständiges Platform-as-a-Service(PaaS)-Produkt, das darauf zielt, den gesamten Lebenszyklus einer Softwareentwicklung abzudecken, einschließlich Tools zu Continuous Integration und Build-Werkzeuge, Test Runner, Anwendungs-Deployment, Monitoring und Orchestrierung.

OpenShift kann auf Bare-Metal-Servern, virtuellen Maschinen sowie privaten und öffentlichen Clouds deployt werden, daher können Sie ein einzelnes Kubernetes-Cluster erzeugen, das sich über all diese Umgebungen verteilt. Damit ist es eine gute Wahl für sehr große Organisationen oder solche mit einer sehr heterogenen Infrastruktur.

3.3.6 IBM Cloud Kubernetes Service

Natürlich kann die altehrwürdige IBM nicht im Feld der Managed Kubernetes Services vergessen werden. IBM Cloud Kubernetes Service *(https://www.ibm.com/de-de/cloud/Container-service)* ist sehr einfach und geradlinig – es erlaubt Ihnen, ein klassisches Kubernetes-Cluster in der IBM Cloud einzurichten.

Ihr IBM Cloud Cluster können Sie über die Standard-CLI von Kubernetes ansprechen und verwalten, zusätzlich gibt es ein eigenes Befehlszeilentool oder eine einfache GUI. Es gibt keine echten Killer-Features, die IBMs Angebot von den anderen großen Cloud-Providern abhebt, aber es ist eine logische Option, wenn Sie die IBM Cloud schon nutzen.

3.3.7 Heptio Kubernetes Subscription (HKS)

Für große Unternehmen, die die Sicherheit und Flexibilität von Clustern über mehrere öffentliche Clouds hinweg haben wollen, ist die Heptio Kubernetes Subscription (HKS, *https://heptio.com/products/kubernetes-subscription*) gedacht.

Heptio ist eine solide Marke in der Welt von Kubernetes: Es wird von zweien der Mitbegründer des Kubernetes-Projekts geleitet, Craig McLuckie und Joe Beda, und hat viele wichtige Open-Source-Tools hervorgebracht, wie zum Beispiel Velero (siehe Abschnitt 11.3.6) und Sonobuoy (siehe Abschnitt 6.2.2).

3.4 Turnkey-Kubernetes-Lösungen

Während Managed Kubernetes Services für die meisten Geschäftsanforderungen eine gute Lösung sind, kann es Umstände geben, in denen der Einsatz von Managed Services keine Option ist. Es gibt eine wachsende Zahl von »schlüsselfertigen« *Turnkey*-Angeboten, die Ihnen ein fertiges, im produktiven Umfeld einsetzbares Kubernetes-Cluster durch einen Klick auf einen Button im Browser bereitstellen.

Turnkey-Kubernetes-Lösungen sind sowohl für Großunternehmen attraktiv (weil sie eine Geschäftsbeziehung zum Anbieter haben können) wie auch für kleine Firmen mit wenig Entwickler- und Operations-Ressourcen. Hier ein paar der Optionen in diesem Umfeld.

3.4.1 Stackpoint

Stackpoint *(https://stackpoint.io)* wird beworben als »Die einfachste Möglichkeit, ein Kubernetes-Cluster in der öffentlichen Cloud zu deployen« – mit gerade einmal drei Klicks. Es gibt eine Reihe von preislich unterschiedlichen Angeboten – beginnend bei 50 US-Dollar pro Monat – und Stackpoint bietet auch Cluster mit unbegrenzter Knotenanzahl, Hochverfügbarkeit für Master Nodes und `etcd` sowie die Unterstützung von *Federated* Clusters, die mehrere Clouds umfassen können (siehe Abschnitt »Federated Cluster« auf Seite 108).

Als Kompromiss zwischen einem selbst gehosteten Kubernetes und vollständig gemanagten Services ist Stackpoint eine attraktive Option für Firmen, die Kubernetes über eine Weboberfläche einrichten und verwalten können wollen, aber gleichzeitig Worker Nodes in ihrer eigenen Public-Cloud-Infrastruktur laufen lassen wollen.

3.4.2 Containership Kubernetes Engine (CKE)

CKE *(https://blog.Containership.io/introducing-Containership-kubernetes-engine)* ist eine weitere webbasierte Oberfläche für das Provisionieren von Kubernetes in der öffentlichen Cloud. Darüber erhalten Sie ein Cluster mit sinnvollen Standardwerten eingerichtet, Sie können aber auch so gut wie jeden Aspekt des Clusters bei anspruchsvolleren Anforderungen anpassen.

3.5 Kubernetes-Installer

Wenn Managed Cluster oder Turnkey-Cluster für Sie nichts sind, müssen Sie sich auf ein Self-Hosting von Kubernetes einstellen – auf unterschiedlichem Level: Sie müssen also Kubernetes selbst auf Ihren eigenen Maschinen einrichten.

Es ist sehr unwahrscheinlich, dass Sie Kubernetes vollständig von Grund auf deployen und ausführen werden – außer vielleicht zu Lern- oder Demozwecken. Die meisten Leute nutzen eines oder mehrere der verfügbaren Kubernetes-Installer-Tools oder Services, um ihre Cluster einzurichten und zu verwalten.

3.5.1 kops

kops *(https://kubernetes.io/docs/setup/custom-cloud/kops)* ist ein Befehlszeilentool für das automatisierte Provisionieren von Kubernetes-Clustern. Es ist Teil des Kubernetes-Projekts und existiert schon lange Zeit als AWS-spezifisches Tool, bietet jetzt aber Beta-Support für Google Cloud und eine Unterstützung für andere Provider ist geplant.

kops unterstützt das Bauen von hochverfügbaren Clustern, wodurch es für produktive Kubernetes-Deployments einsetzbar ist. Es nutzt eine deklarative Konfiguration, so wie die Kubernetes-Ressourcen selbst, und kann nicht nur die notwendigen Cloud-Ressourcen provisionieren und ein Cluster einrichten, sondern es auch noch hoch- und runterskalieren, Knoten anpassen, Upgrades durchführen und andere nützliche Admin-Aufgaben erledigen.

Wie alles in der Welt von Kubernetes wird kops zügig weiterentwickelt, aber es ist auch schon recht gut abgehangen und ein ausgereiftes Tool, weshalb es oft zum Einsatz kommt. Planen Sie ein selbst gehostetes Kubernetes in AWS, ist kops eine gute Wahl.

3.5.2 Kubespray

Kubespray *(https://github.com/kubernetes-sigs/kubespray,* zuvor bekannt unter dem Namen Kargo), ein Projekt im Umfeld von Kubernetes, ist ein Tool für das einfache Deployen von produktiv einsetzbaren Clustern. Es bietet viele Optionen, unter anderem Hochverfügbarkeit, und unterstützt eine Reihe von Plattformen.

Kubespray fokussiert sich auf das Installieren von Kubernetes auf bestehenden Maschinen, insbesondere On-Premise und auf Bare-Metal-Servern. Aber es ist für jede Cloud-Umgebung nutzbar, auch für private Clouds (virtuelle Maschinen, die auf Ihren eigenen Servern laufen).

3.5.3 TK8

TK8 *(https://github.com/kubernauts/tk8)* ist ein Befehlszeilentool für das Provisionieren von Kubernetes-Clustern, das sowohl Terraform (für das Erstellen von Cloud-Servern) wie auch Kubespray (für das Installieren von Kubernetes darauf) erweitert. Es ist (natürlich) in Go geschrieben, unterstützt Installationen auf AWS, OpenStack und Bare-Metal-Servern, und Azure und Google Cloud sind schon in der Pipeline.

TK8 baut nicht nur ein Kubernetes-Cluster, sondern installiert auch noch optional Add-Ons für Sie, unter anderem Jmeter Cluster für das Load Testing, Prometheus zum Monitoring, Jaeger, Linkerd oder Zipkin zum Tracen, Ambassador API Gateway mit Envoy für Ingress und Load Balancing, Istio für den Service Mesh Support, Jenkins-X für CI/CD und Helm oder Kedge für das Packaging auf Kubernetes.

3.5.4 Kubernetes The Hard Way

Kelsey Hightowers Tutorial Kubernetes The Hard Way *(https://github.com/kelseyhightower/kubernetes-the-hard-way)* sollte vielleicht am besten nicht als Setup-Tool oder Installationsanleitung für Kubernetes gesehen werden, sondern als meinungsstarke Schritt-für-Schritt-Lösung für das Bauen eines Kubernetes-Clusters, die die Komplexität der beteiligten Komponenten deutlich macht. Trotzdem ist es sehr lehrreich und als Übung für jeden empfehlenswert, der sich überlegt, Kubernetes einzusetzen – selbst als Managed Service –, nur, um ein Gespür dafür zu bekommen, wie es unter der Motorhaube aussieht.

3.5.5 kubeadm

kubeadm *(https://kubernetes.io/docs/setup/independent/create-cluster-kubeadm)* ist Teil der Kubernetes-Distribution und sein Ziel ist, Ihnen beim Installieren und Warten eines Kubernetes-Clusters anhand der Best Practices zu helfen. kubeadm provisioniert nicht die Infrastruktur für das Cluster selbst, daher ist es für das Installieren von Kubernetes auf Bare-Metal-Servern oder beliebigen Cloud-Instanzen einsetzbar.

Viele der anderen Tools und Services, die wir in diesem Kapitel erwähnen, greifen intern auf kubeadm zurück, um die Admin-Operationen für das Cluster umzusetzen, aber wenn Sie möchten, hält Sie nichts davon ab, es auch selbst direkt zu verwenden.

3.5.6 Tarmak

Tarmak *(https://blog.jetstack.io/blog/introducing-tarmak)* ist ein Life Cycle Management-Tool für Kubernetes, das sich darauf konzentriert, das Anpassen und Aktualisieren von Cluster-Knoten einfach und zuverlässig zu machen. Viele Tools ersetzen dazu einfach den Knoten, aber das kann lange dauern und zu viel Datenbewegung zwischen den Knoten während des Rebuild-Prozesses führen. Stattdessen kann Tarmak den Knoten direkt reparieren oder aktualisieren.

Tarmak greift hinter den Kulissen auf Terraform zurück, um die Cluster-Knoten zu provisionieren, und auf Puppet, um die Konfiguration der Knoten selbst zu verwalten. Das sorgt für ein schnelleres und sichereres Ausrollen von Änderungen an der Knoten-Konfiguration.

3.5.7 Rancher Kubernetes Engine (RKE)

RKE *(https://github.com/rancher/rke)* hat das Ziel, ein einfacher und schneller Kubernetes-Installer zu sein. Es provisioniert nicht die Knoten für Sie und Sie müssen Docker auf den Knoten selbst installieren, bevor Sie RKE zum Installieren des Clusters einsetzen können. RKE unterstützt eine Hochverfügbarkeit der Steuerungsebene von Kubernetes.

3.5.8 Puppet Kubernetes Module

Puppet ist ein leistungsfähiges, ausgereiftes und umfangreiches allgemeines Tool zum Konfigurations-Management. Es ist weit verbreitet und von einem großen Ökosystem aus Open-Source-Modulen umgeben. Das offiziell unterstützte Kubernetes-Modul *(https://forge.puppet.com/puppetlabs/kubernetes)* installiert und konfiguriert Kubernetes auf bestehenden Knoten und enthält Unterstützung zur Hochverfügbarkeit der Steuerungsebene und von `etcd`.

3.5.9 Kubeformation

Bei Kuberformation *(https://kubeformation.sh)* handelt es sich um einen Online-Konfigurator für Kubernetes, der Sie die Optionen für Ihr Cluster über eine Weboberfläche auswählen lässt und dann Konfigurations-Templates für die Automations-API Ihres Cloud-Providers erzeugt (zum Beispiel den Deployment Manager für Google Cloud oder den Azure Resource Manager für Azure). Die Unterstützung für andere Cloud-Provider ist geplant.

Der Einsatz von Kubeformation ist vielleicht nicht so einfach wie der von anderen Tools, aber weil es sich um einen Wrapper um bestehende Automatisierungs-Tools wie den Deployment Manager handelt, ist es auch sehr flexibel.

Wenn Sie Ihre Google-Cloud-Infrastruktur zum Beispiel schon mit dem Deployment Manager verwalten, wird Kubeformation perfekt in Ihren bestehenden Workflow passen.

3.6 Kaufen oder bauen: Unsere Empfehlungen

Das war notgedrungen nur ein sehr oberflächlicher Überblick über manche der Optionen, die für das Managen von Kubernetes-Clustern zur Verfügung stehen, weil die Angebote sehr verschieden und umfangreich sind und sich mit der Zeit verändern. Aber wir können anhand von sinnvollen Prinzipien ein paar Empfehlungen aussprechen. Eines davon ist die Philosophie des *Run Less Software* (*https://www.intercom.com/blog/run-less-software*).

3.6.1 Run Less Software

> *Es gibt drei Säulen der Philosophie des Run Less Software, die Ihnen alle dabei helfen, die Zeit zu beeinflussen und Ihre Feinde zu schlagen.*
>
> *Wählen Sie Standard-Technologie.*
>
> *Geben Sie ein undifferenziertes Heavy Lifting ab.*
>
> *Erschaffen Sie bleibende und konkurrenzfähige Vorteile.*
>
> *– Rich Archbold*

Auch wenn der Einsatz innovativer neuer Technologien Spaß macht und aufregend ist, hat er aus geschäftlicher Sicht nicht immer Sinn. Der Einsatz von *langweiliger* Software, die jeder verwendet, ist im Allgemeinen nicht die schlechteste Idee. Es funktioniert wahrscheinlich, wird meist gut unterstützt und Sie sind nicht derjenige, der die Risiken auf sich nimmt, die mit den unvermeidlichen Bugs einhergehen.

Lassen Sie Containerisierte Workloads und Cloud-native Anwendungen laufen, ist Kubernetes die langweilige Wahl – auf die bestmögliche Art und Weise. Daher sollten Sie sich für die ausgereiftesten, stabilsten und am häufigsten eingesetzten Tools und Services für Kubernetes entscheiden.

Undifferenziertes Heavy Lifting ist ein Begriff, der von Amazon geprägt wurde, um all die harte Arbeit und den Aufwand deutlich zu machen, der in Dinge wie das Installieren und Managen von Software, das Warten der Infrastruktur und so weiter gesteckt werden muss. An dieser Arbeit ist nichts Besonderes – für Sie ist sie die gleiche wie für jede andere Firma. Sie kostet Sie Geld, statt welches einzubringen.

Die Philosophie des *Run Less Software* besagt, dass Sie undifferenziertes Heavy Lifting outsourcen sollten, weil es langfristig billiger ist und bei Ihnen Ressourcen freisetzt, die Sie zur Arbeit an Ihrem eigentlichen Business nutzen können.

3.6.2 Nutzen Sie Managed Kubernetes, wenn Sie können

Mit den Prinzipien des *Run Less Software* im Hinterkopf empfehlen wir Ihnen, Ihr Kubernetes-Cluster-Operations an einen Managed Service outzusourcen. Installieren, Konfigurieren, Warten, Absichern, Aktualisieren und Zuverlässigmachen Ihres Kubernetes-Clusters ist undifferenziertes Heavy Lifting, daher ist es für so gut wie alle Unternehmen sinnvoll, es nicht selbst zu machen:

> *Cloud Native ist kein Cloud-Provider, es ist nicht Kubernetes, es sind nicht die Container, auch keine Technologie. Es ist die Praktik, Ihr Unternehmen zu beschleunigen, indem Sie keine Sachen selbst machen, die Sie von den anderen nicht unterscheiden.*
>
> *– Justin Garrison*

Im Bereich des Managed Kubernetes ist die Google Kubernetes Engine (GKE) die klare Gewinnerin. Auch wenn andere Cloud-Provider vielleicht in ein oder zwei Jahren aufgeholt haben, ist Google immer noch ein ganzes Stück voraus und wird dies auch noch eine Zeit lang bleiben.

Für Firmen, die unabhängig von einem einzelnen Cloud-Provider sein müssen und einen Rund-um-die-Uhr-Support von einem vertrauenswürdigen Unternehmen nutzen wollen, lohnt sich ein Blick auf Heptio Kubernetes Subscription.

Wollen Sie Hochverfügbarkeit für Ihre Cluster-Steuerungsebene haben, brauchen aber die Flexibilität, Ihre eigenen Worker Nodes laufen zu lassen, schauen Sie sich Stackpoint an.

3.6.3 Aber was ist mit dem Vendor Lock-In?

Wenn Sie einen Managed Kubernetes Service von einem bestimmten Anbieter wählen, wie zum Beispiel Google Cloud – wird Sie das auf diesen Anbieter beschränken und Ihre Optionen in Zukunft verringern? Nicht unbedingt. Kubernetes ist eine Standardplattform, daher werden alle Anwendungen und Services, die Sie bauen, um sie auf der Google Kubernetes Engine laufen zu lassen, auch auf allen Systemen anderer zertifizierter Kubernetes-Provider laufen. Alleine der Einsatz von Kubernetes ist ein großer Schritt aus dem Vendor Lock-In heraus.

Erhöht ein Managed Kubernetes die Gefahr des Lock-In verglichen mit dem Einsatz eines eigenen Kubernetes-Clusters? Unserer Meinung nach ist es genau andersherum. Bei einem selbst gehosteten Kubernetes müssen viele Maschinen und Konfigurationen gewartet werden, die sehr eng mit der API eines spezifischen Cloud-Providers verbunden sind. Wenn Sie zum Beispiel virtuelle Maschinen auf AWS provisionieren, um Kubernetes auszuführen, brauchen Sie ganz anderen Code als für die gleichen Operationen auf Google Cloud. Manche Setup-Assistenten für Kubernetes, wie zum Beispiel die in diesem Kapitel vorgestellten, unterstützen mehrere Cloud-Provider, aber viele tun das auch nicht.

Ein Teil des Charmes von Kubernetes ist, die technischen Details der Cloud-Plattform wegzuabstrahieren und den Entwicklern eine standardisierte, vertraute Schnittstelle zu präsentieren, die auf Azure wie in der Google Cloud gleich funktioniert. Solange Sie Ihre Anwendungen und die Automation so entwerfen, dass sie Kubernetes selbst ansprechen und nicht die zugrunde liegende Cloud-Infrastruktur, sind Sie von einem Vendor Lock-In so weit weg, wie es vernünftig machbar ist.

3.6.4 Nutzen Sie Self-Hosting-Standard-Tools für Kubernetes, wenn Sie müssen

Nur wenn Sie besondere Anforderungen haben, für die die Angebote für Managed Kubernetes nicht passen, sollten Sie sich überlegen, Kubernetes selbst laufen zu lassen.

Wenn das der Fall ist, sollten Sie auf die ausgereiftesten, leistungsfähigsten und am häufigsten eingesetzten Tools zurückgreifen. Wir empfehlen kops oder Kubespray – abhängig von Ihren Anforderungen.

Wenn Sie wissen, dass Sie langfristig bei einem einzigen Cloud-Provider bleiben werden, insbesondere wenn es sich um AWS handelt, nutzen Sie kops.

Wenn Ihr Cluster andererseits mehrere Clouds oder Plattformen umspannen soll – einschließlich Bare-Metal-Servern – und Sie sich Ihre Optionen offenhalten wollen, sollten Sie Kubespray einsetzen.

3.6.5 Wenn Ihre Auswahl begrenzt ist

Es mag geschäftliche (und weniger technische) Gründe geben, vollständig gemanagte Kubernetes Services nicht einsetzen zu können. Haben Sie eine bestehende Geschäftsbeziehung zu einer Hosting-Firma oder einem Cloud-Provider, der keinen Managed Kubernetes Service anbietet, wird das Ihre Optionen beschränken.

Aber es kann dann möglich sein, auf eine Turnkey-Lösung zurückzugreifen, wie etwa Stackpoint oder Containership. Diese Optionen bieten einen Managed Service für Ihre Master Nodes, verbinden diese aber mit Worker Nodes, die auf Ihrer eigenen Infrastruktur laufen. Da ein Großteil des administrativen Overheads von Kubernetes beim Einrichten und Warten der Master Nodes liegt, ist das ein guter Kompromiss.

3.6.6 Bare-Metal und On-Prem

Es mag Sie überraschen, dass Cloud Native nicht unbedingt bedeutet, *in der Cloud* zu sein – im Sinne des Outsourcens Ihrer Infrastruktur an einen Public-Cloud-Provider wie Azure oder AWS.

Viele Organisationen lassen einen Teil oder ihre gesamte Infrastruktur auf Bare-Metal-Hardware laufen – sei es in Data Centers oder On-Premise. Alles, was wir in diesem Buch über Kubernetes und Container schreiben, passt genauso zu In-House-Infrastruktur wie zur Cloud.

Sie können Kubernetes auf Ihren eigenen Maschinen laufen lassen. Ist Ihr Budget begrenzt, geht das sogar auf einem Stack mit Raspberry Pis (Abbildung 3–3). Manche Firmen betreiben eine *Private Cloud*, die aus virtuellen Maschinen auf On-Prem-Hardware besteht.

Abb. 3–3 *Sparsames Kubernetes: Ein Cluster aus Raspberry Pis (Foto von David Merrick)*

3.7 Clusterless Container Services

Wenn Sie wirklich den Overhead durch das Betreiben von Container Workloads minimieren wollen, gibt es über den vollständig gemanagten Kubernetes Services noch eine weitere Stufe. Dabei handelt es sich um sogenannte *Clusterless* Services, wie zum Beispiel Azure Container Instances oder Amazons Fargate. Auch wenn natürlich hinter den Kulissen ein Cluster aktiv ist, haben Sie darauf keinen

Zugriff über Tools wie `kubectl`. Stattdessen geben Sie ein auszuführendes Container-Image und ein paar Parameter wie die CPU- und Speicher-Anforderungen für Ihre Anwendung an und der Service kümmert sich um den Rest.

3.7.1 Amazon Fargate

Laut Amazon ist »Fargate wie EC2, aber statt einer virtuellen Maschine erhalten Sie einen Container«. Anders als bei ECS müssen Sie keine Cluster-Knoten selbst provisionieren und dann mit der Steuerungsebene verbinden. Sie definieren einfach einen Task, bei dem es sich mehr oder weniger um einen Satz von Anweisungen für das Ausführen des Container-Image handelt, und starten diesen dann. Die Bezahlung erfolgt zeitabhängig anhand der CPU- und Speicher-Ressourcen, die der Task verbraucht.

Man kann durchaus sagen, dass Fargate *(https://aws.amazon.com/de/blogs/aws/aws-fargate)* für einfache, in sich abgeschlossene, lang laufende Rechenaufgaben oder Batch-Jobs (wie etwa Data Crunching) sehr sinnvoll ist, bei denen nur wenig Anpassung und Integration mit anderen Services notwendig sind. Auch ist es ideal für das Bauen von Containern, die eher kurzlebig sind, und für alle Situationen, in denen der Overhead durch das Managen von Worker Nodes nicht gerechtfertigt ist.

Wenn Sie schon ECS mit EC2 Worker Nodes verwenden, wird Sie ein Wechsel zu Fargate von der Notwendigkeit befreien, diese Knoten zu provisionieren und zu managen. Fargate steht schon in einigen Regionen für das Ausführen von ECS-Tasks zur Verfügung und wird EKS ab 2019 unterstützen.

3.7.2 Azure Container Instances (ACI)

Die Azure Container Instances (ACI, *https://azure.microsoft.com/de-de/services/Container-instances*) entsprechen Fargate, bieten aber auch eine Integration mit dem Azure Kubernetes Service (AKS). So können Sie zum Beispiel Ihr AKS-Cluster so konfigurieren, dass temporär zusätzliche Pods innerhalb von ACI provisioniert werden, die Anforderungsspitzen abfangen.

Genauso können Sie kurzfristig Batch-Jobs in ACI laufen lassen, ohne Knoten im Leerlauf herumlungern zu lassen, wenn es keine Arbeit für sie gibt. Microsoft nennt diese Idee *Serverless Container*, aber wir finden diese Terminologie sowohl verwirrend (*Serverless* bezieht sich im Allgemeinen auf Cloud-Funktionen oder Functions-as-a-Service) und ungenau (es gibt Server, Sie können nur nicht darauf zugreifen).

ACI ist auch mit Azure Event Grid integriert, Microsofts Managed Event Routing Service. Mit dem Event Grid können ACI-Container mit Cloud-Services, Cloud-Funktionen oder Kubernetes-Anwendungen in AKS kommunizieren.

Sie können ACI-Container mithilfe von Azure-Funktionen erstellen, ausführen oder Daten an sie übergeben. Der Vorteil davon ist, dass Sie beliebige Workloads von einer Cloud-Funktion aus laufen lassen können und nicht nur von denen mit offiziell unterstützter *(blessed)* Sprache, wie zum Beispiel Python oder JavaScript.

Wenn Sie Ihre Workload Containerisieren können, können Sie sie auch als Cloud-Funktion mit all den zugehörigen Tools ausführen. So erlaubt es zum Beispiel Microsoft Flow auch Leuten ohne Programmiererfahrung, Workflows grafisch zusammenzuklicken und Container, Funktionen und Events miteinander zu verbinden.

3.8 Zusammenfassung

Kubernetes ist überall! Unsere Reise durch die weite Landschaft aus Kubernetes-Tools, -Services und -Produkten musste notgedrungen sehr oberflächlich bleiben, aber wir hoffen, Sie fanden sie trotzdem hilfreich.

Wir haben bei den verschiedenen Produkten und Features zwar versucht, so aktuell wie möglich zu sein, aber die Welt bewegt sich ziemlich schnell weiter und wir gehen davon aus, dass sich schon einiges geändert hat, wenn Sie dieses Buch lesen.

Aber unserer Meinung nach bleibt der zentrale Punkt gültig: Es lohnt sich nicht, Kubernetes-Cluster selbst zu managen, wenn ein Service-Provider das besser und billiger machen kann.

Nach unserer Erfahrung beim Beraten von Firmen, die nach Kubernetes migrieren, ist dies oft eine überraschende Idee oder zumindest eine, die nicht vielen in den Sinn kommt. Wir stellen häufig fest, dass Organisationen ihre ersten Schritte mit selbst gehosteten Clustern gegangen sind und Tools wie kops verwenden, aber noch gar nicht über den Einsatz eines Managed Service wie GKE nachgedacht haben. Aber es lohnt sich!

Noch mehr Punkte, die Sie im Hinterkopf behalten sollten:

- Kubernetes-Cluster bestehen aus *Master Nodes*, auf der die *Steuerungsebene* läuft, und *Worker Nodes* für Ihre Workloads.
- Produktive Cluster müssen *hochverfügbar* sein, das heißt, ein Ausfall eines Master Nodes führt nicht zu einem Datenverlust und beeinträchtigt auch nicht den Rest des Clusters.
- Es ist ein weiter Weg von einem einfachen Demo-Cluster zu einem, das für kritische produktive Workloads einsetzbar ist. Hochverfügbarkeit, Sicherheit und Knoten-Management sind nur ein paar der dabei zu beachtenden Themen.
- Das Managen Ihres eigenen Clusters erfordert eine deutliche Investition an Zeit, Aufwand und Expertise. Und auch dann können Sie es immer noch falsch machen.

- Managed Services wie Google Kubernetes Engine erledigen all das Heavy Lifting für Sie – zu deutlich niedrigeren Kosten als bei einem Self-Hosting.
- Turnkey Services sind ein guter Kompromiss zwischen selbst gehostetem und vollständig gemanagtem Kubernetes. Turnkey-Provider wie Stackpoint verwalten die Master Nodes für Sie, während die Worker Nodes auf Ihren eigenen Maschinen laufen.
- Müssen Sie Ihr eigenes Cluster hosten, ist kops ein ausgereiftes und weitverbreitetes Tool, das produktiv einsetzbare Cluster auf AWS und Google Cloud provisionieren und hosten kann.
- Sie sollten wann immer möglich Managed Kubernetes verwenden. Das ist in Bezug auf Kosten, Overhead und Qualität für die meisten Firmen die beste Wahl.
- Wenn Managed Services keine Option sind, denken Sie an den Einsatz von Turnkey Services als guten Kompromiss.
- Hosten Sie Ihr Cluster nicht selbst, wenn Sie keinen guten Grund dafür haben. Wenn Sie es tun, unterschätzen Sie nicht den Aufwand für Entwickler und Techniker für das initiale Setup und den fortlaufenden Wartungsoverhead.

4 Mit Kubernetes-Objekten arbeiten

Ich verstehe nicht, warum Leute Angst vor neuen Ideen haben.
Ich habe Angst vor den alten.

– John Cage

In Kapitel 2 haben Sie eine Anwendung für Kubernetes gebaut und darauf deployt. In diesem Kapitel werden Sie die dabei beteiligten grundlegenden Kubernetes-Objekte kennenlernen: Pods, Deployments und Services. Sie werden auch erfahren, wie Sie das unverzichtbare Helm zum Managen von Anwendungen in Kubernetes einsetzen.

Nach dem Durcharbeiten des Beispiels in Abschnitt 2.5.1 sollten Sie jetzt ein Container-Image haben, das im Kubernetes-Cluster läuft, aber wie funktioniert das wirklich? Unter der Motorhaube erzeugt der Befehl `kubectl run` eine Kubernetes-Ressource vom Typ *Deployment*. Was ist das? Und wie lässt ein Deployment tatsächlich Ihr Container-Image laufen?

4.1 Deployments

Sie erinnern sich, wie Sie die Demo-App mit Docker laufen ließen? Der Befehl `docker container run` hat den Container gestartet und dieser lief, bis Sie ihn mit *Strg+C* beendet haben.

Aber stellen Sie sich vor, dass der Container aus einem anderen Grund beendet wurde – vielleicht ist das Programm abgestürzt, es gab einen Systemfehler, Ihre Maschine hatte keinen Plattenplatz mehr oder irgendwelche kosmischen Strahlen haben Ihre CPU im falschen Moment erwischt (unwahrscheinlich, aber es kommt vor). Wenn das eine produktive Anwendung ist, heißt das, Sie haben nun unglückliche Anwender, bis es jemand an ein Terminal schafft und wieder `docker container run` eingibt.

Das ist eine unbefriedigende Situation. Eigentlich wollen Sie eine Art Überwachungsprogramm, das fortlaufend prüft, ob der Container noch läuft, und ihn im Fehlerfall direkt neu startet. Auf klassischen Servern können Sie dazu ein Tool wie `systemd`, `runit` oder `supervisord` nutzen. Docker hat etwas Ähnliches und es wird Sie nicht überraschen, dass Kubernetes auch ein Überwachungs-Feature besitzt: das *Deployment*.

4.1.1 Supervising und Scheduling

Für jedes Programm, das Kubernetes überwachen muss, erzeugt es ein entsprechendes Deployment-Objekt, das ein paar Informationen über das Programm aufzeichnet: den Namen des Container-Image, die Anzahl an Replicas, die Sie laufen lassen wollen, und was sonst noch so zum Starten des Containers erforderlich ist.

Zusammen mit der Deployment-Ressource arbeitet ein *Controller* als Kubernetes-Objekt. Controller passen auf die Ressource auf, für die sie verantwortlich sind – sie stellen sicher, dass die Ressource da ist und funktioniert. Lässt ein Deployment nicht ausreichend Replicas laufen (aus welchem Grund auch immer), erzeugt der Controller neue. (Gibt es zu viele Replicas, wird der Controller auch welche beenden. Auf jeden Fall stellt der Controller sicher, dass der reale Status dem gewünschten Status entspricht.)

Tatsächlich managt ein Deployment die Replicas nicht direkt. Stattdessen erzeugt es automatisch ein zugehöriges Objekt vom Typ ReplicaSet, das sich darum kümmert. Wir werden gleich in Abschnitt 4.3 mehr darüber schreiben, aber da Sie meist nur mit Deployments interagieren, sollen Sie damit erst noch vertrauter werden.

4.1.2 Container neu starten

Auf den ersten Blick mögen sich Deployments ein bisschen überraschend verhalten. Wenn Ihr Container mit seiner Arbeit fertig ist und sich beendet, wird das Deployment ihn neu starten. Stürzt er ab, schießen Sie ihn mit einem Signal ab oder beenden Sie ihn mit `kubectl`, wird das Deployment ihn neu starten. (So sollten Sie es aus konzeptioneller Sicht betrachten; wie Sie noch sehen werden, ist die Realität ein wenig komplexer.)

Die meisten Kubernetes-Anwendungen sind dazu gedacht, lang laufend und zuverlässig zu sein, daher ist dieses Verhalten sinnvoll: Container können aus allen möglichen Gründen ihr Leben aushauchen und in den meisten Fällen würde ein menschlicher Operator sie auch nur neu starten, daher ist das Kubernetes' Standardverhalten.

Es ist möglich, dieses Vorgehen für einzelne Container zu ändern. Man kann zum Beispiel vorgeben, dass er nie neu gestartet werden soll oder nur bei einem Fehler und nicht, wenn er sich normal beendet (siehe Abschnitt 8.5). Aber das Standardverhalten (immer neu starten) ist meist das, was Sie eigentlich wollen.

Die Aufgabe eines Deployments ist es, die zugehörigen Container zu beobachten und sicherzustellen, dass die angegebene Anzahl von ihnen immer läuft. Gibt es weniger, werden neue gestartet. Gibt es zu viele, werden ein paar beendet. Das ist viel leistungsfähiger und flexibler als ein klassisches Supervisor-Programm.

4.1.3 Deployments abfragen

Sie können alle in Ihrem aktuellen Namensraum (siehe Abschnitt 5.3) aktiven Deployments mit folgendem Befehl abfragen:

```
kubectl get deployments
NAME  DESIRED  CURRENT  UP-TO-DATE  AVAILABLE  AGE
demo  1        1        1           1          21h
```

Um mehr Informationen zu diesem spezifischen Deployment zu erhalten, nutzen Sie folgenden Befehl:

```
kubectl describe deployments/demo
Name:                   demo
Namespace:              default
CreationTimestamp:      Tue, 08 May 2018 12:20:50 +0100
...
```

Wie Sie sehen, erhalten Sie hier viel mehr Informationen, von denen die meisten für Sie noch nicht von Interesse sind. Schauen wir uns aber trotzdem den Abschnitt `Pod Template` genauer an:

```
Pod Template:
  Labels: app=demo
  Containers:
    demo:
      Image:        cloudnatived/demo:hello
      Port:         8888/TCP
      Host Port:    0/TCP
      Environment: <none>
      Mounts:       <none>
    Volumes: <none>
```

Sie wissen, dass ein Deployment die Informationen besitzt, die Kubernetes benötigt, um den Container laufen zu lassen, und hier finden Sie sie. Aber was ist ein Pod Template? Tatsächlich müssen wir vorher noch fragen: Was ist ein Pod?

4.2 Pods

Ein Pod ist das Kubernetes-Objekt, das eine Gruppe aus einem oder mehreren Containern repräsentiert (*Pod* ist auch der englische Begriff für eine Gruppe oder Schule von Walen, was zu den leicht seefahrtslastigen Metaphern von Kubernetes passt).

Warum managt ein Deployment keine einzelnen Container direkt? Das liegt daran, dass manchmal ein Satz Container gemeinsam geschedult werden, auf dem gleichen Knoten laufen und dabei lokal kommunizieren und vielleicht auch noch gemeinsam Storage nutzen muss.

So mag eine Blog-Anwendung vielleicht einen Container haben, der die Inhalte mit einem Git-Repository synchronisiert, und einen Nginx-Webserver-Container, der die Blog-Inhalte den Benutzern bereitstellt. Da die Daten gemeinsam genutzt werden, müssen die beiden Container auch gemeinsam in einem Pod geschedult werden. In der Praxis enthalten viele Pods allerdings doch nur einen Container, wie auch in diesem Fall. (Siehe auch Abschnitt 8.1.3)

Daher besitzt eine Pod-Spezifikation (oder *Spec*) eine Liste mit `Containers`, die in unserem Fall nur den einen `demo`-Container enthält:

```
demo:
  Image:        cloudnatived/demo:hello
  Port:         8888/TCP
  Host Port:    0/TCP
  Environment:  <none>
  Mounts:       <none>
```

Die `Image`-Spec wird in Ihrem Fall **`YOUR_DOCKER_ID`**`/myhello` sein, und zusammen mit der Portnummer sind das alle Informationen, die das Deployment benötigt, um den Pod zu starten und am Laufen zu halten.

Und das ist ein wichtiger Punkt. Der Befehl `kubectl run` hat den Pod gar nicht direkt gestartet. Stattdessen wurde ein Deployment erzeugt und *dann* hat das Deployment den Pod gestartet. Das Deployment ist eine Deklaration Ihres gewünschten Status: »Ein Pod sollte mit dem Container `myhello` darin laufen.«

4.3 ReplicaSets

Wir haben geschrieben, dass Deployments die Pods starten, aber da passiert dann doch noch ein bisschen mehr. Tatsächlich kümmern sich die Deployments nicht direkt um Pods. Das ist die Aufgabe des ReplicaSet-Objekts.

Ein ReplicaSet ist für eine Gruppe identischer Pods – die *Replicas* – verantwortlich. Gibt es verglichen mit der Spezifikation zu wenige (oder zu viele) Pods, wird der ReplicaSet-Controller welche starten (oder stoppen), um die Situation wieder zu berichtigen.

Deployments kümmern sich hingegen um die ReplicaSets und steuern, wie sich die Replicas bei einem Update verhalten – zum Beispiel beim Ausrollen einer neuen Version Ihrer Anwendung (siehe Abschnitt 13.2). Aktualisieren Sie das Deployment, wird ein neues ReplicaSet zum Managen der neuen Pods erzeugt, und wenn das Update abgeschlossen ist, werden das alte ReplicaSet und seine Pods beendet.

In Abbildung 4–1 repräsentiert jedes ReplicaSet (V1, V2, V3) eine andere Version der Anwendung mit ihren zugehörigen Pods.

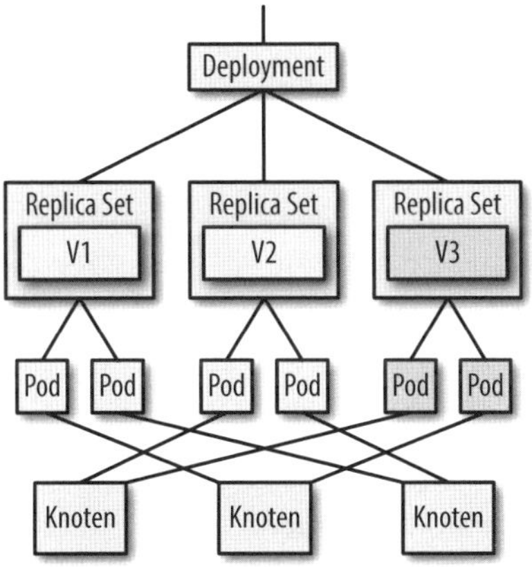

Abb. 4–1 *Deployments, ReplicaSets und Pods*

Normalerweise haben Sie mit ReplicaSets direkt nichts zu tun, da die Deployments für Sie die Arbeit übernehmen – aber es ist gut zu wissen, was sie tun.

4.4 Den gewünschten Status warten

Kubernetes-Controller vergleichen kontinuierlich den gewünschten Status, der durch die einzelnen Ressourcen spezifiziert wurde, mit dem tatsächlichen Status des Clusters und nehmen die notwendigen Anpassungen vor, um beides synchron zu halten. Dieser Prozess wird als *Reconciliation Loop* (oder Abstimmungs-Schleife) bezeichnet, weil er unendlich lange in einer Schleife läuft und versucht, den tatsächlichen Status mit dem gewünschten Status abzustimmen.

Wenn Sie zum Beispiel erstmals das `demo`-Deployment erzeugen, gibt es keinen laufenden `demo`-Pod. Daher wird Kubernetes den erforderlichen Pod sofort starten. Wenn er dann stoppt, wird Kubernetes ihn erneut starten, so lange das Deployment noch existiert.

Schauen wir uns das an, indem wir den Pod manuell stoppen. Prüfen Sie zunächst, dass der Pod tatsächlich läuft:

```
kubectl get pods --selector app=demo
NAME                    READY  STATUS   RESTARTS  AGE
demo-54df94b7b7-qgtc6   1/1    Running  1         22h
```

Nun stoppen wir den Pod:

```
kubectl delete pods --selector app=demo
pod "demo-54df94b7b7-qgtc6" deleted
```

Lassen wir uns die Pods erneut anzeigen:

```
kubectl get pods --selector app=demo
NAME                    READY  STATUS       RESTARTS AGE
demo-54df94b7b7-hrspp   1/1    Running      0        5s
demo-54df94b7b7-qgtc6   0/1    Terminating  1        22h
```

Sie sehen, wie der ursprüngliche Pod herunterfährt (sein Status ist Terminating), aber er wurde schon durch einen neuen Pod ersetzt, der erst fünf Sekunden alt ist. Da war die Reconciliation Loop an der Arbeit.

Sie haben Kubernetes über das erstellte Deployment angewiesen, dass der demo-Pod *immer* laufen muss. Es nimmt Sie beim Wort, und sogar wenn Sie den Pod selbst löschen, geht Kubernetes davon aus, dass Sie wohl einen Fehler gemacht haben, und startet einen neuen Pod für Sie, um den alten zu ersetzen.

Haben Sie mit dem Deployment genug herumgespielt, fahren Sie es herunter und räumen Sie auf:

```
kubectl delete all --selector app=demo
pod "demo-54df94b7b7-hrspp" deleted
service "demo" deleted
deployment.apps "demo" deleted
```

4.5 Der Kubernetes-Scheduler

Wir haben Dinge geschrieben wie »das Deployment wird Pods erzeugen« und »Kubernetes wird den erforderlichen Pod starten«, ohne wirklich zu erklären wie das funktioniert.

Der Kubernetes-*Scheduler* ist die Komponente, die für diesen Teil des Prozesses verantwortlich ist. Wenn ein Deployment (über sein zugehöriges ReplicaSet) entscheidet, dass eine neue Replica benötigt wird, erzeugt es eine Pod-Ressource in der Kubernetes-Datenbank. Gleichzeitig wird dieser Pod in eine Queue eingefügt, die dem Eingangskorb des Schedulers entspricht.

Die Aufgabe des Schedulers ist es, seine Queue mit nicht geschedulteten Pods im Auge zu behalten, sich den nächsten Pod daraus zu nehmen und einen Knoten für ihn zu finden. Er greift auf ein paar Kriterien zurück, unter anderem auf die Ressourcen-Anforderungen des Pods, um einen passenden Knoten auszuwählen, sofern es überhaupt einen gibt (wir werden den Prozess detaillierter in Kapitel 5 behandeln).

Wurde der Pod auf einen Knoten geschedult, schnappt sich ihn der kubelet auf diesem Knoten und kümmert sich darum, die darin enthaltenen Container auch tatsächlich zu starten (siehe Abschnitt 3.1.2).

Als Sie den Pod in Abschnitt 4.4 gelöscht haben, hat das der kubelet auf dem Knoten erkannt und für Ersatz gesorgt. Er *weiß*, dass auf diesem Knoten ein `demo`-Pod laufen sollte, und wenn er keinen findet, startet er einen. (Was würde passieren, wenn Sie den Knoten komplett herunterführen? Seine Pods wären nicht mehr geschedult und würden wieder in die Queue des Schedulers wandern, wo dieser sie auf andere Knoten verteilen würde.)

Die Stripe-Entwicklerin Julia Evans hat in *https://jvns.ca/blog/2017/07/27/how-does-the-kubernetes-scheduler-work* eine sehr gute Erläuterung geschrieben, wie das Scheduling in Kubernetes funktioniert.

4.6 Ressourcen-Manifeste im YAML-Format

Nachdem Sie wissen, wie Sie in Kubernetes eine Anwendung ausführen, ist es damit nun erledigt? Sind Sie fertig? Nicht ganz. Der Befehl `kubectl run` zum Erstellen eines Deployments ist zwar nützlich, aber auch beschränkt. Stellen Sie sich vor, Sie möchten etwas an der Deployments-Spec ändern – zum Beispiel den Image-Namen oder die Version. Sie könnten das bestehende Deployment löschen (mithilfe von `kubectl delete`) und ein neues mit den richtigen Daten erstellen. Aber es geht auch besser.

Weil Kubernetes inhärent ein *deklaratives* System ist und kontinuierlich den tatsächlichen Status mit dem gewünschten Status abgleicht, müssen Sie nur den gewünschten Status anpassen – die Deployment-Spec – und Kubernetes kümmert sich um den Rest. Wie machen Sie das?

4.6.1 Ressourcen sind Daten

Alle Kubernetes-Ressourcen, wie zum Beispiel Deployments oder Pods, werden durch Datensätze in seiner internen Datenbank repräsentiert. Die Reconciliation Loop überwacht die Datenbank auf Änderungen an diesen Datensätzen und führt entsprechende Aktionen aus. Tatsächlich geschieht durch `kubectl run` selbst nicht viel mehr als das Eintragen eines neuen zu einem Deployment gehörigen Datensatzes in die Datenbank – Kubernetes kümmert sich dann um den Rest.

Aber Sie müssen nicht `kubectl run` verwenden, um mit Kubernetes zu interagieren. Sie können auch direkt das Ressourcen-*Manifest* erstellen oder bearbeiten (die Spezifikation für den gewünschten Status der Ressource). Halten Sie die Manifest-Datei unter Versionsverwaltung und führen Sie keine imperativen Befehle für kurzfristige Änderungen aus, sondern ändern Sie die Manifest-Datei und weisen Sie Kubernetes an, die aktualisierten Daten neu zu lesen.

4.6.2 Deployment-Manifeste

Das normale Format für Manifest-Dateien in Kubernetes ist YAML, auch wenn JSON möglich ist. Wie sieht nun solch ein YAML-Manifest für ein Deployment aus?

Schauen Sie sich unser Beispiel für die Demo-Anwendung an *(hello-k8s/k8s/deployment.yaml)*:

```
apiVersion: extensions/v1beta1
kind: Deployment
metadata:
  name: demo
  labels:
    app: demo
spec:
  replicas: 1
  selector:
    matchLabels:
      app: demo
  template:
    metadata:
      labels:
        app: demo
    spec:
      containers:
        - name: demo
          image: cloudnatived/demo:hello
          ports:
          - containerPort: 8888
```

Auf den ersten Blick sieht das kompliziert aus, aber es ist zum größten Teil immer das Gleiche. Die interessanten Teile enthalten die gleichen Informationen, die Sie schon in verschiedenster Form gesehen haben: das Container-Image und den Port. Als Sie diese Informationen zuvor an `kubectl run` gegeben haben, wurde das Äquivalent dieses YAML-Manifests im Hintergrund erstellt und an Kubernetes übergeben.

4.6.3 kubectl apply verwenden

Um Kubernetes als deklarative Infrastruktur voll als Code-System auszunutzen, übergeben Sie die YAML-Manifeste selbst an das Cluster mithilfe des Befehls `kubectl apply`.

Versuchen Sie es mit unserem Beispiel-Deployment-Manifest *hello-k8s/k8s/deployment.yaml*.[5]

5. *k8s*, ausgesprochen als *käits*, ist eine übliche Abkürzung für *Kubernetes*, die dem Geek-Muster folgt, Wörter als *Numeronyme* abzukürzen: erster und letzter Buchstabe bleiben, dazwischen steht die Anzahl an Buchstaben *(k-8-s)*. Vielleicht kennen Sie auch *i18n* (Internationalization), *a11y* (Accessibility) und *o11y* (Oberservability).

Führen Sie die folgenden Befehle in Ihrer Kopie des Demo-Repositorys aus:

```
cd hello-k8s
kubectl apply -f k8s/deployment.yaml
deployment.apps "demo" created
```

Nach ein paar Sekunden sollte ein demo-Pod laufen:

```
kubectl get pods --selector app=demo
NAME                   READY  STATUS    RESTARTS  AGE
demo-6d99bf474d-z9zv6  1/1    Running   0         2m
```

Wir sind aber noch nicht ganz fertig, denn um den demo-Pod mit einem Webbrowser verbinden zu können, werden wir noch einen Service erstellen, bei dem es sich um eine Kubernetes-Ressource handelt, durch die Sie sich mit Ihren deployten Pods verbinden können (mehr dazu gleich).

Als Erstes wollen wir uns anschauen, was ein Service ist und warum wir einen benötigen.

4.6.4 Service-Ressourcen

Stellen Sie sich vor, Sie wollen eine Netzwerkverbindung zu einem Pod aufbauen (wie bei unserer Beispielanwendung). Wie schaffen Sie das? Sie könnten die IP-Adresse des Pods herausfinden und sich direkt mit dieser Adresse und der Portnummer des Pods verbinden. Aber die IP-Adresse ändert sich vielleicht, wenn der Pod neu gestartet wird, also müssen Sie sie immer wieder nachschlagen und sicherstellen, dass sie aktuell ist.

Schlimmer noch ist, dass es mehrere Replicas des Pods gibt – jede mit einer anderen Adresse. Jede weitere Anwendung, die den Pod ansprechen will, müsste eine Liste dieser Adressen vorhalten, was nicht gerade nach einer guten Idee klingt.

Zum Glück gibt es eine bessere Möglichkeit: Eine Service-Ressource stellt Ihnen eine einzige, unveränderliche IP-Adresse oder einen DNS-Namen zur Verfügung, die/der automatisch zu einem passenden Pod weitergeleitet wird. Später in Abschnitt 9.6 geht es um die Ingress-Ressource, die ein ausgefeilteres Routing und den Einsatz von TLS-Zertifikaten erlaubt.

Aber jetzt wollen wir uns genauer anschauen, wie ein Kubernetes-Service funktioniert.

Sie können sich einen Service wie einen Webproxy oder Load Balancer vorstellen, der Requests an ein Set aus *Backend*-Pods weiterleitet (Abbildung 4–2). Aber er ist nicht auf Web-Ports beschränkt: Ein Service kann Traffic von jedem beliebigen Port an einen anderen Port weiterreichen, wenn dies im ports-Abschnitt der Spec so definiert wurde.

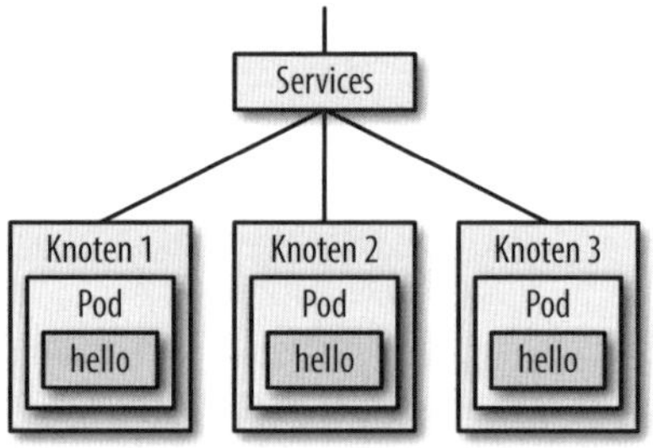

Abb. 4–2 *Ein Service bietet einen persistenten Endpunkt für eine Gruppe von Pods.*

So sieht das YAML-Manifest des Service für unsere Demo-Anwendung aus:

```
apiVersion: v1
kind: Service
metadata:
  name: demo
  labels:
    app: demo
spec:
  ports:
  - port: 8888
    protocol: TCP
    targetPort: 8888
  selector:
    app: demo
  type: ClusterIP
```

Sie sehen, dass das Manifest dem der vorher gezeigten Deployment-Ressource ähnelt. Aber `kind` ist hier vom Typ `Service` statt `Deployment` und `spec` enthält nur eine Liste mit `ports`, dazu einen `selector` und einen `type`.

Wenn Sie sich den Code ein bisschen genauer anschauen, sehen Sie, dass der Service seinen Port 9999 an den Port 8888 des Pods weiterleitet:

```
...
ports:
- port: 9999
  protocol: TCP
  targetPort: 8888
```

Der `selector` ist der Teil, der dem Service mitteilt, wie Requests an bestimmte Pods weiterzuleiten sind. Requests werden anhand der Labels an die entsprechenden Pods geroutet – in diesem Fall einfach `app: demo` (siehe Abschnitt 9.1). In unserem Beispiel gibt es nur einen passenden Pod, aber wenn es mehrere gäbe, würde der Service jeden Request an einen zufällig ausgewählten Pod schicken.[6]

6. Dies ist der Standard-Algorithmus beim Load Balancing. Kubernetes unterstützt ab Version 1.10 auch andere Algorithmen wie zum Beispiel *Least Connection*. Siehe *https://kubernetes.io/blog/2018/07/09/ipvs-based-in-cluster-load-balancing-deep-dive*.

In dieser Hinsicht ist ein Kubernetes-Service ein bisschen wie ein klassischer Load Balancer und tatsächlich können sowohl Services wie auch Ingresses automatisch Cloud-Load-Balancer erzeugen (siehe Abschnitt 9.6).

Hier sollten Sie sich vor allem merken, dass ein Deployment einen Satz von Pods für Ihre Anwendung managt und ein Service Ihnen einen einzelnen Zugangspunkt für Requests an diese Pods liefert.

Wenden Sie dieses Manifest nun an, um den Service zu erstellen:

```
kubectl apply -f k8s/service.yaml
service "demo" created

kubectl port-forward service/demo 9999:8888
Forwarding from 127.0.0.1:9999 -> 8888
Forwarding from [::1]:9999 -> 8888
```

Wie zuvor wird `kubectl port-forward` den `demo`-Service mit einem Port auf Ihrem lokalen Rechner verbinden, sodass Sie über *http://localhost:9999* mit Ihrem Webbrowser arbeiten können.

Haben Sie gesehen, dass alles korrekt funktioniert, führen Sie den folgenden Befehl aus, um aufzuräumen, bevor es zum nächsten Abschnitt weitergeht:

```
kubectl delete -f k8s/
```

Tipp

Sie können `kubectl delete` mit einem Label-Selektor einsetzen, wie wir das weiter oben schon getan haben, um alle Ressourcen zu löschen, die zu dem Selektor passen (siehe Abschnitt 9.1). Alternativ können Sie wie hier `kubectl delete -f` mit einem Verzeichnis mit Manifesten nutzen. Dann werden alle Ressourcen, die in diesem Manifest-Dateien beschrieben sind, gelöscht.

Übung

Passen Sie die Datei *k8s/deployment.yaml* so an, dass die Anzahl der Replicas auf 3 steigt. Wenden Sie das Manifest mit `kubectl apply` erneut an und prüfen Sie mit `kubectl get pods`, dass Sie statt einem nun drei `demo`-Pods haben.

4.6.5 Das Cluster mit kubectl abfragen

Das Tool `kubectl` ist das Schweizer Taschenmesser von Kubernetes: Es wendet Konfigurationen an, erzeugt, verändert und zerstört Ressourcen und kann auch das Cluster nach bestehenden Ressourcen und ihrem Status befragen.

Sie haben schon gesehen, wie wir mit `kubectl get` Pods und Deployments abfragen. Sie können so auch sehen, welche Knoten in Ihrem Cluster existieren:

```
kubectl get nodes
NAME                 STATUS  ROLES   AGE  VERSION
docker-for-desktop   Ready   master  1d   v1.10.0
```

Wollen Sie Ressourcen aller Typen sehen, nutzen Sie `kubectl get all`. (Das zeigt tatsächlich nicht *alle* Ressourcen, sondern nur die gebräuchlichsten Typen, aber da wollen wir jetzt nicht so kleinlich sein.)

Um umfassende Informationen über einen einzelnen Pod zu erhalten (oder eine andere Ressource), nutzen Sie `kubectl describe`:

```
kubectl describe pod/demo-dev-6c96484c48-69vss
Name:         demo-dev-6c96484c48-69vss
Namespace:    default
Node:         docker-for-desktop/10.0.2.15
Start Time:   Wed, 06 Jun 2018 10:48:50 +0100
...
Containers:
  demo:
    Container ID:  docker://646aaf7c4baf6d...
    Image:         cloudnatived/demo:hello
...
Conditions:
  Type           Status
  Initialized    True
  Ready          True
  PodScheduled   True
...
Events:
  Type    Reason     Age  From                Message
  ----    ------     ---- ----                -------
  Normal  Scheduled  1d   default-scheduler   Successfully assigned demo-dev...
  Normal  Pulling    1d   kubelet             pulling image "cloudnatived/demo...
...
```

In dieser Beispielausgabe sehen Sie, dass `kubectl` Ihnen ein paar grundlegende Informationen über den Container selbst gibt, unter anderem die Image-Bezeichnung und den Status, aber auch eine Liste mit Events, die für den Container geschehen sind. (Sie werden mehr über die Leistungsfähigkeit von `kubectl` in Kapitel 7 erfahren.)

4.6.6 Ressourcen noch leistungsfähiger machen

Sie wissen jetzt alles, was Sie wissen müssen, um Anwendungen mithilfe von deklarativen YAML-Manifesten auf Kubernetes-Cluster zu deployen. Aber es gibt in diesen Dateien viele Wiederholungen: So haben Sie zum Beispiel den Namen `demo`, den Label-Selektor `app: demo` und den Port `8888` mehrfach angegeben.

Sollte es nicht reichen, diese Werte nur einmal anzugeben, um sich dann in den Kubernetes-Manifesten immer wieder darauf beziehen zu können?

So wäre es doch zum Beispiel toll, Variablen zu definieren, die Namen wie `container.name` oder `container.port` tragen, und diese dann überall dort zu nutzen, wo sie in den YAML-Dateien gebraucht werden. Und wenn Sie den Namen der App oder die Portnummer anpassen müssen, wäre das nur an einer Stelle notwendig und alle Manifeste würden automatisch aktualisiert.

Zum Glück gibt es ein Tool dafür und im letzten Abschnitt dieses Kapitels werden wir ein bisschen von dem zeigen, was es kann.

4.7 Helm: Ein Kubernetes-Paketmanager

Ein beliebter Paketmanager für Kubernetes trägt den Namen Helm und er arbeitet genau so, wie wir es im vorigen Abschnitt beschrieben haben. Sie können das Befehlszeilentool `helm` verwenden, um (Ihre eigenen oder auch fremde) Anwendungen zu installieren und zu konfigurieren. Sie können Pakete erstellen, die Helm-*Charts* genannt werden und die vollständig die benötigten Ressourcen zum Ausführen der Anwendung, seine Abhängigkeiten und die konfigurierbaren Einstellungen beschreiben.

Helm ist Teil der Projektfamilie der Cloud Native Computing Foundation (siehe Abschnitt 1.6), wodurch seine Stabilität und Verbreitung sichergestellt ist.

Hinweis

Beachten Sie, dass ein Helm-Chart – anders als die binären Software-Pakete, die von Tools wie APT oder Yum eingesetzt werden – das Container-Image selbst nicht enthält. Stattdessen stehen darin nur die Metadaten, wo das Image gefunden werden kann, so wie das bei einem Kubernetes-Deployment auch der Fall ist.

Installieren Sie den Chart, sucht Kubernetes selbst das binäre Container-Image am angegebenen Ort und lädt es herunter. Tatsächlich ist ein Helm-Chart eigentlich nur ein praktischer Wrapper für YAML-Manifeste von Kubernetes.

4.7.1 Helm installieren

Befolgen Sie die Installations-Anweisungen unter *https://helm.sh/docs/using_helm/#installing-helm* für Ihr Betriebssystem.

Haben Sie Helm installiert, müssen Sie ein paar Kubernetes-Ressourcen erstellen und sie dabei für den Zugriff auf Ihr Cluster autorisieren. Es gibt eine passende YAML-Datei im Beispiel-Repo im Verzeichnis *hello-helm* mit dem Namen *helm-auth.yaml*. Um sie anzuwenden, führen Sie die folgenden Befehle aus:

```
cd ../hello-helm
kubectl apply -f helm-auth.yaml
serviceaccount "tiller" created
clusterrolebinding.rbac.authorization.k8s.io "tiller" created
```

Nachdem nun die notwendigen Berechtigungen vorhanden sind, können Sie Helm für den Zugriff auf das Cluster mit diesem Befehl initialisieren:

```
helm init --service-account tiller
$HELM_HOME has been configured at /Users/john/.helm.
```

Es kann um die fünf Minuten dauern, bis Helm mit seiner Initialisierung fertig ist. Um zu prüfen, ob es jetzt läuft, geben Sie ein:

```
helm version
Client: &version.Version{SemVer:"v2.9.1",
GitCommit:"20adb27c7c5868466912eebdf6664e7390ebe710",
GitTreeState:"clean"}
Server: &version.Version{SemVer:"v2.9.1",
GitCommit:"20adb27c7c5868466912eebdf6664e7390ebe710",
GitTreeState:"clean"}
```

War dieser Befehl erfolgreich, können Sie mit Helm arbeiten. Erhalten Sie hingegen eine Meldung `Error: cannot connect to Tiller`, warten Sie ein paar Minuten und versuchen es erneut.

4.7.2 Einen Helm-Chart installieren

Wie würde der Helm-Chart für unsere Demo-Anwendung aussehen? Im Verzeichnis *hello-helm* finden Sie ein Unterverzeichnis *k8s*, das im vorigen Beispiel (`hello-k8s`) nur die Kubernetes-Manifest-Dateien zum Deployen der Anwendung enthielt. Jetzt finden Sie darin einen Helm-Chart im Verzeichnis *demo*:

```
ls k8s/demo
Chart.yaml  prod-values.yaml  staging-values.yaml  templates
values.yaml
```

Sie werden in Abschnitt 12.1.1 sehen, wofür all diese Dateien sind, aber jetzt wollen wir einfach nur Helm nutzen, um die Demo-Anwendung zu installieren. Zuerst räumen Sie die Ressourcen von vorigen Deployments auf:

```
kubectl delete all --selector app=demo
```

Dann geben Sie folgenden Befehl ein:

```
helm install --name demo ./k8s/demo
NAME: demo
LAST DEPLOYED: Wed Jun 6 10:48:50 2018
NAMESPACE: default
STATUS: DEPLOYED

RESOURCES:
==> v1/Service
NAME          TYPE       CLUSTER-IP     EXTERNAL-IP  PORT(S)  AGE
demo-service  ClusterIP  10.98.231.112  <none>       80/TCP   0s
```

```
==> v1/Deployment
NAME  DESIRED  CURRENT  UP-TO-DATE  AVAILABLE  AGE
demo  1        1        1           0          0s

==> v1/Pod(related)
NAME                   READY  STATUS             RESTARTS  AGE
demo-6c96484c48-69vss  0/1    ContainerCreating  0         0s
```

Sie sehen, dass Helm eine Deployment-Ressource (die einen Pod startet) und einen Service angelegt hat – wie im vorigen Beispiel. `helm install` nutzt dazu ein Kubernetes-Objekt namens Helm-*Release*.

4.7.3 Charts, Repositories und Releases

Dies sind die drei wichtigsten Begriffe in Helm, die Sie kennen müssen:

- Ein *Chart* ist ein Helm-Paket mit allen Ressourcen-Definitionen, die zum Ausführen einer Anwendung in Kubernetes notwendig sind.
- Ein *Repository* ist ein Ort, an dem Charts gesammelt und zur Verfügung gestellt werden.
- Ein *Release* ist eine bestimmte Instanz eines Charts, die in einem Kubernetes-Cluster läuft.

Ein Chart kann oft mehrfach auf dem gleichen Cluster installiert werden. Wenn Sie etwa mehrere Instanzen des Nginx-Webserver-Charts ausführen, kann jede eine andere Site beliefern. Jede einzelne Instanz des Charts ist ein eigenes Release.

Jedes Release hat einen eindeutigen Namen, den Sie über das Flag `-name` an `helm install` mitgeben. (Wenn Sie das nicht tun, wird Helm zufällig einen auswählen. Vermutlich werden Sie den nicht mögen.)

4.7.4 Helm-Releases anzeigen

Um zu prüfen, welche Releases bei Ihnen laufen, nutzen Sie `helm list`:

```
helm list
NAME REVISION UPDATED                  STATUS   CHART      NAMESPACE
demo 1        Wed Jun  6 10:48:50 2018 DEPLOYED demo-1.0.1 default
```

Wenn Sie sich für den genauen Status eines bestimmten Release interessieren, rufen Sie `helm status` zusammen mit dem Namen des Release auf. Sie erhalten dann die gleichen Informationen, die Sie schon beim ersten Deployen des Release angezeigt bekommen haben: eine Liste aller Kubernetes-Ressourcen, die mit dem Release verbunden sind; unter anderem Deployments, Pods und Services.

Weiter unten werden wir Ihnen noch zeigen, wie Sie Ihre eigenen Helm-Charts für Ihre Anwendungen bauen (siehe Abschnitt 12.1.1). Hier ist nur wichtig, zu wissen, dass Helm eine sehr praktische Möglichkeit ist, Anwendungen über öffentliche Charts zu installieren.

Tipp

Auf GitHub finden Sie die vollständige Liste der öffentlichen Helm-Charts unter *https://github.com/helm/charts/tree/master/stable.*

Sie erhalten eine Liste der verfügbaren Charts auch über den Aufruf von `helm search` ohne weitere Argumente (oder `helm search redis`, wenn Sie zum Beispiel nach einem Redis-Chart suchen).

4.8 Zusammenfassung

Dies ist kein Buch über die Interna von Kubernetes (sorry, aber es gibt auch kein Geld zurück). Unser Ziel ist es, Ihnen zu zeigen, was Kubernetes kann, und Sie schnell dorthin zu bringen, echte Workloads im produktiven Umfeld laufen zu lassen. Aber es ist nützlich, zumindest ein paar der Hauptbestandteile der ganzen Maschinerie zu kennen, mit der Sie arbeiten, wie zum Beispiel Pods und Deployments. In diesem Kapitel haben wir in Kurzform einige der wichtigsten davon vorgestellt.

So faszinierend die Technologie für Geeks wie uns auch ist – wir sind eigentlich daran interessiert, unsere Aufgaben erledigt zu bekommen. Daher haben wir nicht jede einzelne Ressource von Kubernetes bis ins Detail beschrieben, denn davon gibt es wirklich *viele*, und einen Großteil werden Sie auch nicht benötigen (zumindest noch nicht).

Das sind die Dinge, die Sie aus diesem Kapitel mitnehmen sollten:

- Der Pod ist die grundlegende Arbeitseinheit in Kubernetes. In ihm ist ein einzelner Container oder eine Gruppe von miteinander kommunizierenden Containern definiert, die gemeinsam geschedult werden.
- Ein Deployment ist eine High-Level-Ressource in Kubernetes, die Pods deklarativ managt und sie deployt, schedult, aktualisiert und bei Bedarf neu startet.
- Ein Service ist das Kubernetes-Äquivalent zu einem Load Balancer oder Proxy. Er leitet Traffic über eine einzelne, wohlbekannte, dauerhafte IP-Adresse oder einen DNS-Namen an die passenden Pods weiter.
- Der Kubernetes-Scheduler hält Ausschau nach Pods, die noch auf keinem Knoten laufen, sucht einen passenden für sie und weist das kubelet auf diesem Knoten an, den Pod auszuführen.

- Ressourcen, wie zum Beispiel Deployments, werden in der internen Datenbank von Kubernetes als Datensätze gespeichert. Extern lassen sie sich als Textdateien im YAML-Format repräsentieren (sogenannte *Manifeste*). Das Manifest ist eine Deklaration des gewünschten Status der Ressource.
- `kubectl` ist das wichtigste Tool für die Interaktion mit Kubernetes. Es erlaubt Ihnen, Manifeste anzuwenden, Ressourcen abzufragen, Änderungen vorzunehmen, Ressourcen zu löschen und viele andere Dinge zu erledigen.
- Helm ist ein Paket-Manager für Kubernetes. Er vereinfacht das Konfigurieren und Deployen von Kubernetes-Anwendungen, weil Sie mit einen einzelnen Satz von Werten (wie zum Beispiel den Anwendungsnamen oder dem Port, an dem zu lauschen ist) und einem Satz von Templates YAML-Dateien für Kubernetes erzeugen können, statt die YAML-Dateien selbst warten zu müssen.

5 Ressourcen managen

Wem genug zu wenig ist, dem ist nichts genug.

– Epikur

In diesem Kapitel werden wir uns anschauen, wie wir so viel wie möglich aus unserem Cluster herausholen: Wie managen und optimieren wir den Ressourceneinsatz? Wie betreuen wir den Lebenszyklus von Containern? Und wie teilen wir das Cluster mithilfe von Namensräumen auf? Wir werden auch ein paar Techniken und Best Practices vorstellen, wie Sie die Kosten für Ihr Cluster niedrig halten und dabei möglichst viel vom Cluster haben.

Sie werden lernen, wie Sie Ressouren-Anforderungen, -Grenzen und -Standards nutzen und wie Sie sie mithilfe des Vertical Pod Autoscalers optimieren. Sie erfahren, wie Sie Readiness-Proben, Liveness-Proben und Pod Disruption Budgets zum Managen von Containern einsetzen, wie Sie den Cloud Storage optimieren und wie und wann Sie präemptive oder reservierte Instanzen zum Steuern der Kosten nutzen.

5.1 Ressourcen verstehen

Angenommen, Sie haben ein Kubernetes-Cluster mit einer gegebenen Kapazität und einer sinnvollen Anzahl an Knoten der richtigen Größe. Wie holen Sie da das Beste heraus? Also wie nutzen Sie die verfügbaren Cluster-Ressourcen für Ihre Workload am besten aus, während Sie gleichzeitig dafür sorgen, dass Sie ausreichend Puffer für Anforderungsspitzen, Ausfälle von Knoten und fehlerhafte Deployments haben?

Um das zu beantworten, versuchen Sie, die Dinge aus Sicht des Kubernetes-Schedulers zu sehen. Seine Aufgabe ist es, zu entscheiden, wo ein gegebener Pod auszuführen ist. Gibt es genug Knoten mit ausreichend freien Ressourcen für diesen Pod?

Diese Frage lässt sich unmöglich beantworten, solange der Scheduler nicht weiß, wie viele Ressourcen der Pod zum Ausführen braucht. Ein Pod, der 1 GiB Speicher benötigt, kann nicht auf einem Knoten geschedult werden, der nur 100 MiB freien Speicher besitzt.

Genauso muss der Scheduler aktiv werden können, wenn ein gieriger Pod zu viele Ressourcen an sich reißt und andere Pods auf demselben Knoten verhungern lässt. Aber wie viel ist zu viel? Um Pods effektiv schedulen zu können, muss der Scheduler die minimal und maximal erforderlichen Ressourcen-Anforderungen für jeden Pod kennen.

Hier kommen die Ressourcen-Anforderungen und -Grenzen von Kubernetes ins Spiel. Kubernetes kann zwei Arten von Ressourcen managen: CPU und Speicher. Es gibt auch viele andere wichtige Arten von Ressourcen, wie zum Beispiel Netzwerk-Bandbreite, Disk I/O Operations (IOPS) und Plattenplatz, und um diese kann es in einem Cluster auch zum Streit kommen, aber Kubernetes hat noch keine Möglichkeit, die Anforderungen eines Pods dafür zu beschreiben.

5.1.1 Ressourcen-Einheiten

Die CPU-Nutzung für Pods wird – wie Sie vielleicht vermutet haben – in CPU-Einheiten ausgedrückt. Eine Kubernetes-CPU-Einheit entspricht einer vCPU bei AWS, einem Google Cloud Core, einem Azure vCore oder einem *Hyperthread* bei einem Bare-Metal-Prozessor, der Hyperthreading unterstützt. Mit anderen Worten: *1 CPU* in Kubernetes ist das, was Sie denken.

Weil die meisten Pods keine ganze CPU benötigen, werden Anforderungen und Grenzen im Allgemeinen in *Millicpus* ausgedrückt (manchmal als *Millicores* bezeichnet). Der Speicher wird in Bytes gemessen oder praktischer in *Mebibytes* (MiB).

5.1.2 Ressourcen-Anforderungen

Eine *Ressourcen-Anforderung* in Kubernetes (Resource Request) legt die minimale Menge dieser Ressource fest, die der Pod zur Ausführung benötigt. So sorgt zum Beispiel eine Ressourcen-Anforderung von `100m` (100 Millicups) und `250Mi` (250 MiB Speicher) dafür, dass der Pod nicht auf einem Knoten mit weniger als diesen Ressourcen geschedult werden kann. Gibt es keinen Knoten mit ausreichend Kapazität, verbleibt der Pod im Status `pending`, bis ein Knoten verfügbar ist.

Wenn zum Beispiel alle Ihre Cluster-Knoten zwei CPU-Kerne und 4 GiB Speicher haben, wird ein Container mit einer Anforderung von 2,5 CPUs niemals geschedult werden – genauso wenig wie einer mit einer Anforderung von 5 GiB.

Schauen wir uns an, wie eine Ressourcen-Anforderung bei unserer Beispiel-Anwendung aussehen könnte:

```
spec:
  containers:
  - name: demo
    image: cloudnatived/demo:hello
    ports:
    - containerPort: 8888
    resources:
      requests:
        memory: "10Mi"
        cpu: "100m"
```

5.1.3 Ressourcen-Grenzen

Eine *Ressourcen-Grenze* (Resource Limit) legt die maximale Menge einer Ressource fest, die ein Pod nutzen darf. Versucht er, mehr als die angeforderte CPU-Grenze zu nutzen, wird er *gethrottled* und seine Performance reduziert.

Versucht ein Pod, mehr Speicher anzufordern, als ihm zugestanden wurde, wird er allerdings schlicht beendet. Kann der beendete Pod neu geschedult werden, wird das geschehen. In der Praxis kann das heißen, dass der Pod einfach auf demselben Knoten neu gestartet wird.

Manche Anwendungen, wie zum Beispiel Netzwerk-Server, können mit der Zeit als Reaktion auf steigende Anfragen mehr und mehr Ressourcen konsumieren. Die Angabe einer Ressourcen-Grenze ist ein guter Weg, zu verhindern, dass solche hungrigen Pods mehr als einen fairen Anteil der Kapazität des Clusters verbrauchen.

Hier ein Beispiel für das Setzen einer Ressourcen-Grenze bei der Demo-Anwendung:

```
spec:
  containers:
  - name: demo
    image: cloudnatived/demo:hello
    ports:
    - containerPort: 8888
    resources:
      limits:
        memory: "20Mi"
        cpu: "250m"
```

Es ist eine Frage der Beobachtung und Bewertung, welche Grenzen für eine bestimmte Anwendung zu setzen sind (siehe Abschnitt 5.4.2).

Kubernetes erlaubt es, Ressourcen zu *überbuchen* (Overcommitting) – das heißt, die Summe aller Ressourcen-Grenzen von Containern auf einem Knoten kann die zur Verfügung stehenden Ressourcen dieses Knotens übersteigen. Das ist ein bisschen ein Glücksspiel: Der Scheduler wettet, dass die meisten Container den größten Teil der Zeit nicht ihre Ressourcen-Grenzen erreichen.

Hat der Scheduler hier unrecht und übersteigt der gesamte Ressourcen-Einsatz die maximale Kapazität des Knotens, wird Kubernetes Container aggressiver beenden. In solch einer Situation können Container, die ihre Anforderungen überschreiten, aber noch in ihren Grenzen bleiben, trotzdem beendet werden.[7]

Wenn Kubernetes Pods beenden muss, wird es bei ansonsten gleicher Konstellation mit denjenigen beginnen, die ihre Anforderungen am stärksten überschreiten. Pods, die im Rahmen ihrer Anforderungen bleiben, werden nur in sehr seltenen Ausnahmefällen beendet, wenn ansonsten die Systemkomponenten von Kubernetes (wie zum Beispiel `kubelet`) nicht mehr betrieben werden können.

Tipp

Geben Sie immer Ressourcen-Anforderungen und -Grenzen für Ihre Container an. Das hilft Kubernetes dabei, Ihre Pods gut zu schedulen und zu managen.

5.1.4 Halten Sie Ihre Container klein

Wir haben in Abschnitt 2.3.2 darauf hingewiesen, dass es aus einer Reihe von Gründen eine gute Idee ist, Ihre Container-Images so klein wie möglich zu halten:

- Kleine Container werden schneller gebaut.
- Die Images verbrauchen weniger Platz.
- Image Pulls sind schneller.
- Die Angriffsoberfläche ist verringert.

Wenn Sie Go verwenden, sind Sie schon einen Schritt voraus, denn Go kann Ihre Anwendung in eine einzige, statisch gelinkte Datei kompilieren. Wenn es nur eine Datei in Ihrem Container gibt, ist dieser so klein, wie es nur geht!

7. Es ist möglich, dieses Verhalten für einzelne Container mithilfe von Quality-of-Service(QoS)-Klassen anzupassen *(https://kubernetes.io/docs/tasks/configure-pod-Container/quality-service-pod)*.

5.2 Den Lebenszyklus des Containers managen

Sie haben gesehen, dass Kubernetes Ihre Pods dann am besten managen kann, wenn es weiß, wie die CPU- und Speicheranforderungen aussehen. Aber es muss auch wissen, ob ein Container läuft – ob er richtig funktioniert und Requests abarbeiten kann.

Es ist für Containerisierte Anwendungen nicht ungewöhnlich, in einen blockierten Status zu geraten, in dem der Prozess durchaus noch läuft, aber keine Requests mehr bedient werden. Kubernetes muss eine Möglichkeit haben, diese Situation zu erkennen, um dann den Container zum Beheben des Problems neu starten zu können.

5.2.1 Liveness-Probe

Kubernetes ermöglicht es Ihnen, eine *Liveness*-Probe als Teil der Container-Spec festzulegen. Dabei handelt es sich um einen Health Check, der ermittelt, ob der Container lebt (also arbeitet).

Bei einem HTTP-Server-Container sieht die Spezifikation der Liveness-Probe meist in etwa so aus:

```
livenessProbe:
  httpGet:
    path: /healthz
    port: 8888
  initialDelaySeconds: 3
  periodSeconds: 3
```

Die `httpGet`-Probe führt einen http-Request an eine von Ihnen angegebene Kombination aus URI und Port durch – in diesem Fall `/healthz` und Port 8888.

Wenn Ihre Anwendung keinen spezifischen Endpunkt für einen Health Check hat, können Sie / oder eine andere valide URL für Ihre App verwenden. Es ist aber üblich, nur für diesen Zweck einen Endpunkt `/healthz` zu erstellen. (Warum das `z`? Nur um sicherzustellen, dass er nicht mit einem bestehenden Pfad wie `health` in Konflikt gerät, bei dem es sich zum Beispiel um eine Seite mit Gesundheitsinformationen handeln könnte.)

Wenn die Anwendung mit einem HTTP-Statuscode 2xx oder 3xx antwortet, geht Kubernetes davon aus, dass sie »lebt«. Bei einer anderen Antwort (oder gar keiner Reaktion) wird der Container als tot angesehen und neu gestartet.

5.2.2 Verzögerung und Häufigkeit der Probe

Wie schnell sollte Kubernetes mit der Liveness-Probe beginnen? Keine Anwendung kann unverzüglich starten. Wenn Kubernetes mit der Liveness-Probe direkt nach dem Starten des Containers beginnen würde, würde sie fehlschlagen und dazu führen, dass der Container neu gestartet wird – und diese Schleife würde ewig so laufen!

Das Feld `initDelaySeconds` ermöglicht es Ihnen, Kubernetes mitzuteilen, wie lange es warten soll, bevor es mit seiner ersten Liveness-Probe beginnt, und damit die *Todesschleife* verhindert.

Genauso wäre es nicht sehr sinnvoll, wenn Kubernetes Ihre Anwendung Tausende Male pro Sekunde am Endpunkt `healthz` mit Requests bombardiert. Das Feld `periodSeconds` legt fest, wie häufig die Liveness-Probe durchgeführt werden soll. In diesem Beispiel sind das alle drei Sekunden.

5.2.3 Andere Arten von Proben

`httpGet` ist nicht die einzige mögliche Probe – für Netzwerk-Server, die kein HTTP können, lässt sich auch `tcpSocket` einsetzen:

```
livenessProbe:
  tcpSocket:
    port: 8888
```

Wenn eine TCP-Verbindung an den angegebenen Port erfolgreich war, ist der Container lebendig.

Sie können auch mit einer `exec`-Probe einen beliebigen Befehl im Container ausführen:

```
readinessProbe:
  exec:
    command:
    - cat
    - /tmp/healthy
```

Die `exec`-Probe führt den angegebenen Befehl im Container aus und gilt als erfolgreich, wenn der Befehl erfolgreich war (also mit einem Status Null endet). `exec` ist meist als Readiness-Probe nützlich, deren Einsatz Sie gleich kennenlernen werden.

5.2.4 gRPC-Proben

Auch wenn viele Anwendungen und Services über HTTP kommunizieren, findet das gRPC-Protokoll *(https://grpc.io)* zunehmend Verbreitung, insbesondere für Microservices. gRPC ist ein effizientes, portables, binäres Netzwerkprotokoll, das von Google entwickelt wurde und von der Cloud Native Computing Foundation betreut wird.

`httpGet`-Proben funktionieren nicht mit gRPC-Servern und auch wenn Sie stattdessen eine `tcpSocket`-Probe nutzen könnten, würden Sie darüber nur erfahren, dass Sie eine Verbindung zum Socket herstellen können, aber nicht, ob der Server selbst auch arbeitet.

gRPC besitzt ein Standard-Health-Checking-Protokoll, das die meisten gRPC-Services unterstützen, und um diesen Health Check bei einer Kubernetes-Liveness-Probe abzufragen, können Sie das Tool `grpc-health-probe` nutzen *(https://kubernetes.io/blog/2018/10/01/health-checking-grpc-servers-on-kubernetes)*. Fügen Sie dieses Tool Ihrem Container hinzu, können Sie ihn mit einer `exec`-Probe prüfen.

5.2.5 Readiness-Proben

Ähnlich wie Liveness-Proben, aber mit einer anderen Semantik, gibt es die *Readiness-Probe*. Manchmal muss eine Anwendung Kubernetes anzeigen, dass es gerade keine Requests verarbeiten kann. Vielleicht führt sie einen längeren Initialisierungsprozess durch oder wartet darauf, dass ein Unterprozess fertig wird. Die Readiness-Probe erfüllt diese Aufgabe.

Wenn Ihre Anwendung erst dann auf HTTP achtet, wenn sie auch darauf antwortet, kann Ihre Readiness-Probe die gleiche wie Ihre Liveness-Probe sein:

```
readinessProbe:
  httpGet:
    path: /healthz
    port: 8888
  initialDelaySeconds: 3
  periodSeconds: 3
```

Ein Container, der seine Readiness-Probe nicht besteht, wird aus jedem Service entfernt, zu dem der Pod passt. Das ist, als ob man einen fehlerhaften Knoten aus einem Load-Balancer-Pool entfernt: Es wird kein Traffic mehr an den Pod geschickt, bis die Readiness-Probe wieder erfolgreich ist.

Normalerweise wird Kubernetes, wenn ein Pod startet, Traffic an ihn schicken, sobald der Container läuft. Aber wenn der Container eine Readiness-Probe hat, wartet Kubernetes, bis die Probe erfolgreich war, bevor es Requests dorthin schickt, sodass die Anwender keine Fehlermeldungen von noch nicht bereiten Containern sehen. Das ist für Zero-Downtime-Upgrades außerordentlich wichtig (siehe dazu auch Abschnitt 13.2).

Ein Container, der nicht bereit ist, wird trotzdem als `Running` gewertet, aber die Spalte `READY` wird einen oder mehrere nicht bereite Container im Pod anzeigen:

```
kubectl get pods
NAME              READY  STATUS   RESTARTS  AGE
readiness-check   0/1    Running  0         56s
```

Hinweis

Readiness-Proben sollten nur den HTTP-Status `200 OK` zurückgeben. Auch wenn Kubernetes sowohl 2xx- als auch 3xx-Statuscodes als *Ready* ansieht, tun das Load Balancer in der Cloud nicht. Verwenden Sie eine Ingress-Ressource, die mit einem Cloud Load Balancer verbunden ist (siehe Abschnitt 9.6) und gibt Ihre Readiness-Probe zum Beispiel einen 301 Redirect zurück, markiert der Load Balancer eventuell alle Ihre Pods als nicht bereit. Stellen Sie daher sicher, dass Ihre Readiness-Probe immer einen Statuscode 200 liefert.

5.2.6 Dateibasierte Readiness-Proben

Alternativ können Sie auch die Anwendung eine Datei im Dateisystem des Containers erstellen lassen (zum Beispiel */tmp/healthy*) und dann eine `exec`-Probe nutzen, um zu prüfen, ob diese Datei vorhanden ist.

Solch eine Readiness-Probe kann nützlich sein, denn wenn Sie den Server vorübergehend aus einem Service herausnehmen wollen, um ein Problem zu debuggen, können Sie sich mit ihm verbinden und die Datei */tmp/healthy* löschen. Die nächste Readiness-Probe wird fehlschlagen und Kubernetes wird den Container aus allen entsprechenden Services nehmen. (Ein besserer Weg wäre allerdings, die Labels des Containers so anzupassen, dass sie nicht mehr vom Service »gefunden« werden, siehe dazu Abschnitt 4.6.4.)

Sie können jetzt ganz in Ruhe den Container unter die Lupe nehmen und nach Fehlern suchen. Sind Sie fertig, können Sie ihn entweder beenden und eine korrigierte Version deployen oder die Probe-Datei wieder herstellen, sodass der Container auch wieder Traffic empfängt.

Tipp

Nutzen Sie Readiness- und Liveness-Proben, um Kubernetes wissen zu lassen, wann Ihre Anwendung dazu bereit ist, Requests abzuarbeiten, oder ob sie ein Problem hat und neu gestartet werden muss.

5.2.7 minReadySeconds

Standardmäßig wird ein Container oder Pod ab dem Moment als bereit angesehen, in dem er seine Readiness-Probe besteht. In manchen Fällen wollen Sie aber den Container noch eine Weile laufen lassen, um sicherzustellen, dass er stabil ist.

Während eines Deployments wartet Kubernetes, bis jeder neue Pod bereit ist, bevor es mit dem nächsten beginnt (siehe Abschnitt 13.2.1). Wenn ein fehlerhafter Container direkt abstürzt, wird das den Rollout stoppen, aber wenn es ein paar Sekunden bis zum Crash dauert, sind eventuell alle Replicas ausgerollt, bevor Sie das Problem entdecken.

Um das zu vermeiden, können Sie das Feld `minReadySeconds` für den Container setzen. Dann wird der Container oder Pod erst dann als bereit angesehen, wenn seine Readiness-Probe mindestens `minReadySeconds` erfolgreich war (Standard ist 0).

5.2.8 Pod Disruption Budgets

Manchmal muss Kubernetes Ihre Pods selbst dann stoppen, wenn sie leben und nutzbar sind (ein Prozess, der als *Eviction* bezeichnet wird). Vielleicht wird der Knoten, auf dem sie laufen, wegen eines Upgrades heruntergefahren, und die Pods müssen auf einen anderen Knoten verschoben werden.

Aber das muss für Ihre Anwendung nicht unbedingt zu einer Downtime führen, wenn weiterhin genug Replicas weiterlaufen. Sie können die PodDisruptionBudget-Ressource nutzen, um für eine Anwendung festzulegen, wie viel Verlust Sie bei Ihren Pods verkraften können.

So geben Sie zum Beispiel an, dass nicht mehr als 10 % der Anwendungs-Pods gleichzeitig verloren sein dürfen. Oder vielleicht wollen Sie festlegen, dass Kubernetes beliebig viele Pods abräumen darf, solange immer mindestens drei Replicas weiterlaufen.

minAvailable

Hier ein Beispiel für ein PodDisruptionBudget, das eine minimale Zahl von laufenden Pods festlegt und dazu das Feld `minAvailable` verwendet:

```
apiVersion: policy/v1beta1
kind: PodDisruptionBudget
metadata:
  name: demo-pdb
spec:
  minAvailable: 3
  selector:
    matchLabels:
      app: demo
```

In diesem Beispiel gibt `minAvailable: 3` vor, dass immer mindestens drei Pods mit dem Label `app: demo` laufen sollen. Kubernetes kann so viele `demo`-Pods abräumen, wie es möchte, solange immer drei übrig bleiben.

maxUnavailable

Umgekehrt können Sie `maxUnavailable` nutzen, um einen Prozentwert an Pods anzugeben, die Kubernetes abräumen darf:

```
apiVersion: policy/v1beta1
kind: PodDisruptionBudget
metadata:
  name: demo-pdb
spec:
  maxUnavailable: 10%
  selector:
    matchLabels:
      app: demo
```

Hier dürfen nicht mehr als 10 % der `demo`-Pods gleichzeitig verworfen werden. Das gilt nur für sogenannte *Voluntary Eviction* – also solche Evictions, die von Kubernetes initiiert werden. Hat ein Knoten beispielsweise ein Hardwareproblem oder wird er gelöscht, wird der Pod darauf unfreiwillig abgeräumt, auch wenn dadurch das Disruption Budget gesprengt wird.

Da Kubernetes dazu tendiert, Pods gleichmäßig über die Knoten zu verteilen (sofern diese ansonsten gleich sind), sollten Sie das im Hinterkopf behalten, wenn Sie sich überlegen, wie viele Knoten Ihr Cluster benötigt. Haben Sie drei Knoten, kann der Ausfall eines Knotens zu einem Verlust von einem Drittel all Ihrer Pods führen, was eventuell ein nicht mehr ausreichendes Service-Level zur Folge haben kann (siehe Abschnitt 3.1.3).

Tipp

Setzen Sie PodDisruptionBudgets für Ihre geschäftsrelevanten Anwendungen, um sicherzustellen, dass immer ausreichend Replicas für den Service vorhanden sind – auch dann, wenn Pods abgeräumt werden.

5.3 Namensräume verwenden

Eine weitere sehr sinnvolle Möglichkeit, den Ressourcen-Einsatz in Ihrem Cluster zu steuern, ist die Verwendung von *Namensräumen (Namespaces)*. Mit einem Namensraum unterteilen Sie in Kubernetes Ihr Cluster in mehrere Unterbereiche, die Sie nach Ihrem Sinne verwenden können.

So können Sie zum Beispiel einen Namensraum `prod` für Anwendungen im Produktivumfeld nutzen und einen Namensraum `test` für das Ausprobieren von Dingen. Wie der Begriff schon andeutet, sind Namen in dem einen Namensraum aus einem anderen Namensraum nicht sichtbar.

Das heißt, dass Sie im Namensraum `prod` einen Service mit dem Namen `demo` haben können, während es im Namensraum `test` ebenfalls einen anderen Service `demo` gibt– ohne dass es zu Konflikten kommt.

Um die Namensräume in Ihrem Cluster anzeigen zu lassen, nutzen Sie diesen Befehl:

```
kubectl get namespaces
NAME         STATUS  AGE
default      Active  1y
kube-public  Active  1y
kube-system  Active  1y
```

Sie können sich Namensräume ein bisschen wie Ordner auf der Festplatte Ihres Computers vorstellen. Es ist zwar *möglich*, alle Ihre Dateien im selben Ordner aufzubewahren, aber das wäre sehr unpraktisch. Die Suche nach einer bestimmten Datei wäre zeitaufwendig und es wäre nicht leicht, herauszufinden, welche Dateien zusammengehören. Ein Namensraum gruppiert Ressourcen und macht es leichter, mit ihnen zu arbeiten. Anders als Ordner können Namensräume allerdings nicht verschachtelt werden.

5.3.1 Mit Namensräumen arbeiten

Bisher haben wir in Kubernetes immer den *Standard-Namensraum* genutzt. Wenn Sie bei der Ausführung von `kubectl` keinen Namensraum angeben, wird Ihr Befehl auf diesem Standard-Namensraum arbeiten. Wenn Sie sich fragen, was es mit dem Namensraum `kube-system` auf sich hat, sei Ihnen gesagt, dass es sich dabei um den Namensraum für die internen Systemkomponenten von Kubernetes handelt, sodass sie von Ihren eigenen Anwendungen getrennt sind.

Wenn Sie hingegen mit dem Flag `--namespace` (oder kurz `-n`) einen Namensraum mitgeben, wird dieser verwendet. So erhalten Sie zum Beispiel eine Liste der Pods im Namensraum `prod`:

```
kubectl get pods --namespace prod
```

5.3.2 Welchen Namensraum sollte ich verwenden?

Es liegt ganz bei Ihnen, wie Sie Ihr Cluster in Namensräume unterteilen. Eine intuitiv sinnvolle Idee ist, einen Namensraum pro Anwendung oder pro Team zu verwenden. So haben Sie vielleicht einen Namensraum `demo` für die Demo-Anwendung. Erstellen können Sie einen Namensraum über eine Namespace-Ressource:

```
apiVersion: v1
kind: Namespace
metadata:
  name: demo
```

Um dieses Ressourcen-Manifest anzuwenden, verwenden Sie den Befehl `kubectl apply -f` (siehe dazu auch Abschnitt 4.6). Sie finden die YAML-Manifeste für alle Beispiele in diesem Abschnitt im Demo-Anwendungs-Repo im Verzeichnis *hello-namespace*:

```
cd demo/hello-namespace
ls k8s
deployment.yaml limitrange.yaml namespace.yaml resourcequota.yaml
service.yaml
```

Sie können auch noch weitergehen und Namensräume für jede Umgebung erstellen, in der Ihre Anwendung läuft, also zum Beispiel `demo-prod`, `demo-staging`, `demo-test` und so weiter. Auch können Sie einen Namensraum als eine Art *virtuelles Cluster* einsetzen und ihn löschen, wenn Sie ihn nicht mehr benötigen. Aber Vorsicht! Durch das Löschen eines Namensraums löschen Sie auch alle Ressourcen darin. Also führen Sie diesen Befehl auf keinen Fall gegen den falschen Namensraum aus. (In Abschnitt 11.1.2 ist beschrieben, wie Sie Benutzer-Berechtigungen für einzelne Namensräume zuteilen oder entziehen.)

In der aktuellen Version von Kubernetes gibt es keine Möglichkeit, eine Ressource wie einen Namensraum davor zu *schützen*, gelöscht zu werden (auch wenn ein Proposal dazu existiert, siehe *https://github.com/kubernetes/kubernetes/issues/10179*). Löschen Sie also keine Namensräume, sofern sie nicht wirklich temporär sind und Sie sicher sein können, dass sie keinerlei produktive Ressourcen enthalten.

Tipp

Erstellen Sie eigene Namensräume für jede Ihrer Anwendungen oder jede logische Komponente Ihrer Infrastruktur. Verwenden Sie nicht den Standard-Namensraum – sonst machen Sie zu leicht Fehler.

Wenn Sie den gesamten Netzwerk-Traffic in oder aus einem bestimmten Namensraum heraus sperren müssen, können Sie dazu Kubernetes Network Policies *(https://kubernetes.io/docs/concepts/services-networking/network-policies)* verwenden.

5.3.3 Service-Adressen

Auch wenn Namensräume untereinander isoliert sind, können sie über Services miteinander kommunizieren. Aus Abschnitt 4.6.4 erinnern Sie sich vielleicht, dass jeder Kubernetes-Service einen zugehörigen DNS-Namen hat, über den Sie mit ihm reden können. Verbinden Sie sich mit dem Hostnamen `demo`, verbindet Sie das mit dem Service mit dem Namen `demo`. Wie funktioniert das bei verschiedenen Namensräumen?

Service-DNS-Namen folgen immer diesem Muster:

```
SERVICE.NAMESPACE.svc.cluster.local
```

Der Teil `.svc.cluster.local` ist optional, genauso wie der Namensraum. Aber wenn Sie mit dem Service `demo` im Namensraum `prod` kommunizieren wollen, können Sie zum Beispiel dies nutzen:

```
demo.prod
```

Auch wenn Sie ein Dutzend verschiedene Services mit dem Namen `demo` haben, die sich jeweils in einem eigenen Namensraum befinden, können Sie einfach diesen Namensraum an den DNS-Namen des Service anhängen, um den gewünschten Service zu erreichen.

5.3.4 Resource Quotas

So wie Sie den CPU- und Speichereinsatz einzelner Container begrenzen können, worüber Sie in Abschnitt 5.1.2 gelesen haben, können (und sollten) Sie den Ressourcen-Einsatz eines gegebenen Namensraums begrenzen. Dazu erstellen Sie in dem Namensraum eine ResourceQuota. Hier ein Beispiel:

```
apiVersion: v1
kind: ResourceQuota
metadata:
  name: demo-resourcequota
spec:
  hard:
    pods: "100"
```

Das Anwenden dieses Manifests auf einen bestimmten Namensraum (zum Beispiel `demo`) setzt eine harte Grenze von 100 Pods, die gleichzeitig in diesem Namensraum laufen können. (Beachten Sie, dass der `metadata.name` der ResourceQuota von Ihnen beliebig gewählt werden kann. Der betroffene Namensraum hängt nur davon ab, ob Sie das Manifest in ihm anwenden.)

```
cd demo/hello-namespace
kubectl create namespace demo
namespace "demo" created
kubectl apply --namespace demo -f k8s/resourcequota.yaml
resourcequota "demo-resourcequota" created
```

Jetzt wird Kubernetes jede API-Operation im Namensraum `demo` blockieren, die diese Quota überschreiten würde. Die Beispiel-ResourceQuota begrenzt den Namensraum auf 100 Pods – wenn diese schon laufen und Sie versuchen, einen neuen zu starten, werden Sie eine Fehlermeldung wie diese erhalten:

```
Error from server (Forbidden): pods "demo" is forbidden: exceeded quota: demo-
resourcequota, requested: pods=1, used: pods=100, limited: pods=100
```

Der Einsatz von ResourceQuotas ist eine gute Möglichkeit, Anwendungen in einem Namensraum davon abzuhalten, sich zu viele Ressourcen unter den Nagel zu reißen und dadurch andere Apps im Cluster auszutrocknen.

Obwohl Sie auch den gesamten CPU- und Speichereinsatz von Pods in einem Namensraum begrenzen können, empfehlen wir das nicht. Wenn Sie diese Werte ziemlich niedrig setzen, werden sie wahrscheinlich unerwartete und schwer aufzuklärende Probleme verursachen, wenn sich Ihre Workloads diesen Grenzen nähern. Setzen Sie sie ziemlich hoch, lohnt es sich wiederum eigentlich nicht.

Aber eine Pod-Grenze ist nützlich, um potenziell unbegrenzte Pod-Mengen durch eine Fehlkonfiguration oder einen Tippfehler zu verhindern. Man vergisst leicht, Objekte aus einer regelmäßig wiederkehrenden Aufgabe zu löschen, und hat dann eines Tages Tausende davon, die Ihr Cluster vermüllen.

Tipp

Nutzen Sie ResourceQuotas in jedem Namensraum, um eine maximale Anzahl von Pods sicherzustellen, die darin laufen können.

Um zu prüfen, ob eine ResourceQuota in einem bestimmten Namensraum aktiv ist, nutzen Sie den Befehl `kubectl get resourcequotas`:

```
kubectl get resourcequotas -n demo
NAME                AGE
demo-resourcequota  15d
```

5.3.5 Standards für Ressourcen-Anforderungen und -Grenzen

Es ist nicht immer einfach, im Voraus zu wissen, wie die Ressourcen-Anforderungen Ihres Containers aussehen werden. Sie können mit einer LimitRange-Ressource Standard-Anforderungen und -Grenzen für alle Container in einem Namensraum setzen:

```
apiVersion: v1
kind: LimitRange
metadata:
  name: demo-limitrange
spec:
  limits:
  - default:
      cpu: "500m"
      memory: "256Mi"
    defaultRequest:
      cpu: "200m"
      memory: "128Mi"
    type: Container
```

Tipp

Wie bei ResourceQuotas kann der `metadata.name` des LimitRange beliebig gewählt werden. Er muss zum Beispiel auch nicht zu einem Kubernetes-Namensraum passen. Ein LimitRange oder eine ResourceQuota wirkt sich auf einen bestimmten Namensraum nur aus, wenn Sie das Manifest in diesem Namensraum anwenden.

Jeder Container im Namensraum, der keine Ressourcen-Grenze oder Ressourcen-Anforderung spezifiziert, wird die Standardwerte vom LimitRange erben. So erhält zum Beispiel ein Container ohne `cpu`-Anforderung den Wert von `200m` aus dem LimitRange. Genauso bekommt ein Container ohne `memory`-Grenze den Wert von `256MiB` aus dem LimitRange.

Theoretisch könnten Sie die Standardwerte in einem LimitRange setzen und sich dann bei den einzelnen Containern nicht mehr um Anforderungen und Grenzen kümmern. Aber das ist in der Praxis nicht gut: Es sollte möglich sein, sich eine Container-Spec anzuschauen und daraus zu erkennen, welche Anforderungen und Grenzen sie hat, ohne zu wissen, ob ein LimitRange im Einsatz ist oder nicht. Nutzen Sie den LimitRange nur als Sicherheit, um Probleme mit Containern zu verhindern, deren Besitzer vergessen haben, Anforderungen oder Grenzen zu setzen.

Tipp

Nutzen Sie LimitRanges in jedem Namensraum, um Standards für Ressourcen-Anforderungen und -Grenzen bei Containern vorzugeben, aber verlassen Sie sich nicht darauf – behandeln Sie sie nur als Sicherheitsebene. Geben Sie immer explizit Anforderungen und Grenzen in der Container-Spec selbst mit.

5.4 Die Kosten von Clustern optimieren

In Abschnitt 6.1 stellen wir ein paar Überlegungen zur Wahl der initialen Größe Ihres Clusters und das Skalieren bei zunehmender Workload vor. Aber angenommen, Ihr Cluster hat die richtige Größe und ausreichend Kapazität – wie sollten Sie es so kosteneffizient wie möglich laufen lassen?

5.4.1 Deployments optimieren

Brauchen Sie wirklich so viele Replicas? Es mag offensichtlich sein, aber jeder Pod in Ihrem Cluster nutzt Ressourcen, die dann für einen anderen Pod nicht mehr zur Verfügung stehen.

Es kann verlockend sein, für alles Mögliche sehr viele Replicas laufen zu lassen, sodass sich die Quality of Service auch dann nicht verringert, wenn einzelne Pods ausfallen oder wenn es rollierende Upgrades gibt. Zudem können Sie mit mehr Replicas auch mehr Traffic durch Ihre Anwendung verarbeiten lassen.

Aber Sie sollten Replicas weise einsetzen. Ihr Cluster kann nur eine begrenzte Anzahl von Pods laufen lassen. Geben Sie diese lieber Anwendungen, die wirklich die maximale Verfügbarkeit und Performance benötigen.

Wenn es nicht so entscheidend ist, ob ein bestimmtes Deployment bei einem Upgrade ein paar Sekunden nicht verfügbar ist, brauchen Sie nicht so viele Replicas. Eine erstaunlich große Zahl von Anwendungen und Services kommt sehr gut mit ein oder zwei Replicas aus.

Schauen Sie sich die Anzahl an Replicas für jedes Deployment an und fragen Sie sich:

- Wie sind die Business-Anforderungen in Bezug auf Performance und Verfügbarkeit für diesen Service?
- Können wir diese Anforderungen auch mit weniger Replicas erreichen?

Wenn eine App damit kämpft, die Anforderungen zu erfüllen, oder wenn die Benutzer zu viele Fehler erhalten, wenn Sie das Deployment upgraden, brauchen Sie mehr Replicas. Aber in vielen Fällen können Sie die Größe eines Deployments vernünftig reduzieren, bevor dies tatsächlich nach außen hin bemerkbar wird.

Tipp

Nutzen Sie die minimale Zahl an Pods für ein gegebenes Deployment, die Ihre Performance- und Verfügbarkeits-Anforderungen erfüllt. Verringern Sie die Anzahl an Replicas nach und nach so weit, dass sie gerade noch Ihre Servicelevel-Ziele erfüllen.

5.4.2 Pods optimieren

Weiter oben in Abschnitt 5.1.2 haben wir betont, wie wichtig es ist, die korrekten Ressourcen-Anforderungen und -Grenzen für Ihre Container zu setzen. Wenn die Ressourcen-Anforderung zu niedrig ist, werden Sie das schnell bemerken, denn die Pods werden Probleme zeigen. Sind sie aber zu hoch, werden Sie das das erste Mal bemerken, wenn Sie Ihre monatliche Abrechnung für die Cloud erhalten.

Sie sollten die Ressourcen-Anforderungen und -Grenzen regelmäßig für Ihre diversen Workloads begutachten und sie mit dem vergleichen, was tatsächlich genutzt wurde.

Die meisten Managed Kubernetes Services bieten so etwas wie ein Dashboard an, auf dem der CPU- und Speichereinsatz Ihrer Container über die Zeit dargestellt wird – mehr dazu in Abschnitt 11.4. Sie können auch Ihre eigenen Dashboards und Statistiken mit Prometheus und Grafana erstellen, worauf wir genauer in Kapitel 15 eingehen.

Das Setzen der optimalen Ressourcen-Anforderungen und -Grenzen ist eine Kunst und jede Art von Workload ist hier anders. Manche Container laufen den größten Teil der Zeit im Leerlauf und haben gelegentlich eine Ressourcen-Spitze, um einen Request zu verarbeiten, während andere dauerhaft beschäftigt sind und nach und nach mehr Speicher verbrauchen, bis sie an ihre Grenzen stoßen.

Im Allgemeinen sollten Sie die Ressourcen-Grenzen für einen Container etwas über dem Maximum dessen setzen, was für einen normalen Einsatz benötigt wird. Wenn zum Beispiel der Speicherbedarf eines Containers innerhalb von ein paar Tagen nie über 500 MiB hinausgeht, können Sie seine Speicher-Grenze auf 600 MiB setzen.

Hinweis

Müssen Container überhaupt Grenzen haben? Eine Denkschule sagt, dass Container im Produktivumfeld *keine* Grenzen haben sollten oder dass sie so hoch sind, dass die Container sie nie erreichen. Bei sehr großen und ressourcenhungrigen Containern, deren Neustart teuer ist, kann das sinnvoll sein, aber wir sind der Meinung, dass es trotzdem besser ist, Grenzen zu setzen. Denn ohne sie kann sich ein Container, der ein Speicherleck hat oder zu viel CPU verbraucht, alle auf einem Knoten verfügbaren Ressourcen einverleiben und andere Container dadurch verhungern lassen.

Um dieses *Ressourcen-Pac-Man*-Szenario zu vermeiden, setzen Sie die Grenzen eines Containers auf etwas mehr als 100% des normalen Bedarfs. Damit ist sichergestellt, dass er nicht beendet wird, solange er normal läuft, aber trotzdem die Auswirkungen minimiert sind, wenn etwas schiefgeht.

Die Einstellungen für die Anforderungen sind weniger wichtig als die für die Grenzen, aber sie sollten trotzdem nicht zu hoch (weil der Pod dann niemals gescheduIt wird) oder zu niedrig gesetzt werden (weil Pods, die ihre Anforderungen überschreiten, als erste abgeräumt werden können).

5.4.3 Vertical Pod Autoscaler

Es gibt ein Add-On für Kubernetes namens Vertical Pod Autoscaler *(https://github.com/kubernetes/autoscaler/tree/master/vertical-pod-autoscaler)*, das Ihnen dabei helfen kann, die idealen Werte für Ressourcen-Anforderungen zu ermitteln. Es beobachtet ein angegebenes Deployment und passt für dessen Pods die Ressourcen-Anforderungen ausgehend von deren tatsächlichem Bedarf automatisch an. Dabei gibt es auch einen Trockenlauf-Modus, der nur Vorschläge macht, ohne tatsächlich die laufenden Pods anzupassen, was sehr hilfreich sein kann.

5.4.4 Knoten optimieren

Kubernetes kann mit einem weiten Bereich von Knotengrößen arbeiten, aber manche laufen besser als andere. Um die beste Cluster-Kapazität für Ihr Geld zu erhalten, müssen Sie beobachten, wie Ihre Knoten in der Praxis unter realen Anforderungen und mit Ihren spezifischen Workloads laufen. Das wird Ihnen helfen, die günstigsten Instanztypen zu ermitteln.

Behalten Sie immer im Hinterkopf, dass auf jedem Knoten ein Betriebssystem laufen muss, das Plattenplatz, Speicher und CPU-Ressourcen benötigt. Das Gleiche gilt für die Systemkomponenten von Kubernetes und die Container-Runtime. Je kleiner der Knoten, desto größer ist der Anteil dieses Overheads an den Gesamt-Ressourcen.

Größere Knoten können daher kosteneffizienter sein, weil ein größerer Teil ihrer Ressourcen für Ihre Workloads zur Verfügung steht. Nachteil ist, dass der Verlust eines einzelnen Knotens einen größeren Effekt auf die Verfügbarkeits-Kapazität Ihres Clusters hat.

Kleine Knoten haben zudem einen höheren Anteil an *gestrandeten Ressourcen*: Das sind Speicher und CPU-Zeit, die nicht genutzt werden, aber zu klein sind, als dass ein bestehender Pod auf sie zurückgreifen könnte.

Eine gute Faustformel ist, dass Knoten groß genug sein sollten, um mindestens fünf Ihrer typischen Pods laufen lassen zu können, womit der Anteil an gestrandeten Ressourcen bei etwa 10 % oder weniger liegt (siehe *https://medium.com/@dyachuk/why-do-kubernetes-clusters-in-aws-cost-more-than-they-should-fa510c1964c6*). Können auf dem Knoten zehn oder mehr Pods laufen, wird es unter 5 % gestrandete Ressourcen geben.

In Kubernetes liegt die Standardgrenze bei 110 Pods pro Knoten. Sie können diesen Wert zwar durch die Einstellung `--max-pods` des `kubelet` anpassen, aber bei manchen Managed Services ist dies eventuell nicht möglich und es ist sowieso nicht verkehrt, hier beim Standardwert zu bleiben, sofern es keinen guten Grund für eine Änderung gibt.

Die Grenze bei den Pods pro Knoten führt dazu, dass Sie eventuell die Vorteile der größten Instanzen bei Ihrem Cloud-Provider nicht ausnutzen können. Überlegen Sie sich dann, eine größere Zahl kleinerer Knoten laufen zu lassen, um eine bessere Auslastung zu erhalten *(https://medium.com/@brendanrius/scaling-kubernetes-for-25m-users-a7937e3536a0)*. Statt zum Beispiel sechs Knoten mit acht vCPUs zu nutzen, können Sie zwölf Knoten mit vier vCPUs einsetzen.

Tipp

Schauen Sie sich mithilfe des Dashboards Ihres Cloud-Providers oder `kubectl top nodes` den prozentualen Ressourceneinsatz jedes Knotens an. Je größer der Prozentwert für die CPU ist, desto besser die Auslastung. Wenn die größeren Knoten in Ihrem Cluster eine bessere Auslastung haben, kann es ratsam sein, ein paar der kleineren zu entfernen und durch größere zu ersetzen.

Wenn größere Knoten andererseits eine geringe Auslastung haben, ist die Kapazität Ihres Clusters eventuell zu hoch und Sie können dann entweder Knoten entfernen oder sie kleiner machen, um so die Kosten zu verringern.

Tipp

Größere Knoten sind eher kosteneffizient, weil weniger ihrer Ressourcen durch den System-Overhead verbraucht werden. Bestimmen Sie die Größe Ihrer Knoten, indem Sie sich die realen Auslastungszahlen Ihres Clusters anschauen, und versuchen Sie, zwischen 10 und 100 Pods pro Knoten zu erreichen.

5.4.5 Storage optimieren

Ein Kostenfaktor bei Clouds wird gerne übersehen: Disk Storage. Cloud-Provider bieten unterschiedlich viel Plattenplatz zu jeder ihrer Instanzgrößen an und der Preis von großvolumigem Storage variiert ebenfalls.

Während es möglich ist, mithilfe der Ressourcen-Anforderungen und -Grenzen von Kubernetes eine ziemliche hohe CPU- und Speicherauslastung zu erreichen, gilt das nicht für Storage; und viele Cluster-Knoten sind mit deutlich zu viel Plattenplatz provisioniert.

Nicht nur haben viele Knoten mehr Storage-Platz, als sie benötigen, die Storage-Klasse kann ebenfalls ein Faktor sein. Die meisten Cloud-Provider bieten verschiedene Klassen an, die von der Zahl der I/O-Operationen pro Sekunde (IOPS) oder der Bandbreite abhängen.

So brauchen etwa Datenbanken für ihre persistenten Disk-Volumens oft eine sehr hohe IOPS-Zahl für einen schnellen Storage-Zugriff mit hohem Durchsatz. Das ist teuer. Sie können Cloud-Kosten einsparen, indem Sie Workloads mit wenig Bandbreiten-Bedarf auch nur einen Storage mit geringem IOPS mitgeben. Wenn Ihre Anwendung andererseits nur langsam läuft, weil sie viel Zeit damit verbringt, auf Storage-I/O zu warten, sollten Sie vielleicht mehr IOPS provisionieren.

Die Konsole Ihres Cloud- oder Kubernetes-Providers kann Ihnen normalerweise anzeigen, wie viele IOPS tatsächlich von Ihren Knoten genutzt werden, und Sie können anhand dieser Werte entscheiden, wo Sie etwas einsparen.

Idealerweise wäre es gut, wenn Sie Ressourcen-Anforderungen für Container vergeben könnten, die eine hohe Bandbreite oder große Mengen an Storage benötigen. Aber Kubernetes unterstützt das noch nicht, auch wenn ein Berücksichtigen von IOPS-Anforderungen in Zukunft kommen könnte.

Tipp

Nutzen Sie keine Instanztypen mit mehr Storage als Sie benötigen. Provisionieren Sie Disk Volumes, die so klein und so langsam wie für den tatsächlichen Datendurchsatz und Platzbedarf möglich sind.

5.4.6 Ungenutzte Ressourcen aufräumen

Wenn Ihr Kubernetes-Cluster wächst, werden Sie feststellen, dass es viele ungenutzte oder *verlorene* Ressourcen gibt, die in dunklen Ecken herumlungern. Wenn man diese verlorenen Ressourcen nicht immer wieder einmal aufräumt, werden sie irgendwann einen signifikanten Teil Ihrer Gesamtkosten ausmachen.

Auf oberster Ebene stoßen Sie vielleicht auf Cloud-Instanzen, die zu keinem Cluster gehören – man vergisst leicht, eine Maschine zu beenden, wenn sie nicht mehr länger benötigt wird.

Andere Arten von Cloud-Ressourcen, wie zum Beispiel Load Balancer, öffentliche IPs oder Disk Volumes kosten Sie ebenfalls Geld, auch wenn sie nicht genutzt werden. Sie sollten den Einsatz jeglicher Art von Ressource regelmäßig kontrollieren, um ungenutzte Instanzen zu finden und zu entfernen.

Genauso kann es Deployments und Pods in Ihrem Kubernetes-Cluster geben, die aktuell von keinem Service referenziert werden und so keinen Traffic erhalten können.

Selbst Container-Images, die nicht laufen, kosten auf Ihren Knoten Plattenplatz. Zum Glück räumt Kubernetes ungenutzte Images automatisch auf, wenn dem Knoten der Plattenplatz ausgeht.[8]

Owner-Metadaten nutzen

Eine hilfreiche Möglichkeit, um ungenutzte Ressourcen zu minimieren, ist eine firmenweite Richtlinie, dass jede Ressource mit Informationen über ihren Besitzer gekennzeichnet werden muss. Sie können dazu Kubernetes-Anmerkungen verwenden (siehe Abschnitt 9.1.5).

Sie könnten zum Beispiel jedes Deployment wie folgt mit einer Anmerkung versehen:

```
apiVersion: extensions/v1beta1
kind: Deployment
metadata:
  name: my-brilliant-app
  annotations:
    example.com/owner: "Customer Apps Team"
...
```

Die Owner-Metadaten sollten die Person oder das Team definieren, die/das zu dieser Ressource zu kontaktieren ist. Das ist auf jeden Fall nützlich, aber besonders praktisch, um vergessene oder ungenutzte Ressourcen zu erkennen. (Beach-

8. Sie können dieses Verhalten anpassen, indem Sie die Garbage-Collection-Einstellungen des `kubelet` anpassen *(https://kubernetes.io/docs/concepts/cluster-administration/kubelet-garbage-collection)*.

ten Sie, dass es sinnvoll ist, eigene Anmerkungen mit dem Domainnamen Ihrer Firma kenntlich zu machen, wie zum Beispiel `example.com`, um Konflikte mit anderen Anmerkungen zu vermeiden, die vielleicht den gleichen Namen haben.)

Sie können das Cluster regelmäßig auf alle Ressourcen abfragen, die keine Owner-Anmerkungen haben, und daraus eine Liste für potenzielle Löschkandidaten machen. Eine besonders strikte Richtlinie würde direkt alle Ressourcen löschen, die niemandem zugeordnet sind. Seien Sie aber nicht zu strikt – insbesondere zu Beginn: Der gute Wille von Entwicklern ist eine genauso wichtige Ressource wie die Kapazität des Clusters, wenn nicht sogar noch wichtiger.

Tipp

Setzen Sie Owner-Anmerkungen für all Ihre Ressourcen mit Informationen darüber, wer anzusprechen ist, wenn es ein Problem mit der Ressource gibt oder wenn sie verlassen zu sein scheint und man sie eventuell löschen könnte.

Ressourcen finden, die nicht ausgelastet sind

Manche Ressourcen erhalten eventuell nur sehr wenig Traffic oder sogar überhaupt keinen. Vielleicht wurden sie aufgrund einer Änderung an den Labels von einem Service-Frontend getrennt oder sie waren nur temporär oder experimentell im Einsatz.

Jeder Pod sollte die Anzahl an empfangenen Requests als Metrik bereitstellen (siehe dazu Kapitel 16). Nutzen Sie diese Metriken, um Pods zu finden, die wenig oder keinen Traffic empfangen, und erstellen Sie eine Liste mit Ressourcen, die potenziell beendet werden können.

Sie können auch die CPU- und Speicherauslastungs-Zahlen für jeden Pod in Ihrer Webkonsole prüfen und die am wenigsten genutzten Pods in Ihrem Cluster ermitteln. Pods, die nichts tun, sind vermutlich kein guter Einsatz für Ressourcen.

Wenn die Pods Owner-Metadaten besitzen, kontaktieren Sie deren Ansprechpartner, um herauszufinden, ob diese Pods tatsächlich benötigt werden (vielleicht sind sie für eine Anwendung gedacht, die sich noch in der Entwicklung befindet).

Sie können auch eine weitere Kubernetes-Anmerkung nutzen (vielleicht `example.com/lowtraffic`), um Pods kenntlich zu machen, die keine Requests erhalten, aber aus bestimmten Gründen trotzdem erhalten bleiben sollen.

Tipp

Durchforsten Sie regelmäßig Ihr Cluster, um zu wenig genutzte oder verlassene Ressourcen zu finden und zu eliminieren. Dabei können auch Owner-Anmerkungen helfen.

Abgeschlossene Jobs aufräumen

Bei Kubernetes-Jobs (siehe Abschnitt 9.5.3) handelt es sich um Pods, die einmalig laufen, bis ihre Aufgabe erledigt ist, und die nicht neu gestartet werden. Aber das Jobs-Objekt verbleibt in der Datenbank von Kubernetes und wenn es erst einmal eine signifikante Zahl von abgeschlossenen Jobs gibt, kann das die API-Performance beeinträchtigen. Ein praktisches Tool, um abgeschlossene Jobs aufzuräumen, ist der `kube-job-cleaner` *(https://github.com/hjacobs/kube-job-cleaner)*.

5.4.7 Freie Kapazitäten prüfen

Es sollte immer genug freie Kapazität im Cluster geben, um den Ausfall eines einzelnen Worker Nodes abfangen zu können. Um das zu prüfen, versuchen Sie einmal, Ihren größten Knoten abzuräumen (siehe Abschnitt »Herunterskalieren« auf Seite 112). Nachdem alle Pods vom Knoten abgezogen wurden, kontrollieren Sie, ob immer noch alle Anwendungen mit der konfigurierten Zahl an Replicas laufen. Wenn das nicht der Fall ist, müssen Sie dem Cluster mehr Kapazität spendieren.

Gibt es nicht genug Raum, um die Workloads zu reschedulen, wenn ein Knoten ausfällt, könnten Ihre Services im besten Fall eingeschränkt sein oder im schlimmsten Fall ganz ausfallen.

5.4.8 Reservierte Instanzen nutzen

Manche Cloud-Provider bieten abhängig vom Lebenszyklus der Maschine unterschiedliche Instanzklassen an. *Reservierte* Instanzen sind ein Kompromiss zwischen Preis und Flexibilität.

So kosten reservierte Instanzen bei AWS zum Beispiel nur die Hälfte dessen, was *On-Demand*-Instanzen kosten (dem Standard-Typ). Sie können Instanzen für unterschiedliche Zeiträume reservieren: ein Jahr, drei Jahre und so weiter. Reservierte Instanzen bei AWS haben eine feste Größe – stellt sich in drei Monaten heraus, dass Sie eine größere benötigen, war Ihre Reservierung mehr oder weniger verschwendet.

Das Äquivalent bei der Google Cloud sind *Committed Use Discounts*, die es Ihnen erlauben, im Voraus für eine bestimmte Zahl von vCPUs und eine Menge an Speicher zu bezahlen. Das ist flexibler als AWS-Reservations, da Sie mehr Ressourcen nutzen können, als Sie reserviert haben – Sie zahlen einfach den normalen *On-Demand*-Preis für alles, was nicht von Ihrer Reservierung abgedeckt ist.

Reservierte Instanzen und Commited Use Discounts können die richtige Wahl sein, wenn Sie Ihre Anforderungen für die nächste Zeit abschätzen können. Aber es gibt keine Rückzahlung für Reservierungen, die Sie dann doch nicht einsetzen, und Sie müssen im Voraus für die gesamte Reservierungszeit bezahlen. Daher sollten Sie wirklich nur Instanzen für einen Zeitraum reservieren, in denen sich Ihre Anforderungen sehr wahrscheinlich nicht ändern werden.

Wenn Sie aber ein oder zwei Jahre im Voraus planen können, kann der Einsatz von reservierten Instanzen zu einer deutlichen Ersparnis führen.

Tipp

Verwenden Sie reservierte Instanzen, wenn sich Ihre Anforderungen für ein oder zwei Jahre eher nicht ändern werden – aber wählen Sie Ihre Reservierungen weise, denn sie können nicht angepasst oder zurückgezahlt werden, nachdem Sie sie vorgenommen haben.

5.4.9 Präemptive (Spot)-Instanzen verwenden

Spot-Instanzen, wie sie bei AWS bezeichnet werden, oder *präemptive VMs* bei Google bieten keine garantierte Verfügbarkeit und sind häufig in ihrer Lebensdauer begrenzt. Damit bieten sie einen Kompromiss zwischen Preis und Verfügbarkeit.

Eine Spot-Instanz ist billig, kann aber jederzeit angehalten und später fortgeführt werden. Zum Glück ist Kubernetes darauf eingerichtet, hochverfügbare Services auch dann bereitzustellen, wenn einzelne Cluster verloren gehen.

Variabler Preis oder variable Präemption

Spot-Instanzen können daher eine günstige Wahl für Ihr Cluster sein. Bei AWS variiert bei Spot-Instanzen der Preis abhängig von der Nachfrage. Ist diese für einen gegebenen Instanz-Typ in einer bestimmten Region und Verfügbarkeitszone hoch, steigt auch der Preis.

Die Präemptiven VMs bei Google Cloud werden hingegen zu einem festen Preis angeboten, aber die Häufigkeit der Unterbrechung variiert. Google sagt, dass im Schnitt zwischen 5 % und 15 % ihrer Knoten in einer Woche unterbrochen werden *(https://cloud.google.com/compute/docs/instances/preemptible)*. Aber präemptive VMs können abhängig vom Instanz-Typ bis zu 80 % günstiger sein als On-Demand-VMs.

Präemptive Knoten können Ihre Kosten halbieren

Der Einsatz von präemptiven Knoten für Ihr Kubernetes-Cluster kann daher eine sehr effektive Möglichkeit sein, die Kosten zu verringern. Sie müssen eventuell ein paar mehr Knoten laufen lassen, um sicherzustellen, dass Ihre Workloads auch eine Präemption überstehen – die anekdotische Evidenz besagt, dass trotzdem eine Kostenreduktion auf 50 % möglich ist.

Auch werden Sie vielleicht feststellen, dass der Einsatz von präemptiven Knoten ein guter Weg ist, ein bisschen Chaos in Ihr Cluster einzubauen (siehe Abschnitt 6.4) – sofern Ihre Anwendung überhaupt auf Chaos-Testing eingestellt ist.

Achten Sie aber darauf, dass Sie immer ausreichend nicht-präemptive Knoten zur Verfügung haben, um die minimale Workload Ihres Clusters verarbeiten zu können. Verwetten Sie immer nur so viel, wie Sie auch verlieren können. Haben Sie viele präemptive Knoten, kann es sinnvoll sein, ein Cluster-Autoscaling einzusetzen, um sicherzustellen, dass jeder präemptive Knoten so schnell wie möglich ersetzt wird (siehe Abschnitt »Autoscaling« auf Seite 112).

Theoretisch könnten *alle* ihre präemptiven Knoten gleichzeitig verschwinden. Daher ist es trotz des günstigeren Preises nicht verkehrt, die Anzahl der präemptiven Knoten auf vielleicht nicht mehr als zwei Drittel Ihres Clusters zu beschränken.

Tipps

Halten Sie Ihre Kosten durch den Einsatz von präemptiven oder Spot-Instanzen für ein paar Ihrer Knoten niedrig – aber nicht mehr, als Sie sich zu verlieren leisten können. Halten Sie immer ein paar nicht-präemptive Knoten in Ihrem Cluster vor.

Mithilfe von Node Affinities das Scheduling steuern

Sie können *Node Affinities* von Kubernetes verwenden, um sicherzustellen, dass Pods, die mit einem Ausfall nicht klarkommen, auch nicht auf präemptiven Knoten geschedult werden (*https://medium.com/google-cloud/using-preemptible-vms-to-cut-kubernetes-engine-bills-in-half-de2481b8e814*, siehe auch Abschnitt 9.2).

So können zum Beispiel präemptive Knoten in der Google Kubernetes Engine das Label `cloud.google.com/gke-preemptible` tragen. Um Kubernetes anzuweisen, niemals einen Pod auf einen dieser Knoten zu schedulen, fügen Sie die folgenden Zeilen in die Spec des Pods oder Deployments ein:

```
affinity:
  nodeAffinity:
    requiredDuringSchedulingIgnoredDuringExecution:
      nodeSelectorTerms:
      - matchExpressions:
        - key: cloud.google.com/gke-preemptible
          operator: DoesNotExist
```

Die Affinität `requiredDuringScheduling`... ist verpflichtend: Ein Pod mit dieser Affinität wird *niemals* auf einen Knoten geschedult, der zum Selektor-Ausdruck passt (dies wird als *Hard Affinity* bezeichnet).

Stattdessen können Sie Kubernetes auch anweisen, dass manche Ihrer weniger wichtigen Pods, die gelegentliche Ausfälle verkraften, bevorzugt auf präemptive Knoten zu schedulen sind. In diesem Fall können Sie eine *Soft Affinity* mit der gegenteiligen Selektion nutzen:

```
affinity:
  nodeAffinity:
    preferredDuringSchedulingIgnoredDuringExecution:
    - preference:
```

```
        matchExpressions:
        - key: cloud.google.com/gke-preemptible
          operator: Exists
      weight: 100
```

Das bedeutet im Endeffekt: »Bitte schedule diesen Pod auf einen präemptiven Knoten, wenn du kannst – wenn nicht, ist das auch in Ordnung.«

Tipp

Wenn Sie präemptive Knoten nutzen, verwenden Sie die Knoten-Affinitäten von Kubernetes, um sicherzustellen, dass wichtige Workloads nicht vorzeitig abgeräumt werden.

5.4.10 Sorgen Sie für eine ausgeglichene Verteilung Ihrer Workloads

Wir haben darüber geschrieben, dass der Kubernetes-Scheduler dafür sorgt, dass die Workloads gleichmäßig verteilt sind – über so viele Knoten wie möglich –, und die Replicas eines Pods aus Gründen der Hochverfügbarkeit auf verschiedene Knoten verteilt.

Im Allgemeinen macht der Scheduler seine Aufgabe sehr gut, aber es gibt ein paar Grenzfälle, auf die Sie achten müssen.

Stellen Sie sich zum Beispiel vor, dass Sie zwei Knoten 1 und 2 sowie zwei Services A und B haben, für die es jeweils zwei Replicas gibt. In einem ausgeglichenen Cluster wird es eine Replica von Service A auf jedem Knoten geben, genauso wie es auch eine Replica von Service B auf jedem Knoten gibt (Abbildung 5–1). Hat einer der Knoten ein Problem, werden sowohl A wie auch B weiterhin verfügbar sein.

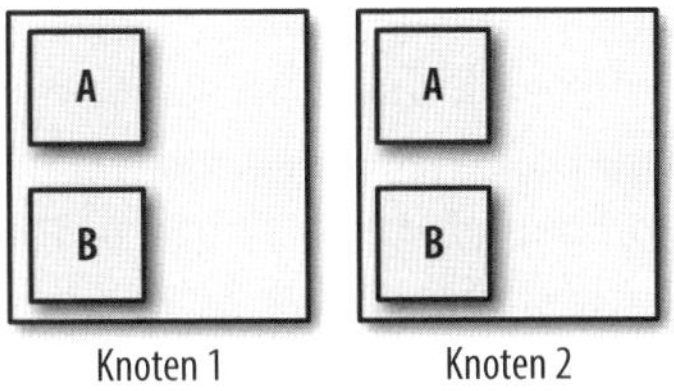

Abb. 5–1 *Die Services A und B sind auf die verfügbaren Knoten verteilt.*

So weit, so gut. Aber stellen Sie sich nun vor, Knoten 2 hat ein Problem. Der Scheduler wird feststellen, dass sowohl A als auch B eine zweite Replica brauchen und es nur noch einen Knoten gibt, auf dem sie erstellt werden können – also tut er es dort. Nun laufen auf Knoten 1 zwei Replicas von Service A und zwei von Service B.

Nun fahren wir einen neuen Knoten hoch, der den defekten Knoten 2 ersetzen soll. Auch wenn er dann verfügbar ist, wird es keine Pods auf ihm geben. Der Scheduler verschiebt niemals laufende Pods von einem Knoten auf einen anderen.

Wir haben jetzt ein nicht ausbalanciertes Cluster *(https://itnext.io/keep-you-kubernetes-cluster-balanced-the-secret-to-high-availability-17edf60d9cb7)*, bei dem sich alle Pods auf Knoten 1 befinden und keine auf Knoten 2 (Abbildung 5–2).

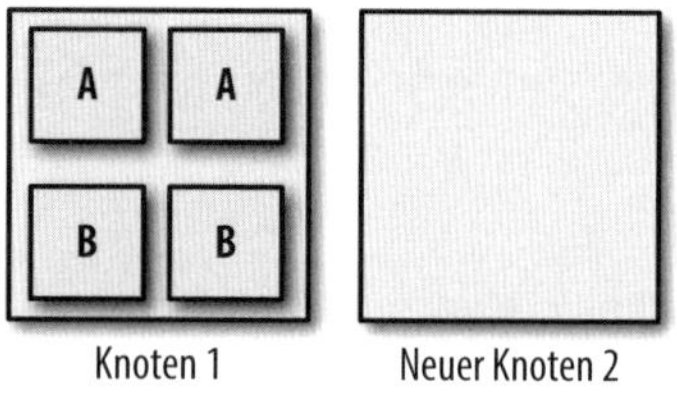

Abb. 5–2 *Nach dem Ausfall von Knoten 2 wurden alle Replicas auf Knoten 1 verschoben.*

Aber es wird noch schlimmer. Stellen Sie sich vor, Sie deployen ein rollierendes Update für Service A (nennen wir die neue Version Service A*). Der Scheduler muss zwei neue Replicas für Service A* erzeugen, darauf warten, dass sie hochfahren, und dann die alten beenden. Wo wird er die neuen Replicas starten? Auf dem neuen Knoten 2, weil der nichts zu tun hat, während auf Knoten 1 schon vier Pods laufen. Also werden auf Knoten 2 zwei neue Service-A*-Replicas gestartet und die alten von Knoten 1 entfernt (Abbildung 5–3).

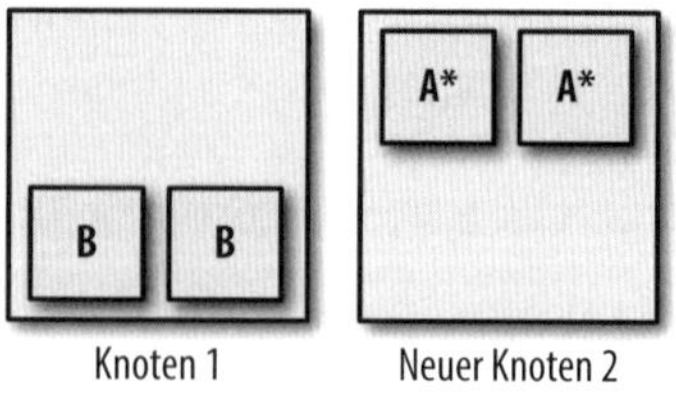

Abb. 5–3 *Nach dem Rollout von Service A* ist das Cluster immer noch nicht ausbalanciert.*

Jetzt befinden Sie sich in einer schlechten Situation, weil sich beide Replicas von Service B auf demselben Knoten befinden (Knoten 1) und beide Replicas von Service A* ebenfalls auf einem Knoten laufen (Knoten 2). Obwohl Sie zwei Knoten haben, haben Sie keine Hochverfügbarkeit. Fehler bei Knoten 1 oder Knoten 2 werden so zu einem Service-Ausfall führen.

Zu diesem Problem hat das Verhalten des Schedulers geführt, niemals Pods von einem Knoten auf einen anderen zu verschieben, wenn sie nicht aus irgendeinem Grund neu gestartet werden. Zudem gerät das Ziel des Schedulers, Workloads gleichmäßig über die Knoten zu verteilen, manchmal in Konflikt mit dem Bereitstellen einer Hochverfügbarkeit für einzelne Services.

Eine Möglichkeit, dies zu umgehen, ist der Einsatz eines Tools namens Descheduler *(https://github.com/kubernetes-incubator/descheduler)*. Sie können dieses Tool regelmäßig als Kubernetes-Job laufen lassen und es wird versuchen, das Cluster neu auszubalancieren, indem es Pods findet, die verschoben werden müssen, und sie beendet.

Der Descheduler besitzt verschiedene Strategien und Policies, die Sie konfigurieren können. So schaut zum Beispiel eine Policy nach zu wenig ausgelasteten Pods und beendet Pods auf anderen Knoten, um sie dazu zu zwingen, auf dem leerlaufenden Knoten neu geschedult zu werden.

Eine andere Policy sucht nach doppelten Pods, bei denen zwei oder mehr Replicas des gleichen Pods auf demselben Knoten laufen, und verlagert diese. Dies behebt das Problem aus unserem Beispiel, in dem die Workloads nominell ausbalanciert waren, tatsächlich aber kein Service hochverfügbar war.

5.5 Zusammenfassung

Kubernetes ist ziemlich gut darin, Ihre Workloads zuverlässig und effektiv laufen zu lassen und dabei mit wenigen manuellen Eingriffen auszukommen. Wenn Sie dem Scheduler genaue Einschätzungen der Ressourcen-Anforderungen Ihrer Container mitgeben, können Sie Kubernetes weitgehend damit allein lassen.

Die Zeit, die Sie zum Beheben von Operations-Problemen aufgewendet hätten, lässt sich für Besseres einsetzen, wie zum Beispiel für das Entwickeln von Anwendungen. Danke sehr, Kubernetes!

Es ist entscheidend für den Aufbau und das korrekte Betreiben Ihres Clusters, zu verstehen, wie Kubernetes die Ressourcen managt. Die wichtigsten Punkte sind dabei:

- Kubernetes fordert CPU- und Speicher-Ressourcen für Container auf der Basis von *Anforderungen* und *Grenzen* an.
- Die Anforderungen eines Containers sind die minimale Menge an Ressourcen, die er zum Ausführen benötigt. Seine Grenzen legen fest, wie viel er maximal nutzen darf.
- Minimale Container-Images lassen sich schneller bauen, pushen, deployen und starten. Je kleiner der Container ist, desto weniger potenzielle Sicherheitslücken kann er haben.
- Liveness-Proben teilen Kubernetes mit, ob der Container korrekt arbeitet. Wenn die Liveness-Probe eines Containers fehlschlägt, wird er beendet und neu gestartet.
- Readiness-Proben erklären Kubernetes, ob der Container bereit ist und Requests bedienen kann. Schlägt diese Probe fehl, wird der Container aus jedem Service entfernt, der ihn referenziert, und damit von Traffic ferngehalten.
- PodDisruptionBudgets lassen Sie die Anzahl von Pods begrenzen, die aufgrund von *Evictions* gestoppt werden können, was für eine hohe Verfügbarkeit Ihrer Anwendung sorgt.

- Namensräume sind eine Möglichkeit, Ihr Cluster logisch zu partitionieren. Sie können einen Namensraum für jede Anwendung oder Gruppe von Anwendungen erstellen.
- Um einen Service in einem anderen Namensraum zu referenzieren, können Sie eine DNS-Adresse wie *SERVICE.NAMESPACE* verwenden.
- ResourceQuotas lassen Sie Ressourcen-Limits für einen ganzen Namensraum festlegen.
- LimitRanges geben Standards für Ressourcen-Anforderungen und -Grenzen für Container in einem Namensraum vor.
- Setzen Sie Ressourcen-Grenzen so, dass Ihre Anwendungen sie im Normalbetrieb fast, aber nicht ganz erreichen.
- Allokieren Sie nicht mehr Cloud-Storage, als Sie benötigen, und provisionieren Sie keinen Storage mit hoher Bandbreite, sofern das für die Performance Ihrer Anwendung nicht entscheidend ist.
- Setzen Sie Owner-Anmerkungen für alle Ihre Ressourcen und scannen Sie das Cluster regelmäßig auf Ressourcen, die niemandem gehören.
- Finden und entfernen Sie Ressourcen, die nicht verwendet werden (aber stimmen Sie das mit deren Besitzern ab).
- Mit reservierten Instanzen können Sie Geld sparen, wenn es Ihnen möglich ist, ihren Einsatz langfristig zu planen.
- Durch präemptive Instanzen können Sie jetzt Geld sparen, aber seien Sie darauf gefasst, dass sie kurzfristig verschwinden. Nutzen Sie Node Affinities, um dafür zu sorgen, dass Pods von präemptiven Knoten ferngehalten werden, deren Ausfall schmerzhaft wäre.

6 Cluster betreiben

Wenn Tetris mir eines gezeigt hat, dann, dass sich Fehler aufhäufen und Errungenschaften verschwinden.

– Andrew Clay Shafer

Nun haben Sie ein Kubernetes-Cluster, aber wie können Sie wissen, ob es sich in einer guten Verfassung befindet und sauber läuft? Wie skalieren Sie, um Anforderungen gerecht zu werden, gleichzeitig aber die Cloud-Kosten zu minimieren? In diesem Kapitel werden wir uns Themen anschauen, die mit dem Betrieb von Kubernetes-Clustern für produktive Workloads zu tun haben, und Tools vorstellen, die Ihnen dabei helfen können.

Wie Sie in Kapitel 3 gesehen haben, gibt es viele wichtige Dinge zu berücksichtigen, wenn es um Ihr Kubernetes-Cluster geht: Verfügbarkeit, Authentifizierung, Upgrades und so weiter. Wenn Sie einen guten Managed Kubernetes Service einsetzen (wie wir empfohlen haben), sollten Ihnen die meisten Aspekte sowieso abgenommen werden.

Aber was Sie tatsächlich mit Ihrem Cluster machen, ist Ihre Sache. In diesem Kapitel werden Sie lernen, wie Sie die Größe des Clusters bestimmen und es skalieren, wie Sie es auf Konformität testen, Sicherheitsprobleme finden und mit Chaos Monkey die Widerstandskraft Ihrer Infrastruktur ermitteln.

6.1 Sizing und Skalieren des Clusters

Wie groß muss Ihr Cluster sein? Bei selbst gehosteten Kubernetes-Clustern und so gut wie allen Managed Services hängen die laufenden Kosten direkt von der Anzahl und Größe ihrer Knoten ab. Ist die Kapazität des Clusters zu gering, werden die Workloads nicht ordentlich laufen oder unter größerer Last fehlerhaft reagieren. Ist die Kapazität zu groß, verschwenden Sie Geld.

Das Bestimmen der richtigen Größe Ihres Clusters und das korrekte Skalieren ist sehr wichtig, daher wollen wir uns ein paar der dazugehörigen Entscheidungen anschauen.

6.1.1 Kapazitätsplanung

Eine initiale Abschätzung der benötigten Kapazität können Sie erreichen, indem Sie sich überlegen, wie viele klassische Server Sie bräuchten, um die gleichen Anwendungen auszuführen. Wenn Ihre aktuelle Architektur zum Beispiel auf zehn Cloud-Instanzen läuft, werden Sie in Ihrem Kubernetes-Cluster vermutlich nicht mehr als zehn Knoten für die gleiche Workload benötigen – plus einem weiteren aus Redundanzgründen. Tatsächlich werden Sie wahrscheinlich gar nicht so viele brauchen: Weil die Arbeit gleichmäßig auf die Maschinen verteilt wird, kann Kubernetes eine höhere Auslastung als bei klassischen Servern erreichen. Aber es kann etwas Zeit und Praxiserfahrung brauchen, um Ihr Cluster an eine optimale Kapazität heranzuführen.

Das kleinste Cluster

Wenn Sie erstmalig ein Cluster aufsetzen, werden Sie es vermutlich nutzen, um damit zu spielen, zu experimentieren und herauszufinden, wie Sie Ihre Anwendungen laufen lassen. Daher werden Sie wahrscheinlich kein Geld für ein großes Cluster verbrennen müssen, bis Sie ungefähr wissen, welche Kapazität Sie benötigen werden.

Das kleinstmögliche Cluster ist ein einzelner Knoten. Damit können Sie Kubernetes ausprobieren und kleine Workloads zur Entwicklung ausführen, wie Sie in Kapitel 2 gesehen haben. Aber ein Cluster aus einem Knoten hat keine Resilienz gegen Probleme mit der Hardware des Knotens, dem API-Server von Kubernetes oder dem `kubelet` (dem Agent-Daemon, der für das Ausführen der Workloads auf jedem Knoten verantwortlich ist).

Nutzen Sie einen Managed Kubernetes Service wie GKE (siehe Abschnitt 3.3.1), müssen Sie sich keine Gedanken über das Provisionieren von Master Nodes machen – das wird für Sie erledigt. Wenn Sie sich andererseits Ihr eigenes Cluster bauen, werden Sie entscheiden müssen, wie viele Master Nodes Sie nutzen wollen.

Die minimale Anzahl an Master Nodes für ein widerstandsfähiges Kubernetes-Cluster beträgt drei. Einer wäre nicht resilient und zwei könnten sich uneinig darüber sein, wer führend ist, daher werden drei Knoten benötigt.

Sie können zwar auch auf einem so kleinen Kubernetes-Cluster sinnvolle Arbeiten erledigen, aber es empfiehlt sich nicht. Besser ist es, ein paar Worker Nodes hinzuzufügen, sodass Ihre eigenen Workloads nicht mit der Steuerungsebene von Kubernetes um die Ressourcen wetteifern.

Davon ausgegangen, dass die Steuerungsebene Ihres Clusters hochverfügbar ist, *können* Sie mit einem einzelnen Worker Node etwas erreichen, aber zwei ist das sinnvolle Minimum, um sich gegen Knotenausfälle zu wappnen und Kubernetes zu erlauben, mindestens zwei Replicas jedes Pods laufen zu lassen. Je mehr Knoten Sie haben, desto besser, insbesondere weil der Scheduler von Kubernetes dann immer sicherstellen kann, dass Workloads über die verfügbaren Knoten vollständig verteilt werden können (siehe Abschnitt 5.4.10).

Tipp

Kubernetes-Cluster benötigen mindestens drei Master Nodes, um hochverfügbar zu sein, und für größere Cluster sind eventuell noch mehr erforderlich. Zwei Worker Nodes sind minimal notwendig, damit Ihre Workloads beim Ausfall eines einzelnen Knotens fehlertolerant sind – drei Worker Nodes sind noch besser.

Das größte Cluster

Gibt es eine Grenze dafür, wie groß Kubernetes-Cluster werden können? Die kurze Antwort ist ja, aber Sie werden sich mit ziemlicher Sicherheit nicht darum sorgen müssen – die Version 1.12 von Kubernetes unterstützt offiziell Cluster bis zu 5.000 Knoten.

Weil das Clustering eine Kommunikation zwischen den Knoten erfordert, wächst die Zahl der möglichen Kommunikationspfade und die kumulative Last der zugrunde liegenden Datenbank exponentiell mit der Größe des Clusters. Während Kubernetes auch mit mehr als 5.000 Knoten funktionieren *kann*, ist das nicht *garantiert* – oder zumindest ist das eventuell nicht responsiv genug für produktive Workloads.

Die Kubernetes-Dokumentation empfiehlt *(https://kubernetes.io/docs/setup/cluster-large)*, dass unterstützte Cluster-Konfigurationen nicht mehr als 5.000 Knoten haben sollen, nicht mehr als 15.000 Pods gesamt, nicht mehr als zusammen 300.000 Container und nicht mehr als 100 Pods pro Knoten. Behalten Sie im Hinterkopf, dass die Last auf den Master Nodes mit der Größe des Clusters wächst – wenn Sie für Ihre eigenen Master Nodes verantwortlich sind, muss es sich dabei um ziemlich leistungsfähige Maschinen handeln, um mit Tausenden von Knoten umgehen zu können.

Tipp

Wenn Sie maximale Zuverlässigkeit haben wollen, halten Sie Ihre Kubernetes-Cluster kleiner als 5.000 Knoten und 150.000 Pods (was für die meisten Anwender kein Problem ist). Brauchen Sie mehr Ressourcen, lassen Sie mehrere Cluster laufen.

Federated Cluster

Wenn Sie außerordentlich anspruchsvolle Workloads haben oder im richtig großen Maßstab agieren müssen, können diese Grenzen für Sie tatsächlich zu einem Problem werden. In diesem Fall können Sie mehrere Kubernetes-Cluster betreiben und bei Bedarf *zusammenschließen (federate)*, sodass Workloads über Clustergrenzen hinweg repliziert werden können.

Durch Federation haben Sie die Möglichkeit, zwei oder mehr Cluster synchron zu halten und identische Workloads laufen zu lassen. Das kann nützlich sein, wenn Sie Kubernetes-Cluster aus Resilienzgründen bei verschiedenen Cloud-Providern laufen lassen müssen oder an unterschiedlichen geografischen Standorten, um die Latenz für den Anwender zu verringern. Eine Gruppe aus Federated Clustern kann auch dann weiterlaufen, wenn ein einzelnes Cluster ausfällt.

Mehr zur Cluster Federation finden Sie in der Dokumentation von Kubernetes unter *https://kubernetes.io/docs/concepts/cluster-administration/federation*.

Für die meisten Kubernetes-Anwender ist Federation nichts, worüber sie sich Gedanken machen müssen, und auch in der Praxis können die meisten Benutzer ihre sehr umfangreichen Workloads in sehr großem Maßstab mit mehreren nicht zusammengeschlossenen Clustern im Griff behalten, die jeweils aus ein paar Hundert bis zu einigen Tausend Knoten bestehen.

Tipp

Müssen Sie Workloads über mehrere Cluster hinweg replizieren – vielleicht aus Gründen der geografischen Redundanz oder für eine geringere Latenz –, nutzen Sie Federation. Aber die meisten Anwender müssen keine Federated Cluster verwenden.

Brauche ich mehrere Cluster?

Sofern Sie nicht im wirklich großen Rahmen agieren, werden Sie – wie schon erwähnt – vermutlich nicht mehr als ein oder zwei Cluster benötigen: vielleicht eines für die Produktivumgebung und eines für Staging und Testen.

Sie können auch aus Gründen der Bequemlichkeit und des einfacheren Ressourcen-Managements Ihr Cluster in logische Partitionen mithilfe von *Namensräumen* unterteilen, die wir detaillierter in Abschnitt 5.3 behandelt haben. Von ein paar Ausnahmen abgesehen lohnt sich der administrative Overhead für mehrere Cluster normalerweise nicht.

Es gibt spezifische Situationen, wie zum Beispiel aufgrund von Sicherheitsaspekten oder wegen gesetzlicher Bestimmungen, in denen Sie sicherstellen müssen, dass Services in einem Cluster vollständig von denen in einem anderen isoliert sind (zum Beispiel beim Umgang mit geschützten Gesundheitsdaten oder wenn Daten aus gesetzlichen Gründen nicht von einem geografischen Standort an einen anderen übertragen werden dürfen). In solchen Fällen müssen Sie getrennte Cluster erstellen. Für die meisten Kubernetes-Anwender ist das aber nicht von Interesse.

Tipp

Nutzen Sie ein eigenes Cluster für die Produktivumgebung und eines für das Staging, wenn Sie wirklich eine vollständige Trennung von Workload-Gruppen oder Teams benötigen. Wollen Sie Ihr Cluster einfach nur für eine leichtere Verwaltung aufteilen, nutzen Sie stattdessen Namensräume.

6.1.2 Knoten und Instanzen

Je mehr Kapazität ein gegebener Knoten hat, desto mehr Arbeit kann er erledigen, sofern sich die Kapazität auf CPU-Kerne (virtuelle oder andere), verfügbaren Speicher oder im weiteren Sinne auf Plattenplatz bezieht. Aber ist es besser, zum Beispiel zehn sehr große Knoten oder 100 viel kleinere Knoten zu nutzen?

Die richtige Knotengröße auswählen

Es gibt nicht die eine richtige Knotengröße für Kubernetes-Cluster. Die Antwort hängt von Ihrem Cloud- oder Hardware-Provider und Ihren spezifischen Workloads ab.

Die Kosten pro Kapazität oder unterschiedlichen Instanzgrößen können sich darauf auswirken, welche Knotengröße Sie wählen. So bieten manche Cloud-Provider zum Beispiel einen kleinen Rabatt auf größere Instanzen an. Sind Ihre Workloads sehr rechenintensiv, kann es dann billiger sein, sie auf einigen wenigen Knoten laufen zu lassen, statt auf vielen kleineren.

Die Anzahl an Knoten, die im Cluster benötigt werden, beeinflussen auch die Wahl der Knotengröße. Um die Vorteile von Kubernetes wirklich auszunutzen, wie zum Beispiel das Replizieren von Pods und die Hochverfügbarkeit, müssen Sie die Arbeit über mehrere Knoten verteilen. Aber wenn Knoten zu viel ungenutzte Kapazität haben, ist das Geldverschwendung.

Wenn Sie für die Hochverfügbarkeit zum Beispiel mindestens zehn Knoten benötigen, auf jedem Knoten aber nur eine Handvoll Pods läuft, können die Knoteninstanzen sehr klein sein. Wenn Sie andererseits nur zwei Knoten benötigen, können Sie sie ziemlich groß machen und potenziell durch ein besseres Instanz-Pricing Geld sparen.

Tipp

Nutzen Sie den günstigsten Knotentyp, den Ihr Provider anbietet. Häufig sind größere Knotentypen billiger, aber wenn Sie nur eine Handvoll Knoten haben, brauchen Sie für eine bessere Redundanz eventuell ein paar kleinere dazu.

Cloud-Instanztypen

Weil die Kubernetes-Komponenten selbst (wie zum Beispiel kubelet) eine gewisse Menge an Ressourcen nutzen und Sie etwas freie Kapazität für das Erledigen der eigentlichen Arbeit benötigen, werden die kleinsten von Ihrem Cloud-Provider angebotenen Instanzgrößen vermutlich nicht für Kubernetes ausreichen.

Ein Master Node für kleine Cluster (bis zu etwa fünf Knoten) sollte mindestens eine virtuelle CPU (vCPU) und drei bis vier GiB Speicher haben – größere Cluster erfordern für jeden Master Node mehr Speicher und CPUs. Das entspricht einer `n1-standard-1`-Instanz bei Google Cloud, einer `m3.medium` bei AWS oder einer Standard DS1 v2 bei Azure.

Eine Instanz mit einer CPU und 4 GiB ist auch ein vernünftiges Minimum für Worker Nodes. Wie Sie aber gesehen haben, ist es manchmal günstiger, größere Knoten zu provisionieren. Die Standard-Knotengröße in Google Kubernetes Engine ist zum Beispiel `n1-standard-1`, was in etwa diesen Specs entspricht.

Bei größeren Clustern mit ein paar Dutzend Knoten kann es sinnvoll sein, eine Mischung aus zwei oder drei verschiedenen Instanzgrößen einzusetzen. Dann können Pods mit rechenintensiven Workloads und erhöhtem Speicherbedarf von Kubernetes auf großen Knoten geschedult werden, während die kleineren für die kleineren Pods frei bleiben (siehe Abschnitt 9.2). Damit hat der Scheduler von Kubernetes eine möglichst große Wahlfreiheit, wo er einen Pod schedulen kann.

Heterogene Knoten

Nicht alle Knoten werden gleich erstellt. Vielleicht brauchen Sie ein paar Knoten mit speziellen Eigenschaften, wie zum Beispiel Graphics Processing Units (GPUs). Das sind hochperformante parallelverarbeitende Prozessoren, die gerne für rechenintensive Probleme eingesetzt werden, die so gar nichts mit Grafik zu tun haben, wie zum Beispiel für maschinelles Lernen oder zur Datenanalyse.

Sie können die *Ressourcen-Grenzen* von Kubernetes verwenden (siehe Abschnitt 5.1.3), um festzulegen, dass ein bestimmter Pod mindestens eine GPU benötigt. Damit ist sichergestellt, dass diese Pods nur auf Knoten mit GPUs laufen und dort auch gegenüber normalen Pods, die auf allen Knoten laufen können, bevorzugt werden.

Die meisten Kubernetes-Knoten nutzen vermutlich auf die eine oder andere Art Linux, was für so gut wie alle Anwendungen passt. Denken Sie daran, dass Container *keine* virtuellen Maschinen sind, daher läuft der Prozess innerhalb eines Containers direkt auf dem Kernel des Betriebssystems des zugrunde liegenden Knoten. Ein Windows-Binary wird zum Beispiel nicht auf einem Linux-Kubernetes-Knoten laufen – wenn Sie also Windows-Container nutzen, werden Sie auch Windows-Knoten provisionieren müssen.

Tipp

Die meisten Container sind für Linux gebaut, daher werden Sie wahrscheinlich vor allem Linux-basierte Knoten laufen lassen wollen. Vielleicht brauchen Sie noch ein oder zwei spezielle Knotentypen für spezielle Anforderungen, wie zum Beispiel GPUs oder Windows.

Bare-Metal-Server

Eine der nützlichsten Eigenschaften von Kubernetes ist seine Fähigkeit, alle möglichen Arten von Maschinen unterschiedlichster Größe, Architektur und Kapazität miteinander zu verbinden, um eine einzige, vereinheitlichte, logische Maschine zu schaffen, auf der Workloads laufen können. Und obwohl Kubernetes meist mit Cloud-Servern in Verbindung gebracht wird, haben viele Unternehmen große Mengen eigener Bare-Metal-Maschinen in ihren Data Centers stehen, die potenziell in Kubernetes-Clustern Verwendung finden können.

Sie haben in Kapitel 1 gesehen, dass die Cloud-Technolgie *Capex*-Infrastruktur (den Kauf von Maschinen als Kapitalausgaben) in *Opex*-Infrastruktur (das Leasen von Rechenkapazität als Betriebsausgaben) umwandelt. Das ist aus finanzieller Sicht sinnvoll, aber wenn Ihre Firma schon eine große Zahl von Bare-Metal-Servern besitzt, müssen Sie sich nicht einfach abschreiben: Stattdessen können Sie überlegen, sie in einem Kubernetes-Cluster unterzubringen (siehe Abschnitt 3.6.6).

Tipp

Wenn Sie Hardware-Server mit ungenutzter Kapazität haben oder noch nicht vollständig in die Cloud migrieren können, nutzen Sie Kubernetes, um Container-Workloads auf Ihren bestehenden Maschinen auszuführen.

6.1.3 Das Cluster skalieren

Wenn Sie nun eine sinnvolle Anfangsgröße für Ihr Cluster gewählt und sich für die richtige Mischung aus Instanzgrößen für Ihre Worker Nodes entschieden haben – sind Sie dann fertig? Mit ziemlicher Sicherheit nicht: Mit der Zeit müssen Sie das Cluster vergrößern oder verkleinern, um sich an geänderte Anforderungen oder Geschäftsbedürfnisse anzupassen.

Instanzgruppen

Man kann einem Kubernetes-Cluster sehr einfach weitere Knoten hinzufügen. Wenn Sie ein selbst gehostetes Cluster betreiben, kann das ein Cluster-Management-Tool wie kops (siehe Abschnitt 3.5.1) für Sie erledigen. kops kennt das Konzept einer *Instanzgruppe*, bei der es sich um einen Satz von Knoten eines gegebenen Instanztyps handelt (zum Beispiel `m3.medium`). Managed Services, wie zum Beispiel Google Kubernetes Engine, besitzen etwas Ähnliches namens *Node Pools*.

Sie können Instanzgruppen oder Node Pools entweder über das Verändern der minimalen und maximalen Größe für die Gruppe skalieren, über das Ändern des angegebenen Instanztyps oder über beides.

Herunterskalieren

Im Prinzip gibt es auch keine Probleme, ein Kubernetes-Cluster zu verkleinern. Sie können Kubernetes anweisen, die Knoten, die Sie entfernen wollen, zu *drainen*, wodurch nach und nach alle darauf laufenden Pods heruntergefahren oder auf andere Knoten verschoben werden.

Die meisten Cluster-Management-Tools werden Ihnen das Draining automatisch abnehmen oder Sie nutzen einfach den Befehl `kubectl drain`. Sofern genug ungenutzte Kapazität im Rest des Clusters vorhanden ist, um die fraglichen Pods woanders zu schedulen, können Sie die herauszunehmenden Knoten herunterfahren, sobald sie leer geräumt wurden.

Um zu verhindern, dass für einen Service zu viele Replicas weggenommen werden, können Sie PodDisruptionBudgets verwenden, um eine minimale Zahl verfügbarer Pods oder die maximale Zahl von Pods festzulegen, die überhaupt *nicht verfügbar* sind (siehe Abschnitt 5.2.8).

Wenn ein Draining dazu führt, dass Kubernetes diese Grenzen überschreitet, wird die Drain-Operation gestoppt, bis Sie die Grenzen anpassen oder weitere Ressourcen im Cluster freischaufeln.

Durch das Draining können Pods »würdevoll« herunterfahren, hinter sich aufräumen und wenn nötig ihren Status sichern. Für die meisten Anwendungen ist das vorzuziehen, statt einfach den Knoten abzuschießen, was die Pods sofort beenden wird.

Tipp

Schießen Sie nicht einfach Knoten ab, wenn Sie sie nicht mehr benötigen. Drainen Sie sie zunächst, um sicherzustellen, dass ihre Workloads auf andere Knoten migriert werden und Sie ausreichend ungenutzte Kapazität im Cluster zur Verfügung haben.

Autoscaling

Die meisten Cloud-Provider unterstützen *Autoscaling*: Dabei wird basierend auf einem Messwert oder Zeitplan automatisch die Anzahl an Instanzen in einer Gruppe erhöht oder reduziert. So können zum Beispiel die AWS Autoscaling Groups (ASGs) eine minimale und maximale Zahl von Instanzen verwalten. Fällt eine Instanz aus, wird eine andere an ihrer Stelle gestartet, laufen zu viele Instanzen, werden welche heruntergefahren.

Wenn Ihre Anforderungen zeitabhängig schwanken, können Sie alternativ die Gruppe zu bestimmten Zeiten wachsen oder schrumpfen lassen. Sie können auch die Scaling-Gruppe dynamisch abhängig von den Anforderungen anpassen: Steigt zum Beispiel die durchschnittliche CPU-Auslastung innerhalb einer 15-minütigen Periode auf über 90 %, können automatisch Instanzen hinzugefügt werden, bis die CPU-Auslastung unter diesen Wert fällt. Sinkt die Last wieder, kann die Gruppe auch wieder verkleinert werden, um Geld zu sparen.

Kubernetes hat einen Cluster Autoscaler als Add-On, den Cluster-Management-Tools wie kops nutzen können, um ein Cloud Autoscaling zu ermöglichen, und Managed Clusters wie der Azure Kubernetes Service bieten ebenfalls Autoscaling an.

Aber es kann etwas Zeit und Erfahrung kosten, Ihre Autoscaling-Einstellungen richtig festzulegen, und für viele Anwender ist das eventuell auch gar nicht notwendig. Die meisten Kubernetes-Cluster fangen klein an und wachsen dann nach und nach, indem hier und da ein Knoten dazukommt, wenn der Ressourcen-Bedarf wächst.

Für wirklich große Anwender oder Applikationen, bei denen die Anforderungen stark schwanken, ist das Cluster Autoscaling aber ein sehr nützliches Feature.

Tipp

Aktivieren Sie das Cluster Autoscaling nicht einfach nur, weil es es gibt. Sie werden es vermutlich nicht benötigen, sofern Ihre Workloads oder Anforderungen nicht außerordentlich variabel sind. Skalieren Sie Ihr Cluster stattdessen manuell, zumindest bis es eine ganze Zeit läuft und Sie ein Gespür dafür haben, wie sich Ihre Skalierungsanforderungen mit der Zeit verändern.

6.2 Konformitäts-Prüfungen

Wann ist Kubernetes nicht Kubernetes? Die Flexibilität von Kubernetes bringt es mit sich, dass es viele verschiedene Möglichkeiten gibt, Kubernetes-Cluster einzurichten, was zu einem potenziellen Problem führen kann. Wenn Kubernetes eine universelle Plattform sein will, sollten Sie eine Workload nehmen und immer mit dem gleichen Ergebnis auf einem beliebigen Kubernetes-Cluster laufen lassen können. Das heißt, dass die gleichen API-Aufrufe und Kubernetes-Objekte zur Verfügung stehen müssen, sie sich gleich verhalten sollen, sie so funktionieren, wie man es erwartet, und so weiter.

Glücklicherweise bringt Kubernetes selbst eine Testsuite mit, die prüft, ob ein gegebenes Kubernetes-Cluster *konform* ist – es also einen zentralen Satz an Anforderungen für eine bestimmte Kubernetes-Version erfüllt. Diese Konformitäts-Tests sind für Kubernetes-Administratoren sehr nützlich.

Wenn Ihr Cluster diese Tests nicht besteht, gibt es ein Problem mit Ihrem Setup, das Sie sich anschauen müssen. Werden die Tests bestanden, haben Sie damit die Sicherheit, dass Anwendungen, die für Kubernetes entworfen wurden, in Ihrem Cluster funktionieren und dass Dinge, die Sie für Ihr Cluster bauen, auch woanders laufen werden.

6.2.1 CNCF Certification

Die Cloud Native Computing Foundation (CNCF) ist die offizielle Verantwortliche für das Kubernetes-Projekt und die Marke (siehe Abschnitt 1.6). Sie bietet eine Reihe von Zertifikaten für Produkte, Entwickler und Händler, die mit Kubernetes zu tun haben.

Certified Kubernetes

Verwenden Sie einen (eventuell auch nur teilweise) Managed Kubernetes Service, kontrollieren Sie, ob dieser das Certified-Kubernetes-Logo trägt (siehe Abbildung 6–1). Damit wird deutlich gemacht, dass Anbieter und Service den Certified-Kubernetes-Standard erfüllen *(https://github.com/cncf/k8s-conformance)*, wie er von der CNCF spezifiziert wurde.

Abb. 6–1 *Das Logo für Certified Kubernetes macht deutlich, dass das Produkt oder der Service von der CNCF anerkannt wurde.*

Wenn das Produkt *Kubernetes* im Namen trägt, muss es von der CNCF zertifiziert sein. Das bedeutet, dass Kunden genau wissen, was sie bekommen, und damit rechnen können, dass es mit anderen konformen Kubernetes-Services interoperabel ist. Hersteller können ihre Produkte selbst zertifizieren, indem sie das Sonobuoy-Tool zur Konformitätsprüfung laufen lassen (siehe Abschnitt 6.2.2).

Zertifizierte Kubernetes-Produkte müssen zudem die neueste Version von Kubernetes berücksichtigen und mindestens jährlich Updates herausbringen. Nicht nur Managed Services können das Certified-Kubernetes-Logo tragen – Distributionen und Installer-Tools ist das auch möglich.

Certified Kubernetes Administrator (CKA)

Um ein Certified Kubernetes Administrator zu werden, müssen Sie zeigen, dass Sie die wichtigsten Fähigkeiten besitzen, um Kubernetes-Cluster im Produktivumfeld zu managen, unter anderem zu Installation und Konfiguration, Networking, Wartung, Wissen über die API, Sicherheit und Fehlersuche. Jeder kann das CKA-Examen absolvieren, das online durchgeführt wird und eine Reihe von anspruchsvollen Praxistests enthält.

Der CKA hat den Ruf eines schwierigen und umfassenden Examens, das Ihre Fähigkeiten und Ihr Wissen wirklich auf die Probe stellt. Sie können davon ausgehen, dass sich jeder Techniker, der CKA-zertifiziert ist, wirklich mit Kubernetes auskennt. Bauen Sie Ihr Geschäft auf Kubernetes auf, sollten Sie sich überlegen, einen Teil Ihrer Mitarbeiter durch das CKA-Programm laufen zu lassen – insbesondere diejenigen, die direkt für das Verwalten von Clustern verantwortlich sind.

Kubernetes Certified Service Provider (KCSP)

Hersteller selbst können sich für das Kubernetes Certified Service Provider (KCSP)-Programm einschreiben. Dazu müssen sie CNCF-Mitglied sein, Enterprise-Support bieten (zum Beispiel, indem sie Techniker zu Kunden schicken), aktiv zur Kubernetes-Community beitragen und drei oder mehr CKA-zertifizierte Techniker angestellt haben.

> **Tipp**
>
> Halten Sie Ausschau nach dem Certified-Kubernetes-Logo, um sicherzustellen, dass ein Produkt die CNCF-Standards erfüllt. Arbeiten Sie mit Produkten von Herstellern, die KCSP-zertifiziert sind, und wenn Sie Kubernetes-Administratoren einstellen, achten Sie auf eine CKA-Qualifikation.

6.2.2 Konformitäts-Tests mit Sonobuoy

Wenn Sie Ihr eigenes Cluster managen oder selbst wenn Sie einen Managed Service nutzen, aber ganz sicher sein wollen, dass er korrekt konfiguriert und aktuell ist, können Sie die Konformitäts-Tests von Kubernetes ausführen. Das Standard-Tool für diese Tests ist Sonobuoy von Heptio *(https://github.com/heptio/sonobuoy)*, wobei es Ihnen der Sonobuoy Scanner *(https://scanner.heptio.com)* als Weboberfläche erlaubt, die Ergebnisse in einem Browser anzuzeigen (siehe Abbildung 6–2).

Das Tool bietet Ihnen einen `kubectl apply`-Befehl zum Ausführen in Ihrem Cluster, der die Konformitäts-Tests durchführt und diese dann zurück an Heptio schickt, wo sie in der Scanner-Weboberfläche angezeigt werden.

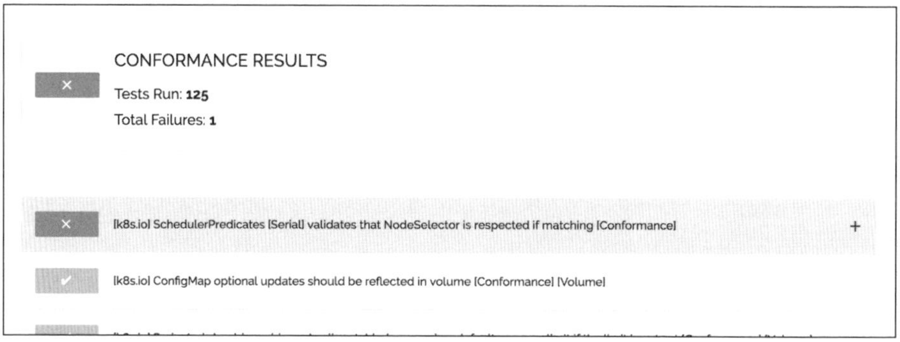

Abb. 6–2 *Ergebnisse des Konformitäts-Tests mit dem Sonobuoy Scanner*

Es ist sehr unwahrscheinlich, dass die Tests nicht erfolgreich sind, insbesondere, wenn Sie einen zertifizierten Kubernetes-Service nutzen, aber falls doch, werden Ihnen die Log-Einträge hilfreiche Informationen dazu liefern, wie das Problem behoben werden kann.

Tipp

Führen Sie Sonobuoy erstmals aus, wenn Ihr Cluster initial eingerichtet ist, um zu klären, ob es standardkonform ist und alles funktioniert. Danach können Sie es immer wieder einmal laufen lassen, um sicher zu sein, dass es keine Konformitäts-Probleme gibt.

6.3 Validierung und Auditing

Die Cluster-Konformität ist nur die Grundlage. Jedes produktive Cluster sollte auf jeden Fall konform sein, aber es gibt viele verbreitete Probleme mit Konfigurationen und Workloads in Kubernetes, die von den Konformitäts-Tests nicht erkannt werden. Zum Beispiel:

- Durch sehr große Container-Images werden viel Zeit und Ressourcen im Cluster verschwendet.
- Deployments, die nur eine einzelne Pod-Replica vorgeben, sind nicht hochverfügbar.
- Das Ausführen von Prozessen in Containern als `root` ist ein potenzielles Sicherheitsrisiko (siehe Abschnitt 8.3).

In diesem Abschnitt schauen wir uns ein paar Tools und Techniken an, die Ihnen dabei helfen können, Probleme in Ihrem Cluster zu finden, und wir werden Ihnen die Ursachen dazu aufzeigen.

6.3.1 K8Guard

Das K8Guard-Tool *(https://target.github.io/infrastructure/k8guard-the-guardian-angel-for-kubernetes)*, entwickelt von Target, kann häufig auftretende Probleme in Ihrem Kubernetes-Cluster finden und entweder korrigieren oder Sie einfach nur darüber benachrichtigen. Sie können es mit Ihren eigenen Richtlinien für Ihr Cluster konfigurieren (zum Beispiel angeben, dass K8Guard Sie warnen soll, wenn ein Container-Image größer als 1 GiB ist, oder ob eine Ingress-Regel Zugriff von überall erlaubt).

K8Guard exportiert zudem Metriken, die von einem Monitoring-System wie Prometheus eingesammelt werden können (mehr dazu in Kapitel 16). Damit lässt sich anzeigen, wie viele Deployments Verstöße gegen Richtlinien haben oder wie die Performance der Responses der Kubernetes-API ist. Das kann Ihnen dabei helfen, Probleme frühzeitig zu entdecken und zu beheben.

Es ist nicht verkehrt, K8Guard in Ihrem Cluster dauerhaft laufen zu lassen, sodass es Sie sofort warnen kann, wenn ein Verstoß geschieht.

6.3.2 Copper

Copper *(https://copper.sh)* ist ein Tool, das Ihre Kubernetes-Manifeste prüft, bevor sie deployt werden, und häufig auftretende Probleme meldet oder eigene Richtlinien umsetzt. Es besitzt eine Domain-Specific Language (DSL), um Regeln und Richtlinien festzulegen.

So sieht zum Beispiel eine Regel in der Copper-Sprache aus, die Container blockiert, die das Tag `latest` nutzen (in Abschnitt 8.2.2 ist beschrieben, warum das keine gute Idee ist):

```
rule NoLatest ensure {
  fetch("$.spec.template.spec.containers..image")
      .as(:image)
      .pick(:tag)
      .contains("latest") == false
}
```

Führen Sie den Befehl `copper check` für ein Kubernetes-Manifest aus, das eine Spec für ein Container-Image mit `latest` enthält, werden Sie eine Fehlermeldung erhalten:

```
copper check --rules no_latest.cop --files deployment.yml
Validating part 0
    NoLatest - FAIL
```

Es ist nicht verkehrt, ein paar solche Copper-Regeln zu erstellen und das Tool dann als Teil Ihrer Versionsverwaltung laufen zu lassen (zum Beispiel, um Kubernetes-Manifeste zu prüfen, bevor der Commit durchgeführt wird, oder als Teil der automatisierten Checks bei einem Pull-Request).

Ein verwandtes Tool, das Ihre Manifeste gegen die Spec der Kubernetes-API abgleicht, ist kubeval (siehe dazu Abschnitt 12.4.6).

6.3.3 kube-bench

kube-bench *(https://github.com/aquasecurity/kube-bench)* ist ein Tool für das Auditieren Ihres Kubernetes-Clusters gegen eine Reihe von Benchmarks, die vom Center for Internet Security (CIS) erstellt wurden. Dabei prüft es, ob Ihr Cluster anhand der Best Practices für Sicherheit aufgesetzt wurde. Auch wenn Sie es vermutlich nicht brauchen, können Sie die von kube-bench ausgeführten Tests konfigurieren und sogar Ihre eigenen mithilfe von YAML-Dokumenten hinzufügen.

6.3.4 Kubernetes Audit Logging

Stellen Sie sich vor, Sie finden ein Problem in Ihrem Cluster, wie zum Beispiel einen Pod, den Sie nicht kennen, und wollen wissen, wo er herkommt. Wie finden Sie heraus, wer was zu welchem Zeitpunkt im Cluster getan hat? Nun, das kann Ihnen das Kubernetes Audit Log *(https://kubernetes.io/docs/tasks/debug-application-cluster/audit)* sagen.

Mit aktivem Audit Logging werden alle Requests an die Cluster-API aufgezeichnet – mit Zeitstempel, dem Verursacher (Service-Account), den Details des Requests (zum Beispiel, welche Ressourcen angefragt wurden) und wie der Response aussah.

Die Audit-Events können an Ihr zentrales Logging-System geschickt werden, wo Sie sie wie andere Log-Daten (siehe Kapitel 15) filtern und sich benachrichtigen lassen können. Ein guter Managed Service wie zum Beispiel Google Kubernetes Engine wird das Audit Logging standardmäßig aktiviert haben, ansonsten müssen Sie eventuell das Cluster selbst konfigurieren, um es einzuschalten.

6.4 Chaos Testing

Wir haben in Abschnitt »Vertrauen, aber auch kontrollieren« auf Seite 39 darauf hingewiesen, dass sich eine Hochverfügbarkeit nur richtig überprüfen lässt, indem Sie einen oder mehrere Ihrer Cluster-Knoten abschießen und schauen, was passiert. Das Gleiche gilt für die Hochverfügbarkeit Ihrer Kubernetes-Pods und -Anwendungen. Sie könnten zum Beispiel zufällig einen Pod auswählen, ihn stoppen, prüfen, ob Kubernetes ihn neu startet, und schauen, ob Ihre Fehlerrate dadurch nicht beeinflusst wird.

Wenn Sie das manuell machen, kostet das viel Zeit und eventuell lassen Sie unabsichtlich Ressourcen aus, die entscheidend für die Anwendung sind. Für einen ehrlichen Test muss dieser Prozess automatisiert werden.

Diese Art automatisierter, zufälliger Einflussnahme auf produktive Services wird manchmal als *Chaos Monkey* Testing bezeichnet – nach dem Tool gleichen Namens, das bei Netflix zum Testen seiner Infrastruktur entwickelt wurde:

> *Stellen Sie sich vor, ein Affe kommt in ein Data Center – diese Serverfarmen, die alle wichtigen Funktionen unserer Online-Aktivitäten beherbergen. Der Affe zieht nun zufällig Kabel heraus, zerstört Devices …*
>
> *Die Herausforderung für IT-Manager liegt darin, die Informationssysteme, für die sie verantwortlich sind, so zu entwerfen, dass sie trotz dieser Affen funktionieren, von denen niemand jemals weiß, wann sie ankommen und was sie zerstören werden.*
>
> *– Antonio Garcia Martinez, Chaos Monkey*

Neben Chaos Monkey selbst, das zufällig Cloud-Server herunterfährt, gehören zur *Simian Army* von Netflix auch noch andere *Chaos-Engineering*-Tools wie Latency Monkey, das für eine Kommunikationsverzögerung sorgt, um Netzwerkprobleme zu simulieren, Security Monkey, das nach bekannten Sicherheitslücken schaut, und Chaos Gorilla, das eine ganze AWS Availablity Zone »ausfallen« lässt.

6.4.1 Nur Produktion ist Produktion

Sie können die Chaos-Monkey-Idee auch auf Kubernetes-Applikationen anwenden. Nutzen Sie die Chaos-Engineering-Tools nur für ein Staging-Cluster, um zu verhindern, dass die Produktiv-Umgebung stillsteht, erfahren Sie aber nicht alles. Wenn Sie etwas über Ihre produktive Umgebung lernen wollen, müssen Sie sie auch testen:

> *Viele Systeme sind zu groß, komplex und teuer, um sie zu klonen. Stellen Sie sich vor, zu Testzwecken eine Kopie von Facebook hochzuziehen (mit seinen vielen, global verteilten Data Centers).*
>
> *Die Unberechenbarkeit von Anwender-Traffic macht ein Mocking unmöglich – selbst wenn Sie den Traffic von gestern perfekt reproduzieren könnten, wissen Sie immer noch nichts über den von morgen. Nur Produktion ist Produktion.*
>
> *– Charity Majors (https://opensource.com/article/17/8/testing-production)*

Bedenken Sie auch, dass Ihre Chaos-Experimente am nützlichsten sind, wenn Sie sie automatisiert und fortlaufend durchführen. Es bringt nichts, sie einmal auszuführen und dann zu entscheiden, dass Ihr System für immer zuverlässig bleiben wird:

> *Der entscheidende Punkt beim Automatisieren Ihrer Chaos-Experimente ist, dass Sie sie so wieder und wieder laufen lassen können, um Vertrauen in Ihr System zu gewinnen. Dabei geht es nicht nur darum, neue Schwächen aufzudecken, sondern auch sicher zu sein, dass bestehende Schwächen behoben wurden.*
>
> *– Russ Miles (ChaosIQ, https://medium.com/chaosiq/exploring-multi-level-weaknesses-using-automated-chaos-experiments-aa30f0605ce)*

Es gibt eine Reihe von Tools, die Sie für das automatische Chaos-Engineering Ihres Clusters nutzen können. Hier stellen wir ein paar davon vor:

6.4.2 chaoskube

chaoskube *(https://github.com/linki/chaoskube)* beendet zufällig Pods in Ihrem Cluster. Standardmäßig arbeitet es im Dry-Run-Modus, bei dem es nur zeigt, was es tun würde, aber tatsächlich nichts wirklich beendet.

Sie können chaoskube so konfigurieren, dass es Pods abhängig von ihren Labels (siehe Abschnitt 9.1), Anmerkungen oder Namensräumen ein- oder ausschließt und bestimmte Zeiträume oder Tage vermeidet (zum Beispiel nichts an Heiligabend abschießt). Standardmäßig wird es aber potenziell jeden Pod in jedem Namensraum stören, einschließlich der System-Pods von Kubernetes und sogar chaoskube selbst.

Sind Sie mit der Filter-Konfiguration von chaoskube zufrieden, können Sie den Dry-Run-Modus abschalten und das Tool seine Arbeit machen lassen.

chaoskube lässt sich einfach installieren und einrichten und es ist ein ideales Tool, um mit dem Chaos-Engineering zu beginnen.

6.4.3 kube-monkey

kube-monkey *(https://github.com/asobti/kube-monkey)* läuft zu einer vorgegebenen Uhrzeit (standardmäßig um 8 Uhr an Wochentagen) und sucht sich eine Liste mit Deployments zusammen, die es den Tag über angeht (standardmäßig zwischen 10 und 16 Uhr). Anders als manche andere Tools arbeitet kube-monkey auf einer Opt-In-Basis: Nur Pods, die kube-monkey mithilfe spezieller Anmerkungen zulassen, werden auch berücksichtigt.

Somit können Sie mit kube-monkey spezifische Apps oder Services während ihrer Entwicklung testen und abhängig vom Service die Häufigkeit und Aggressivität einstellen. So setzt zum Beispiel die folgende Anmerkung bei einem Pod eine Durchschnittszeit zwischen zwei Ausfällen (Mean Time Between Failures, MTBF) von zwei Tagen:

```
kube-monkey/mtbf: 2
```

Die Anmerkung `kill-mode` ermöglicht es Ihnen, anzugeben, wie viele Pods (oder wie viele Prozent maximal) eines Deployments beendet werden. Die folgenden Anmerkungen sorgen dafür, dass bis zu 50 % der Pods im angesprochenen Deployment beendet werden:

```
kube-monkey/kill-mode: "random-max-percent"
kube-monkey/kill-value: 50
```

6.4.4 PowerfulSeal

PowerfulSeal *(https://github.com/bloomberg/powerfulseal)* ist ein Open-Source-Tool zum Chaos-Engineering von Kubernetes, das in zwei Modi arbeitet: interaktiv oder autonom. Im interaktiven Modus können Sie Ihr Cluster untersuchen und manuell Dinge kaputt machen, um zu sehen, was passiert. So können Sie Knoten, Namensräume, Deployments und einzelne Pods beenden.

Im autonomen Modus wird ein Satz von Richtlinien genutzt, die Sie vorgeben: Mit welchen Ressourcen wird gearbeitet, welche sind zu vermeiden, wann soll das Tool laufen (Sie können zum Beispiel angeben, dass es nur von Montag bis Freitag zur Arbeitszeit läuft) und wie aggressiv soll es sein (beispielsweise soll ein gegebener Prozentsatz an allen passenden Deployments beendet werden). Die Richtlinien-Dateien von PowerfulSeal sind sehr flexibel und ermöglichen es Ihnen, so gut wie jedes vorstellbare Szenario zum Chaos-Engineering umzusetzen.

Tipp

Wenn Ihre Anwendungen hochverfügbar sein sollen, lassen Sie regelmäßig ein Chaos-Engineering-Tool wie chaoskube laufen, um sicherzustellen, dass unerwartete Ausfälle von Knoten oder Pods nicht zu Problemen führen. Achten Sie aber darauf, das zuerst mit den Leuten zu besprechen, die für das Betreiben des Clusters und für die zu testenden Anwendungen verantwortlich sind.

6.5 Zusammenfassung

Es kann sehr schwierig sein, herauszufinden, wie groß Sie Ihr erstes Kubernetes-Cluster gestalten sollen und wie es zu konfigurieren ist. Es gibt viele Entscheidungen, die zu treffen sind, und Sie wissen erst wirklich, was Sie brauchen, wenn Sie schon etwas Produktiv-Erfahrung gesammelt haben.

Wir können Ihnen diese Entscheidungen nicht abnehmen, aber wir hoffen, Ihnen wenigstens ein paar hilfreiche Denkanstöße mitgegeben zu haben:

- Vor dem Provisionieren Ihres produktiven Kubernetes-Clusters denken Sie darüber nach, wie viele Knoten Sie benötigen werden und wie groß die sein müssen.

- Sie brauchen mindestens drei Master Nodes (keinen, wenn Sie einen Managed Service verwenden) und mindestens zwei (idealerweise drei) Worker Nodes. Das kann Kubernetes-Cluster zunächst etwas teuer erscheinen lassen, wenn Sie nur ein paar kleine Workloads laufen lassen, aber vergessen Sie nicht die Vorteile durch die eingebaute Resilienz und das Skalieren.
- Kubernetes-Cluster können bis zu vielen Tausend Knoten und über einhunderttausend Container groß werden.
- Müssen Sie noch darüber hinausgehen, nutzen Sie mehrere Cluster (manchmal müssen Sie das auch aus Gründen der Sicherheit oder aus rechtlichen Gründen tun). Sie können Cluster mithilfe des Federation zusammenbringen, wenn Sie Workloads über einzelne Cluster hinaus synchronisieren müssen.
- Eine typische Instanzgröße eines Kubernetes-Knotens ist 1 CPU und 4 GiB RAM. Aber es ist durchaus sinnvoll, eine Mischung aus ein paar verschiedenen Knotengrößen zu haben.
- Kubernetes lässt sich nicht nur in der Cloud einsetzen, es läuft auch auf Bare-Metal-Servern. Wenn Sie Hardware herumstehen haben, warum sollten Sie sie dann nicht nutzen?
- Sie können Ihr Cluster manuell ohne großen Aufwand herauf- und herunterskalieren und müssen das vermutlich auch nicht allzu häufig tun. Autoscaling ist nett, aber gar nicht so wichtig.
- Es gibt einen wohldefinierten Standard für Hersteller und Produkte rund um Kubernetes: *Certified Kubernetes* von CNCF. Wenn Sie das Logo nicht sehen, fragen Sie nach dem Grund.
- Chaos-Testing ist ein Prozess, bei dem Pods zufällig beendet werden, um zu sehen, ob die Anwendung weiterhin läuft. Es ist nützlich, aber die Cloud hat viele Möglichkeiten, selbst Chaos zu verbreiten, ohne Sie zuvor zu fragen.

7 Power-Tools für Kubernetes

Mein Mechaniker hat mir gesagt: »Ich konnte deine Bremsen nicht reparieren, also habe ich deine Hupe lauter gemacht.«

– Steven Wright

Die Leute fragen uns immer: »Was ist mit den ganzen Tools für Kubernetes? Brauche ich die? Und wenn ja, welche? Und was machen die alle?«

In diesem Kapitel werden wir Ihnen einen kleinen Teil der Tools und Hilfsmittel vorstellen, die Ihnen bei der Arbeit mit Kubernetes helfen. Wir werden Ihnen ein paar fortgeschrittene Techniken mit `kubectl` zeigen und auf nützliche Hilfsmittel wie `jq`, `kubectx`, `kubens`, `kube-ps1`, `kubeshell`, Click, `kubed-sh`, Stern und BusyBox hinweisen.

7.1 Die Arbeit mit kubectl

Sie haben `kubectl` schon in Kapitel 2 kennengelernt. Weil es sich um das wichtigste Tool für die Interaktion mit Kubernetes handelt, sind Sie vielleicht schon mit den grundlegenden Aktionen vertraut. Schauen wir uns nun ein paar fortgeschrittene Möglichkeiten von `kubectl` an, vielleicht ist da ja auch etwas Neues für Sie dabei.

7.1.1 Shell-Aliasse

Die meisten Kubernetes-Anwender machen sich das Leben leichter, indem sie einen Shell-Alias für den Befehl `kubectl` erstellen. So haben wir zum Beispiel den folgenden Alias in unserer Datei *.bash_profile* stehen:

```
alias k=kubectl
```

Statt nun immer `kubectl` tippen zu müssen, können wir einfach `k` verwenden:

```
k get pods
```

Gibt es ein paar `kubectl`-Befehle, die Sie häufig nutzen, können Sie auch dafür Aliasse einrichten. Hier ein paar Beispiele:

```
alias kg=kubectl get
alias kgdep=kubectl get deployment
alias ksys=kubectl --namespace=kube-system
alias kd=kubectl describe
```

Der Google-Entwickler Ahmet Alp Balkan hat ein logisches System solcher Aliasse ausgearbeitet *(https://ahmet.im/blog/kubectl-aliases/index.html)* und ein Skript geschrieben, um alle für Sie anzulegen (momentan etwa 800 Aliasse).

Sie müssen die natürlich nicht unbedingt verwenden – wir schlagen aber vor, mit `k` zu beginnen und dann Aliasse für die häufigsten Befehle zu ergänzen, die Sie sich gut merken können.

7.1.2 Kurze Flags verwenden

Wie die meisten Befehlszeilentools unterstützt `kubectl` abgekürzte Formen vieler seiner Flags und Schalter. Dies kann Ihnen eine Menge Tipparbeit ersparen.

So können Sie zum Beispiel das Flag `--namespace` abkürzen zu `-n` (siehe Abschnitt 5.3):

```
kubectl get pods -n kube-system
```

Sehr häufig müssen Sie `kubectl` auf Ressourcen arbeiten lassen, die zu einem Satz Labels passen. Dazu dient das Flag `--selector` (siehe Abschnitt 9.1). Zum Glück lässt sich das abkürzen zu `-l`:

```
kubctl get pods -l environment=staging
```

7.1.3 Ressourcen-Typen abkürzen

`kubectl` wird oft genutzt, um sich Ressourcen verschiedenster Typen anzeigen zu lassen, wie zum Beispiel Pods, Deployments, Services oder Namensräume. Normalerweise nutzt man dazu `kubectl get`, gefolgt beispielsweise von `deployments`.

Um das einfacher zu machen, unterstützt `kubectl` Kurzformen dieser Ressource-Typen:

```
kubectl get po
kubectl get deploy
kubectl get svc
kubectl get ns
```

Andere nützliche Abkürzungen sind `no` für `nodes`, `cm` für `configmaps`, `sa` für `serviceaccounts`, `ds` für `daemonsets` und `pv` für `persistentvolumes`.

7.1.4 Autovervollständigen von kubectl-Befehlen

Wenn Sie die bash- oder zsh-Shell verwenden, können Sie die kubectl-Befehle autovervollständigen lassen. Führen Sie diesen Befehl aus, um die Anweisungen zu erhalten, wie Sie die Autovervollständigung für Ihre Shell ermöglichen können:

```
kubectl completion -h
```

Führen Sie die Schritte aus, sollten Sie *Tab* drücken können, um nur teilweise getippte kubectl-Befehle zu vervollständigen. Versuchen Sie es:

```
kubectl cl<TAB>
```

Der Befehl sollte zu kubectl cluster-info ergänzt werden.

Tippen Sie nur kubectl und drücken dann zweimal die *Tab*-Taste, werden alle verfügbaren Befehle ausgegeben:

```
kubectl <TAB><TAB>
alpha     attach     cluster-info     cordon     describe     ...
```

Sie können mit der gleichen Technik alle Flags für den aktuellen Befehl anzeigen:

```
kubectl get pods --<TAB><TAB>
--all-namespaces     --cluster=     --label-columns=     ...
```

Praktischerweise wird kubectl auch die Namen von Pods, Deployments, Namensräumen und so weiter vervollständigen:

```
kubectl -n kube-system describe pod <TAB><TAB>
event-exporter-v0.1.9-85bb4fd64d-2zjng
kube-dns-autoscaler-79b4b844b9-2wglc
fluentd-gcp-scaler-7c5db745fc-h7ntr
...
```

7.1.5 Hilfe erhalten

Die besten Befehlszeilentools enthalten auch eine umfassende Dokumentation und kubectl ist da keine Ausnahme. Mit kubectl -h erhalten Sie einen vollständigen Überblick über die Befehle:

```
kubectl -h
```

Sie können auch weitergehen und zu jedem Befehl die Dokumentation bekommen, wenn Sie kubectl *BEFEHL* -h tippen – mit allen verfügbaren Optionen und einem Satz von Beispielen:

```
kubectl get -h
```

7.1.6 Hilfe zu Kubernetes-Ressourcen erhalten

`kubectl` dokumentiert nicht nur sich selbst, es hilft Ihnen auch mit den Kubernetes-Objekten, wie zum Beispiel Deployments oder Pods. Der Befehl `kubectl explain` gibt eine Dokumentation zu der angegebenen Art von Ressource aus:

```
kubectl explain pods
```

Mehr Informationen zu einem bestimmten Feld einer Ressource erhalten Sie mit `kubectl explain` *`RESOURCE.FIELD`*. Dabei können Sie so tief graben, wie Sie möchten:

```
kubectl explain deploy.spac.template.spec.containers.livenessProbe.exec
```

Probieren Sie auch einmal `kubectl explain --recursive` aus, womit die Felder in den Feldern in den Feldern … angezeigt werden. Aber passen Sie auf, dass Ihnen nicht schwummrig wird!

7.1.7 Detaillertere Ausgaben nutzen

Sie wissen schon, dass Sie mit `kubectl get` Listen mit den verschiedenen Ressourcen erhalten, zum Beispiel mit Pods:

```
kubectl get pods
NAME                    READY  STATUS   RESTARTS AGE
demo-54f4458547-pqdxn   1/1    Running  6        5d
```

Sie erhalten zusätzliche Informationen, wie zum Beispiel den Knoten, auf dem jeder Pod läuft, durch das Flag `-o wide`:

```
kubectl get pods -o wide
NAME                    ...  IP          NODE
demo-54f4458547-pqdxn   ...  10.76.1.88  gke-k8s-cluster-1-n1-standard...
```

(Aus Platzgründen haben wir hier Informationen weggelassen, die Sie mit `-o wide` eigentlich erhalten.)

Abhängig vom Ressourcen-Typ zeigt Ihnen `-o wide` verschiedene Informationen. Bei Knoten sieht es zum Beispiel so aus:

```
kubectl get nodes -o wide
NAME              ...  EXTERNAL-IP     OS-IMAGE      KERNEL-VERSION
gke-k8s-...816n   ...  35.233.136.194  Container...  4.14.22+
gke-k8s-...dwtv   ...  35.227.162.224  Container...  4.14.22+
gke-k8s-...67ch   ...  35.233.212.49   Container...  4.14.22+
```

7.1.8 Mit JSON-Daten und jq arbeiten

Das Standard-Ausgabeformat von `kubectl get` ist einfacher Text, es kann aber Informationen auch im JSON-Format ausgeben:

```
kubectl get pods -n kube-system -o json
{
    "apiVersion": "v1",
    "items": [
        {
            "apiVersion": "v1",
            "kind": "Pod",
            "metadata": {
                "creationTimestamp": "2018-05-21T18:24:54Z",
                ...
```

Wenig überraschend wird die Ausgabe dadurch sehr lang (bei unserem Cluster über 5.000 Zeilen). Zum Glück gibt es aufgrund der großen Verbreitung des JSON-Formats Tools, um dies zu filtern, wie zum Beispiel das unentbehrliche `jq`.

Haben Sie `jq` *(https://stedolan.github.io/jq/manual)* noch nicht, installieren Sie es auf dem für Ihr System üblichen Weg (*https://stedolan.github.io/jq/download*, `brew install jq` für macOS, `apt install jq` für Debian/Ubuntu und so weiter).

Steht es dann bei Ihnen zur Verfügung, können Sie damit die Ausgabe von `kubectl` filtern und abfragen:

```
kubectl get pods -n kube-system -o json | jq '.items[].metadata.name'
"event-exporter-v0.1.9-85bb4fd64d-2zjng"
"fluentd-gcp-scaler-7c5db745fc-h7ntr"
"fluentd-gcp-v3.0.0-5m627"
"fluentd-gcp-v3.0.0-h5fjg"
...
```

`jq` ist ein sehr leistungsfähiges Tool zum Abfragen und Umwandeln von JSON-Daten.

Um zum Beispiel die Knoten zu finden, auf denen die meisten Pods laufen, können Sie Folgendes eingeben:

```
kubectl get pods -o json --all-namespaces | jq '.items |
  group_by(.spec.nodeName) | map({"nodeName": .[0].spec.nodeName,
  "count": length}) | sort_by(.count) | reverse'
```

Es gibt einen praktischen Online-Playground für `jq` *(https://jqplay.org)*, in den Sie JSON-Daten kopieren und dann verschiedene `jq`-Abfragen ausprobieren können, um das gewünschte Ergebnis zu erhalten.

Haben Sie keinen Zugriff auf `jq`, unterstützt `kubectl` auch JSONPath-Abfragen *(https://kubernetes.io/docs/reference/kubectl/jsonpath)*. JSONPath ist eine JSON-Abfragesprache, die zwar nicht so leistungsfähig wie `jq` ist, aber für schnelle Einzeiler ausreicht:

```
kubectl get pods -o=jsonpath={.items[0].metadata.name}
demo-66ddf956b9-pnknx
```

7.1.9 Objekte beobachten

Wenn Sie darauf warten, dass eine Handvoll Pods gestartet sind, kann es nervig sein, alle paar Sekunden `kubectl get pods ...` tippen zu müssen, um herauszufinden, ob etwas passiert ist.

`kubectl` bietet das Flag `--watch` an (kurz `-w`), um Ihnen das zu ersparen. Zum Beispiel:

```
kubectl get pods --watch
NAME                   READY  STATUS             RESTARTS  AGE
demo-95444875c-z9xv4   0/1    ContainerCreating  0         1s
... [etwas später] ...
demo-95444875c-z9xv4   0/1    Completed          0         2s
demo-95444875c-z9xv4   1/1    Running            0         2s
```

Immer dann, wenn sich der Status eines der passenden Pods ändert, erhalten Sie ein Update in Ihrem Terminal. (In Abschnitt 7.3.3 ist ein anderer netter Weg beschrieben, beliebige Arten von Ressourcen zu beobachten.)

7.1.10 Objekte beschreiben

Um richtig umfangreiche Informationen über Kubernetes-Objekte zu erhalten, können Sie den Befehl `kubectl describe` verwenden:

```
kubectl describe pods demo-d94cffc44-gvgzm
```

Der Abschnitt `Events` ist besonders nützlich, um nach Fehlern in Containern zu suchen, die nicht richtig laufen, da dort jeder Status des Container-Lebenszyklus mit eventuell aufgetretenen Problemen protokolliert wird.

7.2 Mit Ressourcen arbeiten

Bisher haben Sie `kubectl` vor allem genutzt, um Dinge abzufragen oder auszugeben und um mit `kubectl apply` deklarative YAML-Manifeste anzuwenden. Aber `kubectl` bietet auch einen vollständigen Satz *imperativer* Befehle: Operationen, die direkt Ressourcen erstellen oder verändern.

7.2.1 Imperative kubectl-Befehle

Wir haben in Abschnitt 2.5.1 mit `kubectl run` einen solchen Befehl genutzt. Dort wurde implizit ein Deployment erstellt, um den angegebenen Container auszuführen.

Sie können die meisten Ressourcen auch explizit mit `kubectl create` erstellen:

```
kubectl create namespace my-new-namespace
namespace "my-new-namespace" created
```

Genauso löscht `kubectl delete` eine Ressource:

```
kubectl delete namespace my-new-namespace
namespace "my-new-namespace" deleted
```

Der Befehl `kubectl edit` ermöglicht es Ihnen, beliebige Ressourcen anzuzeigen und zu verändern:

```
kubectl edit deployments my-deployment
```

Damit wird Ihr Standard-Editor mit einer YAML-Manifest-Datei geöffnet, die die angegebene Ressource repräsentiert.

Dies ist eine gute Möglichkeit, sich die Konfiguration beliebiger Ressourcen genauer anzuschauen, aber Sie können hier auch Änderungen vornehmen. Sichern Sie die Datei und beenden den Editor, wird `kubectl` die Ressource aktualisieren – genau so, als ob Sie `kubectl apply` auf die Manifest-Datei für die Ressource angewendet hätten.

Haben Sie Fehler eingebaut, zum Beispiel ungültiges YAML geschaffen, wird `kubectl` Ihnen das mitteilen und die Datei wieder öffnen, damit Sie das Problem beheben können.

7.2.2 Wann Sie keine imperativen Befehle verwenden sollten

In diesem Buch haben wir immer wieder hervorgehoben, wie wichtig der Einsatz von *deklarativer* Infrastruktur als Code ist. Daher sollte es Sie nicht überraschen, dass wir von imperativen `kubectl`-Befehlen abraten.

Sie können zwar sehr nützlich sein, wenn Sie schnell mal Dinge testen oder eine Idee ausprobieren wollen, aber das Hauptproblem bei imperativen Befehlen ist, dass Sie keine zentrale *Source of Truth* haben. Es gibt keine Möglichkeit, zu wissen, wer wann welche imperativen Befehle auf dem Cluster ausgeführt hat und was das Ergebnis war. Sobald Sie einen imperativen Befehl starten, ist der Status des Clusters nicht mehr synchron zu den Manifest-Dateien, die in der Versionsverwaltung abgelegt sind.

Wenn dann das nächste Mal jemand die YAML-Manifeste anwendet, werden alle Änderungen, die Sie imperativ vorgenommen haben, überschrieben und sind verloren. Das kann zu überraschenden Ergebnissen führen und sich möglicherweise negativ auf wichtige Services auswirken:

> *Alice hat Bereitschaftsdienst, als die Last für den Service, um den sie sich kümmert, plötzlich stark zunimmt. Sie nutzt den `scale`-Befehl, um die Anzahl der Server, die auf Requests antworten können, [von fünf] auf zehn zu setzen, und die Situation ist geklärt. […] Einige Tage später bereitet Bob die wöchentlichen Rollouts vor. Er bearbeitet die ReplicaSet-Konfigurationen, die in der Versionsverwaltung liegen, damit sie das neue Container-Image verwenden, aber er merkt nicht, dass die Anzahl der Replicas immer noch bei fünf liegt, statt der zehn, die Alice als Reaktion auf die gestiegene*

> *Last gesetzt hat. Bob fährt mit dem Rollout fort, wodurch die Container-Images aktualisiert und die Anzahl der Replicas halbiert werden, was zu einer sofortigen Überlastung oder einem Ausfall führen kann.*
>
> *– Kelsey Hightower et al., Kubernetes – Eine kompakte Einführung*

Alice hat vergessen, die Dateien in der Versionsverwaltung zu aktualisieren, nachdem sie ihre imperative Änderung vorgenommen hat, aber das passiert leicht mal – vor allem, wenn man wegen eines Problems gerade gestresst ist (siehe Abschnitt 16.5.2). Das echte Leben folgt halt nicht immer den Best Practices.

Genauso sollte Bob vor dem erneuten Anwenden der Manifest-Dateien mithilfe von `kubectl diff` (siehe Abschnitt 7.2.5) kontrolliert haben, ob es Unterschiede gibt. Aber wenn Sie nicht erwarten, dass etwas verschieden ist, lässt sich das leicht übersehen. Und vielleicht hat Bob auch nicht dieses Buch gelesen.

Am besten vermeiden Sie solche Probleme, indem Sie Änderungen immer durch das Bearbeiten und Anwenden der Ressourcen-Dateien vornehmen, die unter Versionskontrolle stehen.

Tipp

Verwenden Sie die imperativen Befehle von `kubectl`, wie zum Beispiel `create` oder `edit`, nicht bei produktiven Clustern. Steuern Sie die Ressourcen stattdessen immer mit unter Versionskontrolle stehenden YAML-Manifesten, die mithilfe von `kubectl apply` (oder Helm-Charts) angewendet werden.

7.2.3 Ressourcen-Manifeste generieren

Auch wenn wir nicht empfehlen, `kubectl` im imperativen Modus zu verwenden, um Änderungen an Ihrem Cluster vorzunehmen, können die imperativen Befehle viel Zeit sparen, wenn Sie YAML-Dateien für Kubernetes von Grund auf erstellen.

Statt viele sich wiederholende Elemente in eine leere Datei zu tippen, können Sie sich mit `kubectl` eine gute Grundlage schaffen und das YAML-Manifest für sich erzeugen lassen:

```
kubectl run demo --image=cloudnatived/demo:hello --dry-run -o yaml
apiVersion: extensions/v1beta1
kind: Deployment
...
```

Das Flag `--dry-run` weist `kubectl` an, die Ressource nicht wirklich zu erstellen, sondern nur auszugeben, was es tun würde. Mit `-o yaml` erhalten Sie das Ressourcen-Manifest im YAML-Format. Sie können diese Ausgabe in einer Datei speichern, sie nach Bedarf bearbeiten und schließlich anwenden, um die Ressource im Cluster zu erzeugen:

```
kubectl run demo --image=cloudnatived/demo:hello --dry-run -o yaml
    >deployment.yaml
```

Jetzt nehmen Sie in Ihrem Lieblings-Editor ein paar Änderungen vor, speichern sie und wenden das Ergebnis an:

```
kubectl apply -f deployment.yaml
deployments.apps "demo" created
```

7.2.4 Ressourcen exportieren

`kubectl` kann Ihnen nicht nur dabei helfen, neue Ressourcen-Manifeste zu erstellen, es kann auch Manifest-Dateien für Ressourcen ausgeben, die schon im Cluster vorhanden sind. So haben Sie vielleicht ein Deployment mithilfe imperativer Befehle angelegt (`kubectl run`), bearbeitet und so angepasst, dass die Einstellungen stimmen, und wollen jetzt ein deklaratives YAML-Manifest schreiben, das Sie in die Versionsverwaltung einchecken.

Dazu nutzen Sie `kubectl get` mit dem Flag `--export`:

```
kubectl run newdemo --image=cloudnatived/demo:hello --port=8888
--labels app=newdemo
deployment.apps "newdemo" created
kubectl get deployments newdemo -o yaml --export >deployment.yaml
```

Diese Ausgabe hat schon das richtige Format, um sie mit Ihren anderen Manifesten zusammen abzuspeichern, anzupassen und mit `kubectl apply -f` anzuwenden.

Haben Sie bisher imperative `kubectl`-Befehle genutzt, um Ihr Cluster zu managen, und wollen nun zu dem deklarativen Stil wechseln, den wir in diesem Buch empfehlen, ist dieser Weg sehr sinnvoll. Exportieren Sie alle Ressourcen in Ihrem Cluster mit `kubectl` und dem Flag `--export` in Manifest-Dateien, haben Sie eine gute Ausgangsbasis.

7.2.5 Ressourcen diffen

Bevor Sie Kubernetes-Manifeste mithilfe von `kubectl apply` anwenden, kann es sinnvoll sein, genau zu sehen, was sich am Cluster ändern würde. Der Befehl `kubectl diff` unterstützt Sie dabei.

```
kubectl diff -f deployment.yaml
- replicas: 10
+ replicas: 5
```

Sie können mit dieser Diff-Ausgabe prüfen, ob die Änderungen, die Sie vornehmen, auch tatsächlich zum gewünschten Effekt führen. Zudem werden Sie gewarnt, wenn der Status der Live-Ressource nicht der Manifest-Datei entspricht – vielleicht, weil sie jemand imperativ geändert hat, seit Sie das Manifest das letzte Mal angewendet haben.

Tipp

Nutzen Sie `kubectl diff`, um zu prüfen, was sich ändern würde, bevor Sie Updates in Ihrem produktiven Cluster vornehmen.

7.3 Mit Containern arbeiten

Das meiste von dem, was in einem Kubernetes-Cluster vor sich geht, passiert innerhalb von Containern. Wenn nun etwas schiefgeht, kann es schwierig sein, herauszufinden, was geschieht. Hier daher ein paar nützliche Tipps, wie Sie `kubectl` für die Arbeit mit laufenden Containern einsetzen können.

7.3.1 Die Logs eines Containers anzeigen

Wenn Sie versuchen, einen Container zum Laufen zu bringen, und der sich nicht so verhält, wie er es sollte, sind eine der nützlichsten Informationsquellen die Log-Dateien des Containers. In Kubernetes wird alles als *Logs* bezeichnet, was ein Container in die *Standard-Output-* und *Standard-Error*-Streams schreibt – würden Sie das Programm in einem Terminal laufen lassen, wären das die Texte, die ausgegeben werden.

In produktiven Anwendungen – insbesondere in verteilten – müssen Sie die Logs von verschiedenen Services aggregieren, in einer persistenten Datenbank speichern, sie abfragen und grafisch darstellen können. Das ist ein großes Thema, das wir detaillierter in Kapitel 15 behandeln werden.

Das Begutachten der Log-Nachrichten aus bestimmten Containern ist aber auch so eine sehr hilfreiche Technik bei der Fehlersuche und Sie können das direkt mit `kubectl logs`, gefolgt vom Namen eines Pods, machen:

```
kubectl logs -n kube-system --tail=20 kube-dns-autoscaler-69c5cbdcdd-94h7f
autoscaler.go:49] Scaling Namespace: kube-system, Target: deployment/kube-dns
autoscaler_server.go:133] ConfigMap not found: configmaps "kube-dns-autoscaler"
k8sclient.go:117] Created ConfigMap kube-dns-autoscaler in namespace kube-system
plugin.go:50] Set control mode to linear
linear_controller.go:59] ConfigMap version change (old: new: 526) - rebuilding
```

Die meisten lang laufenden Container werden *sehr viel* Log-Ausgabe erzeugen, daher werden Sie sie meist – wie in diesem Beispiel – mithilfe des Flags `--tail` auf die neuesten Zeilen begrenzen wollen. (Die Container-Logs werden mit Zeitstempeln ausgegeben, die wir hier weggeschnitten haben, um sie sinnvoll im Buch angezeigt zu bekommen.)

Um einen Container zu beobachten, während er läuft, und seine Log-Ausgabe an Ihr Terminal zu streamen, verwenden Sie das Flag `--follow` (oder kurz `-f`):

```
kubectl logs --namespace kube-system --tail=10 --follow etcd-docker-for-desktop
etcdserver: starting server... [version: 3.1.12, cluster version: 3.1]
embed: ClientTLS: cert = /var/lib/localkube/certs/etcd/server.crt, key = ...
...
```

Solange Sie `kubectl logs` laufen lassen, werden Sie kontinuierlich die Ausgabe vom Container `etcd-docker-for-desktop` erhalten.

Besonders hilfreich kann es sein, sich die Logs des API-Servers von Kubernetes anzeigen zu lassen – zum Beispiel, wenn Sie RBAC-Berechtigungsfehler haben (siehe Abschnitt 11.1.2), tauchen diese hier auf. Haben Sie Zugriff auf Ihre Master Nodes, finden Sie den Pod `kube-apiserver` im Namensraum `kube-system` und mit `kubectl logs` können Sie sich dessen Ausgabe anzeigen lassen.

Nutzen Sie einen Managed Service wie GKE, bei dem die Master Nodes für Sie nicht sichtbar sind, schauen Sie in der Dokumentation Ihres Providers nach, wie Sie an die Logs der Steuerungsebene herankommen (in GKE sind sie zum Beispiel im Stackdriver Logs Viewer sichtbar).

Tipp

Gibt es mehrere Container in einem Pod, können Sie mit dem Flag `--container` (oder kurz `-c`) festlegen, für welche Sie die Logs sehen wollen:

```
kubectl logs -n kube-system metrics-server
    -c metrics-server-nanny
...
```

Eine ausgefeiltere Möglichkeit, Logs zu betrachten, bieten Tools wie zum Beispiel Stern (siehe Abschnitt 7.5.4).

7.3.2 Sich mit einem Container verbinden

Wenn es nicht reicht, sich die Logs eines Containers anzuschauen, müssen Sie vielleicht stattdessen Ihr lokales Terminal mit dem Container verbinden. Damit können Sie die Ausgabe des Containers direkt einsehen. Das Ganze geschieht mit `kubectl attach`:

```
kubectl attach demo-54f4458547-fcx2n
Defaulting container name to demo.
Use kubectl describe pod/demo-54f4458547-fcx2n to see all of the containers in
this pod.
If you don't see a command prompt, try pressing enter.
```

7.3.3 Kubernetes-Ressourcen mit kubespy beobachten

Wenn Sie Änderungen an Ihren Kubernetes-Manifesten deployen, gibt es oft eine Phase des bangen Wartens, ob alles so läuft wie geplant.

Während des Deployens einer Anwendung müssen oft viele Dinge im Hintergrund geschehen, während Kubernetes Ihre Ressourcen erstellt, Pods hochfährt und so weiter.

Weil das alles *automagisch* geschieht, wie Entwickler gerne sagen, kann es schwer sein, zu wissen, was gerade passiert. `kubectl get` und `kubectl describe` bieten Ihnen Momentaufnahmen einzelner Ressourcen, aber eigentlich wollen wir doch sehen, wie sich die Status der Kubernetes-Ressourcen in Echtzeit verändern.

Hier kommt kubespy *(https://github.com/pulumi/kubespy)* ins Spiel, ein interessantes Tool des Pulumi-Projekts[9]. kubespy kann eine Ressource im Cluster überwachen und Ihnen zeigen, was mit ihr im Laufe der Zeit passiert.

Wenn Sie zum Beispiel kubespy auf eine Service-Ressource ansetzen, wird es Ihnen zeigen, wann der Service erstellt ist, wann er eine IP-Adresse erhält, wann seine Endpunkte verbunden werden und so weiter.

7.3.4 Einen Container-Port weiterleiten

Wir haben `kubectl port-forward` schon in Abschnitt 2.5.1 verwendet, um einen Kubernetes-Service an einen Port auf Ihrem lokalen Rechner weiterzuleiten. Aber Sie können den Befehl auch verwenden, um einen Container-Port weiterzuleiten, wenn Sie sich direkt mit einem bestimmten Pod verbinden wollen. Geben Sie einfach den Pod-Namen sowie den lokalen und Remote-Port an:

```
kubectl port-forward demo-54f4458547-vm88z 9999:8888
Forwarding from 127.0.0.1:9999 -> 8888
Forwarding from [::1]:9999 -> 8888
```

Jetzt wird der Port 9999 auf Ihrem lokalen Rechner weitergeleitet an Port 8888 auf dem Container und Sie können sich damit zum Beispiel mit einem Webbrowser verbinden.

7.3.5 Befehle in Containern ausführen

Die isolierte Natur von Containern ist super, wenn Sie zuverlässige und sichere Workloads laufen lassen wollen. Sie kann aber ein bisschen unpraktisch sein, wenn etwas nicht so funktioniert wie gewünscht und Sie nicht erkennen können, woran das liegt.

Führen Sie ein Programm auf Ihrem lokalen Rechner aus und verhält sich das falsch, haben Sie die Befehlszeile zur Verfügung, um nach Fehlern zu suchen: Sie können sich die laufenden Prozesse mit `ps` anzeigen lassen, Dateien mit `ls` und `cat` aufführen und sie mit `vi` sogar bearbeiten.

Sehr oft wäre es bei einem nicht funktionierenden Container hilfreich, eine Shell im Container laufen zu haben, sodass wir all dies auch dort machen können.

9. Pulumi *(https://www.pulumi.com)* ist ein Cloud-natives Infrastructure-as-Code-Framework.

Mit dem Befehl `kubectl exec` können Sie einen Befehl in einem beliebigen Container laufen lassen – auch eine Shell:

```
kubectl run alpine --image alpine --command -- sleep 999
deployment.apps "alpine" created

kubectl get pods
NAME                      READY  STATUS   RESTARTS  AGE
alpine-7fd44fc4bf-7gl4n   1/1    Running  0         4s

kubectl exec -it alpine-7fd44fc4bf-7gl4n /bin/sh
/ # ps
PID  USER  TIME  COMMAND
  1  root  0:00  sleep 999
  7  root  0:00  /bin/sh
 11  root  0:00  ps
```

Hat der Pod mehr als einen Container, wird `kubectl exec` den Befehl standardmäßig im ersten Container ausführen. Alternativ können Sie ihn auch mit dem Flag `-c` angeben:

```
kubectl exec -it -c container2 POD_NAME /bin/sh
```

(Hat der Container keine Shell, schauen Sie sich Abschnitt 7.3.8 an.)

7.3.6 Container zur Fehlersuche ausführen

So wie es hilfreich ist, Befehle in einem bestehenden Container laufen zu lassen, ist es manchmal praktisch, Befehle wie `wget` oder `nslookup` im Cluster laufen lassen zu können, um die Ergebnisse zu sehen, die Ihre Anwendung erhalten würde. Sie haben schon gelernt, wie Sie Container mit `kubectl run` im Cluster ausführen, aber hier wollen wir noch ein paar nützliche Beispiele für das einmalige Ausführen von Container-Befehlen zum Debuggen vorstellen.

Starten wir zunächst eine Instanz der Demo-Anwendung, um damit testen zu können:

```
kubectl run demo --image cloudnatived/demo:hello --expose --port 8888
service "demo" created
deployment.apps "demo" created
```

Der Service `demo` sollte eine IP-Adresse und einen DNS-Namen `demo` erhalten haben, die beide innerhalb des Clusters erreichbar sind. Prüfen wir das, indem wir den Befehl `nslookup` innerhalb eines Containers ausführen:

```
kubectl run nslookup --image=busybox:1.28 --rm -it \
--restart=Never --command -- nslookup demo
Server:     10.79.240.10
Address 1:  10.79-240-10 kube-dns.kube-system.svc.cluster.local

Name:       demo
Address 1:  10.79.242.119 demo.default.svc.cluster.local
```

Die guten Neuigkeiten: Der DNS-Name funktioniert, also sollten wir einen HTTP-Request mit `wget` durchführen und uns das Ergebnis anzeigen lassen können:

```
kubectl run wget --image=busybox:1.28 --rm -it --restart=Never \
--command -- wget -qO- http://demo:8888
Hello, ??
```

Sie sehen, dass diese Anwendung von `kubectl run` immer wieder die gleichen Flags nutzt:

```
kubectl run NAME --image=IMAGE --rm -it --restart=Never --command -- ...
```

Was machen die?

- `--rm`
  Damit wird Kubernetes angewiesen, das Container-Image nach der Ausführung wieder zu löschen, sodass es nicht den lokalen Storage des Knotens verstopft.
- `-it`
  Dies führt den Container interaktiv (`i`) über ein Terminal (`t`) aus, sodass Sie die Ausgabe des Containers in Ihrem eigenen Terminal sehen und bei Bedarf Eingaben dahinschicken können.
- `--restart=Never`
  Damit weiß Kubernetes, dass es sein normalerweise praktisches Verhalten, einen Container nach seinem Beenden wieder neu zu starten, nicht umsetzen soll. Da wir den Container nur einmalig starten wollen, können wir die Standard-Restart-Richtlinie deaktivieren.
- `--command --`
  Damit wird ein zu startender Befehl angegeben und der Standard-Eintrittspunkt des Containers ignoriert. Alles nach dem `--` wird als Befehlszeile an den Container weitergegeben – einschließlich der Argumente.

7.3.7 BusyBox-Befehle verwenden

Auch wenn Sie jeden beliebigen Container nutzen können, ist das `busybox`-Image besonders nützlich, weil es einen ganzen Reigen der gebräuchlichsten Unix-Befehle enthält, wie zum Beispiel `cat`, `echo`, `find`, `grep` und `kill`. Eine vollständige Liste der Befehle finden Sie auf der Website von BusyBox unter *https://busybox.net/downloads/BusyBox.html.*

BusyBox enthält zudem eine schlanke Bash-ähnliche Shell namens `ash`, die kompatibel zu den Standard-`/bin/sh`-Shellskripten ist. Um also eine interaktive Shell in Ihrem Cluster zu erhalten, können Sie diesen Befehl ausführen:

```
kubectl run busybox --image=busybox:1.28 --rm -it --restart=Never /bin/sh
```

Weil das Muster zum Ausführen von Befehlen mit dem BusyBox-Image immer gleich ist, können Sie sogar einen Shell-Alias dafür erstellen (siehe Abschnitt 7.1.1):

```
alias bb=kubectl run busybox --image=busybox:1.28 --rm -it --restart=Never
    --command --
bb nslookup demo
...
bb wget -qO- http://demo:8888
...
bb sh
If you don't see a command prompt, try pressing enter.
/ #
```

7.3.8 BusyBox zu Ihren Containern hinzufügen

Wenn Ihr Container schon eine Shell enthält (zum Beispiel, weil er auf einem Linux-Basisimage wie `alpine` aufbaut), können Sie Shell-Zugriff im Container auf diesem Weg erhalten:

```
kubectl exec -it POD /bin/sh
```

Aber was ist, wenn es im Container kein */bin/sh* gibt? Wenn Sie zum Beispiel ein minimales Image wie in Abschnitt 2.3.1 beschrieben nutzen?

Am einfachsten machen Sie Ihre Container leicht debugbar, während die Images gleichzeitig sehr klein bleiben, indem Sie das `busybox`-Executable beim Bauen hineinkopieren. Es ist nur 1 MiB groß, was ein kleiner Preis für eine nutzbare Shell und einen Satz Unix-Tools ist.

Sie haben in der Behandlung von Multistage-Builds gelernt, dass Sie eine Datei aus einem zuvor gebauten Container in einen neuen Container mit dem Dockerfile-Befehl `COPY --from` kopieren können. Weniger bekannt ist, dass Sie mit diesem Befehl auch eine Datei aus einem beliebigen öffentlichen Image kopieren können, nicht nur aus solchen, die Sie lokal gebaut haben.

Das folgende Dockerfile zeigt, wie Sie das mit dem Demo-Image machen:

```
FROM golang:1.11-alpine AS build

WORKDIR /src/
COPY main.go go.* /src/
RUN CGO_ENABLED=0 go build -o /bin/demo

FROM scratch
COPY --from=build /bin/demo /bin/demo
COPY --from=busybox:1.28 /bin/busybox /bin/busybox
ENTRYPOINT ["/bin/demo"]
```

Hier verweist `--from=busybox:1.28` auf das öffentliche BusyBox-Image.[10] Sie könnten eine Datei aus einem beliebigen Image kopieren (wie etwa `alpine`).

Jetzt haben Sie immer noch einen sehr kleinen Container, können aber auch eine Shell darin aufrufen:

```
kubectl exec -it POD_NAME /bin/busybox sh
```

Statt `/bin/sh` direkt aufzurufen, führen Sie `/bin/busybox` aus, gefolgt vom Namen des gewünschten Befehls – in diesem Fall `sh`.

7.3.9 Programme auf einem Container installieren

Wenn Sie Programme brauchen, die BusyBox nicht mitbringt oder die nicht in einem öffentlichen Container verfügbar sind, können Sie stattdessen ein Linux-Image wie `alpine` oder `ubuntu` ausführen und darauf alles installieren, was Sie brauchen:

```
kubectl run alpine --image alpine --rm -it --restart=Never /bin/sh
If you don't see a command prompt, try pressing enter.
/ # apk --update add emacs
```

7.3.10 Live Debugging mit kubesquash

Es ging in diesem Kapitel schon darum, Container zu *debuggen* – im Sinne von *verstehen, was falsch läuft*. Aber was sollen Sie tun, wenn Sie einen echten Debugger für einen der laufenden Prozesse in einem Container nutzen wollen, wie zum Beispiel `gdb` (den GNU Project Debugger) oder `dlv` (den Go-Debugger)?

Ein Debugger wie `dlv` ist ein sehr leistungsfähiges Tool, das sich mit einem Prozess verbinden kann, Ihnen zeigt, welche Quellcode-Zeilen ausgeführt werden, die Werte lokaler Variablen anzeigen und verändern kann, Breakpoints setzt und Zeile für Zeile durch den Code geht. Wenn irgendetwas Seltsames passiert, das Sie sich nicht erklären können, ist es sehr wahrscheinlich, dass Sie früher oder später auf einen Debugger zurückgreifen müssen.

Lassen Sie ein Programm auf Ihrem lokalen Rechner laufen, haben Sie direkten Zugriff auf dessen Prozesse, daher gibt es hier kein Problem. In einem Container ist es – wie die meisten Dinge – etwas komplizierter.

Das Tool `kubesquash` ist dazu gedacht, Ihnen dabei zu helfen, einen Debugger mit einem Container zu verbinden. Zum Installieren folgen Sie den Anweisungen auf GitHub unter *https://github.com/solo-io/kubesquash*.

---

10. Versionen des BusyBox-Image höher als 1.28 hatten zum Zeitpunkt, als dieses Buch geschrieben wurde, ein Problem mit dem DNS-Lookup in Kubernetes (*https://github.com/kubernetes/kubernetes/issues/66924*).

Ist kubesquash installiert, müssen Sie ihm nur noch den Namen eines laufenden Containers mitgeben:

```
/usr/local/bin/kubesquash-osx demo-6d7dff895c-x8pfd
? Going to attach dlv to pod demo-6d7dff895c-x8pfd. Continue? Yes
If you don't see a command prompt, try pressing enter.
(dlv)
```

Hinter den Kulissen erzeugt kubesquash einen Pod im Namensraum squash, der das Debugger-Binary ausführt, und es kümmert sich darum, dies mit dem laufenden Prozess im angegebenen Pod zu verbinden.

Aus technischen Gründen *(https://github.com/solo-io/kubesquash/blob/master/cmd/kubesquash/main.go#L13)* baut kubesquash darauf auf, dass der Befehl ls im ZielContainer vorhanden ist. Nutzen Sie einen Scratch-Container, können Sie dafür das BusyBox-Executable mit aufnehmen, wie wir das in Abschnitt 7.3.8 getan haben:

```
COPY --from=busybox:1.28 /bin/busybox /bin/ls
```

Statt das Executable nach */bin/busybox* zu kopieren, haben wir es nach */bin/ls* kopiert. Damit funktioniert kubesquash wunderbar.

Wir wollen hier nicht in die Details des Einsatzes von dlv einsteigen, aber wenn Sie Kubernetes-Anwendungen in Go schreiben, ist es ein unverzichtbares Tool und durch kubesquash lässt es sich sehr einfach mit Containern einsetzen.

Mehr über dlv finden Sie in der offiziellen Dokumentation unter *https://github.com/go-delve/delve/tree/master/Documentation*.

7.4 Kontexte und Namensräume

Bisher haben wir in diesem Buch mit einem einzigen Kubernetes-Cluster gearbeitet und alle kubectl-Befehle, die Sie ausgeführt haben, wirkten sich natürlich auf dieses Cluster aus.

Aber was passiert, wenn Sie mehr als ein Cluster haben? Vielleicht gibt es ein Kubernetes-Cluster auf Ihrem Rechner für lokale Tests, ein produktives Cluster in der Cloud und eventuell noch ein Remote-Cluster für das Staging und die Entwicklung. Wie weiß kubectl, welches Cluster Sie meinen?

Um dieses Problem zu lösen, kennt kubectl *Kontexte*. Ein Kontext ist eine Kombination aus Cluster, Benutzer und Namensraum (siehe Abschnitt 5.3).

Lassen Sie kubectl-Befehle laufen, werden diese immer im *aktuellen Kontext* ausgeführt. Schauen wir uns ein Beispiel an:

```
kubectl config get-contexts
CURRENT  NAME                CLUSTER          AUTHINFO       NAMESPACE
         gke                 gke_test_us-w    gke_test_us    myapp
*        docker-for-desktop  docker-for-d     docker-for-d
```

Das sind die Kontexte, die kubectl momentan kennt. Jeder Kontext hat einen Namen und bezieht sich auf ein bestimmtes Cluster, einen Benutzernamen, mit dem sich kubectl beim Cluster authentifiziert, und einen Namensraum in diesem Cluster. Der Kontext docker-for-desktop bezieht sich, wie Sie sich vermutlich denken können, auf mein lokales Kubernetes-Cluster.

Der aktuelle Kontext wird in der ersten Spalte mit einem * gekennzeichnet (in diesem Beispiel ist es docker-for-desktop). Führen Sie jetzt einen kubectl-Befehl aus, wird dieser auf dem Docker-Desktop-Cluster im Standard-Namensraum laufen (weil die Spalte NAMESPACE leer ist, bezieht sich der Kontext auf den Standard-Namensraum):

```
kubectl cluster-info
Kubernetes master is running at https://192.168.99.100:8443
KubeDNS is running at https://192.168.99.100:8443/api/v1/...

To further debug and diagnose cluster problems, use 'kubectl cluster-info dump'.
```

Sie können mit dem Befehl kubectl config use-context zu einem anderen Kontext wechseln:

```
kubectl config use-context gke
Switched to context "gke".
```

Sie können sich Kontexte wie Lesezeichen vorstellen: Mit ihnen können Sie problemlos zu einem bestimmten Cluster und Namensraum wechseln. Um einen neuen Kontext zu erstellen, verwenden Sie kubectl config set-context:

```
kubectl config set-context myapp --cluster=gke --namespace=myapp
Context "myapp" created.
```

Wenn Sie jetzt zum Kontext myapp wechseln, werden sich die weiteren Befehle auf den Namensraum myapp des gke-Clusters beziehen.

Haben Sie vergessen, was Ihr aktueller Kontext ist, wird Ihnen kubectl config current-context helfen:

```
kubectl config current-context
myapp
```

7.4.1 kubectx und kubens

Wenn Sie (wie wir) am liebsten mit der Tastatur arbeiten, werden Sie vermutlich nicht mehr tippen wollen als unbedingt nötig. Für einen schnelleren Wechsel der kubectl-Kontexte können Sie die Tools kubectx oder kubens nutzen. Folgen Sie den Anweisungen auf GitHub unter *https://github.com/ahmetb/kubectx*, um beide Programme zu installieren.

Jetzt können Sie den Befehl kubectx nutzen, um den Kontext zu wechseln:

```
kubectx docker-for-desktop
Switched to context "docker-for-desktop".
```

Ein nettes Feature von `kubectx` ist, dass Sie mit `kubectx -` zum letzten Kontext wechseln, sodass Sie schnell zwischen zwei Kontexten umschalten können:

```
kubectx -
Switched to context "gke".
kubectx -
Switched to context "docker-for-desktop".
```

Ein Aufruf von `kubectx` ohne Parameter wird alle verfügbaren Kontexte ausgeben, wobei der aktuelle Kontext hervorgehoben ist.

Zwischen Namensräumen werden Sie vermutlich häufiger wechseln als zwischen Kontexten. Da hilft Ihnen `kubens`:

```
kubens
default
kube-public
kube-system

kubens kube-system
Context "docker-for-desktop" modified.
Active namespace is "kube-system".

kubens -
Context "docker-for-desktop" modified.
Active namespace is "default".
```

Tipp

`kubectx` und `kubens` erfüllen ihre jeweils eine Aufgabe sehr gut – sie sind ausgesprochen nützliche Ergänzungen für Ihre Kubernetes-Toolbox.

7.4.2 kube-ps1

Nutzen Sie die `bash`- oder `zsh`-Shell, gibt es ein kleines Tool *(https://github.com/jonmosco/kube-ps1)*, das Ihren Prompt um den aktuellen Kubernetes-Kontext ergänzt.

Mit installiertem `kube-ps1` vergessen Sie nie, in welchem Kontext Sie sich befinden:

```
source "/usr/local/opt/kube-ps1/share/kube-ps1.sh"
PS1="[$(kube_ps1)]$ "
[(? |docker-for-desktop:default)]
kubectx cloudnativedevops
Switched to context "cloudnativedevops".
(? |cloudnativedevops:cloudnativedevopsblog)
```

7.5 Shells und Tools für Kubernetes

Auch wenn der Einsatz von `kubectl` in einer normalen Shell für die meisten Aufgaben ausreichend ist, die im Zusammenhang mit einem Kubernetes-Cluster anfallen, gibt es auch andere Optionen.

7.5.1 kube-shell

Wenn das Autovervollständigen von `kubectl` Ihnen nicht cool genug ist, gibt es immer noch `kube-shell`, einen Wrapper für `kubectl`, der ein Popup-Menü mit möglichen Vervollständigungen bei jedem Befehl bereitstellt (siehe Abbildung 7–1).

Abb. 7–1 *kube-shell ist ein interaktiver Kubernetes-Client.*

7.5.2 Click

Noch umfassender geht Click *(https://databricks.com/blog/2018/03/27/introducing-click-the-command-line-interactive-controller-for-kubernetes.html)* an das Bereitstellen eines Kubernetes-Terminals heran.

Click ist wie eine interaktive Version von `kubectl`, die sich daran *erinnert*, mit welchem Objekt Sie gerade arbeiten. Wenn Sie zum Beispiel einen Pod in `kubectl` finden und bearbeiten wollen, müssen Sie normalerweise zuerst alle passenden Pods auflisten und dann den eindeutigen Namen des für Sie interessanten Pods kopieren und in einen neuen Befehl einfügen.

Mit Click können Sie stattdessen eine beliebige Ressource aus einer Liste auswählen, indem Sie seine Nummer eintippen (zum Beispiel 1 für den ersten Eintrag). Das ist jetzt die aktuelle Ressource und der nächste Click-Befehl wird standardmäßig mit dieser Ressource arbeiten. Um das Finden der gewünschten Objekte zu vereinfachen, unterstützt Click das Suchen mithilfe regulärer Ausdrücke.

Click ist ein leistungsfähiges Tool, das eine sehr angenehme Umgebung für das Arbeiten mit Kubernetes bereitstellt. Es ist zwar als *Beta und experimentell* beschrieben, aber für die tagtäglichen Aufgaben beim Verwalten eines Clusters wunderbar einzusetzen und es lohnt sich, es einmal auszuprobieren.

7.5.3 kubed-sh

`kube-shell` und Click sind im Prinzip lokale Shells, die ein bisschen über Kubernetes wissen. `kubed-sh` (ausgesprochen *kjubdäsch*) ist eine interessantere Idee: eine Shell, die mehr oder weniger *auf* dem Cluster selbst läuft.

`kubed-sh` holt sich die notwendigen Container zum Starten von JavaScript-, Ruby- oder Phython-Programmen auf Ihrem lokalen Cluster und führt sie aus. Sie können zum Beispiel ein Ruby-Skript auf Ihrem lokalen Rechner erstellen und es mit `kubed-sh` als Kubernetes-Deployment starten.

7.5.4 Stern

Während `kubectl logs` zwar nützlich ist (siehe Abschnitt 7.3.1), ist es doch nicht sehr bequem einsetzbar. Bevor Sie es zum Beispiel nutzen können, müssen Sie erst den eindeutigen Namen des Pods und Containers finden, dessen Logs Sie erhalten wollen, und diesen dann an der Befehlszeile angeben, was mindestens einmal Kopieren und Einfügen bedeutet.

Und wenn Sie `-f` nutzen, um Logs von einem bestimmten Container zu folgen, wird Ihr Log-Stream immer dann stoppen, wenn der Container neu gestartet wird. Sie werden dann den neuen Namen des Containers finden und `kubectl logs` erneut aufrufen müssen. Und Sie können nur Logs von einem Pod gleichzeitig folgen.

Ein ausgefeilteres Log-Streaming-Tool würde es Ihnen erlauben, mit einem regulären Ausdruck eine Gruppe von Pods anzugeben, deren Namen oder Labels passen. Deren Logs würden nun auch dann weiter gestreamt, wenn die einzelnen Container neu gestartet werden müssen.

Zum Glück ist Stern genau so ein Tool. Es holt sich die Logs von allen Pods, die zu einem regulären Ausdruck passen (zum Beispiel `demo.*`). Gibt es mehrere Container im Pod, zeigt Ihnen Stern die Log-Nachrichten von allen an, mit einem Namenspräfix vor jedem Eintrag.

Das Flag `--since` lässt Sie die Ausgabe auf die neuesten Nachrichten begrenzen (zum Beispiel innerhalb der letzten zehn Minuten).

Statt bestimmte Pod-Namen über einen regulären Ausdruck zu finden, können Sie einen beliebigen Ausdruck für einen Label-Selektor nutzen, so wie bei `kubectl`. Kombiniert mit dem Flag `--all-namespaces` ist das ideal, um Logs aus mehreren Containern zu beobachten.

7.6 Bauen Sie Ihre eigenen Kubernetes-Tools

Kombiniert mit Abfrage-Tools wie `jq` und den Standard-Unix-Tools (`cut`, `grep`, `xargs` & Co) kann `kubectl` für ein ziemlich ausgefeiltes Skripten von Kubernetes-Ressourcen verwendet werden. Wie Sie in diesem Kapitel gesehen haben, gibt es auch viele Tools von dritter Seite, die Sie als Teil automatisierter Skripte nutzen können.

Dieses Vorgehen hat natürlich auch seine Grenzen. Es ist nützlich, um raffinierte Einzeiler und Ad-hoc-Shell-Skripte für ein interaktives Debuggen und Untersuchen zusammenzuschrauben, aber so etwas lässt sich immer schwer verstehen und warten.

Für echte Systemprogramme, die das Automatisieren Ihres Produktiv-Workflows unterstützen, empfehlen wir dringend, eine richtige System-Programmiersprache zu nutzen. Go ist hier die logische Wahl, da es für die Kubernetes-Autoren gut genug war, und natürlich enthält Kubernetes selbst eine umfangreiche Client-Bibliothek *(https://github.com/kubernetes/client-go)* für den Einsatz in Go-Programmen.

Weil Sie mit der Bibliothek `client-go` vollständigen Zugriff auf die Kubernetes-API haben, können Sie damit alles tun, was Sie auch mit `kubectl` machen – und mehr. Das folgende Snippet zeigt, wie Sie zum Beispiel alle Pods in Ihrem Cluster auflisten:

```
...
podList, err := clientset.CoreV1().Pods("").List(metav1.ListOptions{})
if err != nil {
        log.Fatal(err)
}
fmt.Println("Es gibt ", len(podList.Items), " Pods im Cluster:")
for _, i := range podList.Items {
        fmt.Println(i.ObjectMeta.Name)
}
...
```

Sie können auch Pods, Deployments und andere Ressourcen erstellen oder löschen. Es ist sogar möglich, Ihre eigenen Cluster-Ressourcen-Typen anzulegen.

Benötigen Sie ein Feature, das in Kubernetes fehlt, können Sie es selbst mit der Client-Bibliothek anlegen.

Andere Programmiersprachen, wie zum Beispiel Ruby, Python oder PHP, haben ebenfalls Client-Bibliotheken für Kubernetes *(https://kubernetes.io/docs/reference/using-api/client-libraries)*, die Sie genauso einsetzen können.

7.7 Zusammenfassung

Es gibt unglaublich viele Tools für Kubernetes und jede Woche kommen neue hinzu. Es mag ermüdend sein, schon wieder über ein neues Werkzeug zu lesen, auf das Sie keinesfalls verzichten sollten.

Tatsächlich brauchen Sie die meisten dieser Tools nicht. Kubernetes selbst – mit `kubectl` – kann das meiste erledigen, was Sie erreichen wollen. Der Rest dient nur dem Spaß und der Bequemlichkeit.

Niemand kann alles wissen, aber jeder weiß irgendetwas. Beim Schreiben dieses Kapitels haben wir Tipps und Tricks von vielen erfahrenen Kubernetes-Technikern gesammelt – aus Büchern, Blog-Posts und Dokumentationen, dazu noch ein oder zwei selbst gemachte Entdeckungen. Jeder, dem wir es gezeigt haben – egal wie erfahren er war –, hat mindestens etwas Nützliches daraus mitgenommen. Das macht uns froh.

Es ist sinnvoll, sich ein wenig Zeit zu nehmen und sich mit `kubectl` und seinen Möglichkeiten vertraut zu machen – es ist das wichtigste Kubernetes-Tool und Sie werden es oft einsetzen.

Hier ein paar weitere Dinge, die Sie wissen sollten:

- `kubectl` enthält vollständige und umfassende Informationen über sich selbst. Sie stehen Ihnen über `kubectl -h` zur Verfügung, während Ressourcen, Felder und Features über `kubectl explain` zu finden sind.
- Wollen Sie komplizierte Filter und Transformationen auf die Ausgabe von `kubectl` anwenden, zum Beispiel in Skripten, wählen Sie das JSON-Format mit `-o json`. Mit JSON-Daten können Sie mit leistungsfähigen Tools wie `jq` Abfragen daraus bauen.
- Die Option `--dry-run` von `kubectl`, kombiniert mit `-o YAML` für eine YAML-Ausgabe, ermöglicht Ihnen den Einsatz imperativer Befehle, um Kubernetes-Manifeste zu generieren. Das erspart viel Zeit, wenn Sie zum Beispiel Manifest-Dateien für neue Anwendungen erzeugen.
- Sie können auch bestehende Ressourcen in YAML-Manifeste umwandeln, indem Sie `kubectl get` mit dem Flag `--export` einsetzen.
- `kubectl diff` wird Ihnen beschreiben, was sich ändern *würde*, wenn Sie ein Manifest anwendeten, ohne die Änderung tatsächlich umzusetzen.
- Sie können sich Ausgaben und Fehlermeldungen von Containern mit `kubectl logs` anzeigen lassen, sie fortlaufend mit dem Flag `--follow` streamen oder mit Stern ausgefeiltere Multi-Pod-Logs erzeugen.
- Um Probleme mit Containern zu lösen, können Sie sich mit ihnen über `kubectl attach` verbinden oder eine Shell auf dem Container über `kubectl exec -it ... /bin/sh` starten.

- Sie können ein beliebiges öffentliches Container-Image mit `kubectl run` starten, um Probleme leichter zu lösen. Sehr hilfreich ist dabei die universell einsetzbare BusyBox, die all Ihre geliebten Unix-Tools enthält.
- Kubernetes-Kontexte sind wie Lesezeichen, indem sie ihren Platz in einem bestimmten Cluster und Namensraum markieren. Sie können bequem zwischen Kontexten und Namensräumen mit `kubectx` und `kubens` wechseln.
- Click ist eine leistungsfähige Kubernetes-Shell, die Ihnen all die Funktionalität von `kubectl` bietet, dabei aber zusätzliche Status besitzt: Sie merkt sich von einem Befehl zum nächsten das aktuell ausgewählte Objekt, daher müssen Sie es nicht immer angeben.
- Kubernetes ist dazu gedacht, durch Code automatisiert und gesteuert zu werden. Müssen Sie über das hinausgehen, was `kubectl` bietet, können Sie mit der Kubernetes-Bibliothek `client-go` jeden Aspekt Ihres Clusters mithilfe von Go-Code steuern.

8 Container ausführen

Haben Sie eine schwierige Frage, die Sie nicht beantworten können, beginnen Sie mit einer einfachen Frage, zu der Sie die Lösung kennen.

– Max Tegmark

In den vorigen Kapiteln haben wir uns vor allem auf die operativen Aspekte von Kubernetes konzentriert: Wo erhalten Sie Ihre Cluster, wie warten Sie sie und wie managen Sie Ihre Cluster-Ressourcen? Wenden wir uns jetzt den grundlegendsten Kubernetes-Objekten zu – den *Containern*. Wir werden uns anschauen, wie Container auf technischer Ebene funktionieren, wie sie mit Pods im Zusammenhang stehen und wie Sie Container-Images in Kubernetes deployen.

In diesem Kapitel werden wir uns auch um das wichtige Thema Container-Sicherheit kümmern und Sie erfahren, wie Sie die Sicherheits-Features in Kubernetes nutzen, um Ihre Anwendungen sicher anhand von Best Practices zu deployen. Und schließlich werden Sie sich anschauen, wie Sie Disk Volumes an Pods mounten und es Containern erlauben, Daten zu teilen und zu persistieren.

8.1 Container und Pods

Wir haben in Kapitel 2 schon Pods vorgestellt und darüber geschrieben, wie Deployments auf ReplicaSets zurückgreifen, um einen Satz an Replica-Pods zu betreuen, aber wir haben uns die Pods selbst noch nicht genauer angeschaut. Pods sind die Scheduling-Einheit in Kubernetes. Ein Pod-Objekt repräsentiert einen Container oder eine Gruppe von Containern und alles, was in Kubernetes läuft, tut dies im Rahmen eines Pods:

Ein Pod repräsentiert eine Gruppe von Anwendungs-Containern und Volumes, die in der gleichen Ausführungsumgebung laufen. Pods – nicht Container – sind das kleinste deploybare Artefakt in einem Kubernetes-Cluster. Das heißt, dass alle Container in einem Pod immer auf der gleichen Maschine landen.

– Kelsey Hightower et al., Kubernetes – Eine kompakte Einführung

Bisher wurden in diesem Buch die Begriffe *Pod* und *Container* mehr oder weniger austauschbar verwendet: Der Pod der Demo-Anwendung besteht aus nur einem Container. In komplexeren Anwendungen ist es aber sehr wahrscheinlich, dass ein Pod zwei oder mehr Container enthält. Schauen wir uns daher an, wie das funktioniert und wann und warum Sie Container in einem Pod zusammenfassen sollten.

8.1.1 Was ist ein Container?

Bevor Sie sich fragen, warum Sie mehrere Container in einem Pod haben wollen, schauen wir uns erst einmal genauer an, was ein Container ist.

Sie wissen aus Abschnitt 1.3, dass ein Container ein standardisiertes Paket ist, das eine Software zusammen mit ihren Abhängigkeiten, ihrer Konfiguration, den Daten und so weiter enthält – alles, was sie zur Ausführung benötigt. Aber wie funktioniert das tatsächlich?

In Linux und den meisten anderen Betriebssystemen wird alles, was auf einer Maschine läuft, im Rahmen eines *Prozesses* ausgeführt. Ein Prozess repräsentiert den Binärcode und Speicherstatus einer laufenden Anwendung, wie zum Beispiel Chrome, iTunes oder Visual Studio Code. Alle Prozesse bestehen im gleichen globalen Namensraum: Sie können sich alle gegenseitig sehen und miteinander interagieren, sie greifen alle auf die gleichen Ressourcen zu, wie zum Beispiel CPU, Speicher und Dateisystem. (Ein Linux-Namensraum ist ein bisschen wie ein Kubernetes-Namensraum, auch wenn es technisch Unterschiede gibt.)

Aus Sicht des Betriebssystems repräsentiert ein Container einen isolierten Prozess (oder eine isolierte Gruppe an Prozessen), der in ihrem eigenen Namensraum besteht. Prozesse innerhalb des Containers können keine Prozesse außerhalb sehen und umgekehrt. Ein Container kann nicht auf die Ressourcen anderer Container oder außerhalb eines Containers zugreifen. Die Grenze des Containers ist wie eine Mauer, die Prozesse davon abhält, auszubrechen und sich die Ressourcen von jemand anderem einzuverleiben.

So weit es den Prozess innerhalb des Containers betrifft, läuft dieser auf seiner eigenen Maschine. Er hat vollständigen Zugriff auf all seine Ressourcen und es gibt keine anderen laufenden Prozesse. Sie sehen das, wenn Sie ein paar Befehle in einem Container ausführen:

```
kubectl run busybox --image busybox:1.28 --rm -it --restart=Never /bin/sh
If you don't see a command prompt, try pressing enter.
/ # ps ax
PID   USER     TIME  COMMAND
    1 root      0:00 /bin/sh
    8 root      0:00 ps ax

/ # hostname
busybox
```

Normalerweise führt der Befehl `ps ax` alle Prozesse auf, die auf der Maschine laufen – und davon gibt es im Allgemeinen viele (auf einem typischen Linux-Server ein paar Hundert). Aber es gibt hier nur zwei Prozesse: `/bin/sh` und `ps ax`. Die einzigen sichtbaren Prozesse innerhalb des Containers sind also nur die, die tatsächlich innerhalb des Containers laufen.

Genauso liefert der Befehl `hostname`, der normalerweise den Namen der Host-Maschine zurückgeben würde, hier `busybox` – das ist der Name des Containers. Es sieht für den Container `busybox` also so aus, also ob er auf einer Maschine namens `busybox` laufen würde und den ganzen Rechner für sich hätte. Das gilt für jeden der Container, die auf derselben Maschine laufen.

Tipp

Es ist eine nette Übung, einen Container selbst zu erstellen – ohne Hilfe durch eine Container-Runtime wie Docker. Der exzellente Vortrag »What is a Container, really?« von Liz Rice *(https://youtu.be/HPuvDm8IC-4)* zeigt, wie Sie das in einem Go-Programm von Grund auf selbst machen.

8.1.2 Was gehört in einen Container?

Es gibt technisch keinen Grund, in einem Container nicht so viele Prozesse laufen zu lassen, wie Sie wollen: Sie können eine vollständige Linux-Distribution ausführen, mit mehreren laufenden Anwendungen, Netzwerk-Services und so weiter – alles im selben Container. Darum werden Container manchmal auch als *schlanke virtuelle Maschinen* bezeichnet. Aber das ist nicht die beste Möglichkeit, Container zu nutzen, denn dann erhalten Sie nicht die Vorteile der Ressourcen-Isolation.

Wenn Prozesse nichts voneinander wissen müssen, müssen sie auch nicht im selben Container laufen. Eine gute Faustregel ist bei einem Container, dass er *eine Sache machen soll*. So lauscht zum Beispiel unser Container mit der Demo-Anwendung an einem Netzwerk-Port und schickt den String `Hello, ??` an jeden, der sich mit ihm verbindet. Das ist ein einfacher, in sich abgeschlossener Service: Er hängt nicht von anderen Programmen oder Services ab und umgekehrt hängt auch nichts von ihm ab. Ein perfekter Kandidat für einen eigenen Container.

Ein Container hat auch einen *Entrypoint*. Dabei handelt es sich um einen Befehl, der ausgeführt wird, wenn der Container gestartet ist. Das führt meist zum Erstellen eines einzelnen Prozesses, der den Befehl ausführt, auch wenn manche Anwendungen oft ein paar Subprozesse als Hilfsprogramme oder Worker starten. Um mehrere getrennte Prozesse in einem Container zu starten, müssen Sie ein Wrapper-Skript schreiben, das als Entrypoint dient und dann die gewünschten Prozesse startet.

Tipp

Jeder Container sollte nur einen Hauptprozess laufen lassen. Haben Sie eine Gruppe voneinander unabhängiger Prozesse in einem Container, nutzen Sie nicht alle Vorteile von Containern aus und sollten darüber nachdenken, ob Sie Ihre Anwendung auf mehrere, miteinander kommunizierende Container aufteilen.

8.1.3 Was gehört in einen Pod?

Nachdem Sie nun wissen, was Container sind, verstehen Sie auch, warum es nützlich ist, sie in Pods zu gruppieren. Ein Pod repräsentiert eine Gruppe von Containern, die untereinander kommunizieren und Daten gemeinsam nutzen – sie müssen gemeinsam geschedult werden, zusammen starten und stoppen und auf derselben realen Maschine laufen.

Ein gutes Beispiel dafür ist eine Anwendung, die Daten in einem lokalen Cache ablegt, wie zum Beispiel Memcached *(https://memcached.org/about)*. Sie müssen dabei zwei Prozesse laufen lassen: Ihre Anwendung und den Server-Prozess `memcached`, der sich um das Speichern und Auslesen der Daten kümmert. Auch wenn Sie beide Prozesse innerhalb eines einzelnen Containers laufen lassen könnten, ist das nicht notwendig: Sie müssen nur über einen Netzwerk-Socket miteinander kommunizieren. Besser ist es, sie auf zwei getrennte Container aufzuteilen, von denen sich jeder nur darum kümmert, seinen eigenen Prozess zu bauen und auszuführen.

Tatsächlich können Sie ein öffentliches Container-Image für Memcached verwenden, das auf dem Docker Hub zur Verfügung steht und schon dafür vorbereitet ist, als Teil eines Pods mit einem anderen Container zusammenzuarbeiten.

Also erstellen Sie einen Pod mit zwei Containern: Memcached und Ihre Anwendung. Die Anwendung kann mit Memcached über eine Netzwerkverbindung kommunizieren, und weil sich die beiden Container im gleichen Pod befinden, wird diese Verbindung immer lokal sein – die zwei Container laufen immer auf dem gleichen Knoten.

Oder denken Sie an eine Blog-Anwendung, die aus einem Container für einen Webserver, wie zum Beispiel Nginx, und einem Container zum Synchronisieren mit Git besteht, bei dem ein Git-Repo mit den Blog-Daten geklont wird – HTML-Dateien, Bilder und so weiter. Der Blog-Container schreibt Daten auf die Festplatte, und weil Container in einem Pod ein gemeinsames Disk-Volume haben, stehen die Daten auch dem Nginx-Container zur Verfügung, der sie per HTTP bereitstellt:

> *Im Allgemeinen sollten Sie sich beim Zusammenstellen von Pods […] fragen: »Werden diese Container richtig funktionieren, wenn sie auf unterschiedlichen Maschinen landen?« Lautet die Antwort nein, ist ein Pod die korrekte Gruppierung für die Container. Ist die Antwort ja, sind mehrere Pods vermutlich besser.*
>
> *– Kelsey Hightower et al., Kubernetes – Eine kompakte Einführung*

Die Container in einem Pod sollten alle zusammenarbeiten, um eine Aufgabe zu erfüllen. Wenn Sie nur einen Container benötigen, um diese Aufgabe zu erledigen – fein, dann nutzen Sie einen Container. Benötigen Sie zwei oder drei, dann ist das in Ordnung. Haben Sie mehr, sollten Sie darüber nachdenken, ob die Container auf mehrere Pods verteilt werden können.

8.2 Container-Manifeste

Wir haben beschrieben, was Container sind, was in ihnen stecken sollte und wann man Container in Pods zusammengruppiert. Aber wie starten wir nun einen Container in Kubernetes?

Als Sie in Abschnitt 4.6.2 Ihr erstes Deployment erstellt haben, enthielt dieses einen Abschnitt `template.spec`, in dem die auszuführenden Container angegeben waren (in dem Beispiel nur ein Container):

```
spec:
  containers:
  - name: demo
    image: cloudnatived/demo:hello
    ports:
    - containerPort: 8888
```

Hier ein Beispiel, wie eine `template.spec` für ein Deployment mit zwei Containern aussähe:

```
spec:
  containers:
  - name: container1
    image: example/container1
  - name: container2
    image: example/container2
```

Die einzigen erforderlichen Felder in der Spec für jeden Container sind `name` und `image`: Ein Container muss einen Namen haben, sodass sich andere Ressourcen darauf beziehen können, und Sie müssen Kubernetes sagen, welches Image in dem Container ausgeführt werden soll.

8.2.1 Image-Bezeichner

Sie haben in diesem Buch schon ein paar Image-Bezeichner genutzt, zum Beispiel `cloudnatived/demo:hello`, `alpine` oder `busybox:1.28`.

Solch ein Image-Bezeichner besteht aus vier verschiedenen Teilen – dem *Registry-Hostnamen*, dem *Repository-Namensraum*, dem *Image Repository* und dem *Tag*. Abgesehen vom Image Repository sind alle optional. Ein Image-Bezeichner mit allen Teilen kann so aussehen:

```
docker.io/cloudnatived/demo:hello
```

- Der Registry-Hostname in diesem Beispiel ist `docker.io` – tatsächlich ist das der Standard für Docker-Images, daher müssen wir ihn nicht angeben. Befindet sich Ihr Image aber in einer anderen Registry, müssen Sie deren Hostnamen angeben. So liegen zum Beispiel Images für die Google Container Registry in `gcr.io`.
- Der Repository-Namensraum ist `cloudnatived`: Das sind wir (Hallo!). Geben Sie den Namensraum des Repositorys nicht an, wird der Standard-Namensraum (`library`) verwendet. Dabei handelt es sich um einen Satz offzieller Images *(https://docs.docker.com/docker-hub/official_images)*, die von Docker, Inc. bestätigt und gewartet werden. Bekannte offizielle Images sind unter anderem Basis-Images von Betriebssystemen (`alpine`, `ubuntu`, `debian`, `centos`), Sprachumgebungen (`golang`, `python`, `ruby`, `php`, `java`) und oft eingesetzter Software (`mongo`, `mysql`, `nginx`, `redis`).
- Das Image-Repository ist `demo`, das ein bestimmtes Container-Image innerhalb von Registry und Namensraum bezeichnet. (Siehe Abschnitt 8.2.3.)
- Das Tag ist `hello`. Tags zeichnen verschiedene Versionen des gleichen Images aus.

Sie selbst entscheiden, welche Tags Sie an einen Container anheften. Es gibt eine Reihe von Möglichkeiten, unter anderem:

- Ein semantisches Versions-Tag wie `v1.3.0`. Das bezieht sich meist auf die Version der Anwendung.
- Ein Git-SHA-Tag wie `5ba6bfd...` Damit wird der spezifische Commit im Source-Repo kenntlich gemacht, der zum Bauen des Containers genutzt wurde (siehe Abschnitt 14.4.9).
- Die entsprechende Umgebung wie `staging` oder `production`.

Sie können einem Image so viele Tags verpassen, wie Sie möchten.

8.2.2 Das Tag »latest«

Wenn Sie beim Pullen eines Images kein Tag angeben, wird als Standard `latest` genutzt. Wollen Sie zum Beispiel ein `alpine`-Image laufen lassen und nutzen kein Tag, erhalten Sie `alpine:latest`.

Das Tag `latest` ist ein Standard-Tag, das einem Image hinzugefügt wird, wenn Sie es ohne genauere Angabe bauen oder pushen. Es markiert nicht notwendigerweise das aktuellste Image, sondern nur das neueste, das nicht explizit getaggt wurde. Damit ist `latest` als Kennzeichen eher weniger hilfreich (siehe auch *https://vsupalov.com/docker-latest-tag*).

Darum ist es wichtig, immer ein spezifisches Tag zu nutzen, wenn Sie produktive Container auf Kubernetes deployen. Brauchen Sie nur mal kurz einen Container zur Fehlersuche oder zum Experimentieren, wie zum Beispiel den `alpine`-Container, ist es in Ordnung, das Tag wegzulassen und das neueste Image zu erhalten. Aber bei echten Anwendungen wollen Sie sichergehen, dass Sie auch bei einem Deployment des Pods am nächsten Tag immer noch das gleiche Container-Image erhalten:

> *Sie sollten es vermeiden, das Tag `latest` zu verwenden, wenn Sie Container im Produktiv-Umfeld deployen, denn dadurch wird es schwieriger, herauszufinden, welche Version des Images läuft, und ein Rollback ist komplizierter.*
>
> *– Kubernetes-Dokumentation (https://kubernetes.io/docs/concepts/configuration/overview/#using-labels)*

8.2.3 Container-Digests

Wie Sie gesehen haben, steht das Tag `latest` nicht immer für das, was Sie erwarten würden, und selbst eine semantische Version oder ein Git-SHA-Tag identifiziert nicht eindeutig und dauerhaft ein bestimmtes Container-Image. Wenn der Maintainer sich dazu entschließt, ein anderes Image mit dem gleichen Tag zu pushen, erhalten Sie beim nächsten Deployment dieses aktualisierte Image. Technisch gesehen ist ein Tag *nichtdeterministisch*.

Manchmal möchte man deterministische Deployments haben – also garantieren, dass sich ein Deployment immer auf genau das Container-Image bezieht, das Sie angegeben haben. Dazu können Sie den *Digest* eines Containers verwenden – einen kryptografischen Hash des Image-Inhalts, der dieses Image unveränderlich identifiziert.

Images können viele Tags haben, aber nur einen Digest. Gibt also Ihr Container-Manifest den Image-Digest an, haben Sie garantiert deterministische Deployments. Eine Image-Kennzeichnung mit einem Digest sieht zum Beispiel so aus:

```
cloudnatived/
demo@sha256:aeae1e551a6cbd60bcfd56c3b4ffec732c45b8012b7cb758c6c...
```

8.2.4 Basis-Image-Tags

Referenzieren Sie in einem Dockerfile ein Basis-Image, erhalten Sie ohne Angabe eines Tags `latest`, so wie beim Deployen eines Containers. Sie haben gesehen, dass die Semantik von `latest` etwas knifflig sein kann, daher ist es sinnvoll, stattdessen ein spezifisches Basis-Image wie `alpine:3.8` anzugeben.

Nehmen Sie Änderungen an Ihrer Anwendung vor und bauen Sie deren Container neu, wollen Sie nicht auch noch unerwartete Änderungen als Ergebnis eines neueren öffentlichen Basis-Images haben. Das kann zu Problemen führen, die sich nur schwer finden und debuggen lassen.

Um Ihre Builds so reproduzierbar wie möglich zu machen, nutzen Sie ein spezifisches Tag oder einen Digest.

Hinweis

Wir haben geschrieben, dass Sie das Tag `latest` vermeiden sollten, wollen aber darauf hinweisen, dass das nicht jeder so sieht. Selbst die Autoren dieses Buches haben da unterschiedliche Vorstellungen. Nutzen Sie immer Basis-Images mit `latest`, finden Sie sehr schnell heraus, wenn sich etwas ändert. Verwenden Sie hingegen spezifische Image-Tags, müssen Sie Ihr Basis-Image nur dann aktualisieren, wenn *Sie* das wollen, und nicht, wenn das der Upstream-Maintainer entscheidet. Es liegt also bei Ihnen.

8.2.5 Ports

Sie haben das Feld `ports` schon bei unserer Demo-Anwendung gesehen: Es legt die Port-Nummern für das Netzwerk fest, an der die Anwendung lauschen wird. Das ist nur eine informelle Angabe und hat für Kubernetes keine Signifikanz, aber es ist eine gute Praxis, das Feld mit aufzunehmen.

8.2.6 Ressourcen-Anforderungen und -Grenzen

Wir haben Ressourcen-Anforderungen und -Grenzen für Container schon detaillierter in Kapitel 5 behandelt, daher wollen wir hier nur eine kurze Wiederholung geben.

Jeder Container kann eine oder mehrere der folgenden Parameter als Teil seiner Spec nutzen:

- `resources.requests.cpu`
- `resources.requests.memory`
- `resources.limits.cpu`
- `resources.limits.memory`

Auch wenn Anforderungen und Grenzen für einzelne Container festgelegt werden, reden wir davon im Allgemeinen im Zusammenhang mit Pods. Die Ressourcen-Anforderung und -Grenze eines Pods ist dabei die Summe der Ressourcen-Anforderungen und -Grenzen all seiner Container.

8.2.7 Image-Pull-Richtlinie

Sie wissen: Bevor ein Container auf einem Knoten ausgeführt werden kann, muss das Image von der entsprechenden Container-Registry *gepullt* oder heruntergeladen werden. Das Feld `imagePullPolicy` legt für einen Container fest, wie oft Kubernetes das tun wird. Es kann einen von drei Werten enthalten: `Always`, `IfNotPresent` oder `Never`:

- `Always` holt sich das Image jedes Mal, wenn der Container gestartet wird. Sofern Sie ein Tag angeben, was Sie sollten (siehe Abschnitt 8.2.2), ist das unnötig und verschwendet nur Zeit und Bandbreite.
- `IfNotPresent` ist der Standardwert, der in den meisten Situationen auch passt. Ist das Image auf dem Knoten noch nicht vorhanden, wird es heruntergeladen. Sofern Sie die Image-Spec danach nicht ändern, wird das gespeicherte Image bei jedem Neustart des Containers verwendet und Kubernetes versucht nicht, es wieder herunterzuladen.
- `Never` wird dieses Image niemals aktualisieren. Mit diesem Wert wird Kubernetes das Image nie von einer Registry laden. Ist es schon auf dem Knoten vorhanden, wird es verwendet, wenn nicht, wird der Container nicht starten können. Das werden Sie auch eher nicht wollen.

Stolpern Sie über seltsame Probleme (zum Beispiel, dass sich ein Pod nicht aktualisiert, wenn Sie ein neues Container-Image gepusht haben), werfen Sie einen Blick auf Ihre Image-Pull-Richtlinie.

8.2.8 Umgebungsvariablen

Umgebungsvariablen sind eine sehr verbreitete, wenn auch beschränkte Möglichkeit, Informationen zur Laufzeit an Container zu übergeben. Verbreitet, weil alle Linux-Executables Zugriff auf Umgebungsvariablen haben und selbst Programme, die schon lange vor der Zeit der Container geschrieben wurden, ihre Umgebung zur Konfiguration nutzen können. Beschränkt, weil Umgebungsvariablen nur String-Werte enthalten können – keine Arrays, keine Schlüssel und Werte, ganz allgemein keine strukturierten Daten. Zudem ist die Gesamtgröße einer Prozessumgebung auf 32 KiB begrenzt, sodass Sie auf diesem Weg keine großen Datendateien übergeben können.

Um eine Umgebungsvariable zu setzen, führen Sie sie im Feld env des Containers auf:

```
containers:
- name: demo
  image: cloudnatived/demo:hello
  env:
  - name: GREETING
    value: "Hallo aus der Umgebung"
```

Werden im Container-Image selbst Umgebungsvariablen festgelegt (zum Beispiel im Dockerfile), überschreibt env von Kubernetes diese. Das kann nützlich sein, um die Standard-Konfiguration eines Containers anzupassen.

Tipp

Flexibler können Sie Konfigurationsdaten an Container über ein ConfigMap- oder Secret-Objekt von Kubernetes übergeben. In Kapitel 10 finden Sie mehr dazu.

8.3 Sicherheit von Containern

Ihnen ist vielleicht in Abschnitt 8.1.1 aufgefallen, dass die mit ps ax angezeigten Prozesse im Container alle als root laufen. In Linux und anderen Unix-Derivaten ist root der Superuser, der alle Daten lesen, jede Datei verändern und beliebige Aktionen auf dem System durchführen kann.

Während auf einem vollständigen Linux-System manche Prozesse durchaus als root laufen müssen (zum Beispiel init, das sich um alle weiteren Prozesse kümmert), ist das bei einem Container im Allgemeinen nicht der Fall.

Tatsächlich ist es keine gute Idee, Prozesse als root laufen zu lassen, wenn Sie das nicht müssen. Es widerspricht dem *Prinzip des kleinsten Privilegs (https://en.wikipedia.org/wiki/Principle_of_least_privilege)*. Dieses besagt, dass ein Programm nur auf die Informationen und Ressourcen zugreifen können soll, die es für das Erledigen seiner Aufgabe auch tatsächlich benötigt.

Programme haben Fehler – das ist jedem klar, der schon einmal eines geschrieben hat. Manche Fehler erlauben es böswilligen Anwendern, das Programm dazu zu bringen, Dinge zu tun, die es nicht tun sollte, wie zum Beispiel, geheime Daten zu lesen oder beliebigen Code auszuführen. Um dieses Risiko zu reduzieren, ist es wichtig, Container mit so wenigen Privilegien wie möglich auszuführen.

Das beginnt damit, sie nicht als root zu starten, sondern ihnen einen *normalen* Anwender zuzuweisen – einen, der keine speziellen Berechtigungen hat, wie zum Beispiel, die Dateien anderer Benutzer zu lesen:

> *So wie Sie auf Ihrem Server nichts als root laufen lassen würden (oder sollten), sollten Sie auch nichts als root in einem Container auf Ihrem Server laufen lassen. Das Ausführen von Binaries, die andernorts erstellt wurden, erfordert ein deutliches Vertrauen in sie – und das Gleiche gilt auch für Binaries in Containern.*
>
> *– Marc Campbell (https://medium.com/@mccode/processes-in-Containers-should-not-run-as-root-2feae3f0df3b)*

Es ist zudem für Angreifer möglich, Fehler in der Container-Runtime auszunutzen, um aus dem Container »auszubrechen« und auf der Host-Maschine die gleichen Rechte und Privilegien zu erhalten, die sie im Container haben.

8.3.1 Container als Nicht-Root-Benutzer ausführen

Hier ein Beispiel für eine Container-Spec, die Kubernetes anweist, den Container mit einem bestimmten Benutzer auszuführen:

```
containers:
- name: demo
  image: cloudnatived/demo:hello
  securityContext:
    runAsUser: 1000
```

Der Wert von `runAsUser` ist eine *UID* (eine numerische Benutzerkennung). Auf vielen Linux-Systemen ist UID 1000 mit dem ersten Nicht-Root-Benutzer verbunden, der auf dem System angelegt wurde, daher ist es meist sicherer, Werte ab 1000 für Container-UIDs zu wählen. Es ist egal, ob ein Unix-Anwender mit dieser UID im Container *existiert* oder ob es überhaupt ein Betriebssystem im Container gibt – das funktioniert genauso mit Scratch-Containern.

Docker erlaubt es Ihnen auch, einen Benutzer im Dockerfile anzugeben, um den Prozess im Container auszuführen, aber darum müssen Sie sich nicht kümmern. Es ist einfacher und flexibler, das Feld `runAsUser` in der Kubernetes-Spec zu setzen.

Ist eine UID für `runAsUser` angegeben, wird damit jeder Benutzer überschrieben, der im Container-Image konfiguriert war. Gibt es kein `runAsUser`, ist aber ein Benutzer im Container festgelegt, nutzt Kubernetes diesen. Ist ein Benutzer weder im Manifest noch im Image angegeben, wird der Container als `root` ausgeführt (was aber, wie Sie gesehen haben, keine gute Idee ist).

Um besonders sicher zu sein, sollten Sie für jeden Container eine andere UID wählen. Wird dann ein Container irgendwie kompromittiert oder überschreibt er unabsichtlich Daten, hat er nur die Berechtigung, auf seine eigenen Daten zuzugreifen und nicht auf die anderer Container.

Wenn Sie andererseits zwei oder mehr Container auf dieselben Daten zugreifen lassen wollen (zum Beispiel über ein gemountetes Volume), sollten sie auch dieselbe UID erhalten.

8.3.2 Root-Container blockieren

Um zu verhindern, dass diese Situation eintritt, ermöglicht Kubernetes es Ihnen, zu verhindern, dass Container mit dem `root`-Benutzer ausgeführt werden.

Dazu dient die Einstellung `runAsNonRoot`:

```
containers:
- name: demo
  image: cloudnatived/demo:hello
  securityContext:
    runAsNonRoot: true
```

Startet Kubernetes diesen Container, prüft es, ob er als `root` laufen will. Wenn dies der Fall ist, verweigert Kubernetes das Starten. Damit können Sie nicht mehr vergessen, einen Nicht-Root-Benutzer für Ihre Container zu setzen, und Sie verhindern, dass Container von dritter Seite als `root` konfiguriert werden.

Wenn das geschieht, sehen Sie den Pod-Status `CreateContainerConfigError` und beim Aufruf von `kubectl describe` für den Pod erhalten Sie diesen Fehler:

```
Error: container has runAsNonRoot and image will run as root
```

Tipp

Führen Sie Container als Nicht-Root-Benutzer aus und blockieren Sie das Starten von Root-Containern mithilfe der Einstellung `runAsNonRoot: true`.

8.3.3 Ein Read-Only-Dateisystem nutzen

Eine weitere hilfreiche Einstellung für die Sicherheit ist `readOnlyRootFilesystem`, durch die der Container davon abgehalten wird, in sein eigenes Dateisystem zu schreiben. Es ist möglich, sich einen Container vorzustellen, der sich zum Beispiel einen Fehler in Docker oder Kubernetes zunutze macht, durch den das Schreiben in sein Dateisystem auch Dateien auf dem Host-Knoten beeinflusst. Ist sein Dateisystem schreibgeschützt, kann das nicht passieren und der Container erhält einen I/O-Fehler:

```
containers:
- name: demo
  image: cloudnatived/demo:hello
  securityContext:
    readOnlyRootFilesystem: true
```

Viele Container müssen gar nichts in ihr eigenes Dateisystem schreiben, daher wird sie diese Einstellung nicht stören. Es ist Best Practice *(https://kubernetes.io/blog/2016/08/security-best-practices-kubernetes-deployment)*, `readOnlyRootFilesystem` immer zu setzen, sofern der Container nicht wirklich in Dateien schreiben muss.

8.3.4 Privilege Escalation deaktivieren

Normalerweise laufen Linux-Binaries mit den gleichen Privilegien wie der Benutzer, der sie ausführt. Es gibt aber eine Ausnahme: Binaries, die den `setuid`-Mechanismus nutzen, können zeitweilig die Privilegien des Benutzers erhalten, dem das Binary *gehört* (meist `root`).

Das ist für Container ein potenzielles Problem, denn selbst wenn der Container als normaler Anwender läuft (zum Beispiel mit UID 1000), kann das Binary standardmäßig `root`-Berechtigungen erhalten, wenn es ein `setuid`-Binary ist.

Um das zu verhindern, setzen Sie das Feld `allowPrivilegeEscalation` auf `false`:

```
containers:
- name: demo
  image: cloudnatived/demo:hello
  securityContext:
    allowPrivilegeEscalation: false
```

Um diese Einstellung nicht nur für einen einzelnen Container, sondern für das gesamte Cluster zu steuern, werfen Sie einen Blick auf Abschnitt 8.3.7.

Moderne Linux-Programme brauchen `setuid` nicht, sie können einen flexibleren und feiner einstellbaren Privilegien-Mechanismus namens *Capabilities* nutzen, um das Gleiche zu erreichen.

8.3.5 Capabilities

Ganz klassisch gab es für Unix-Programme zwei Privilegien-Stufen: *Normal* und *Superuser*. Normale Programme haben nicht mehr Berechtigungen als die Anwender, die sie ausführen, während Superuser-Programme alles tun können und dabei auch alle Sicherheitsprüfungen des Kernels umgehen.

Der Capabilities-Mechanismus von Linux verbessert dies durch das Definieren einer Reihe spezifischer Dinge, die ein Programm tun kann: Kernelmodule laden, direkte Netzwerk-I/O-Operationen durchführen, auf Systemgeräte zugreifen und so weiter. Jedem Programm, das ein bestimmtes Privileg benötigt, kann dieses zugewiesen werden, während andere es nicht erhalten.

So würde zum Beispiel ein Webserver, der an Port 80 lauscht, dafür normalerweise als `root` laufen müssen – Port-Nummern unter 1024 werden als privilegierte *System*-Ports angesehen. Stattdessen kann dem Programm nun die Capability `NET_BIND_SERVICE` zugewiesen werden, wodurch es an jeden Port binden kann, aber ansonsten keine anderen besonderen Privilegien besitzt.

Die Standard-Capabilities für Docker-Container sind ziemlich großzügig ausgelegt. Das ist eine pragmatische Entscheidung, die auf einem Abwägen von Sicherheit und Nutzbarkeit beruht: Würden Container standardmäßig *keine* Capabilities erhalten, müssten die Techniker für viele Container Capabilities setzen, damit sie überhaupt laufen können.

Andererseits sagt das Prinzip des kleinsten Privilegs, dass ein Container keine Capabilities besitzen sollte, die er nicht benötigt. Die Security Contexts von Kubernetes erlauben es Ihnen, beliebige Capabilities aus dem Standard-Satz zu entfernen und die hinzuzufügen, die benötigt werden, wie im folgenden Beispiel zu sehen ist:

```
containers:
- name: demo
  image: cloudnatived/demo:hello
  securityContext:
    capabilities:
      drop: ["CHOWN", "NET_RAW", "SETPCAP"]
      add: ["NET_ADMIN"]
```

Dem Container werden so die Capabilities `CHOWN`, `NET_RAW` und `SETPCAP` entzogen, dafür aber die Capability `NET_ADMIN` zusätzlich gewährt.

Die Docker-Dokumentation *(https://docs.docker.com/engine/reference/run/#runtime-privilege-and-linux-capabilities)* führt alle Capabilities auf, die entweder standardmäßig für Container gesetzt werden oder die bei Bedarf hinzugefügt werden können.

Für maximale Sicherheit sollten Sie alle Capabilities für jeden Container entfernen und nur genau die wieder hinzufügen, die benötigt werden:

```
containers:
- name: demo
  image: cloudnatived/demo:hello
  securityContext:
    capabilities:
      drop: ["all"]
      add: ["NET_BIND_SERVICE"]
```

Der Capabilities-Mechanismus setzt feste Grenzen für das, was Prozesse innerhalb des Containers tun dürfen, selbst wenn sie als `root` laufen. Wurde eine Capability für einen Container entfernt, kann sie nicht wieder erhalten werden – auch nicht durch einen böswilligen Prozess mit maximalen Privilegien.

8.3.6 Pod Security Contexts

Wir haben die Einstellungen für den Security Context auf der Ebene einzelner Container behandelt, aber Sie können manche davon für einen ganzen Pod setzen:

```
apiVersion: v1
kind: Pod
...
spec:
  securityContext:
    runAsUser: 1000
    runAsNonRoot: false
    allowPrivilegeEscalation: false
```

Diese Einstellungen gelten dann für alle Container im Pod, sofern ein Container nicht eine Einstellung in seinem eigenen Security Context überschreibt.

Tipp

Setzen Sie Security Contexts für all Ihre Pods und Container. Deaktivieren Sie die Privilege Escalation und entfernen Sie alle Capabilities. Fügen Sie nur die Capabilities hinzu, die ein bestimmter Container auch benötigt.

8.3.7 Pod Security Policies

Statt alle Sicherheitseinstellungen für jeden einzelnen Container oder Pod festlegen zu müssen, können Sie sie auch auf Cluster-Ebene mithilfe einer PodSecurityPolicy-Ressource setzen. Diese kann wie folgt aussehen:

```
apiVersion: policy/v1beta1
kind: PodSecurityPolicy
metadata:
  name: example
spec:
  privileged: false
  # Der Rest sind andere erforderliche Felder
  seLinux:
    rule: RunAsAny
  supplementalGroups:
    rule: RunAsAny
  runAsUser:
    rule: RunAsAny
  fsGroup:
    rule: RunAsAny
  volumes:
  - *
```

Diese einfache Richtlinie blockiert jeden privilegierten Container (solche mit dem Flag `privileged` in ihrem `securityContext`, durch den sie so gut wie alle Capabilities eines Prozesses erhalten würden, der direkt auf dem Knoten läuft).

Der Einsatz von PodSecurityPolicies ist ein bisschen komplizierter, weil Sie die Richtlinien erstellen, den relevanten Service-Accounts Zugriff auf die Richtlinien über RPAC erteilen (siehe Abschnitt 11.1.2) und den PodSecurityPolicy Admission Controller in Ihrem Cluster aktivieren müssen. Bei einer größeren Infrastruktur oder wenn Sie keine direkte Kontrolle über die Sicherheitskonfiguration einzelner Pods haben, sind PodSecurityPolicies aber eine gute Idee.

Mehr zum Erstellen und Aktivieren von PodSecurityPolicies finden Sie in der Kubernetes-Dokumentation unter *https://kubernetes.io/docs/concepts/policy/pod-security-policy.*

8.3.8 Pod Service-Accounts

Pods laufen mit den Berechtigungen des Standard-Service-Accounts für den Namensraum, sofern nicht etwas anderes angegeben wurde (siehe Abschnitt 11.1.7). Müssen Sie aus bestimmten Gründen weitere Berechtigungen erteilen (zum Beispiel, weil Pods in einem anderen Namensraum gesehen werden müssen), erstellen Sie einen eigenen Service-Account für die App, binden ihn an die erforderlichen Rollen und konfigurieren den Pod so, dass er den neuen Service-Account nutzt.

Dazu setzen Sie das Feld `serviceAccountName` in der Pod-Spec auf den Namen des Service-Accounts:

```
apiVersion: v1
kind: Pod
...
spec:
  serviceAccountName: deploy-tool
```

8.4 Volumes

Wie Sie sich erinnern, hat jeder Container sein eigenes Dateisystem, das nur für diesen Container erreichbar und vor allem *kurzlebig* ist: Daten, die nicht Teil des Container-Images sind, gehen verloren, sobald der Container neu gestartet wird.

Das ist häufig kein Problem – die Demo-Anwendung zum Beispiel ist ein zustandsloser Server, der daher keinen persistenten Storage benötigt. Auch muss er keine Dateien mit anderen Containern austauschen.

Komplexere Anwendungen hingegen benötigen eventuell sowohl die Fähigkeit, Daten mit anderen Containern im gleichen Pod zu teilen, als auch, sie über Neustarts hinweg zu persistieren. Ein Volumes-Objekt von Kubernetes kann beides bieten.

Es gibt viele verschiedene Arten von Volumes, die Sie mit einem Pod verknüpfen können. Wie auch immer das zugrunde liegende Storage-Medium aussieht – ein Volume, das in einem Pod gemountet ist, steht allen Containern im Pod zur Verfügung. Container, die durch das Teilen von Dateien kommunizieren müssen, können das auch über ein Volume erreichen. Wir werden uns ein paar der wichtigsten Typen in den folgenden Abschnitten anschauen.

8.4.1 emptyDir-Volumes

Der einfachste Volume-Typ ist `emptyDir`. Dabei handelt es sich um kurzlebigen Storage, der leer beginnt – daher der Name – und seine Daten auf dem Knoten ablegt (entweder im Speicher oder auf der Festplatte). Er persistiert nur so lange, wie der Pod auf diesem Knoten läuft.

Ein `emptyDir` ist nützlich, wenn Sie einem Container etwas zusätzlichen Storage spendieren wollen, es aber nicht wichtig ist, die Daten für immer persistieren zu können oder sie mit dem Container umzuziehen, wenn er auf einen anderen Knoten geschedult wird. Beispiele für den Einsatz sind das Cachen von heruntergeladenen Dateien oder generierten Inhalten oder der Einsatz als Scratch-Workspace für das Verarbeiten von Daten.

Auch wenn Sie einfach Dateien zwischen den Containern eines Pods austauschen wollen, sie aber nicht lange aufheben müssen, ist ein `emptyDir`-Volume ideal.

Hier ein Beispiel für einen Pod, der ein `emptyDir`-Volume erzeugt und für einen Container mountet:

```
apiVersion: v1
kind: Pod
...
spec:
  volumes:
  - name: cache-volume
    emptyDir: {}
  containers:
  - name: demo
    image: cloudnatived/demo:hello
    volumeMounts:
    - mountPath: /cache
      name: cache-volume
```

Als Erstes erstellen wir im Abschnitt `volumes` der Pod-Spec ein `emptyDir`-Volume namens `cache-volume`:

```
volumes:
- name: cache-volume
  emptyDir: {}
```

Jetzt steht das Volume `cache-volume` jedem Container im Pod zum Mounten und Einsetzen zur Verfügung. Dazu führen wir es im Abschnitt `volumeMounts` des `demo`-Containers auf:

```
name: demo
image: cloudnatived/demo:hello
volumeMounts:
- mountPath: /cache
  name: cache-volume
```

Der Container muss nichts Besonderes tun, um in den Genuss dieses neuen Storage zu kommen – alles, was nach */cache* geschrieben wird, landet auf dem Volume und ist für andere Container sichtbar, die dasselbe Volume mounten. Alle Container, die das Volume mounten, können darauf lesend und schreibend zugreifen.

Tipp

Seien Sie vorsichtig, wenn Sie auf gemeinsam genutzte Volumes schreiben. Kubernetes unterstützt keine Sperren beim Schreiben. Wenn zwei Container versuchen, gleichzeitig in dieselbe Datei zu schreiben, kann es zu Datenverlusten kommen. Um dies zu verhindern, müssen Sie entweder Ihre eigenen Sperr-Mechanismen implementieren oder einen Volume-Typ nutzen, der Locking unterstützt, wie zum Beispiel `nfs` oder `glusterfs`.

8.4.2 Persistente Volumes

Während ein kurzlebiges `emptyDir`-Volume für das Cachen und temporäre Teilen von Dateien ideal ist, müssen manche Anwendungen Daten auch persistent speichern können – zum Beispiel Datenbanken. Im Allgemeinen empfehlen wir Ihnen nicht, Datenbanken in Kubernetes laufen zu lassen. Sie fahren fast immer besser damit, stattdessen einen Cloud Service zu nutzen. So bieten zum Beispiel die meisten Cloud-Provider Managed Solutions für relationale Datenbanken wie MySQL oder PostgreSQL, aber auch Key-Value-Stores (*NoSQL*).

Wie Sie in Abschnitt 1.5.4 gesehen haben, ist Kubernetes besonders gut darin, zustandslose Anwendungen zu managen, was persistente Daten vermeidet. Das Speichern persistenter Daten verkompliziert die Kubernetes-Konfiguration für Ihre Anwendung deutlich, kostet zusätzliche Cloud-Ressourcen und erfordert ein eigenes Backup.

Aber wenn Sie persistente Volumes in Kubernetes einsetzen müssen, hilft Ihnen die PersistentVolume-Ressource. Wir werden hier nicht ins Detail gehen, weil dies sehr abhängig vom Cloud-Provider ist – mehr über PersistentVolumes finden Sie in der Kubernetes-Dokumentation unter *https://kubernetes.io/docs/concepts/storage/persistent-volumes*.

Am flexibelsten nutzen Sie PersistentVolumes in Kubernetes, indem Sie ein Objekt vom Typ `PersistentVolumeClaim` anlegen. Damit wird eine Anforderung für einen bestimmten Typ und eine bestimmte Größe eines PersistentVolume repräsentiert – zum Beispiel ein 10-GiB-Volume eines schnellen Read-Write-Storage.

Der Pod kann diesen PersistentVolumeClaim als Volume hinzufügen, wo er für die Container zum Mounten zur Verfügung steht:

```
volumes:
- name: data-volume
  persistentVolumeClaim:
    claimName: data-pvc
```

Sie können in Ihrem Cluster einen Pool mit PersistentVolumes erstellen, die dann von den Pods auf diesem Weg eingefordert werden können. Alternativ können Sie auch ein *dynamisches Provisionieren* einrichten *(https://kubernetes.io/docs/concepts/storage/dynamic-provisioning)*: Wird solch ein PersistentVolumeClaim gemountet, wird automatisch eine passende Menge an Storage provisioniert und mit dem Pod verbunden.

8.5 Neustart-Richtlinien

Sie haben in Abschnitt 7.3.6 gesehen, dass Kubernetes einen Pod immer wieder neu startet, wenn er beendet wird – sofern Sie es nicht anders vorgeben. Die Standard-Neustart-Richtlinie ist daher `Always`, aber Sie können sie ändern zu `OnFailure` (Neustart nur, wenn der Container mit einem Nicht-null-Status endet) oder `Never`:

```
apiVersion: v1
kind: Pod
...
spec:
  RestartPolicy: OnFailure
```

Wollen Sie einen Pod laufen lassen, bis er fertig ist, und ihn dann enden lassen, statt ihn neu zu starten, können Sie auch eine Job-Ressource verwenden (siehe Abschnitt 9.5.3).

8.6 Image Pull Secrets

Wie Sie wissen, wird Kubernetes Ihr angegebenes Image aus der Container-Registry herunterladen, wenn es noch nicht auf dem Knoten vorhanden ist. Aber was passiert, wenn Sie eine private Registry verwenden? Wie können Sie Kubernetes die Credentials mitgeben, um sich an der Registry zu registrieren?

Das Feld `imagePullSecrets` für einen Pod erlaubt es Ihnen, das zu konfigurieren. Als Erstes müssen Sie die Registry-Credentials in einem Secret-Objekt speichern (siehe Abschnitt 10.2). Jetzt können Sie Kubernetes anweisen, dieses Secret zu verwenden, wenn Container für den Pod geholt werden müssen. Zum Beispiel kann Ihr Secret `registry-creds` heißen:

```
apiVersion: v1
kind: Pod
...
spec:
  imagePullSecrets:
  - name: registry-creds
```

Das genaue Format der Daten für die Registry-Credentials ist in der Kubernetes-Dokumentation unter *https://kubernetes.io/docs/tasks/configure-pod-Container/pull-image-private-registry* beschrieben.

Sie können `imagePullSecrets` auch mit einem Service-Account verbinden (siehe Abschnitt 8.3.8). Jedem Pod, der mit diesem Service-Account erstellt wird, stehen nun automatisch die zugewiesenen Registry-Credentials zur Verfügung.

8.7 Zusammenfassung

Um Kubernetes zu verstehen, müssen Sie zuerst Container verstehen. In diesem Kapitel haben wir die grundlegende Idee eines Containers umrissen, gezeigt, wie sie in Pods zusammenarbeiten und welche Optionen Ihnen für das Ausführen von Containern in Kubernetes zur Verfügung stehen.

Das Wesentliche:

- Ein Linux-Container ist auf Ebene des Kernels ein isolierter Satz von Prozessen mit eingegrenzten Ressourcen. Aus dem Inneren eines Containers sieht es so aus, als ob er die Linux-Maschine für sich alleine hat.
- Container sind keine virtuellen Maschinen. Jeder Container sollte einen Hauptprozess ausführen.
- Ein Pod besteht meist aus einem Container, der eine Hauptanwendung ausführt, und optional *HilfsContainern*, die ihn unterstützen.
- Die Spezifikationen für Container-Images können einen Registry-Hostnamen, einen Repository-Namensraum, ein Image-Repository und ein Tag enthalten – zum Beispiel `docker.io/cloudnatived/demo:hello`. Nur der Image-Name ist verpflichtend.
- Geben Sie für reproduzierbare Deployments immer ein Tag für das Container-Image an. Ansonsten werden Sie das erhalten, was gerade `latest` ist.
- Programme sollten in Containern nicht als `root`-Benutzer laufen. Weisen Sie sie stattdessen einem normalen Benutzer zu.
- Sie können das Feld `runAsNonRoot: true` für Container setzen, um sie davon abzuhalten, als `root` laufen zu wollen.
- Andere nützliche Sicherheits-Einstellungen für Container sind `readOnlyRootFilesystem: true` und `allowPrivilegeEscalation: false`.
- Mit Linux-Capabilities haben Sie einen feinkörnigen Kontrollmechanismus für Privilegien zur Verfügung, aber die Standard-Capabilities für Container sind zu großzügig. Entfernen Sie daher zunächst alle Capabilities für Container und weisen Sie dann nur solche zu, die ein Container wirklich benötigt.
- Container im selben Pod können Daten miteinander austauschen, indem sie ein gemountetes Volume zum Lesen und Schreiben nutzen. Das einfachste Volume hat den Typ `emptyDir`, es beginnt immer leer und behält seine Inhalte nur so lange bei, wie der Pod läuft.
- Ein PersistentVolume bewahrt seine Inhalte andererseits so lange auf, wie Sie sie benötigen. Pods können dynamisch neue PersistentVolumens mit PersistentVolumeClaims provisionieren.

9 Pods managen

Es gibt keine großen Probleme, es sind nur viele kleine Probleme.

– Henry Ford

Im vorigen Kapitel haben wir uns um Container gekümmert und erklärt, wie Pods aus Containern zusammengesetzt werden. Es gibt noch ein paar weitere interessante Aspekte von Pods, um die wir uns in diesem Kapitel kümmern wollen, unter anderem Labels, das Beeinflussen des Pod Scheduling durch Node Affinities, das Verhindern von Pods auf bestimmten Knoten durch Taints und Tolerations, das Zusammenhalten oder bewusste Trennen von Pods durch Pod Affinities und das Orchestrieren von Anwendungen durch Pod Controller, wie zum Beispiel DaemonSets und StatefulSets.

9.1 Labels

Sie wissen, dass Pods (und andere Kubernetes-Ressourcen) Labels zugewiesen bekommen können, die dann eine wichtige Rolle beim Verbinden von zusammengehörigen Ressourcen spielen (zum Beispiel das Schicken von Requests von einem Service an die passenden Backends). Schauen wir uns Labels und Selektoren in diesem Abschnitt genauer an.

9.1.1 Was sind Labels?

Labels sind Schlüssel/Wert-Paare, die an Objekte gehängt werden, wie zum Beispiel an Pods. Labels sind dazu gedacht, identifizierende Attribute von Objekten festzulegen, die eine Bedeutung haben und für die Anwender relevant sind, aber nicht direkt eine Semantik für das zentrale System besitzen.

– Kubernetes-Dokumentation (https://kubernetes.io/docs/concepts/overview/working-with-objects/labels)

Mit anderen Worten: Labels sind dazu da, Ressourcen mit Informationen zu markieren, die für uns eine Bedeutung haben, nicht aber für Kubernetes. So ist es zum Beispiel üblich, Pods mit der Anwendung zu taggen, zu der sie gehören:

```
apiVersion: v1
kind: Pod
metadata:
  labels:
    app: demo
```

Für sich alleine hat dieses Label keine Auswirkungen. Es ist aber trotzdem zu Dokumentationszwecken nützlich: Jemand kann sich diesen Pod anschauen und sieht, welche Anwendung er ausführt. Aber die eigentliche Stärke eines Labels zeigt sich erst, wenn wir es mit einem *Selektor* verwenden.

9.1.2 Selektoren

Ein Selektor ist ein Ausdruck, der zu einem Label (oder einer Gruppe von Labels) passt. Durch ihn können Sie eine Gruppe von Ressourcen anhand ihrer Labels definieren. So hat zum Beispiel eine Service-Ressource einen Selektor, der die Pods identifiziert, an die Requests geschickt werden. Erinnern Sie sich an unseren Demo-Service aus Abschnitt 4.6.4?

```
apiVersion: v1
kind: Service
...
spec:
  ...
  selector:
    app: demo
```

Dies ist ein sehr einfacher Selektor, der zu jeder Ressource passt, die das Label `app` mit dem Wert `demo` besitzt. Hat eine Ressource das Label `app` nicht, passt der Selektor nicht. Hat sie das Label, aber ist der Wert nicht `demo`, passt der Selektor auch nicht. Nur passende Ressourcen (in diesem Fall Pods) mit dem Label `app: demo` werden gefunden und alle solche Ressourcen werden für diesen Service ausgewählt.

Labels werden nicht einfach nur für das Verbinden von Services und Pods genutzt – Sie können sie direkt einsetzen, wenn Sie das Cluster mit `kubectl get` abfragen und dazu das Flag `--selector` einsetzen:

```
kubectl get pods --all-namespaces --selector app=demo

NAMESPACE  NAME                   READY  STATUS   RESTARTS  AGE
demo       demo-5cb7d6bfdd-9dckm  1/1    Running  0         20s
```

Sie erinnern sich vielleicht noch aus Abschnitt 7.1.2, dass `--selector` zu `-l` (für *Label*) abgekürzt werden kann.

Wollen Sie sehen, welche Labels für Ihre Pods definiert sind, verwenden Sie `kubectl get` mit dem Flag `--show-labels`:

```
kubectl get pods --show-labels
NAME                      ...  LABELS
demo-5cb7d6bfdd-9dckm     ...  app=demo,environment=development
```

9.1.3 Komplexere Selektoren

Meistens wird ein einfacher Selektor wie `app: demo` (auch als *Gleichheits-Selektor* bezeichnet) ausreichen. Sie können verschiedene Labels kombinieren, um spezifischere Selektoren zu schaffen:

```
kubectl get pods -l app=demo,environment=production
```

Damit werden nur Pods zurückgeliefert, die *beide* Labels `app: demo` und `environment: production` tragen. Das YAML-Äquivalent dazu wäre (zum Beispiel für einen Service):

```
selector:
  app: demo
  environment: production
```

Solche Gleichheits-Selektoren sind die einzige Art, die für einen Service zur Verfügung steht, aber bei interaktiven Abfragen mit `kubectl` oder komplexeren Ressourcen wie Deployments gibt es andere Optionen.

Eine ist, nach Labels zu suchen, die *nicht gleich* sind:

```
kubectl get pods -l app!=demo
```

Damit werden alle Pods zurückgeliefert, die ein Label `app` mit einem anderen Wert als `demo` haben oder die gar kein Label `app` besitzen.

Sie können auch nach Label-Werten aus einem *Set* fragen:

```
kubectl get pods -l environment in (staging, production)
```

Das YAML-Äquivalent wäre hier:

```
selector:
  matchExpressions:
  - {key: environment, operator: In, values: [staging, production]}
```

Es ist auch möglich, nach Label-Werten zu fragen, die gerade nicht in einem Set sind:

```
kubectl get pods -l environment notin (production)
```

Das YAML-Äquivalent wäre:

```
selector:
  matchExpressions:
  - {key: environment, operator: NotIn, values: [production]}
```

Ein weiteres Beispiel für den Einsatz von `matchExpressions` finden Sie in Abschnitt »Mithilfe von Node Affinities das Scheduling steuern« auf Seite 100.

9.1.4 Andere Einsatzzwecke für Labels

Sie haben gesehen, wie man Pods mit Services über ein app-Label verbindet (tatsächlich können Sie ein beliebiges Label nutzen, aber app ist üblich). Aber welche anderen Einsatzzwecke haben Labels?

In unserem Helm-Chart für die Demo-Anwendung (siehe Abschnitt 12.1.1 setzen wir ein Label environment, das zum Beispiel die Werte staging oder production annehmen kann. Führen Sie Staging- und Produktiv-Pods im selben Cluster aus (siehe Abschnitt »Brauche ich mehrere Cluster?« auf Seite 108), wollen Sie vielleicht solch ein Label verwenden, um zwischen den beiden Umgebungen zu unterscheiden. Ihr Service-Selektor für die Produktiv-Umgebung könnte beispielsweise so aussehen:

```
selector:
  app: demo
  environment: production
```

Ohne den zusätzlichen Selektor environment würde der Service auf alle Pods mit app: demo zugreifen, auch auf die aus Staging, die Sie vermutlich nicht nutzen wollen.

Abhängig von Ihren Anwendungen wollen Sie eventuell Labels nutzen, um Ihre Ressourcen auf verschiedenen Wegen aufzuteilen. Hier ein paar Beispiele:

```
metadata:
  labels:
    app: demo
    tier: frontend
    environment: production
    environment: test
    version: v1.12.0
    role: primary
```

Damit können Sie das Cluster anhand dieser unterschiedlichen Dimensionen abfragen, um herauszufinden, was gerade so vor sich geht.

Sie können Labels auch verwenden, um Canary-Deployments durchzuführen (siehe Abschnitt 13.2.6). Möchten Sie eine neue Version der Anwendung an nur einen kleinen Teil der Pods ausrollen, könnten Sie Labels wie track: stable und track: canary für zwei verschiedene Deployments einsetzen.

Fragt Ihr Service-Selektor nur das Label app ab, wird er den Traffic an alle Pods schicken, die zum Selektor passen, auch an stable und canary. Sie können die Anzahl der Replicas für beide Deployments anpassen, um den Anteil der canary-Pods nach und nach zu erhöhen. Befinden sich dann alle Pods auf dem Canary-Track, können Sie sie als stable umbenennen und mit dem Prozess mit der nächsten Version von vorne beginnen.

9.1.5 Labels und Anmerkungen

Sie fragen sich vielleicht, was der Unterschied zwischen Labels und Anmerkungen ist. Beide sind Sätze mit Schlüssel/Wert-Paaren, die Metadaten zu Ressourcen bieten.

Der Unterschied liegt darin, dass *Labels Ressourcen identifizieren*. Sie werden verwendet, um Gruppen zusammengehöriger Ressourcen auszuwählen, wie zum Beispiel bei einem Service-Selektor. Anmerkungen sind dagegen für nichtidentifizierende Informationen gedacht, die von Tools oder Services außerhalb von Kubernetes genutzt werden. So gibt es zum Beispiel in Abschnitt 13.3.1 ein Beispiel für den Einsatz von Anmerkungen, mit denen Workflows in Helm gesteuert werden.

Weil Labels häufig in internen Abfragen genutzt werden, ist ihre Performance für Kubernetes entscheidend und daher gelten für sie ein paar Einschränkungen. So sind die Namen von Labels zum Beispiel auf 63 Zeichen begrenzt, sie können aber ein optionales Präfix von bis zu 253 Zeichen in Form einer DNS-Subdomain haben, das vom Label durch einen Schrägstrich getrennt ist. Labels können nur mit einem alphanumerischen Zeichen (einem Buchstaben oder einer Ziffer) beginnen und dürfen nur alphanumerische Zeichen, Bindestriche, Unterstriche und Punkte enthalten. Die Werte von Labels sind ähnlich eingeschränkt *(https://kubernetes.io/docs/concepts/overview/working-with-objects/labels/#syntax-and-character-set)*.

In der Praxis werden Sie vermutlich niemals in die Verlegenheit kommen, zu wenig Zeichen für Ihre Labels zur Verfügung zu haben, da die meisten gebräuchlichen Labels nur aus einem Wort bestehen (zum Beispiel `app`).

9.2 Node Affinities

Wir haben Node Affinities schon kurz in Abschnitt »Mithilfe von Node Affinities das Scheduling steuern« auf Seite 100 erwähnt, als es um präemptive Knoten ging. Dort haben Sie erfahren, wie Sie Node Affinities verwenden, um Pods bevorzugt auf bestimmten Knoten zu schedulen (oder sie dort auszuschließen). Schauen wir uns etwas genauer an, was dahintersteckt.

In den meisten Fällen benötigen Sie keine Node Affinities. Kubernetes ist beim Schedulen von Pods auf den passenden Knoten schon ziemlich schlau. Wenn alle Ihre Knoten für einen gegebenen Knoten gleich gut passen, brauchen Sie sich darüber auch keine Gedanken zu machen.

Es gibt aber Ausnahmen (wie die präemptiven Knoten im oben erwähnten Beispiel). Ist es teuer, einen bestimmten Pod neu zu starten, wollen Sie vermutlich so weit wie möglich vermeiden, ihn auf einem präemptiven Knoten zu schedulen – diese können aus dem Cluster ohne Vorwarnung verschwinden. Solche Art von Präferenzen können Sie durch Node Affinities ausdrücken.

Es gibt zwei Arten: Hard und Soft Affinities. Weil Software-Entwickler nicht immer gut im Benennen von Dingen sind, werden sie in Kubernetes wie folgt gekennzeichnet:

- `requiredDuringSchedulingIgnoredDuringExecution` (Hard)
- `preferredDuingSchedulingIgnoredDuringExecution` (Soft)

Vielleicht reicht es, sich zu merken, dass `required` eine Hard Affinity (die Regel *muss* beim Schedulen dieses Pods erfüllt werden) und `preferred` eine Soft Affinity (es wäre *nett*, diese Regel zu erfüllen, es ist aber nicht entscheidend) ist.

Tipp

Die langen Namen der Hard- und Soft-Affinity-Typen wollen deutlich machen, dass diese Regeln nur *beim Scheduling* angewendet werden, nicht aber *bei der Ausführung*. Das heißt, sobald der Pod unter Beachtung der Regeln auf einen bestimmten Knoten geschedult wurde, wird er dort bleiben. Ändert sich etwas, während der Pod läuft, sodass die Regel nicht mehr erfüllt würde, wird Kubernetes den Pod trotzdem nicht verschieben. (Dieses Feature kommt vielleicht in Zukunft einmal dazu.)

9.2.1 Hard Affinities

Eine Affinity wird ausgedrückt, indem die Art von Knoten beschrieben wird, auf der der Pod laufen soll. Es kann mehrere Regeln geben, wie Kubernetes Knoten für den Pod aussuchen soll. Jede wird mithilfe des Felds `nodeSelectorTerms` beschrieben. Hier ein Beispiel:

```
apiVersion: v1
kind: Pod
...
spec:
  affinity:
    nodeAffinity:
      requiredDuringSchedulingIgnoredDuringExecution:
        nodeSelectorTerms:
        - matchExpressions:
          - key: "failure-domain.beta.kubernetes.io/zone"
            operator: In
            values: ["us-central1-a"]
```

Nur Knoten in der Zone `us-central1-a` werden diese Regel erfüllen, daher wird auf diesem Weg sichergestellt, dass dieser Pod nur in genau dieser Zone geschedult wird.

9.2.2 Soft Affinities

Soft Affinities werden fast genauso ausgedrückt, nur dass jeder Regel eine numerische *Wichtung* von 1 bis 100 zugewiesen wird, die festlegt, welchen Einfluss sie auf das Ergebnis hat. Auch hier ein Beispiel:

```
preferredDuringSchedulingIgnoredDuringExecution:
- weight: 10
  preference:
    matchExpressions:
    - key: "failure-domain.beta.kubernetes.io/zone"
      operator: In
      values: ["us-central1-a"]
- weight: 100
  preference:
    matchExpressions:
    - key: "failure-domain.beta.kubernetes.io/zone"
      operator: In
      values: ["us-central1-b"]
```

Weil dies eine `preferred...`-Regel ist, handelt es sich um eine Soft Affinity – Kubernetes kann den Pod auf einen beliebigen Knoten schedulen, wird aber diejenigen bevorzugen, die diese Regeln erfüllen.

Sie sehen, dass die beiden Regeln unterschiedliche Werte für `weight` haben. Die erste Regel hat die Wichtung 10, die zweite aber eine Wichtung 100. Gibt es Knoten, die beide Regeln erfüllen, wird Kubernetes Knoten, die die zweite Regel erfüllen (in Verfügbarkeitszone `us-central1-b`), zehnmal eher auswählen.

Wichtungen sind eine gute Möglichkeit, die relative Wichtigkeit Ihrer Präferenzen auszudrücken.

9.3 Pod Affinities und Anti-Affinities

Sie haben gesehen, wie Sie Node Affinities nutzen können, um den Scheduler dazu drängen (oder davon abhalten) zu können, einen Pod auf einer bestimmten Art von Knoten laufen zu lassen. Aber ist es möglich, die Entscheidungen beim Scheduling davon abhängig zu machen, welche anderen Pods schon auf einem Knoten laufen?

Manchmal gibt es Pod-Paare, die besser arbeiten, wenn sie sich zusammen auf derselben Maschine befinden – zum Beispiel ein Webserver und ein Content Cache wie Redis. Es wäre hilfreich, wenn Sie die Pod-Spec um Informationen ergänzen könnten, die dem Scheduler mitteilt, den Pod möglichst zusammen mit einem anderen Pod zu schedulen, der einen bestimmten Satz von Labels besitzt.

Umgekehrt wollen Sie manchmal, dass sich Pods aus dem Weg gehen. In Abschnitt 5.4.10 haben Sie gesehen, welche Probleme entstehen können, wenn Pod-Replicas irgendwann auf demselben Knoten landen, statt über das Cluster verteilt zu sein. Können Sie also dem Scheduler sagen, dass er es vermeiden soll, einen Pod dort zu schedulen, wo schon eine andere Replica dieses Pods läuft?

Genau das erreichen Sie mit Pod Affinities. Wie bei Node Affinities werden Pod Affinities als Satz von Regeln ausgedrückt. Es gibt entweder Hard Requirements oder Soft Preferences mit Wichtungen.

9.3.1 Pods zusammenhalten

Schauen wir uns den ersten Fall an, dass Pods zusammengehalten werden sollen. Stellen Sie sich vor, Sie haben einen Pod mit dem Label `app: server`, in dem Ihr Webserver läuft, und einen weiteren mit dem Label `app: cache` für Ihren Content Cache. Sie können auch zusammenarbeiten, wenn sie auf getrennten Knoten laufen, aber es ist besser, wenn sie sich gemeinsam auf einem Knoten befinden, weil sie dann kommunizieren können, ohne über das Netzwerk gehen zu müssen. Wie fordern Sie den Scheduler auf, sie gemeinsam zu schedulen?

Hier ein Beispiel für die Required Pod Affinity, ausgedrückt als Teil der Pod-Spec für den Server. Der Effekt wäre der gleiche, wenn Sie dies in der Cache-Spec oder in beiden Specs festlegen:

```
apiVersion: v1
kind: Pod
metadata:
  name: server
  labels:
    app: server
...
spec:
  affinity:
    podAffinity:
      requiredDuringSchedulingIgnoredDuringExecution:
        labelSelector:
        - matchExpressions:
          - key: app
            operator: In
            values: ["cache"]
        topologyKey: kubernetes.io/hostname
```

Diese Affinity bewirkt, dass der `server`-Pod wenn möglich auf einem Knoten geschedult wird, auf dem auch ein Pod mit dem Label `cache` läuft. Gibt es keinen solchen Knoten oder keinen mit ausreichend Ressourcen für den Pod, wird er nicht ausgeführt.

Das ist in der Realität vermutlich nicht das, was Sie möchten. Müssen zwei Pods auf jeden Fall zusammen geschedult werden, packen Sie deren Container in denselben Pod. Wäre es nur besser, wenn sie auf einem Knoten landen, nutzen Sie eine Soft Pod Affinity (`preferredDuringSchedulingIgnoredDuringExecution`).

9.3.2 Pods auseinanderhalten

Jetzt schauen wir uns eine Anti-Affinity an, bei der bestimmte Pods auseinandergehalten werden sollen. Statt einer `podAffinity` verwenden wir hier eine `podAntiAffinity`:

```
apiVersion: v1
kind: Pod
metadata:
  name: server
  labels:
    app: server
...
spec:
  affinity:
    podAntiAffinity:
      requiredDuringSchedulingIgnoredDuringExecution:
        labelSelector:
        - matchExpressions:
            - key: app
              operator: In
              values: ["server"]
        topologyKey: kubernetes.io/hostname
```

Dieses Beispiel ähnelt stark dem davor, nur dass wir jetzt eine `podAntiAffinity` verwenden und damit das Gegenteil ausdrücken. Zudem ist der Match-Ausdruck ein anderer – hier sagen wir: »Das Label `app` muss den Wert `server` tragen.«

Durch diese Affinity ist sichergestellt, dass der Pod *nicht* auf einem Knoten geschedult wird, der zu dieser Regel passt. Mit anderen Worten: Kein Pod mit dem Label `app: server` kann auf einem Knoten geschedult werden, auf dem schon ein Pod `app: server` läuft. Damit ist eine gleichmäßige Verteilung der `server`-Pods über das Cluster sichergestellt – mit der Gefahr, dass nicht die gewünschte Anzahl an Replicas erreicht wird.

9.3.3 Soft Anti-Affinities

Aber normalerweise ist es uns wichtiger, ausreichend Replicas zur Verfügung zu haben, als sie so gleichmäßig wie möglich zu verteilen. Eine Hard Rule hilft hier dann nicht. Passen wir sie ein bisschen an, um sie zu einer Soft Anti-Affinity zu machen:

```
affinity:
```

```
podAntiAffinity:
  preferredDuringSchedulingIgnoredDuringExecution:
  - weight: 1
    podAffinityTerm:
      labelSelector:
      - matchExpressions:
        - key: app
          operator: In
          values: ["server"]
      topologyKey: kubernetes.io/hostname
```

Beachten Sie, dass die Regel nun `preferred...` und nicht `required...` ist, sodass es sich um eine Soft Anti-Affinity handelt. Kann die Regel erfüllt werden, wird sie es auch, aber wenn nicht, wird Kubernetes den Pod trotzdem schedulen.

Da es sich um eine Preference handelt, geben wir einen Wert für `weight` an, so wie wir das bei den Soft Node Affinities gemacht haben. Sind mehrere Affinity-Regeln zu berücksichtigen, priorisiert Kubernetes sie anhand der Wichtung, die Sie jeder Regel zugewiesen haben.

9.3.4 Wann Sie Pod Affinities verwenden

Wie die Node Affinities sollten Sie Pod Affinities als Feinabstimmung für Sonderfälle behandeln. Der Scheduler macht seine Sache beim Platzieren von Pods im Allgemeinen schon gut, um die beste Performance und Verfügbarkeit im Cluster zu erhalten. Pod Affinities beschränken seine Freiheit und spielen eine Anwendung gegen eine andere aus. Eine Affinity sollten Sie nur dann nutzen, wenn Sie ein Problem in der Produktiv-Umgebung haben und eine Pod Affinity die einzige Möglichkeit ist, dieses zu beheben.

9.4 Taints und Tolerations

In Abschnitt 9.2 haben Sie gelernt, wie Sie mit einer Eigenschaft von Pods dafür sorgen können, dass diese auf einen Satz Knoten gelenkt (oder von dort ferngehalten) werden. Umgekehrt ermöglichen es *Taints* einem Knoten, abhängig von seinen Eigenschaften einen Satz von Pods abzulehnen.

So können Sie zum Beispiel Taints verwenden, um dedizierte Knoten zu schaffen, die für bestimmte Arten von Pods reserviert sind. Kubernetes erzeugt zudem Taints für Sie, wenn bestimmte Probleme auf dem Knoten existieren, wie wenig Speicher oder eine fehlende Netzwerkverbindung.

Um einem bestimmten Knoten einen Taint hinzuzufügen, verwenden Sie den Befehl `kubectl taint`:

```
kubectl taint nodes docker-for-desktop dedicated=true:NoSchedule
```

Damit wird ein Taint namens `dedicated=true` für den Knoten `docker-for-desktop` erstellt, der den Effekt `NoSchedule` hat: Kein Pod kann dort geschedult werden, sofern er nicht eine passende *Toleration* hat.

Um die Taints für einen bestimmten Knoten angezeigt zu bekommen, nutzen Sie `kubectl describe node`.

Zum Entfernen eines Taints wiederholen Sie den Befehl `kubectl taint`, jetzt aber mit einem abschließenden Minuszeichen nach dem Namen des Taints:

```
kubectl taint nodes docker-for-desktop dedicated=true:NoSchedule-
```

Tolerations sind Eigenschaften von Pods, die die Taints beschreiben, zu denen sie kompatibel sind. Um zum Beispiel dafür zu sorgen, dass ein Pod den Taint `dedicated=true` toleriert, tragen Sie dies in die Spec des Pods ein:

```
apiVersion: v1
kind: Pod
...
spec:
  tolerations:
  - key: "dedicated"
    operator: "Equal"
    value: "true"
    effect: "NoSchedule"
```

Damit sagen Sie: »Dieser Pod darf auf Knoten laufen, die den Taint `dedicated=true` mit dem Effekt `NoSchedule` besitzen.« Weil die Toleration zum Taint *passt*, kann der Pod geschedult werden. Kein Pod ohne diese Toleration darf auf dem Tainted Node laufen.

Kann ein Pod aufgrund von Tainted Nodes gar nicht laufen, verbleibt er im Status `Pending` und Sie erhalten in der Pod-Beschreibung eine Meldung wie die folgende:

```
Warning FailedScheduling 4s (x10 over 2m) default-scheduler 0/1 nodes are
available: 1 node(s) had taints that the pod didn't tolerate.
```

Andere Einsatzgebiete für Taints und Tolerations sind, Knoten mit spezieller Hardware kenntlich zu machen (wie zum Beispiel GPUs) oder es ausgewählten Pods zu erlauben, bestimmte Probleme von Knoten zu tolerieren.

Hat zum Beispiel ein Knoten keinen Netzwerkzugang mehr, fügt Kubernetes automatisch den Taint `node.kubernetes.io/unreachable` hinzu. Das führt normalerweise dazu, dass sein `kubelet` alle Pods vom Knoten abräumt. Aber vielleicht möchten Sie, dass bestimmte Pods weiterlaufen – in der Hoffnung, dass das Netzwerk demnächst wieder verfügbar ist. Dazu könnten Sie für diese Pods eine Toleration eintragen, die zum Taint `unreachable` passt.

Mehr über Taints und Tolerations lesen Sie in der Kubernetes-Dokumentation unter *https://kubernetes.io/docs/concepts/configuration/taint-and-toleration*.

9.5 Pod-Controller

Wir haben in diesem Kapitel viel über Pods geschrieben, was auch durchaus sinnvoll ist: Alle Kubernetes-Anwendungen laufen in einem Pod. Sie fragen sich aber vielleicht, warum wir überhaupt andere Arten von Objekten benötigen. Reicht es nicht aus, einfach einen Pod für eine Anwendung zu erstellen und diesen dann auszuführen?

Nun, dass ist letztendlich das, was passiert, wenn Sie einen Container direkt mit `docker container run` starten, wie wir das in Abschnitt 2.1.3 getan haben. Es funktioniert, aber es ist sehr eingeschränkt:

- Beendet sich der Container aus irgendeinem Grund, müssen Sie ihn manuell neu starten.
- Es gibt nur eine Replica Ihres Containers und keine Möglichkeit, den Traffic per Load-Balancing auf mehrere Replicas zu verteilen, wenn Sie diese manuell ausführen.
- Wollen Sie hochverfügbare Replicas, müssen Sie entscheiden, auf welchen Knoten Sie sie laufen lassen, und sich darum kümmern, das Cluster möglichst gut auszubalancieren.
- Aktualisieren Sie den Container, müssen Sie sich selbst darum kümmern, jedes laufende Image zu stoppen, das neue zu pullen und es wieder zu starten.

Das ist die Art von Arbeit, die Ihnen Kubernetes mithilfe von *Controllern* abnehmen soll. In Abschnitt 4.3 haben wir schon den ReplicaSet-Controller vorgestellt, der eine Gruppe von Replicas eines bestimmten Pods verwaltet. Er läuft dauerhaft, um sicherzustellen, dass immer die angegebene Anzahl an Replicas arbeitet. Sind es nicht genug, startet er neue, sind es zu viele, beendet er welche.

Sie kennen jetzt auch Deployments, die wie in Abschnitt 4.1 beschrieben ReplicaSets managen, um den Rollout von Anwendungs-Updates zu verwalten. Aktualisieren Sie ein Deployment – etwa mit einer neuen Container-Spec –, wird ein neues ReplicaSet erstellt, um die neuen Pods zu starten, und am Ende wird das ReplicaSet gestoppt, das die alten Pods verwaltet hat.

Für die meisten einfachen Anwendungen ist ein Deployment alles, was Sie benötigen. Aber es gibt ein paar andere nützliche Pod-Controller, die wir uns in diesem Abschnitt kurz anschauen wollen.

9.5.1 DaemonSets

Stellen Sie sich vor, Sie wollen Logs von all Ihren Anwendungen an einen zentralen Log-Server schicken, wie zum Beispiel einen Elasticsearch-Logstash-Kibana(ELK)-Stack oder ein SaaS-Monitoring-Produkt wie Datadog (siehe Abschnitt 16.6.5). Das können Sie auf unterschiedliche Art und Weise erreichen.

Sie könnten in jeder Anwendung Code einbauen, der sich mit dem Logging-Service verbindet, authentifiziert, Logs schreibt und so weiter. Dieser Weg führt aber zu viel doppeltem Code, was ineffizient ist.

Alternativ könnten Sie einen zusätzlichen Container in jedem Pod laufen lassen, der als Logging-Agent dient (das nennt man ein *Sidecar*-Muster). Damit muss nicht jede Anwendung das Wissen über die Kommunikation mit dem Logging-Service eingebaut haben, aber andererseits können dadurch potenziell viele Kopien des Logging-Agents auf jedem Knoten laufen.

Da es nur darum geht, eine Verbindung zum Logging-Service herzustellen und die Log-Nachrichten dorthin weiterzuleiten, brauchen Sie wirklich nur eine Kopie des Logging-Agents auf jedem Knoten. Dies ist eine so häufige Anforderung, dass Kubernetes ein spezielles Controller-Objekt dafür anbietet – das *DaemonSet*.

Tipp

Der Begriff *Daemon* bezieht sich klassischerweise auf lang laufende Hintergrundprozesse auf einem Server, der sich um Dinge wie Logging kümmert, daher führen Kubernetes DaemonSets aus Analogie-Gründen einen *Daemon*-Container auf jedem Knoten im Cluster aus.

Das Manifest für ein DaemonSet sieht – wie Sie vielleicht erwartet haben – sehr wie eines für ein Deployment aus:

```
apiVersion: apps/v1
kind: DaemonSet
metadata:
  name: fluentd-elasticsearch
  ...
spec:
  ...
  template:
    ...
    spec:
      containers:
      - name: fluentd-elasticsearch
        ...
```

Verwenden Sie ein DaemonSet, wenn Sie eine Kopie eines Pods auf jedem der Knoten in Ihrem Cluster laufen lassen müssen. Wollen Sie eine Anwendung betreiben, bei der es wichtiger ist, eine definierte Menge von Replicas laufen zu lassen, statt genau festzulegen, auf welchen Pods sie laufen soll, verwenden Sie ein Deployment.

9.5.2 StatefulSets

Wie ein Deployment oder ein DaemonSet ist ein StatefulSet eine Form eines Pod-Controllers. Mit ihm können Sie es ermöglichen, Pods in einer vorgegebenen Reihenfolge zu starten und zu stoppen.

Bei einem Deployment werden zum Beispiel all Ihre Pods in zufälliger Reihenfolge gestartet oder gestoppt. Das ist für zustandslose Services in Ordnung, weil dort jede Replica identisch ist und die gleichen Aufgaben erledigt.

Aber manchmal müssen Sie Pods in einer vorgegebenen Reihenfolge starten und sie über ihre Nummer identifizieren können. So erstellen zum Beispiel verteilte Anwendungen wie Redis, MongoDB oder Cassandra ihre eigenen Cluster und müssen den Cluster-Leader über einen vorhersagbaren Namen identifizieren können.

Dafür ist ein StatefulSet ideal. Erstellen Sie zum Beispiel ein StatefulSet namens `redis`, erhält der erste gestartete Pod den Namen `redis-0` und Kubernetes wartet, bis dieser Pod bereit ist, bevor es den nächsten Pod `redis-1` startet.

Abhängig von der Anwendung können Sie diese Eigenschaft nutzen, um die Pods zuverlässig zu clustern. So kann zum Beispiel auf jedem Pod ein Start-up-Skript laufen, das prüft, ob es auf `redis-0` läuft. Dann wird es der Cluster-Leader sein. Wenn nicht, wird es versuchen, sich dem Cluster anzuschließen, indem es `redis-0` kontaktiert.

Jede Replica in einem StatefulSet muss laufen und bereit sein, bevor Kubernetes die nächste startet. Genauso werden die Replicas beim Beenden eines StatefulSets in umgekehrter Reihenfolge heruntergefahren – es wird jeweils gewartet, bis ein Pod fertig ist, bevor sich Kubernetes dem nächsten zuwendet.

Abgesehen von diesen speziellen Eigenschaften ähnelt ein StatefulSet stark einem normalen Deployment:

```
apiVersion: apps/v1
kind: StatefulSet
metadata:
  name: redis
spec:
  selector:
    matchLabels:
      app: redis
    serviceName: "redis"
    replicas: 3
    template:
      ...
```

Um jeden der Pods über einen vorhersagbaren DNS-Namen ansprechen zu können (wie zum Beispiel `redis-1`), müssen Sie zudem einen Service mit einem `clusterIP`-Typ `None` anlegen (auch als *Headless Service* bezeichnet).

Bei einem Nonheadless Service erhalten Sie einen einzelnen DNS-Eintrag (wie zum Beispiel `redis`), der per Load Balancing zwischen allen Backend-Pods verteilt. Bei einem Headless Service bekommen Sie ebenfalls den einzelnen Service-

DNS-Namen, aber auch zusätzliche DNS-Einträge für jeden beteiligten Pod, wie zum Beispiel `redis-0`, `redis-1`, `redis-2` und so weiter.

Pods, die dem Redis-Cluster beitreten müssen, können direkt `redis-0` kontaktieren, aber Anwendungen, die einfach einen per Load Balancing gesteuerten Redis-Service benötigen, können den DNS-Namen `redis` nutzen, um mit einem zufällig ausgewählten Redis-Pod zu sprechen.

StatefulSets können auch die Disk Storage für ihre Pods managen, indem sie ein `VolumeClaimTemplate`-Objekt nutzen, das automatisch einen PersistentVolumeClaim erzeugt (siehe Abschnitt 8.4.2).

9.5.3 Jobs

Eine weitere nützliche Art von Controllern ist in Kubernetes der Job. Während ein Deployment eine angegebene Zahl von Pods laufen lässt und sie im Zweifel neu startet, lässt ein Job einen Pod nur so oft laufen, wie es angegeben wurde. Danach wird er als abgeschlossen angesehen.

So wird zum Beispiel ein Pod für einen Batch Processing Task oder einen Queue Worker starten, seine Arbeit erledigen und sich dann beenden. Das ist ein idealer Kandidat, um von einem Job gemanagt zu werden.

Es gibt zwei Felder, die die Job-Ausführung steuern: `completions` und `parallelism`. Mit `completions` legen Sie fest, wie oft der angegebene Pod laufen muss, bevor der Job als abgeschlossen angesehen wird. Standardwert ist 1, das heißt, der Pod wird einmal laufen.

Das Feld `parallelism` gibt an, wie viele Pods gleichzeitig laufen sollen. Auch hier ist der Standardwert 1 – es wird also nur ein Pod gleichzeitig ausgeführt.

Stellen Sie sich zum Beispiel vor, Sie wollen einen Queue-Worker-Job laufen lassen, dessen Zweck es ist, Work Items aus einer Queue abzuarbeiten. Sie könnten `parallelism` auf 10 setzen und `completions` auf 1 belassen. Damit werden 10 Pods gestartet, die jeweils Arbeit aus der Queue abbauen, bis nichts mehr zu tun ist, und sich dann beenden – damit wird der Job als abgeschlossen betrachtet:

```
apiVersion: batch/v1
kind: Job
metadata:
  name: queue-worker
spec:
  completions: 1
  parallelism: 10
  template:
    metadata:
      name: queue-worker
    spec:
      containers:
        ...
```

Wenn Sie alternativ so etwas wie einen Batch-Processing-Job laufen lassen wollen, könnten Sie auch `completions` und `parallelism` auf 1 belassen. Damit wird eine Kopie des Pods gestartet und darauf gewartet, dass sie erfolgreich abgeschlossen wird. Stürzt sie ab, hat sie einen Fehler oder endet sie auf anderem Weg nicht erfolgreich, wird der Job sie neu starten – so wie dies bei einem Deployment geschieht. Nur ein erfolgreiches Ende zählt für die angeforderte Anzahl an `completions`.

Wie starten Sie einen Job? Nun, Sie könnten das manuell tun, indem Sie ein Job-Manifest mit `kubectl` oder Helm anwenden. Alternativ kann ein Job auch automatisch ausgelöst werden – zum Beispiel über Ihre Continuous Deployment Pipeline (siehe Kapitel 14).

Wahrscheinlich der häufigste Weg, einen Job zu starten, ist aber ein regelmäßiges Aufrufen – zu einer gegebenen Tageszeit oder in einem gegebenen Intervall. Kubernetes besitzt dafür einen speziellen Job-Typ: den Cronjob.

9.5.4 Cronjobs

In Unix-Umgebungen werden geschedulte Jobs vom `cron`-Daemon ausgeführt (dessen Name vom griechischen Wort χρόνος – kronos –für Zeit abstammt). Dementsprechend werden sie als *Cron Jobs* bezeichnet und das Cronjob-Objekt in Kubernetes macht genau das Gleiche.

Ein Cronjob sieht zum Beispiel so aus:

```
apiVersion: batch/v1beta1
kind: CronJob
metadata:
  name: demo-cron
spec:
  schedule: "*/1 * * * *"
  jobTemplate:
    spec:
      ...
```

Die beiden wichtigen Felder sind hier `spec.schedule` und `spec.jobTemplate`. Das Feld `schedule` legt fest, wann der Job ausgeführt werden wird, wobei das gleiche Format wie beim Unix-Tool `cron` genutzt wird *(https://de.wikipedia.org/wiki/Cron)*.

Das Feld `jobTemplate` definiert das Template für den auszuführenden Job, es sieht genauso aus wie bei einem normalen Job-Manifest (siehe Abschnitt 9.5.3).

9.5.5 Horizontal Pod Autoscaler

Sie erinnern sich, dass ein Deployment-Controller eine bestimmte Zahl von Pod-Replicas betreut. Schlägt eine Replica fehl, wird eine neue gestartet, um sie zu ersetzen, und gibt es aus irgendeinem Grund zu viele Pods, wird das Deployment die überflüssigen Pods stoppen, um die gewünschte Anzahl zu erreichen.

Die gewünschte Menge an Replicas wird im Deployment-Manifest definiert und Sie haben gesehen, dass Sie diesen Wert anpassen können, um bei viel Traffic die Anzahl an Pods zu erhöhen oder sie zu reduzieren, wenn es untätige Pods gibt.

Aber wie wäre es, wenn Kubernetes die Anzahl an Replicas für Sie automatisch anpassen könnte und dabei auf aktuelle Anforderungen reagiert? Genau dafür ist der Horizontal Pod Autoscaler da. (*Horizontales* Scaling bezieht sich auf das Anpassen der Menge an Replicas für einen Service – im Gegensatz zum *vertikalen* Scaling, bei dem einzelne Replicas größer oder kleiner gemacht werden.)

Ein Horizontal Pod Autoscaler (HPA) beobachtet ein angegebenes Deployment und überwacht fortlaufend einen angegebenen Messwert, um zu erkennen, ob er die Zahl an Replicas erhöhen oder reduzieren muss.

Eine der meistgenutzten Autoscaling-Metriken ist die CPU-Auslastung. In Abschnitt 5.1.2 haben wir schon erwähnt, dass Pods eine bestimmte Menge an CPU-Ressourcen anfordern können – zum Beispiel 500 Millicpus. Wenn der Pod läuft, wird seine CPU-Auslastung schwanken, das heißt, er wird zu einem bestimmten Zeitpunkt einen bestimmten Prozentwert der ursprünglichen CPU-Anforderung nutzen.

Sie können das Deployment basierend auf diesem Wert automatisch skalieren: So ist es etwa möglich, einen HPA zu erstellen, der eine Ziel-CPU-Auslastung von 80% für die Pods hat. Beträgt die durchschnittliche CPU-Auslastung über alle Pods im Deployment nur 70% der angeforderten Menge, wird der HPA ein Downscaling durchführen, indem er die Zielmenge an Replicas verringert. Arbeiten die Pods nicht sehr hart, brauchen wir auch nicht so viele von ihnen.

Wenn die durchschnittliche CPU-Auslastung andererseits bei 90% liegt, wird damit das Ziel von 80% überschritten, also müssen wir mehr Replicas hinzufügen, bis die durchschnittliche CPU-Auslastung wieder verringert ist. Der HPA wird das Deployment so anpassen, dass die Zielmenge an Replicas erhöht wird.

Immer dann, wenn der HPA feststellt, dass er ein Scaling durchführen muss, passt er die Menge an Replicas basierend auf dem Verhältnis des aktuellen Messwerts zum Zielmesswert an. Ist das Deployment sehr nahe an der Ziel-CPU-Auslastung, wird der HPA nur wenige Replicas hinzufügen oder entfernen – ist der Abstand aber sehr groß, wird der HPA die Anpassung mit einer großen Menge vornehmen.

Hier ein Beispiel für einen HPA, der auf der CPU-Auslastung basiert:

```
apiVersion: autoscaling/v2beta1
kind: HorizontalPodAutoscaler
```

```
metadata:
  name: demo-hpa
  namespace: default
spec:
  scaleTargetRef:
    apiVersion: extensions/v1beta1
    kind: Deployment
    name: demo
  minReplicas: 1
  maxReplicas: 10
  metrics:
  - type: Resource
    resource:
      name: cpu
      targetAverageUtilization: 80
```

Die interessanten Felder sind hier:

- `spec.scaleTargetRef` legt das zu skalierende Deployment fest.
- `spec.minReplicas` und `spec.maxReplicas` gibt die Grenzen beim Skalieren an.
- `spec.metrics` legt die Metriken fest, die zum Skalieren verwendet werden.

Auch wenn die CPU-Auslastung die meistgenutzte Skalierungs-Metrik ist, können Sie beliebige Metriken verwenden, die in Kubernetes zur Verfügung stehen – unter anderem die eingebauten *System-Metriken* wie CPU- und Speicherauslastung, aber auch anwendungsspezifische *Service-Metriken*, die Sie in Ihrer Anwendung definieren und von dort exportieren können (siehe Kapitel 16). Sie könnten zum Beispiel die Skalierung basierend auf der Fehlerrate in der Anwendung durchführen.

Mehr über Autoscaler und eigene Metriken finden Sie in der Kubernetes-Dokumentation unter *https://kubernetes.io/docs/tasks/run-application/horizontal-pod-autoscale-walkthrough*.

9.5.6 PodPresets

PodPresets sind ein experimentelles Alpha-Feature in Kubernetes, die es Ihnen ermöglichen, beim Erstellen von Pods Informationen in sie zu injizieren. So könnten Sie zum Beispiel ein PodPreset erstellen, das ein Volume auf allen Pods mountet, die einem gegebenen Satz von Labels entsprechen.

Ein PodPreset ist ein Objekt, das ein *Admission Controller* ist. Solche Admission Controller springen an, wenn Pods erstellt werden, und führen dann bestimmte Aktionen aus, wenn die Pods ihren Selektoren entsprechen. So können

Admission Controller zum Beispiel das Erstellen eines Pods blockieren, wenn dieser eine bestimmte Richtlinie verletzt, während andere, wie zum Beispiel PodPresets, zusätzliche Konfigurationseinstellungen in den Pod injizieren.

Hier ein Beispiel-PodPreset, der ein Volume `cache` allen Pods hinzufügt, die dem Selektor `tier: frontend` entsprechen:

```
apiVersion: settings.k8s.io/v1alpha1
kind: PodPreset
metadata:
  name: add-cache
spec:
  selector:
    matchLabels:
      role: frontend
  volumeMounts:
  - mountPath: /cache
    name: cache-volume
  volumes:
  - name: cache-volume
    emptyDir: {}
```

Die von einem PodPreset definierten Einstellungen werden mit denen jedes Pods zusammengeführt. Wird ein Pod durch ein PodPreset verändert, werden Sie eine Anmerkung wie diese erhalten:

```
podpreset.admission.kubernetes.io/podpreset-add-cache: "<resource version>"
```

Was passiert, wenn eine dem Pod eigene Einstellung in Konflikt mit denen in einem PodPreset gerät oder wenn mehrere PodPresets gegenteilige Einstellungen vornehmen? In diesem Fall wird sich Kubernetes weigern, den Pod anzupassen, und Sie werden in der Beschreibung des Pods ein Event mit der Nachricht `Conflict on pod preset` erhalten.

Daher können PodPresets auch nicht verwendet werden, um die eigene Konfiguration eines Pods zu überschreiben, sondern nur, um Einstellungen zu ergänzen, die der Pod selbst nicht angibt. Ein Pod kann ausschließen, von PodPresets überhaupt beeinflusst zu werden, indem er die folgende Anmerkung setzt:

```
podpreset.admission.kubernetes.io/exclude: "true"
```

Weil PodPresets immer noch experimentell sind, stehen sie in Managed Kubernetes Clusters nicht unbedingt zur Verfügung und Sie müssen eventuell zusätzliche Schritte durchführen, um sie in Ihren selbst gehosteten Clustern zu aktivieren – zum Beispiel durch Befehlszeilen-Argumente für den API-Server. Details dazu finden Sie in der Dokumentation von Kubernetes unter *https://kubernetes.io/docs/concepts/workloads/pods/podpreset*.

9.5.7 Operatoren und Custom Resource Definitions (CRDs)

Sie haben in Abschnitt 9.5.2 gesehen, dass Standard-Kubernetes-Objekte, wie zum Beispiel Deployment oder Service, für einfache, zustandslose Anwendungen wunderbar funktionieren, aber sie haben ihre Grenzen. Manche Anwendungen erfordern mehrere zusammenarbeitende Pods, die in einer bestimmten Reihenfolge initialisiert werden müssen (zum Beispiel replizierte Datenbanken oder geclusterte Services).

Anwendungen, die eine komplexere Verwaltung benötigen, als StatefulSets bieten können, ermöglicht es Kubernetes, eigene neue Objekt-Typen zu erstellen. Diese werden als *Custom Resource Definitions (CRDs)* bezeichnet. So erzeugt zum Beispiel das Backup-Tool Velero eigene Kubernetes-Objekte wie Config oder Backup (siehe Abschnitt 11.3.6).

Kubernetes ist als erweiterbar entworfen und Sie können gerne mithilfe des CRD-Mechanismus eigene Typen definieren und erstellen. Manche CRDs sind nur dazu da, Daten zu speichern, wie zum Beispiel das BackupStorageLocation-Objekt von Velero. Aber Sie können noch weiter gehen und Objekte erstellen, die als Pod-Controller dienen, wie zum Beispiel ein Deployment oder StatefulSet.

Wenn Sie beispielsweise ein Controller-Objekt erstellen wollen, das replizierte, hochverfügbare MySQL-Datenbank-Cluster in Kubernetes einrichtet – wie würden Sie das machen?

Der erste Schritt wäre, ein CRD für Ihr Customer-Controller-Objekt anzulegen. Damit es etwas tut, müssen Sie dann ein Programm schreiben, das mit der Kubernetes-API kommuniziert. Das ist einfach, wie Sie in Abschnitt 7.6 gesehen haben. Solch ein Programm wird als *Operator* bezeichnet (vielleicht, weil es die Art von Aktionen automatisiert, die ein menschlicher Operator durchführen würde).

Sie brauchen keine Custom Objects, um einen Operator zu schreiben – DevOps-Entwickler Michael Treacher hat einen netten Beispiel-Operator geschrieben (*https://medium.com/@mtreacher/writing-a-kubernetes-operator-a9b86f19bfb9*), der auf neu erstellte Namensräume reagiert und automatisch ein RoleBinding für jeden neuen Namensraum hinzufügt (siehe Abschnitt 11.1.2 für mehr Informationen zu RoleBindings).

Im Allgemeinen nutzen Operatoren aber eines oder mehrere Custom Objects, die per CRDs erstellt wurden, und deren Verhalten dann von einem Programm implementiert wird, das mit der Kubernetes-API kommuniziert.

9.6 Ingress-Ressourcen

Ingres können Sie sich als einen Load Balancer vorstellen, der vor einem Service sitzt (siehe Abbildung 9–1). Er empfängt Requests von Clients und schickt sie an den Service. Der Service sendet sie dann basierend auf dem Label-Selektor an die richtigen Pods (siehe Abschnitt 4.6.4).

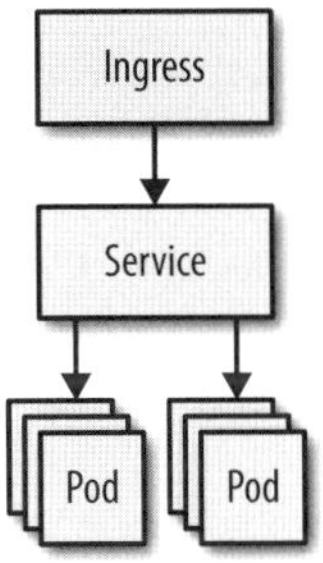

Abb. 9–1 *Die Ingress-Ressource*

Hier eine sehr einfache Beispiel-Ressource für Ingress:

```
apiVersion: extensions/v1beta1
kind: Ingress
metadata:
  name: demo-ingress
spec:
  backend:
    serviceName: demo-service
    servicePort: 80
```

Dieser Ingress leitet den Traffic an einen Service namens `demo-service` an Port 80 weiter. (Tatsächlich gehen die Requests direkt von Ingress an einen passenden Pod, aber es hilft, sich konzeptionell vorzustellen, sie durchliefen dabei den Service.)

So scheint das Beispiel nicht sehr nützlich zu sein. Aber Ingress kann viel mehr tun.

9.6.1 Ingress-Regeln

Während Services nützlich sind, um *internen* Traffic in Ihrem Cluster zu routen (zum Beispiel von einem Microservice zu einem anderen), dient Ingress dazu, *externen* Traffic in Ihr Cluster und an den passenden Microservice zu routen.

Ein Ingress kann Traffic abhängig von bestimmten, durch Sie definierte Regeln an unterschiedliche Services weiterleiten. Ein häufiger Anwendungsfall ist, Requests abhängig von der Request-URL an verschiedene Orte weiterzuschicken (bekannt als *Fanout*):

```
apiVersion: extensions/v1beta1
kind: Ingress
metadata:
  name: fanout-ingress
spec:
  rules:
  - http:
      paths:
      - path: /hello
        backend:
          serviceName: hello
          servicePort: 80
      - path: /goodbye
        backend:
          serviceName: goodbye
          servicePort: 80
```

Für so etwas gibt es viele Anwendungsmöglichkeiten. Hochverfügbare Load Balancer können teuer sein, daher können Sie mit einem Fanout-Ingress einen Load Balancer (und den zugehörigen Ingress) den Traffic an eine Vielzahl von Services routen lassen.

Sie sind aber nicht darauf beschränkt, das Routing abhängig von den URLs durchzuführen – Sie können auch den HTTP-`Host`-Header verwenden (entsprechend der Praxis, die als *Name-based virtual Hosting* bekannt ist). Requests für Websites mit unterschiedlichen Domains (wie `example.com`) werden abhängig von der angegebenen Domain an die passenden Backend-Services geleitet.

9.6.2 TLS Termination mit Ingress

Zusätzlich kann Ingress sichere Verbindungen mit TLS managen (das Protokoll, das früher als SSL bekannt war). Haben Sie viele verschiedene Services und Anwendungen auf derselben Domain, können diese alle dasselbe TLS-Zertifikat nutzen und eine einzelne Ingress-Ressource kann diese Verbindungen verwalten (bekannt als *TLS Termination*):

```
apiVersion: extensions/v1beta1
kind: Ingress
metadata:
  name: demo-ingress
spec:
  tls:
  - secretName: demo-tls-secret
  backend:
    serviceName: demo-service
    servicePort: 80
```

Hier haben wir einen neuen Abschnitt `tls` hinzugefügt, der Ingress anweist, ein TLS-Zertifikat zu nutzen, um den Traffic mit den Clients abzusichern. Das Zertifikat selbst ist als Kubernetes-Secret-Ressource gespeichert (siehe Abschnitt 10.2).

Bestehende TLS-Zertifikate verwenden

Haben Sie bestehende TLS-Zertifikate oder werden Sie eines von einer Zertifizierungsstelle kaufen, können Sie diese mit Ihrem Ingress verwenden. Erstellen Sie ein Secret, das wie folgt aussieht:

```
apiVersion: v1
kind: Secret
type: kubernetes.io/tls
metadata:
  name: demo-tls-secret
data:
  tls.crt: LS0tLS1CRUdJTiBDRV...LS0tCg==
  tls.key: LS0tLS1CRUdJTiBSU0...LS0tCg==
```

Stecken Sie den Inhalt des Zertifikats in das Feld `tls.crt` und den Schlüssel in `tls.key`. Wie üblich bei Kubernetes-Secrets sollten Sie die Zertifikats- und Schlüssel-Daten per Base64 codieren, bevor Sie sie in das Manifest eintragen (siehe Abschnitt »base64« auf Seite 206).

LetsEncrypt-Zertifikate mit cert-manager automatisieren

Wollen Sie TLS-Zertifikate der beliebten Zertifizierungsstelle LetsEncrypt automatisch anfordern und erneuern lassen (oder von einem anderen ACME-Provider), können Sie `cert-manager` verwenden *(http://docs.cert-manager.io/en/latest)*.

Führen Sie `cert-manager` in Ihrem Cluster aus, wird dieser automatisch TLS-Ingresse erkennen, die kein Zertifikat haben, und eines vom angegebenen Provider anfordern (zum Beispiel LetsEncrypt). `cert-manager` ist ein moderner und leistungsfähiger Nachfolger des beliebten Tools `kube-lego`.

Wie TLS-Verbindungen bedient werden, hängt von Ihrem *Ingress-Controller* ab.

9.6.3 Ingress-Controller

Ein Ingress-Controller ist dafür verantwortlich, Ingress-Ressourcen in einem Cluster zu managen. Abhängig davon, wo Sie Ihre Cluster laufen lassen, kann der verwendete Controller unterschiedlich sein.

Normalerweise passen Sie das Verhalten Ihres Ingress an, indem Sie ihm bestimmte Anmerkungen hinzufügen, die vom Ingress-Controller erkannt werden.

Cluster, die auf Googles GKE laufen, haben die Möglichkeit, den Compute Load Balancer von Google für Ingress zu verwenden. AWS bietet ein ähnliches Produkt namens Application Load Balancer. Diese Managed Services stellen eine öffentliche IP-Adresse bereit, an der Ingress auf Requests lauscht.

Das sind gute Ausgangspunkte, wenn Sie Ingress nutzen müssen und Kubernetes auf Google Cloud oder AWS laufen lassen. Die Dokumentation zu jedem Produkt finden Sie im entsprechenden Repository:

- für Google unter *https://github.com/kubernetes/ingress-gce*
- für AWS unter *https://github.com/kubernetes-sigs/aws-alb-ingress-controller*

Sie haben auch die Möglichkeit, Ihren eigenen Ingress-Controller innerhalb Ihres Clusters zu installieren und laufen zu lassen – oder sogar mehrere Controller, wenn Sie das möchten. Zu den am häufigsten eingesetzten Tools gehören:

- *nginx-ingress (https://github.com/nginxinc/kubernetes-ingress)*
  NGINX ist schon lange ein beliebter Load Balancer, sogar bevor Kubernetes ins Spiel kam. Dieser Controller bringt einen Großteil der Funktionalität und Features von NGINX nach Kubernetes. Es gibt andere Ingress-Controller, die auf NGINX basieren, aber dies ist der offizielle.
- *Contour (https://github.com/heptio/contour)*
  Dies ist ein weiteres nützliches Kubernetes-Tool, von den Leuten bei Heptio gewartet wird (die in diesem Buch immer wieder erwähnt werden). Contour nutzt unter der Motorhaube ein anderes Tool namens Envoy, um Requests zwischen Clients und Pods weiterzuleiten.
- *Traefik (https://docs.traefik.io/user-guide/kubernetes)*
  Dies ist ein schlankes Proxy-Tool, das automatisch TLS-Zertifikate für Ihren Ingress managen kann.

Jeder dieser Controller bringt andere Features mit, hat seine eigenen Anweisungen zum Setup und zur Installation und seine eigene Vorgehensweise für den Umgang mit Routen und Zertifikaten. Lesen Sie sich die unterschiedlichen Optionen durch und probieren Sie sie in Ihrem eigenen Cluster mit Ihren eigenen Anwendungen aus, um ein Gefühl dafür zu bekommen, wie sie funktionieren.

9.7 Istio

Istio ist ein Beispiel für ein *Service Mesh*, das besonders nützlich wird, wenn Teams mehrere Anwendungen und Services haben, die miteinander kommunizieren. Es kümmert sich um das Routing und Verschlüsseln des Netzwerk-Traffics zwischen den Services und fügt wichtige Features wie Metriken, Logs und Load Balancing hinzu.

Bei Istio handelt es sich um eine optionale Add-On-Komponente für viele gehostete Kubernetes-Cluster, unter anderem auch bei der Google Kubernetes Engine (schauen Sie in die Dokumentation Ihres Providers, um herauszufinden, wie Sie Istio aktivieren).

Wollen Sie Istio in einem selbst gehosteten Cluster installieren, nutzen Sie den offiziellen Helm-Chart von Istio *(https://istio.io/docs/setup/kubernetes/install/helm)*.

Bauen Ihre Anwendungen stark auf Kommunikation untereinander, kann es sich lohnen, Istio genauer unter die Lupe zu nehmen. Dieses Produkt ist eigentlich so umfangreich, dass sich ein eigenes ganzes Buch lohnt, und vermutlich wird es auch einmal eines dafür geben, aber bis dahin ist die einführende Dokumentation unter *https://istio.io/docs/concepts/what-is-istio* ein guter Ausgangspunkt.

9.8 Envoy

Die meisten Managed Kubernetes Services, wie zum Beispiel die Google Kubernetes Engine, bieten auf die eine oder andere Art und Weise eine Cloud-Load-Balancer-Integration. Erstellen Sie zum Beispiel einen Service vom Typ `LoadBalancer` oder einen Ingress in der GKE, wird automatisch ein Google Cloud Load Balancer erstellt und mit Ihrem Service verbunden.

Diese Standard-Cloud-Load-Balancer skalieren zwar gut, aber sie sind sehr einfach und bieten wenig Konfigurationsmöglichkeiten. So ist beispielsweise der Standard-Algorithmus zum Load Balancing `random` (siehe Abschnitt 4.6.4). Damit wird jede Verbindung zufällig zu einem anderen Backend geschickt.

Aber `random` ist nicht immer das, was Sie wollen. Wenn zum Beispiel Requests an Ihren Service lang laufend und CPU-intensiv sein können, werden eventuell manche Ihrer Backend-Knoten überladen, während sich andere im Leerlauf langweilen.

Ein schlauerer Algorithmus würde Requests an das Backend routen, das am wenigsten zu tun hat. Das wird manchmal als `leastconn` oder `LEAST_REQUEST` bezeichnet.

Für solch ein ausgefeilteres Load Balancing können Sie ein Produkt namens Envoy verwenden *(https://www.envoyproxy.io)*. Das ist nicht Teil von Kubernetes selbst, aber es kommt bei Kubernetes-Anwendungen oft zum Einsatz.

Bei Envoy handelt es sich um einen leistungsfähigen, in C++ geschriebenen verteilten Proxy, der für einzelne Services und Anwendungen entworfen ist, aber auch als Teil einer Service-Mesh-Architektur verwendet werden kann (siehe Abschnitt 9.7).

Der Entwickler Mark Vincze hat ein ausgezeichnetes Blog-Post geschrieben *(https://blog.markvincze.com/how-to-use-envoy-as-a-load-balancer-in-kubernetes)*, in dem detailliert erläutert ist, wie man Envoy in Kubernetes aufsetzt und konfiguriert.

9.9 Zusammenfassung

Letztendlich geht es in Kubernetes immer darum, Pods laufen zu lassen. Wir haben ihnen daher dazu ein paar Details gezeigt und hoffen, es war Ihnen nicht zu viel. Sie müssen nicht alles verstehen oder sich merken, was wir in diesem Kapitel behandelt haben – zumindest nicht jetzt. Später werden Sie vielleicht auf Probleme stoßen, bei denen Ihnen die Themen in diesem Kapitel eine Hilfe sein können.

Die grundlegenden Dinge, die Sie sich merken sollten:

- Label sind Schlüssel/Wert-Paare, die Ressourcen identifizieren und die in Selektoren verwendet werden können, um eine angegebene Gruppe von Ressourcen zu finden.
- Node Affinities ziehen Pods mit angegebenen Attributen zu Knoten hin oder stoßen sie von ihnen ab. So können Sie zum Beispiel festlegen, dass ein Pod nur auf einem Knoten in einer angegebenen Availability Zone laufen kann.
- Während Hard Node Affinities einen Knoten davon abhalten können, überhaupt ausgeführt zu werden, sind Soft Node Affinities eher Vorschläge an den Scheduler. Sie können mehrere Soft Affinities mit unterschiedlichen Wichtungen kombinieren.
- Pod Affinities drücken eine Präferenz von Pods aus, auf denselben Knoten wie andere Pods geschedult zu werden. So können beispielsweise Pods, die davon profitieren, auf demselben Knoten zu laufen, dies über eine Pod Affinity füreinander ausdrücken.
- Pod Anti-Affinities stoßen Pods voneinander ab, statt sie anzuziehen. So kann zum Beispiel eine Anti-Affinity für die Replicas desselben Pods dabei helfen, Ihre Replicas gleichmäßig über das Cluster zu verteilen.
- Taints sind eine Möglichkeit, Knoten mit spezifischen Informationen auszuzeichnen – meist über Probleme des Knotens oder Fehlschläge. Standardmäßig werden Pods nicht auf Tainted Nodes geschedult.
- Tolerations erlauben es einem Pod, auf Knoten mit einem angegebenen Taint geschedult zu werden. Sie können diesen Mechanismus nutzen, um bestimmte Pods nur auf dedizierten Knoten laufen zu lassen.
- DaemonSets erlauben es Ihnen, eine Kopie eines Pods auf jedem Knoten zu schedulen (zum Beispiel einen Logging-Agent).
- StatefulSets starten und stoppen Pod-Replicas in einer angegebenen Folge und erlauben es Ihnen, jede davon über einen vorhersagbaren DNS-Namen anzusprechen. Das ist ideal für geclusterte Anwendungen wie zum Beispiel Datenbanken.
- Jobs führen einen Pod einmalig (oder für eine angegebene Anzahl) aus, bevor er abgeschlossen ist. Genauso führen Cronjobs einen Pod regelmäßig zu angegebenen Zeiten aus.

- Horizontal Pod Autoscaler kümmern sich um einen Satz Pods und versuchen, eine gegebene Metrik (zum Beispiel die CPU-Auslastung) zu optimieren. Sie erhöhen oder reduzieren die gewünschte Anzahl an Replicas, um das angegebene Ziel zu erreichen.
- PodPresets können allgemeine Konfigurationen in alle ausgewählten Pods bei ihrer Erstellung injizieren. So können Sie zum Beispiel einen PodPreset nutzen, um ein bestimmtes Volume auf allen passenden Pods zu mounten.
- Custom Resource Definitions (CRDs) ermöglichen es Ihnen, Ihre eigenen Kubernetes-Objekte zu erstellen, um beliebige Daten zu speichern. Operatoren sind Client-Programme für Kubernetes, die ein Orchestrierungs-Verhalten für Ihre spezifische Anwendung (zum Beispiel MySQL) implementieren können.
- Ingress-Ressourcen routen Requests abhängig von einem Satz Regeln an unterschiedliche Services, zum Beispiel je nach den Elementen einer URL. Sie können auch TLS-Verbindungen für Ihre Anwendung terminieren.
- Istio ist ein Tool, das fortgeschrittene Networking-Features für Microservice-Anwendungen bietet, und – wie jede gute Kubernetes-Anwendung – mithilfe von Helm installiert werden kann.
- Envoy bietet ausgefeiltere Features zum Load Balancing als Standard-Cloud-Load-Balancer und unterstützt zudem ein Service Mesh.

10 Konfiguration und Secrets

Jemand, der ein Geheimnis bewahren will, muss es auch vor sich selbst bewahren.

– Nach: George Orwell, 1984

Es ist sehr nützlich, die *Logik* Ihrer Kubernetes-Anwendung von seiner *Konfiguration* getrennt zu halten – also alle Werte und Einstellungen, die sich im Verlauf der Lebensdauer der Anwendung ändern können. Konfigurationswerte enthalten meist Dinge wie umgebungsspezifische Einstellungen, DNS-Adressen anderer Services und Authentifizierungs-Credentials.

Sie könnten diese Werte zwar einfach direkt in Ihren Code einfügen, aber das ist kein sehr flexibles Vorgehen. So würde das Ändern eines Konfigurationswerts ein vollständiges Rebuilding und Redeploying der Anwendung erfordern. Es ist viel besser, diese Werte vom Code getrennt zu halten und sie aus einer Datei oder aus Umgebungsvariablen einzulesen.

Kubernetes bietet ein paar Möglichkeiten, Ihnen beim Managen der Konfiguration zu helfen. Eine ist, Werte an die Anwendung über Umgebungsvariablen in der Pod-Spec zu übergeben (siehe Abschnitt 8.2.8). Eine weitere ist, Konfigurationsdaten mithilfe der Objekte *ConfigMap* und *Secret* direkt in Kubernetes zu speichern.

In diesem Kapitel werden wir ConfigMaps und Secrets genauer beschreiben und Sie werden sich ein paar praktische Techniken für die Arbeit mit Konfigurationen und Secrets in Anwendungen anschauen. Dazu verwenden wir die Demo-Anwendung als ein Beispiel.

10.1 ConfigMaps

Die ConfigMap ist das wichtigste Objekt zum Speichern von Konfigurationsdaten in Kubernetes. Sie können sie sich als benanntes Set aus Schlüssel/Wert-Paaren vorstellen, die Konfigurationsdaten speichern. Haben Sie eine ConfigMap, können Sie diese Daten einer Anwendung bereitstellen, indem Sie entweder eine Datei im Pod erzeugen oder sie in die Umgebung des Pods injizieren.

In diesem Abschnitt werden Sie sich ein paar Möglichkeiten anschauen, Daten in eine ConfigMap zu bekommen, und dann stellen wir die diversen Wege vor, wie Sie diese Daten wieder extrahieren und Ihrer Kubernetes-Anwendung bereitstellen können.

10.1.1 ConfigMaps erstellen

Stellen Sie sich vor, Sie wollen eine YAML-Konfigurationsdatei namens *config.yaml* im Dateisystem Ihres Pods mit folgendem Inhalt erzeugen:

```
autoSaveInterval: 60
batchSize: 128
protocols:
  - http
  - https
```

Wie verwandeln Sie das in eine ConfigMap-Ressource, die Sie in Kubernetes anwenden?

Eine Möglichkeit ist, die Daten als literale YAML-Werte im ConfigMap-Manifest anzugeben. So könnte ein entsprechendes Manifest für ein ConfigMap-Objekt aussehen:

```
apiVersion: v1
data:
  config.yaml: |
    autoSaveInterval: 60
    batchSize: 128
    protocols:
      - http
      - https
kind: ConfigMap
metadata:
  name: demo-config
  namespace: demo
```

Sie können eine ConfigMap erstellen, indem Sie das Manifest von Grund auf selbst schreiben und die Werte aus *config.yaml* in den Abschnitt `data` übernehmen, wie wir das hier getan haben.

Einfacher ist es aber, sich von `kubectl` einen Teil der Arbeit abnehmen zu lassen. Sie können eine ConfigMap direkt aus einer YAML-Datei erzeugen:

```
kubectl create configmap demo-config --namespace=demo --from-file=config.yaml
configmap "demo-config" created
```

Um die Manifest-Datei zu exportieren, die zu dieser ConfigMap gehört, rufen Sie Folgendes auf:

```
kubectl get configmap/demo-config --namespace=demo --export -o yaml
    >demo-config.yaml
```

Damit wird eine YAML-Manifest-Datei der ConfigMap-Ressource des Clusters in die Datei *demo-config.yaml* geschrieben. Mit dem Flag `--export` werden die Metadaten entfernt, die wir in unserem Infrastruktur-Repo nicht benötigen (siehe Abschnitt 7.2.4).

10.1.2 Umgebungsvariablen aus ConfigMaps setzen

Jetzt haben wir die erforderlichen Konfigurationsdaten in einem ConfigMap-Objekt, aber wie bekommen wir sie in einen Container? Schauen wir uns als vollständiges Beispiel unsere Demo-Anwendung an. Sie finden den Code im Verzeichnis *hello-config-env* des Demo-Repos.

Es handelt sich um die gleiche Demo-Anwendung, die wir schon in den vorigen Kapiteln genutzt haben, die auf HTTP-Requests lauscht und mit einem Gruß antwortet (siehe Abschnitt 2.2.1).

Dieses Mal wollen wir den String `Hello` aber nicht fest in der Anwendung verdrahten, sondern den Gruß konfigurierbar machen. Es gibt also eine kleine Anpassung an der Handler-Funktion, damit sie den Wert aus der Umgebungsvariablen `GREETING` ausliest:

```
func handler(w http.ResponseWriter, r *http.Request) {
        greeting := os.Getenv("GREETING")
        fmt.Fprintf(w, "%s, ??\n", greeting)
}
```

Machen Sie sich keine großen Gedanken über die Details dieses Go-Codes – es ist nur ein Beispiel. Ist die Umgebungsvariable `GREETING` vorhanden, wenn das Programm läuft, wird deren Wert für die Reaktion auf Requests genutzt. Egal in welcher Sprache Sie Anwendungen schreiben – die Chance ist groß, dass Sie damit auch Umgebungsvariablen lesen werden können.

Nun wollen wir das ConfigMap-Objekt für den Greeting-Wert erstellen. Sie finden die Manifest-Datei für die ConfigMap zusammen mit der angepassten Go-Anwendung im Verzeichnis *hello-config-env* des Demo-Repos.

Sie sieht so aus:

```
apiVersion: v1
kind: ConfigMap
metadata:
  name: demo-config
data:
  greeting: Hola
```

Um diese Daten im Container sichtbar zu machen, müssen wir das Deployment ein bisschen anpassen. Dies ist der entscheidende Teil des Demo-Deployments:

```
spec:
  containers:
    - name:  demo
```

```
        image: cloudnatived/demo:hello-config-env
        ports:
          - containerPort: 8888
        env:
          - name: GREETING
            valueFrom:
              configMapKeyRef:
                name: demo-config
                key: greeting
```

Beachten Sie, dass wir ein anderes Tag für das Container-Image als zuvor genutzt haben (siehe Abschnitt 8.2.1). Das Tag `:hello-config-env` liefert uns die angepasste Version der Demo-Anwendung, die die Variable `GREETING` ausliest: `cloudnatived/demo:hello-config-env`.

Der zweite interessante Abschnitt ist `env`. Sie erinnern sich aus Abschnitt 8.2.8 daran, dass Sie Umgebungsvariablen mit literalen Werten erzeugen können, indem Sie ein `name`/`value`-Paar einfügen.

Wir haben hier immer noch `name`, aber statt eines `value` haben wir `valueFrom` angegeben. Das weist Kubernetes an, nicht einen literalen Wert für die Variable zu verwenden, sondern ihn woanders herzunehmen.

`configMapKeyRef` besagt, einen bestimmten Schlüssel in einer bestimmten ConfigMap zu verwenden. Der Name der ConfigMap ist `demo-config` und der Schlüssel, den wir nutzen wollen, ist `greeting`. Wir haben diese Daten mit dem ConfigMap-Manifest erstellt, daher sollten sie nun in die Umgebung des Containers eingelesen werden können.

Existiert die ConfigMap nicht, wird das Deployment nicht ausgeführt werden (seine Pods werden den Status `CreateContainerConfigError` haben).

Das ist alles, was notwendig ist, um die angepasste Anwendung zum Laufen zu bringen. Also deployen Sie nun die Manifeste auf Ihrem Kubernetes-Cluster. Führen Sie dafür im Verzeichnis des Demo-Repos folgenden Befehl aus:

```
kubectl apply -f hello-config-env/k8s/
configmap "demo-config" created
deployment.extensions "demo" created
```

Wie zuvor müssen Sie einen lokalen Port an den Port 8888 des Pods weiterleiten, um die Anwendung in Ihrem Webbrowser anzeigen zu können:

```
kubectl port-forward deploy/demo 9999:8888
Forwarding from 127.0.0.1:9999 -> 8888
Forwarding from [::1]:9999 -> 8888
```

(Wir haben uns dieses Mal nicht um einen Service gekümmert – bei einer echten produktiven App würden Sie natürlich einen verwenden, aber in diesem Beispiel haben wir einfach `kubectl` genutzt, um den lokalen Port direkt an das `demo`-Deployment weiterzuleiten.)

Rufen Sie nun mit Ihrem Webbrowser *http://localhost:9999* auf, sollten Sie, wenn alles funktioniert, diese Ausgabe erhalten:

```
Hola, ??
```

Übung

Bearbeiten Sie in einem anderen Terminal (Sie müssen den Befehl `kubectl port-forward` laufen lassen) die Datei *configmap.yaml*, um die Begrüßung zu verändern. Wenden Sie die Datei mit `kubectl` neu an. Aktualisieren Sie die Seite im Browser. Ändert sich die Begrüßung? Wenn nicht – warum nicht? Was müssen Sie tun, damit die Anwendung den aktualisierten Wert ausliest? Abschnitt 10.1.6 kann dabei helfen.

10.1.3 Die gesamte Umgebung aus einer ConfigMap erstellen

Wie Sie im vorigen Beispiel gesehen haben, ist es kein Problem, ein oder zwei Umgebungsvariablen aus einzelnen ConfigMap-Schlüsseln zu setzen, aber für eine große Zahl von Variablen kann das nervig sein.

Zum Glück gibt es mit `envFrom` eine einfache Möglichkeit, alle Schlüssel aus einer ConfigMap zu nehmen und sie in Umgebungsvariablen zu verwandeln:

```
spec:
  containers:
  - name: demo
    image: cloudnatived/demo:hello-config-env
    ports:
      - containerPort: 8888
    envFrom:
    - configMapRef:
        name: demo-config
```

Jetzt wird jeder Wert in der ConfigMap `demo-config` in eine Umgebungsvariable im Container umgewandelt. Weil der Schlüssel in unserer Beispiel-ConfigMap den Namen `greeting` trägt, wird die Umgebungsvariable auch `greeting` heißen (in Kleinbuchstaben). Um die Namen der Umgebungsvariablen beim Einsatz von `envFrom` in Großbuchstaben zu erhalten, müssen Sie sie in der ConfigMap ändern.

Sie können für den Container auch weitere Umgebungsvariablen mit `env` auf dem normalen Weg setzen – entweder durch literale Werte in der Manifest-Datei oder durch Verwenden von `ConfigMapKeyRef` wie im vorigen Beispiel. Kubernetes erlaubt Ihnen, `env`, `envFrom` oder beides gleichzeitig zu verwenden, um Umgebungsvariablen zu setzen.

Wird eine Variable über `env` gesetzt, die den gleichen Namen wie eine aus `envFrom` hat, gewinnt Erstere. Setzen Sie zum Beispiel die Variable `GREETING` sowohl über `env` wie auch über eine ConfigMap-Referenz mit `envFrom`, wird der Wert aus `env` den aus der ConfigMap überschreiben.

10.1.4 Umgebungsvariablen in Argumenten für Befehle einsetzen

Es ist zwar nützlich, Konfigurationsdaten in die Umgebungsvariablen eines Containers zu stecken, aber manchmal müssen Sie sie stattdessen auch als Befehlszeilen-Argumente für den Entrypoint des Containers übergeben.

Das erreichen Sie, indem Sie die Umgebungsvariablen wie im vorigen Beispiel aus der ConfigMap erstellen, dazu aber die spezielle Kubernetes-Syntax `$(VARIABLE)` nutzen, um sie in den Befehlszeilen-Argumenten zu referenzieren.

Im Verzeichnis *hello-config-args* des Demo-Repos finden Sie dieses Beispiel in der Datei *deployment.yaml*:

```
spec:
  containers:
    - name: demo
      image: cloudnatived/demo:hello-config-args
      args:
        - "-greeting"
        - "$(GREETING)"
      ports:
        - containerPort: 8888
      env:
        - name: GREETING
          valueFrom:
            configMapKeyRef:
              name: demo-config
              key: greeting
```

Hier haben wir ein Feld `args` der Container-Spec hinzugefügt, das unsere Argumente an den Standard-Entrypoint (`/bin/demo`) des Containers übergibt.

Kubernetes ersetzt alles in der Form `$(VARIABLE)` in einem Manifest mit dem Wert der Umgebungsvariablen `VARIABLE`. Da wir die Variable `GREETING` erstellt und ihren Wert aus der ConfigMap genommen haben, steht sie uns an der Befehlszeile des Containers zur Verfügung.

Wenden Sie diese Manifeste an, wird der Wert von `GREETING` an die Demo-App auf diesem Weg übergeben:

```
kubectl apply -f hello-config-args/k8s/
configmap "demo-config" configured
deployment.extensions "demo" configured
```

Sie sollten den Effekt in Ihrem Webbrowser sehen:

```
Salut, ??
```

10.1.5 Konfigurationsdateien aus ConfigMaps erstellen

Sie haben viele verschiedene Möglichkeiten kennengelernt, Daten aus ConfigMaps von Kubernetes in Anwendungen zu übertragen: über die Umgebung oder die Befehlszeile des Containers. Komplexere Anwendungen gehen aber meist davon aus, ihre Konfiguration aus Dateien auf der Festplatte zu lesen.

Zum Glück bietet Kubernetes einen Weg, solche Dateien direkt aus einer ConfigMap zu erstellen. Ändern wir dazu zuerst unsere ConfigMap, sodass sie nicht einen einzelnen Schlüssel, sondern eine vollständige YAML-Datei speichert (die wiederum nur einen Schlüssel enthält – aber wenn Sie möchten, können es Hunderte sein):

```
apiVersion: v1
kind: ConfigMap
metadata:
  name: demo-config
data:
  config: |
    greeting: Buongiorno
```

Statt den Schlüssel `greeting` zu setzen (wie wir es im vorigen Beispiel getan haben), erstellen wir einen neuen Schlüssel namens `config` und weisen ihm einen *Block* mit Daten zu (das Pipe-Symbol | in YAML zeigt an, dass das Folgende ein Block aus Rohdaten ist). Dies sind die Daten:

```
greeting: Buongiorno
```

Das ist hier gültiges YAML, aber lassen Sie sich davon nicht einschränken – es könnte auch JSON, TOML, reiner Text oder ein beliebiges anderes Format sein. Was auch immer es ist – Kubernetes wird den gesamten Datenblock in eine Datei auf unserem Container schreiben.

Nachdem wir nun die notwendigen Daten gespeichert haben, deployen wir sie in Kubernetes. Im Verzeichnis *hello-config-file* des Demo-Repos finden Sie das Deployment-Template mit folgendem Abschnitt:

```
spec:
  containers:
    - name: demo
      image: cloudnatived/demo:hello-config-file
      ports:
        - containerPort: 8888
      volumeMounts:
      - mountPath: /config/
        name: demo-config-volume
        readOnly: true
  volumes:
  - name: demo-config-volume
    configMap:
      name: demo-config
```

```
      items:
      - key: config
        path: demo.yaml
```

Im Abschnitt `volumes` sehen Sie, dass wir ein Volume namens `demo-config-volume` aus der bestehenden ConfigMap `demo-config` erzeugen.

Im Abschnitt `volumeMounts` des Containers mounten wir dieses Volume am `mountPath: /config/`, wählen den Schlüssel `config` und schreiben ihn in den Pfad *demo.yaml*. Als Ergebnis wird Kubernetes im Container eine Datei */config/demo.yaml* erzeugen, die die Daten aus `demo-config` im YAML-Format enthält:

```
greeting: Buongiorno
```

Die Demo-Anwendung wird seine Konfiguration beim Starten aus dieser Datei lesen. Wie zuvor wenden Sie die Manifeste mit diesem Befehl an:

```
kubectl apply -f hello-config-file/k8s/
configmap "demo-config" configured
deployment.extensions "demo" configured
```

Die Ergebnisse sollten Sie in Ihrem Webbrowser sehen können:

```
Buongiorno, ??
```

Wollen Sie sehen, wie die ConfigMap-Daten im Cluster aussehen, führen Sie folgenden Befehl aus:

```
kubectl describe configmap/demo-config
Name:         demo-config
Namespace:    default
Labels:       <none>
Annotations:
kubectl.kubernetes.io/last-applied-
configuration={"apiVersion":"v1","data":{"config":"greeting:
Buongiorno\n"},"kind":"ConfigMap","metadata":{"annotations":{},"name":"demo-
config","namespace":"default...

Data
====
config:
greeting: Buongiorno

Events: <none>
```

Aktualisieren Sie eine ConfigMap und ändern ihre Werte, wird die zugehörige Datei (in unserem Beispiel */config/demo.yaml*) automatisch aktualisiert. Manche Anwendungen erkennen von alleine, dass sich die Datei geändert hat, und lesen sie erneut ein – andere vielleicht nicht.

Eine Möglichkeit ist, die Anwendung neu zu deployen, um die Änderungen wirksam werden zu lassen (siehe Abschnitt 10.1.6), aber das muss eventuell gar nicht notwendig sein, wenn die Anwendung einen Weg bietet, ein Reload auszulösen, wie beispielsweise ein Unix-Signal (wie `SIGHUP`) oder das Ausführen eines Befehls im Container.

10.1.6 Pods bei einer Konfigurationsänderung aktualisieren

Stellen Sie sich vor, in Ihrem Cluster läuft ein Deployment und Sie wollen Werte in seiner ConfigMap verändern. Nutzen Sie ein Helm-Chart (siehe Abschnitt 4.7), gibt es einen netten Trick, dafür zu sorgen, dass eine Konfigurationsänderung automatisch erkannt wird und Ihre Pods neu geladen werden. Ergänzen Sie Ihre Deployment-Spec um diese Anmerkung:

```
checksum/config: {{ include (print $.Template.BasePath "/configmap.yaml") .
    | sha256sum }}
```

Das Deployment-Template enthält nun eine Hashsumme der Konfigurationseinstellungen. Ändern sich die Einstellungen, ändert sich auch der Hash. Führen Sie `helm upgrade` aus, wird Helm erkennen, dass sich die Deployment-Spec geändert hat, und alle Pods neu starten.

10.2 Kubernetes-Secrets

Sie haben gesehen, dass das ConfigMap-Objekt von Kubernetes eine flexible Möglichkeit bietet, Konfigurationsdaten im Cluster zu speichern und darauf zuzugreifen. Aber die meisten Anwendungen haben auch Konfigurationsdaten, die geheim bleiben müssen, wie zum Beispiel Passwörter oder API-Schlüssel. Sie könnten zwar auch dafür ConfigMaps verwenden, aber das ist keine ideale Lösung.

Stattdessen bietet Kubernetes ein spezielles Objekt, das dafür gedacht ist, geheime Daten zu speichern: das Secret. Schauen wir uns an, wie wir das in der Demo-Anwendung nutzen können.

Zuerst einmal das Kubernetes-Manifest für das Secret (siehe *hello-secret-env/k8s/secret.yaml*):

```
apiVersion: v1
kind: Secret
metadata:
  name: demo-secret
stringData:
  magicWord: xyzzy
```

In diesem Beispiel ist der geheime Schlüssel `magicWord` und der Wert das Wort `xyzzy` (ein sehr nützlicher Begriff in der Welt der Computer, siehe *https://en.wikipedia.org/wiki/Xyzzy_(computing)*). Wie bei einer ConfigMap können Sie mehrere Schlüssel und Werte in ein Secret stecken. Hier wollen wir es möglichst einfach halten und nutzen nur ein Schlüssel/Wert-Paar.

10.2.1 Secrets als Umgebungsvariablen verwenden

Wie bei ConfigMaps können Secrets in Containern sichtbar gemacht werden, indem man sie in Umgebungsvariablen überträgt oder als Datei in das Dateisystem des Containers injiziert. In diesem Beispiel setzen wir eine Umgebungsvariable auf den Wert des Secrets:

```
spec:
  containers:
    - name: demo
      image: cloudnatived/demo:hello-secret-env
      ports:
        - containerPort: 8888
      env:
        - name: GREETING
          valueFrom:
            secretKeyRef:
              name: demo-secret
              key: magicWord
```

Wir setzen die Umgebungsvariable `GREETING` genauso wie beim Einsatz einer ConfigMap, nur dass es dieses Mal eine `secretKeyRef` statt einer `configMapKeyRef` ist (siehe Abschnitt 10.1.2).

Führen Sie den folgenden Befehl im Verzeichnis des Demo-Repos aus, um diese Manifeste anzuwenden:

```
kubectl apply -f hello-secret-env/k8s/
deployment.extensions "demo" configured
secret "demo-secret" created
```

Wie zuvor leiten Sie einen lokalen Port an das Deployment weiter, sodass Sie die Ergebnisse in Ihrem Webbrowser sehen können:

```
kubectl port-forward deploy/demo 9999:8888
Forwarding from 127.0.0.1:9999 -> 8888
Forwarding from [::1]:9999 -> 8888
```

Rufen Sie nun *http://localhost:9999* auf, sollten Sie folgenden Text sehen:

```
The magic word is "xyzzy"
```

10.2.2 Secrets in Dateien schreiben

In diesem Beispiel werden wir das Secret auf dem Container als Datei mounten. Sie finden den Code dazu im Ordner *hello-secret-file* auf dem Demo-Repo.

Um das Secret in einer Datei auf dem Container zu mounten, nutzen wir ein Deployment wie das folgende:

```
spec:
  containers:
    - name: demo
      image: cloudnatived/demo:hello-secret-file
      ports:
        - containerPort: 8888
      volumeMounts:
        - name: demo-secret-volume
          mountPath: "/secrets/"
          readOnly: true
  volumes:
    - name: demo-secret-volume
      secret:
        secretName: demo-secret
```

Wie in Abschnitt 10.1.5 erstellen wir ein Volume (in diesem Beispiel `demo-secret-volume`) und mounten es im Container im Abschnitt `volumeMounts` der Spec. Der `mountPath` ist `/secrets` und Kubernetes wird in diesem Verzeichnis eine Datei für jedes der im Secret definierten Schlüssel/Wert-Paare erstellen.

Wir haben nur ein Schlüssel/Wert-Paar im Beispiel-Secret mit dem Namen `magicWord` definiert, daher wird dieses Manifest die schreibgeschützte Datei */secrets/magicWord* im Container erstellen, deren Inhalt dann die geheimen Daten sind.

Wenden Sie dieses Manifest genauso an wie beim vorigen Beispiel, sollten Sie auch die gleichen Ergebnisse erhalten:

```
The magic word is "xyzzy"
```

10.2.3 Secrets lesen

Im vorigen Abschnitt konnten wir `kubectl describe` nutzen, um die Daten in der ConfigMap auszulesen. Geht das auch mit einem Secret?

```
kubectl describe secret/demo-secret
Name:         demo-secret
Namespace:    default
Labels:       <none>
Annotations:
Type:         Opaque

Data
====
magicWord: 5 bytes
```

Beachten Sie, dass dieses Mal die eigentlichen Daten nicht angezeigt werden. Kubernetes-Secrets sind `Opaque`, was heißt, dass sie nicht in der Ausgabe von `kubectl describe`, in Log-Nachrichten oder am Terminal zu sehen sind. Das verhindert, geheime Daten unabsichtlich sichtbar zu machen.

Eine verschleierte Version der geheimen Daten erhalten Sie, wenn Sie `kubectl get` mit dem Ausgabeformat YAML verwenden:

```
kubectl get secret/demo-secret -o yaml
apiVersion: v1
data:
  magicWord: eHl6enk=
kind: Secret
metadata:
...
type: Opaque
```

base64

Was ist dieses `eHl6enk=`? Es sieht nicht nach unseren ursprünglichen Secret-Daten aus. Tatsächlich ist es eine *base64*-Darstellung des Secret. Base64 ist ein Schema zum Codieren beliebiger Binärdaten als Zeichenstring.

Weil die geheimen Daten auch nichtdruckbare Binärdaten enthalten könnten (zum Beispiel einen TLS-Schlüssel), werden Secrets in Kubernetes immer im Format base64 gespeichert.

Der Text `eHl6enk=` ist die base64-codierte Version unseres geheimen Worts `xyzzy`. Sie können das überprüfen, indem Sie den Befehl `base64 --decode` am Terminal verwenden:

```
echo "eHl6enk=" | base64 --decode
xyzzy
```

Also auch wenn Kubernetes Sie davor schützt, unabsichtlich geheime Daten am Terminal oder in Log-Dateien auszugeben, können Sie sie im base64-Format erhalten und decodieren, wenn Sie die Berechtigung haben, die Secrets in einem bestimmten Namensraum auszulesen.

Müssen Sie Text per base64 codieren (zum Beispiel, um ihn einem Secret hinzuzufügen), nutzen Sie das `base64`-Tool ohne Argumente:

```
echo xyzzy | base64
eHl6enkK
```

10.2.4 Zugriff auf Secrets

Wer kann Secrets lesen oder bearbeiten? Das wird von der Zugriffssteuerung von Kubernetes kontrolliert – dem RBAC, über den wir genauer in Abschnitt 11.1.2 berichten werden. Nutzen Sie ein Cluster, das RBAC nicht unterstützt oder aktiviert hat, sind alle Secrets für alle Benutzer oder Container erreichbar. (Wie wir noch erläutern werden, sollten Sie auf keinen Fall ein produktives Cluster ohne RBAC laufen lassen.)

10.2.5 Encryption at Rest

Was ist mit jemandem, der Zugriff auf die *etcd*-Datenbank besitzt, in der alle Kubernetes-Informationen gespeichert sind? Könnte derjenige auf die Secret-Daten zugreifen, auch ohne API-Berechtigungen für das Lesen des Secret-Objekts?

Seit Kubernetes Version 1.7 wird *Encryption at Rest* unterstützt. Das bedeutet, dass die geheimen Daten in der *etcd*-Datenbank tatsächlich verschlüsselt auf der Platte abgelegt werden und auch für jemanden nicht lesbar sind, der direkt auf die Datenbank zugreifen kann. Nur der API-Server von Kubernetes hat den Schlüssel, um die Daten zu lesen. In einem ordentlich konfigurierten Cluster sollte Encryption at Rest aktiviert sein.

Sie können prüfen, ob Encryption at Rest in Ihrem Cluster aktiviert ist, indem Sie folgenden Befehl ausführen:

```
kubectl describe pod -n kube-system -l component=kube-apiserver |grep
encryption
    --experimental-encryption-provider-config=...
```

Sehen Sie nicht das Flag `--experimental-encryption-provider-config`, ist Encryption at Rest nicht aktiviert. (Nutzen Sie die Google Kubernetes Engine oder einen anderen Managed Kubernetes Service, werden Ihre Daten über einen anderen Mechanismus verschlüsselt und Sie sehen dieses Flag auch nicht. Klären Sie mit Ihrem Kubernetes-Provider, ob die *etcd*-Daten verschlüsselt sind oder nicht.)

10.2.6 Secrets behalten

Manchmal werden Sie Kubernetes-Ressourcen haben, die niemals im Cluster gelöscht werden sollen, wie zum Beispiel ein besonders wichtiges Secret. Mit einer Helm-spezifischen Anmerkung können Sie verhindern, dass eine Ressource entfernt wird:

```
kind: Secret
metadata:
  annotations:
    "helm.sh/resource-policy": keep
```

10.3 Strategien zum Verwalten von Secrets

In dem Beispiel im vorigen Abschnitt wurden unsere geheimen Daten gegen unerlaubten Zugriff geschützt, nachdem sie einmal im Cluster abgelegt waren. Aber sie befanden sich als ganz normaler Text in unseren Manifest-Dateien.

Sie sollten niemals solche geheimen Daten in Dateien ablegen, die in die Versionsverwaltung eingecheckt werden. Wie können Sie dann diese Daten sicher managen und ablegen, bevor sie im Kubernetes-Cluster angewendet werden?

Egal, welches Tool oder welche Strategie Sie für das Verwalten von Secrets in Ihren Anwendungen nutzen – Sie müssen mindestens die folgenden Fragen beantworten:

1. Wo legen Sie Secrets so ab, dass sie hochverfügbar sind?
2. Wie stellen Sie Secrets Ihren laufenden Anwendungen bereit?
3. Was muss in Ihren laufenden Anwendungen geschehen, wenn Sie Secrets durchtauschen oder verändern?

In diesem Abschnitt werden Sie sich drei der beliebtesten Strategien zum Verwalten von Secrets anschauen und dabei prüfen, wie jede davon diese Fragen beantwortet.

10.3.1 Secrets in der Versionsverwaltung verschlüsseln

Die erste Option für das Secrets-Management ist, Ihre Secrets direkt im Code abzulegen – in der Versionsverwaltung, aber verschlüsselt. Entschlüsselt wird dann beim Deployen.

Das ist vermutlich der einfachste Weg. Secrets werden direkt in die Quellcode-Repos gestellt, aber niemals als einfacher, normaler Text. Stattdessen werden sie so verschlüsselt, dass sie nur mit einem bestimmten, vertrauenswürdigen Key entschlüsselt werden können.

Deployen Sie die Anwendung, werden die Secrets erst kurz vor dem Moment entschlüsselt, in dem die Manifeste auf dem Cluster angewendet werden. Die Applikation kann sie dann wie alle anderen Konfigurationsdaten lesen und einsetzen.

Durch das Verschlüsseln von Secrets in der Versionskontrolle können Sie Änderungen an Secrets überprüfen und verfolgen, so wie Sie es auch mit Änderungen am Anwendungscode tun würden. Und solange Ihre Versionsverwaltungs-Repositories hochverfügbar sind, werden auch Ihre Secrets hochverfügbar sein.

Um Secrets zu ändern oder auszutauschen, entschlüsseln Sie sie einfach in Ihrer lokalen Kopie des Repos, passen sie an, verschlüsseln sie wieder und checken die Änderung in die Versionsverwaltung ein.

Diese Strategie lässt sich zwar einfach umsetzen und es gibt keine Abhängigkeiten außer vom Schlüssel und dem Tool zum Ver- und Entschlüsseln (siehe Abschnitt 10.4), aber sie hat einen möglichen Nachteil. Wird dasselbe Secret von mehreren Anwendungen genutzt, brauchen alle eine Kopie davon in ihrem Quellcode. Ein Austausch des Secrets ist dann mehr Arbeit, weil Sie sicherstellen müssen, dass Sie alle Instanzen davon gefunden und angepasst haben.

Zudem gibt es eine durchaus realistische Gefahr, dass unabsichtlich Secrets als Text in die Versionsverwaltung eingecheckt werden. Fehler können passieren und selbst bei privaten Versionsverwaltungs-Repositories sollte jedes so eingecheckte Secret als kompromittiert betrachtet und so bald wie möglich ausgetauscht werden. Eventuell geben Sie den Schlüssel auch nur an bestimmte Personen, statt ihn allen Entwicklern bereitzustellen.

Trotz alledem ist die Strategie, Secrets im Quellcode zu verschlüsseln, ein guter Ausgangspunkt für kleine Organisationen mit unkritischen Secrets. Sie lässt sich recht leicht aufsetzen und verstehen, man bleibt aber flexibel genug, die Secrets in mehreren Anwendungen einzusetzen und mit verschiedenen Secrets-Arten zu arbeiten. Im letzten Abschnitt dieses Kapitels werden wir ein paar Tools zum Ver- und Entschlüsseln vorstellen, die Sie dazu nutzen können, aber zunächst wollen wir noch die anderen Strategien beschreiben.

10.3.2 Secrets remote ablegen

Eine weitere Option für das Secrets-Management ist, sie in einer (oder mehreren) Dateien auf einem sicheren Remote-Storage abzulegen, wie zum Beispiel einem AWS S3 Bucket oder Google Cloud Storage. Deployen Sie eine individuelle Anwendung, würden diese Dateien heruntergeladen, entschlüsselt und der Anwendung zur Verfügung gestellt werden. Das entspricht der Option *Secrets in der Versionsverwaltung verschlüsseln*, nur dass sie nicht im Code-Repo leben, sondern zentral abgelegt sind. Sie können für beide Strategien dasselbe Tool zum Entschlüsseln und Verschlüsseln einsetzen.

Damit wird das Problem gelöst, dass Secrets mehrfach in unterschiedlichen Code-Repos enthalten sein müssen, allerdings ist auch zusätzlicher Aufwand nötig, um die relevanten Secrets-Dateien beim Deployen zu pullen. Sie erhalten so einige der Vorteile eines dedizierten Secrets-Management-Tools, ohne aber eine zusätzliche Software-Komponente einrichten und managen oder Ihre Anwendungen daran anpassen zu müssen.

Weil sich Ihre Secrets nicht unter Versionskontrolle befinden, benötigen Sie allerdings einen Prozess, der das Ändern von Secrets ordentlich begleitet – idealerweise mit einem Audit-Log (wer hat was wann und warum geändert?) – und eine Änderungsverwaltungs-Prozedur, die ähnlich wie beim Review und Approval von Pull Requests abläuft.

10.3.3 Ein dediziertes Secrets-Management-Tool einsetzen

Während die Strategien *Secrets im Quellcode verschlüsseln* und *Secrets in einem Bucket aufbewahren* für die meisten Organisationen ausreichend sind, müssen Sie in einem sehr großen Maßstab darüber nachdenken, ein dediziertes Secrets-Management-Tool einzusetzen, wie zum Beispiel Vault von Hashicorp, Keywhiz von Square, den AWS Secrets Manager oder Key Vault für Azure. Diese Tools kümmern sich darum, all Ihre Anwendungs-Secrets hochverfügbar und sicher an einer zentralen Stelle abzulegen, und können auch steuern, welche Anwender- und Service-Accounts die Berechtigungen haben, Secrets hinzuzufügen, zu ändern oder anzuzeigen.

In einem Secrets-Management-System werden alle Aktivitäten aufgezeichnet und lassen sich einsehen, wodurch es einfacher wird, Sicherheitsattacken zu analysieren und das Erfüllen gesetzlicher Vorgaben zu belegen . Manche dieser Tools bieten zudem die Möglichkeit, Secrets regelmäßig automatisch auszutauschen, was nicht nur sowieso eine gute Idee ist, sondern von Sicherheitsrichtlinien in vielen Firmen gefordert wird.

Wie erhalten Anwendungen ihre Daten aus einem Secrets-Management-Tool? Ein üblicher Weg ist der Einsatz eines Service-Accounts mit einem Read-Only-Zugriff auf den Secrets-Vault, sodass jede Anwendung nur die Secrets lesen kann, die sie benötigt. Entwickler können ihre eigenen Zugangsdaten besitzen und dabei Secrets nur für die Anwendungen lesen und schreiben, für die sie verantwortlich sind.

Ein zentrales Secrets-Management-System ist zwar die leistungsfähigste und flexibelste Variante, aber es sorgt auch für eine signifikante Steigerung der Komplexität Ihrer Infrastruktur. Neben dem Aufsetzen und Warten des Secrets-Vault brauchen Sie Tools oder Middleware für jede Anwendung und jeden Service, der auf die Secrets zugreifen muss. Anwendungen können zwar refaktoriert oder redesignt werden, um direkt auf den Secrets Vault zuzugreifen, aber das kann teurer und zeitaufwendiger sein als einfach eine zusätzliche Schicht davor zu setzen, die sich die Secrets holt und sie der Anwendungsumgebung oder in einer Konfigurationsdatei zur Verfügung stellt.

Von den diversen Optionen ist Vault von Hashicorp eines der beliebtesten Tools *(https://www.vaultproject.io)*.

10.3.4 Empfehlungen

Auch wenn ein dediziertes Secrets-Management-System wie Vault auf den ersten Blick die logische Wahl zu sein scheint, empfehlen wir Ihnen nicht, damit zu starten. Probieren Sie es zunächst mit einem schlanken Verschlüsselungs-Tool wie Sops (siehe Abschnitt 10.4) und dem direkten Verschlüsseln der Secrets in Ihrem Quellcode.

Warum? Nun, vielleicht haben Sie gar nicht so viele Secrets zu verwalten. Sofern Ihre Infrastruktur nicht sehr komplex und untereinander abhängig ist (was es sowieso zu vermeiden gilt), sollte jede einzelne Anwendung nur ein oder zwei Secrets nutzen müssen – zum Beispiel API-Schlüssel und Token für andere Services oder Datenbank-Credentials. Wenn eine App wirklich so viele verschiedene Secrets benötigt, sollten Sie sich überlegen, sie alle in eine einzige Datei zu stecken und diese stattdessen zu verschlüsseln.

Wir wählen einen pragmatischen Ansatz für das Secrets-Management, wie wir das bei den meisten Themen in diesem Buch auch tun. Wenn ein einfaches, leicht zu nutzendes System Ihr Problem löst, dann beginnen Sie damit. Sie können später immer noch zu einem leistungsfähigeren oder komplizierteren Setup wechseln. Oft ist es am Anfang eines Projekts schwierig, genau zu wissen, mit wie vielen Secret-Daten man zu tun haben wird, und wenn Sie nicht sicher sind, wählen Sie die Variante, mit der Sie am schnellsten loslegen können, ohne Ihre Wahl in der Zukunft einzuschränken.

Wenn Sie allerdings von Anfang an wissen, dass es rechtliche oder firmeninterne Beschränkungen beim Umgang mit Secret-Daten gibt, entwerfen Sie Ihre Systeme am besten schon mit diesen Gedanken im Hinterkopf und dann müssen Sie sich vermutlich auch eine dedizierte Lösung zum Secrets-Management anschauen.

10.4 Secrets mit Sops verschlüsseln

Wenn Sie selbst verschlüsseln wollen – zumindest zu Beginn –, werden Sie ein Verschlüsselungs-Tool benötigen, das mit Ihren Quellcode- und Daten-Dateien umgehen kann. Sops (kurz für *Secrets Operations*) aus dem Mozilla-Projekt ist ein Tool zum Ver- und Entschlüsseln, das mit YAML-, JSON- oder Binär-Dateien umgehen kann und eine Reihe von Verschlüsselungs-Backends unterstützt, unter anderem PGP/GnuPG, Azure Key Vault, den Key Management Service (KMS) von AWS und die Cloud KMS von Google.

10.4.1 Einführung in Sops

Stellen wir Sops anhand dessen vor, was es tut. Anstatt die gesamte Datei zu verschlüsseln, verschlüsselt Sops nur die einzelnen Secrets-Werte. Wenn zum Beispiel Ihre Textdatei Folgendes enthält:

```
password: foo
```

erhalten Sie durch ein Verschlüsseln mit Sops dieses Ergebnis:

```
password: ENC[AES256_GCM,data:p673w==,iv:YY=,aad:UQ=,tag:A=]
```

Das erleichtert das Bearbeiten und Reviewen von Code – insbesondere in Pull-Requests –, denn Sie müssen die Daten nicht entschlüsseln, um zu verstehen, worum es geht.

Auf der Projekt-Homepage von Sops unter *https://github.com/mozilla/sops* finden Sie Anweisungen zur Installation und zum Einsatz des Tools.

In diesem Kapitel werden wir nun noch ein paar Beispiele für den Einsatz von Sops vorstellen, die Zusammenarbeit mit Kubernetes zeigen und ein paar durch Sops verwaltete Secrets in unsere Demo-App einbauen. Aber zuerst sollten wir erwähnen, dass es auch andere Tools zum Verschlüsseln von Secrets gibt. Nutzen Sie schon ein anderes, ist das in Ordnung: Solange Sie Secrets in Textdateien genauso ver- und entschlüsseln können, wie dies bei Sops geschieht, nutzen Sie das Tool, das für Sie am besten passt.

Wie Sie wissen, mögen wir Helm, und wenn Sie verschlüsselte Secrets in einem Helm-Chart managen müssen, können Sie das mit Sops und dem Plugin `helm-secrets` erreichen. Führen Sie `helm upgrade` oder `helm install` aus, wird `heml-secrets` Ihre Secrets beim Deployment entschlüsseln. Mehr Informationen zu dieser Kombination, unter anderem zur Installation und zum Einsatz, finden Sie auf dem GitHub-Repo unter *https://github.com/futuresimple/helm-secrets*.

10.4.2 Eine Datei mit Sops verschlüsseln

Üben wir den Umgang mit Sops, indem wir eine Datei verschlüsseln. Wie erwähnt kümmert sich Sops gar nicht selbst um das Verschlüsseln – es delegiert es an ein Backend wie GnuPG (eine verbreitete Open-Source-Implementierung des Pretty-Good-Privacy(PGP)-Protokolls). Wir werden in diesem Beispiel Sops mit GnuPG verwenden, um eine Datei mit einem Secret zu verschlüsseln. Das Endergebnis wird eine Datei sein, die Sie sicher in die Versionsverwaltung einchecken können.

Wir werden uns hier nicht mit den Details der PGP-Verschlüsselung befassen, Sie sollten nur wissen, dass sie wie SSH und TLS ein *Public-Key*-Verschlüsselungssystem ist. Statt die Daten mit einem einzelnen Schlüssel zu verschlüsseln, werden zwei verwendet – ein öffentlicher und ein privater. Sie können Ihren öffentlichen Schlüssel problemlos anderen bekannt machen, sollten aber niemals Ihren privaten Schlüssel herausgeben.

Generieren wir nun Ihr Schlüsselpaar. Als Erstes installieren Sie GnuPG *(https://gnupg.org/download)*, wenn Sie das nicht schon haben.

Danach führen Sie diesen Befehl aus, um ein neues Schlüsselpaar zu generieren:

```
gpg --gen-key
```

Haben Sie die Schlüssel erfolgreich erzeugt, merken Sie sich den `Key fingerprint` (den String aus Hexadezimalziffern): Damit wird Ihr Schlüssel eindeutig identifiziert, denn Sie benötigen ihn im nächsten Schritt.

Nachdem Sie nun ein Schlüsselpaar haben, verschlüsseln Sie eine Datei mithilfe von Sops und Ihrem neuen PGP-Schlüssel. Sie benötigen dafür auch Sops auf Ihrem Rechner. Es gibt Binaries zum Herunterladen *(https://github.com/mozilla/sops/releases)* oder Sie installieren es über Go:

```
go get -u go.mozilla.org/sops/cmd/sops
sops -v
sops 3.0.5 (latest)
```

Jetzt erstellen wir eine einfache Test-Datei mit einem Secret zum Verschlüsseln:

```
echo "password: secret123" > test.yaml
cat test.yaml
password: secret123
```

Und schließlich nutzen wir Sops zum Verschlüsseln. Übergeben Sie Ihren Key Fingerprint mithilfe des Schalters `--pgp` (ohne Leerzeichen), zum Beispiel:

```
sops --encrypt --in-place --pgp E0A9AF924D5A0C123F32108EAF3AA2B4935EA0AB
test.yaml
cat test.yaml
password: ENC[AES256_GCM,data:Ny220Ml8JoqP,iv:HMkwA8eFFmdUU1Dle6NTpVgy8vlQu/
6Zqx95Cd/+NL4=,tag:Udg9Wef8coZRbPb0foOOSA==,type:str]
sops:
    ...
```

Na bitte! Nun ist die Datei *test.yaml* erfolgreich verschlüsselt, der Wert von `password` ist nicht mehr lesbar und kann nur mithilfe Ihres privaten Schlüssels entschlüsselt werden. Ihnen wird auch aufgefallen sein, dass Sops am Ende der Datei Metadaten hinzugefügt hat, sodass es weiß, wie es sie auch wieder entschlüsseln kann.

Ein weiteres nettes Feature von Sops ist, dass es nur den *Wert* von `password` verschlüsselt, sodass das YAML-Format der Datei beibehalten wird und Sie sehen können, dass die verschlüsselten Daten mit `password` bezeichnet sind. Haben Sie in Ihrer YAML-Datei eine lange Liste aus Schlüssel/Wert-Paaren, wird Sops nur die Werte verschlüsseln, die Schlüssel selbst aber unangetastet lassen.

Um sicherzustellen, dass wir die verschlüsselten Daten auch wieder zurückerhalten können, und um zu prüfen, dass sie dem entsprechen, was wir hineingesteckt haben, führen Sie folgenden Befehl aus:

```
sops --decrypt test.yaml
You need a passphrase to unlock the secret key for
user: "Justin Domingus <justin@example.com>"
2048-bit RSA key, ID 8200750F, created 2018-07-27 (main key ID 935EA0AB)
Enter passphrase: *sehr sichere Passphrase*

password: secret123
```

Erinnern Sie sich noch an die Passphrase, die Sie beim Generieren Ihres Schlüsselpaares gewählt haben? Wir hoffen es, denn Sie müssen sie jetzt eingeben! Wenn Sie sich richtig erinnert haben, werden Sie den entschlüsselten Wert von `password` sehen: `secret123`.

Jetzt wissen Sie, wie Sie Sops verwenden, und können beliebige kritische Daten in Ihrem Quellcode verschlüsseln – sei es in Konfigurationsdateien von Anwendungen, in YAML-Ressourcen von Kubernetes oder irgendwo anders.

Wenn es an das Deployen der Anwendung geht, nutzen Sie Sops im Decrypt-Modus, um die benötigten Secrets als normalen Text zu erhalten. (Denken Sie aber daran, diese Textdateien wieder zu löschen, und checken Sie sie nicht in die Versionsverwaltung ein!)

Im nächsten Kapitel werden wir Ihnen zeigen, wie Sie Sops auf diesem Weg mit Helm-Charts verwenden. Sie können nicht nur Secrets beim Deployen Ihrer Anwendung mit Helm entschlüsseln, sondern auch abhängig von der Deployment-Umgebung verschiedene Sätze an Secrets einsetzen – zum Beispiel `staging` versus `production` (siehe Abschnitt 12.2.6).

10.4.3 Ein KMS-Backend verwenden

Nutzen Sie Amazon KMS oder Google Cloud KMS für die Schlüsselverwaltung in der Cloud, können Sie diese auch zusammen mit Sops verwenden. Der Einsatz eines KMS-Schlüssels funktioniert genauso wie in unserem PGP-Beispiel, aber die Metadaten in der Datei werden anders sein. Stattdessen sieht der `sops`-Abschnitt am Ende eher wie folgt aus:

```
sops:
  kms:
  - created_at: 1441570389.775376
    enc: CiC....Pm1Hm
    arn: arn:aws:kms:us-east-1:656532927350:key/920aff2e...
```

Wie bei unserem PGP-Beispiel wird die Schlüssel-ID (`arn:aws:kms...`) in die Datei eingebettet, sodass Sops weiß, wie es die Entschlüsselung später vorzunehmen hat.

10.5 Zusammenfassung

Konfiguration und Secrets sind eines der Themen, nach denen uns die Leute im Zusammenhang mit Kubernetes am meisten fragen. Wir sind froh, ihm ein ganzes Kapitel widmen zu können und ein paar Wege vorzustellen, wie Sie Ihre Anwendungen mit den benötigten Einstellungen und Daten verbinden.

Die wichtigsten Dinge sind:

- Trennen Sie Ihre Konfigurationsdaten vom Anwendungs-Code und deployen Sie sie über ConfigMaps und Secrets von Kubernetes. So müssen Sie Ihre App nicht jedes Mal neu deployen, wenn Sie ein Passwort ändern.
- Sie können Daten in ConfigMaps übertragen, indem Sie sie direkt in Ihre Manifest-Dateien von Kubernetes schreiben oder mit `kubectl` eine bestehende YAML-Datei in eine ConfigMap-Spec umwandeln.

- Befinden sich die Daten in einer ConfigMap, können Sie sie in eine Container-Umgebung injizieren oder als Befehlszeilenargumente für den Entrypoint mitgeben. Alternativ können Sie die Daten in eine Datei schreiben, die auf dem Container gemountet wird.
- Secrets funktionieren wie ConfigMaps, nur dass die Daten per Encryption at Rest verschlüsselt und in der Ausgabe von `kubectl` verschleiert werden.
- Eine einfache und flexible Möglichkeit zum Managen von Secrets ist, sie direkt in Ihrem Quellcode-Repo abzulegen, dabei aber mit Sops oder einem anderen, textbasierten Verschlüsselungs-Tool zu verschlüsseln.
- Machen Sie das Secrets-Management nicht komplizierter, als es sein muss – vor allem zu Beginn. Fangen Sie mit etwas Einfachem an, das sich für Entwickler leicht aufsetzen lässt.
- Wenn Secrets von vielen Anwendungen gemeinsam genutzt werden, können Sie sie (verschlüsselt) in einem Cloud-Bucket ablegen und beim Deployen dazuholen.
- Für ein Secrets-Management im Großunternehmen benötigen Sie einen dedizierten Service wie zum Beispiel Vault. Aber fangen Sie nicht gleich damit an, weil Sie es eventuell gar nicht benötigen. Es lässt sich später immer noch dorthin wechseln.
- Sops ist ein Verschlüsselungs-Tool, das mit Schlüssel/Wert-Dateien wie YAML oder JSON funktioniert. Es kann seine Schlüssel von einem lokalen GnuPG-Keyring oder über Cloud Key Management Services wie Amazon KMS oder Google Cloud KMS erhalten.

11 Sicherheit und Backups

Falls Sie glauben, dass Technologie Ihre Sicherheitsprobleme lösen kann, verstehen Sie die Probleme nicht, und Sie haben von Technologie keine Ahnung.

– Bruce Schneier, Secrets & lies: IT-Sicherheit in einer vernetzten Welt

In diesem Kapitel werden wir die Mechanismen für Sicherheit und Zugriffskontrolle in Kubernetes unter die Lupe nehmen, unter anderem die Role-Based Access Control (RBAC), ein paar Tools und Services zum Scannen von Angriffspunkten aufführen und erklären, wie Sie Ihre Daten und Status in Kubernetes sichern (und vor allem, wie Sie sie auch wiederbekommen). Sie werden sich zudem ein paar nützliche Wege anschauen, wie Sie Informationen darüber erhalten, was in Ihrem Cluster so geschieht.

11.1 Zugriffskontrolle und Berechtigungen

Kleine Technologie-Firmen tendieren dazu, mit nur ein paar Mitarbeitern zu beginnen, von denen jeder Administrations-Zugriff auf alle Systeme besitzt.

Wenn die Firma wächst, wird aber irgendwann klar, dass es nicht mehr länger eine gute Idee ist, jedem Admin-Rechte zu geben: Zu leicht macht jemand einen Fehler und ändert etwas, das er nicht sollte. Das Gleiche gilt für Kubernetes.

11.1.1 Den Zugriff vom Cluster abhängig machen

Das Einfachste und Effektivste, was Sie zum Absichern Ihres Kubernetes-Clusters tun können, ist das Beschränken des Zugriffs darauf. Es gibt im Allgemeinen zwei Gruppen von Leuten, die Zugriff auf Kubernetes-Cluster haben müssen: *Cluster-Operatoren* und *Anwendungsentwickler*, und häufig werden unterschiedliche Berechtigungen und Privilegien als Teil ihrer Aufgaben benötigt.

Auch kann es sein, dass Sie mehrere Deployment-Umgebungen haben, wie zum Beispiel Produktion und Staging. Diese getrennten Umgebungen benötigen unterschiedliche Richtlinien – abhängig von Ihrer Organisation. Die Produktiv-Umgebung ist eventuell auf einige wenige Personen beschränkt, während das Staging für eine größere Gruppe von Entwicklern und Technikern offen ist.

Wie Sie in Abschnitt »Brauche ich mehrere Cluster?« auf Seite 108 gesehen haben, ist es oft nicht verkehrt, getrennte Cluster für Produktion und Staging oder Testing zu nutzen. Wenn jemand unabsichtlich etwas nach Staging deployt, das Cluster-Knoten zum Absturz bringt, wird das die Produktiv-Umgebung nicht beeinflussen.

Wenn ein Team keinen Zugriff auf den Software- und Deployment-Prozess eines anderen Teams haben soll, könnte jedes Team sein eigenes, dediziertes Cluster nutzen und nicht einmal Credentials für die Cluster der anderen Teams besitzen.

Das ist bestimmt der sicherste Ansatz, aber zusätzliche Cluster bringen auch Nachteile mit sich. Jedes muss gepatcht und überwacht werden und viele kleine Cluster laufen eher weniger effizient als wenige große Cluster.

11.1.2 Role-Based Access Control (RBAC)

Ein anderer Weg der Zugriffskontrolle ist die Steuerung, wer bestimmte Operationen im Cluster ausführen darf, über das Role-Based-Access-Control(RBAC)-System von Kubernetes.

RBAC ist dazu gedacht, bestimmte Berechtigungen an bestimmte Benutzer zu erteilen (oder Service-Accounts, bei denen es sich um Benutzer-Accounts handelt, die mit automatisierten Systemen verbunden sind). So können Sie zum Beispiel einem bestimmten Anwender erlauben, alle Pods im Cluster anzuzeigen, wenn dieser es benötigt.

Das Wichtigste, was Sie über RBAC wissen müssen, ist, dass es angeschaltet werden sollte. RBAC wurde in Kubernetes 1.6 als Option beim Einrichten von Clustern eingeführt. Aber ob diese Option in Ihrem Cluster tatsächlich aktiv ist, hängt von Ihrem Cloud-Provider oder dem Kubernetes-Installer ab.

Betreiben Sie ein selbst gehostetes Cluster, probieren Sie diesen Befehl aus, um zu sehen, ob RBAC auf Ihrem Cluster aktiviert ist oder nicht:

```
kubectl describe pod -n kube-system -l component=kube-apiserver
Name:         kube-apiserver-docker-for-desktop
Namespace:    kube-system
...
Containers:
  kube-apiserver:
      ...
    Command:
      kube-apiserver
      ...
      --authorization-mode=Node,RBAC
```

Enthält `--authorization-mode` nicht den Wert `RBAC`, ist RBAC nicht für Ihr Cluster aktiviert. Schauen Sie in die Dokumentation Ihres Service-Providers oder Installers, um herauszufinden, wie Sie das Cluster mit aktivem RBAC neu aufbauen.

Ohne RBAC hat jeder mit Zugriff auf das Cluster die Möglichkeit, alles zu tun – auch, beliebigen Code auszuführen oder Workloads zu löschen. Das ist vermutlich nicht das, was Sie wollen.

11.1.3 Rollen

Wie funktioniert das nun, wenn Sie RBAC aktiviert haben? Die wichtigsten Konzepte, die Sie verstehen müssen, sind Benutzer, Rollen und Role Bindings.

Jedes Mal, wenn Sie sich mit einem Kubernetes-Cluster verbinden, tun Sie das als ein bestimmter Benutzer. Es hängt von Ihrem Provider ab, wie Sie sich gegenüber dem Cluster authentifizieren – in der Google Kubernetes Engine nutzen Sie zum Beispiel das Tool `gcloud`, um ein Zugriffstoken für ein bestimmtes Cluster zu erhalten.

Es gibt andere Benutzer, die für das Cluster konfiguriert sind. So gibt es zum Beispiel einen Standard-Service-Account für jeden Namensraum. All diese Benutzer können potenziell andere Berechtigungen besitzen.

Diese Berechtigungen werden durch *Rollen* in Kubernetes verwaltet. Eine Rolle beschreibt einen bestimmten Satz von Berechtigungen. Kubernetes bringt schon ein paar vordefinierte Rollen mit, die Sie als Ausgangsbasis nutzen können. So bietet beispielsweise die Rolle `cluster-admin` – gedacht für Superuser – den Zugriff, um alle Ressourcen im Cluster zu lesen und zu verändern. Im Gegensatz dazu kann die Rolle `view` die meisten Objekte in einem gegebenen Namensraum lesen und untersuchen, sie aber nicht verändern.

Sie können Rollen für Namensräume (mit dem Role-Objekt) oder für das gesamte Cluster definieren (mit dem Objekt ClusterRole). Hier ein Beispiel eines ClusterRole-Manifests, das lesenden Zugriff auf die Secrets in allen Namensräumen gewährt:

```
kind: ClusterRole
apiVersion: rbac.authorization.k8s.io/v1
metadata:
  name: secret-reader
rules:
- apiGroups: [""]
  resources: ["secrets"]
  verbs: ["get", "watch", "list"]
```

11.1.4 Rollen mit Benutzern verbinden

Wie verbinden Sie einen Benutzer mit einer Rolle? Sie erreichen das über ein *Role Binding*. Wie bei Rollen können Sie ein RoleBinding-Objekt erstellen, das auf einen bestimmten Namensraum angewendet wird, oder ein ClusterRoleBinding-Objekt, das für das gesamte Cluster gilt.

Hier ist das RoleBinding-Manifest, das der Benutzerin `daisy` die Rolle `edit` nur im Namensraum `demo` gewährt:

```
kind: RoleBinding
apiVersion: rbac.authorization.k8s.io/v1
metadata:
  name: daisy-edit
  namespace: demo
subjects:
- kind: User
  name: daisy
  apiGroup: rbac.authorization.k8s.io
roleRef:
  kind: ClusterRole
  name: edit
  apiGroup: rbac.authorization.k8s.io
```

In Kubernetes sind Berechtigungen *additiv* – Benutzer starten ohne Berechtigungen und Sie können sie über Roles und RoleBindings hinzufügen. Es ist nicht möglich, jemandem einzelne Berechtigungen zu entziehen, der diese schon besitzt.

Tipp

Mehr über die Details von RBAC und die verfügbaren Rollen und Berechtigungen finden Sie in der Dokumentation von Kubernetes unter *https://kubernetes.io/docs/reference/access-authn-authz/rbac*.

11.1.5 Welche Rolle benötige ich?

Welche Rollen und Bindings sollten Sie nun in Ihrem Cluster einrichten? Die vordefinierten Rollen `cluster-admin`, `edit` und `view` werden vermutlich die meisten Anforderungen schon abdecken. Um zu sehen, welche Berechtigungen eine Rolle enthält, nutzen Sie den Befehl `kubectl describe`:

```
kubectl describe clusterrole/edit
Name:         edit
Labels:       kubernetes.io/bootstrapping=rbac-defaults
Annotations:  rbac.authorization.kubernetes.io/autoupdate=true
PolicyRule:
```

```
Resources   ... Verbs
---------   ... -----
bindings    ... [get list watch]
configmaps  ... [create delete deletecollection get list patch update watch]
endpoints   ... [create delete deletecollection get list patch update watch]
...
```

Sie können Rollen für bestimmte Personen oder Jobs in Ihrer Organisation erstellen (zum Beispiel eine Entwickler-Rolle), aber auch für einzelne Teams (zum Beispiel QA oder Security).

11.1.6 Den Zugriff auf cluster-admin beschränken

Überlegen Sie sich gut, wer Zugriff auf die Rolle `cluster-admin` haben sollte. Dies ist der Cluster-Superuser und es entspricht dem `root`-User bei Unix-Systemen. Sie können damit alles machen. Geben Sie die Rolle niemals Benutzern, die keine Cluster-Operatoren sind, und insbesondere niemals an Service-Accounts für Anwendungen, die vielleicht aus dem Internet erreichbar sind, wie zum Beispiel das Kubernetes Dashboard (siehe Abschnitt 11.4.4).

Warnung

Lösen Sie keine Probleme, indem Sie unnötig `cluster-admin` zuweisen. Auf Seiten wie Stack Overflow wird so etwas gerne mal als schlechter Rat gegeben. Wenn sich eine Anwendung einem Berechtigungsproblem in Kubernetes gegenübersieht, wird ihr gerne die Rolle `cluster-admin` zugewiesen. *Machen Sie das nicht.* Ja, der Fehler verschwindet, aber es verschwinden auch alle Sicherheitshürden und Sie öffnen Ihr Cluster potenziell für einen Angreifer. Weisen Sie stattdessen der Anwendung eine Rolle mit so wenig Privilegien wie möglich zu, dass sie ihre Aufgaben gerade noch erledigen kann.

11.1.7 Anwendungen und Deployment

Anwendungen, die in Kubernetes laufen, benötigen meist keine RBAC-Berechtigungen. Sofern nicht anders angegeben, laufen alle Pods mit dem Service-Account `default` in ihrem Namensraum, dem keine Rollen zugewiesen sind.

Benötigt Ihre App aus irgendeinem Grund Zugriff auf die Kubernetes-API (zum Beispiel ein Monitoring-Tool, das Pods ausgeben soll), erstellen Sie einen dedizierten Service-Account für die Anwendung, nutzen ein RoleBinding, um diesen mit der benötigten Rolle zu verbinden (zum Beispiel `view`), und begrenzen ihn auf bestimmte Namensräume.

Was ist mit den Berechtigungen, die notwendig sind, um Anwendungen im Cluster zu deployen? Am sichersten ist es, nur einem Continuous-Deployment-Tool die Erlaubnis zu erteilen, Apps zu deployen (siehe Kapitel 14). Es kann einen dedizierten Service-Account nutzen, der die Berechtigung hat, Pods in einem bestimmten Namensraum zu erstellen und zu löschen.

Die Rolle `edit` ist dafür ideal. Benutzer mit dieser Rolle können Ressourcen im Namensraum erstellen und löschen, können aber keine neuen Rollen anlegen oder Berechtigungen an andere Benutzer erteilen.

Haben Sie kein automatisiertes Deployment-Tool und müssen Entwickler direkt in das Cluster deployen, werden diese auch Edit-Berechtigungen für die entsprechenden Namensräume benötigen. Weisen Sie diese jeweils abhängig von den Anwendungen zu – geben Sie niemandem Edit-Berechtigungen für das gesamte Cluster. Personen, die keine Apps deployen müssen, sollten standardmäßig nur die Rolle `view` erhalten.

Tipp

Sorgen Sie dafür, dass RBAC für alle Ihre Cluster aktiviert ist. Geben Sie die Rechte aus `cluster-admin` nur den Benutzern, die tatsächlich die Möglichkeit haben sollen, alles in einem Cluster zerstören zu können. Benötigt Ihre Anwendung Zugriff auf Cluster-Ressourcen, erstellen Sie einen Service-Account für sie und binden Sie diesen an eine Rolle, die nur die notwendigen Berechtigungen enthält – in den Namensräumen, in denen sie gebraucht werden.

11.1.8 Fehlersuche mit RBAC

Lassen Sie eine ältere Anwendung eines Fremdherstellers laufen, die mit RBAC nichts am Hut hat, oder versuchen Sie, die erforderlichen Berechtigungen für Ihre eigene Anwendung zu ermitteln, stolpern Sie vielleicht über RBAC-Berechtigungsfehler. Wie sehen die aus?

Führt eine Anwendung einen API-Request für etwas aus, für das sie nicht die Berechtigung besitzt (zum Beispiel das Anzeigen von Knoten), wird sie eine Fehler-Response *Forbidden* (HTTP-Status 403) vom API-Server erhalten:

```
Error from server (Forbidden): nodes.metrics.k8s.io is forbidden: User "demo"
cannot list nodes.metrics.k8s.io at the cluster scope.
```

Protokolliert die Anwendung diese Information nicht oder sind Sie sich nicht sicher, welche Anwendung das Problem hat, können Sie sich das Log des API-Servers anschauen (siehe auch Abschnitt 7.3.1). Solche Nachrichten werden hier aufgezeichnet und sie enthalten den String `RBAC DENY` mit einer Fehlerbeschreibung:

```
kubectl logs -n kube-system -l component=kube-apiserver | grep "RBAC DENY"
RBAC DENY: user "demo" cannot "list" resource "nodes" cluster-wide
```

(Auf einem GKE-Cluster oder auf anderen Managed Kubernetes Services, die Ihnen keinen Zugriff auf die Steuerungsebene geben, werden Sie das nicht ausführen können. In der Dokumentation Ihres Kubernetes-Providers ist beschrieben, wie Sie auf die Logs des API-Servers zugreifen.)

RBAC hat den Ruf, kompliziert zu sein, aber das ist es gar nicht. Weisen Sie einfach den Benutzern die minimal notwendigen Berechtigungen zu, halten Sie sich bei `cluster-admin` zurück, und alles wird in Ordnung sein.

11.2 Security Scanning

Wenn Sie Software von Fremdherstellern in Ihrem Cluster laufen lassen, ist es sinnvoll, sie auf Sicherheitsprobleme und Malware zu prüfen. Aber auch Ihre eigenen Container können Software enthalten, derer Sie sich nicht bewusst sind und die kontrolliert werden muss.

11.2.1 Clair

Clair *(https://github.com/coreos/clair)* ist ein Open-Source-Container-Scanner des CoreOS-Projekts. Er analysiert statisch Container-Images, bevor sie ausgeführt werden, um herauszufinden, ob sie Software oder Versionen enthalten, die als unsicher bekannt sind.

Sie können Clair manuell laufen lassen, um spezifische Images auf Probleme zu überprüfen, oder es in Ihre CD-Pipeline integrieren, um alle Images zu testen, bevor sie deployt werden (siehe Kapitel 14).

Alternativ kann sich Clair in Ihre Container-Registry einhängen, um alle Images zu scannen, die dorthin gepusht werden, und Probleme zu berichten.

Sie sollten auch Basis-Images wie `alpine` nicht automatisch vertrauen. Clair bringt schon Sicherheits-Checks für viele verbreitete Basis-Images mit und wird Sie sofort darauf hinweisen, wenn Sie eines verwenden, das eine bekannte Sicherheitslücke besitzt.

11.2.2 Aqua

Die Container Security Platform von Aqua *(https://www.aquasec.com/products/aqua-cloud-native-security-platform)* ist ein kommerzielles Full-Service-Angebot zur Container-Sicherheit, das es Firmen erlaubt, Container auf Sicherheitslücken, Malware und verdächtige Aktivitäten zu scannen, Richtlinien umzusetzen und gesetzliche Anforderungen zu erfüllen.

Wie Sie sich denken können, integriert sich Aquas Plattform in Ihre Container-Registry, CI/CD-Pipeline und diverse Orchestrierungs-Systeme, unter anderem Kubernetes.

Aqua bietet zudem ein kostenlos nutzbares Tool namens MicroScanner an *(https://github.com/aquasecurity/microscanner)*, das Sie in Ihre Container-Images einbauen können, um installierte Pakete auf bekannte Sicherheitslücken zu scannen. Dabei wird dieselbe Datenbank verwendet, die auch die Aqua Security Platform nutzt.

MicroScanner wird installiert, indem Sie es einem Dockerfile hinzufügen, zum Beispiel so:

```
ADD https://get.aquasec.com/microscanner /
RUN chmod +x /microscanner
RUN /microscanner <TOKEN> [--continue-on-failure]
```

MicroScanner gibt dann eine Liste der erkannten Sicherheitslücken im JSON-Format aus, das Sie auslesen und mit anderen Tools umwandeln können.

Ein weiteres praktisches Open-Source-Tool von Aqua ist kube-hunter *(https://kube-hunter.aquasec.com)*, das dazu gedacht ist, Sicherheitsprobleme in Ihrem Kubernetes-Cluster selbst zu finden. Lassen Sie es als Container auf einer Maschine außerhalb Ihres Clusters laufen, wie das ein Angreifer tun würde, prüft es auf eine Reihe von Problemen: sichtbare E-Mail-Adressen in Zertifikaten, ungeschützte Dashboards, offene Ports und Endpoints und so weiter.

11.2.3 Anchore Engine

Die Anchore Engine *(https://github.com/anchore/anchore-engine)* ist ein Open-Source-Tool für das Scannen von Container-Images, das nicht nur auf bekannte Sicherheitslücken prüft, sondern auch alle *Elemente* des Container-Inhalts ermittelt, einschließlich Bibliotheken, Konfigurationsdateien und Dateiberechtigungen. Sie können dies einsetzen, um Container gegen selbst definierte Richtlinien abzugleichen: So lassen sich zum Beispiel Images blockieren, die Sicherheits-Credentials oder Anwendungs-Quellcode enthalten.

Tipp

Führen Sie keine Container von nicht vertrauenswürdigen Quellen oder mit unbekanntem Inhalt aus. Lassen Sie ein Scanning-Tool wie Clair oder MicroScanner über alle Container laufen, auch über die selbst gebauten, um sicherzustellen, dass es keine bekannten Sicherheitslücken in einem der Basis-Images oder den Abhängigkeiten gibt.

11.3 Backups

Sie fragen sich vielleicht, ob Sie in einer Cloud-Native-Architektur immer noch Backups benötigen. Denn schließlich ist Kubernetes doch inhärent zuverlässig und kann den Abgang vieler Knoten auf einmal verkraften, ohne den Status zu verlieren oder sogar die Anwendungs-Performance zu stark reduzieren zu müssen.

Zudem ist Kubernetes ein System mit deklarativer Infrastruktur als Code. Alle Kubernetes-Ressourcen werden durch Daten beschrieben, die in einer zuverlässigen Datenbank *(etcd)* abgelegt sind. Werden Pods unabsichtlich gelöscht, sorgt das überwachende Deployment dafür, dass sie anhand der Spec aus der Datenbank neu erstellt werden.

11.3.1 Muss ich ein Backup von Kubernetes machen?

Also brauchen Sie überhaupt noch Backups? Aber sicher. Die Daten auf persistenten Volumes können beispielsweise abhandenkommen (siehe Abschnitt 8.4.2). Und auch wenn Ihr Cloud-Provider nominell hochverfügbare Volumes anbietet (indem er zum Beispiel die Daten über zwei verschiedene Verfügbarkeitszonen repliziert), ist das nicht das Gleiche wie ein Backup.

Wiederholen wir diesen Punkt, weil er nicht so offensichtlich ist:

Warnung

Replikation ist kein Backup. Eine Replikation kann Sie vor Ausfällen des genutzten Storage-Volumes bewahren, aber nicht davor, das Volume unabsichtlich zu löschen, indem Sie zum Beispiel in einer Web-Konsole auf den falschen Button klicken.

Auch wird eine Replikation eine falsch konfigurierte Anwendung nicht davor schützen, ihre Daten zu überschreiben, oder einen Operator davor, einen Befehl mit den falschen Umgebungsvariablen auszuführen und damit die Produktiv-Datenbank statt der Entwicklungs-Datenbank zu löschen. (Das ist durchaus schon vorgekommen – siehe *https://thenewstack.io/junior-dev-deleted-production-database* –, vermutlich öfter, als man zugeben möchte.)

11.3.2 Backup von etcd

Wie Sie in Abschnitt 3.1.3 gesehen haben, speichert Kubernetes seinen gesamten Status in der *etcd*-Datenbank, daher können alle Ausfälle oder Datenverluste an dieser Stelle zu einer Katastrophe führen. Das ist einer der sehr guten Gründe, warum wir Ihnen empfehlen, Managed Services zu nutzen, die die Verfügbarkeit von *etcd* und allgemein der Steuerungsebene garantieren (siehe Abschnitt 3.6.2).

Betreiben Sie selbst Ihre Master Nodes, sind Sie auch für das Managen des *etcd*-Clusterings, die Replikation und das Backup verantwortlich. Auch mit regelmäßigen Daten-Snapshots dauert es eine gewisse Zeit, den Snapshot wieder auszulesen und zu überprüfen, das Cluster neu aufzubauen und die Daten wiederherzustellen. In dieser Zeit wird Ihr Cluster sehr wahrscheinlich nicht verfügbar oder zumindest deutlich eingeschränkt sein.

Tipp

Nutzen Sie einen Managed oder Turnkey Service Provider für Ihre Master Nodes mit *etcd*-Clustering und Backups. Betreiben Sie sie selbst, sollten Sie sehr genau wissen, was Sie tun. Das Managen eines resilienten *etcd* ist eine Aufgabe für einen Spezialisten und die Folgen eines falschen Vorgehens können kritisch sein.

11.3.3 Backup des Ressourcen-Status

Neben einem Ausfall von *etcd* stellt sich auch die Frage, wie Sie den Status Ihrer einzelnen Ressourcen sichern. Wie würden Sie zum Beispiel ein Deployment wiederherstellen, wenn es unabsichtlich gelöscht wurde?

In diesem Buch haben wir den Wert des Paradigmas *Infrastruktur als Code* hervorgehoben und empfohlen, Ihre Kubernetes-Ressourcen immer deklarativ zu managen, indem Sie YAML-Manifeste oder Helm-Charts anwenden, die in der Versionsverwaltung abgelegt sind.

In der Theorie sollten Sie dann zum Wiederherstellen des gesamten Status Ihrer Cluster-Workloads die relevanten Repos der Versionsverwaltung auschecken und alle Ressourcen daraus anwenden. *In der Theorie.*

11.3.4 Backup des Cluster-Status

In der Praxis läuft nicht alles, was Sie in der Versionsverwaltung abgelegt haben, gerade jetzt in Ihrem Cluster. Manche Anwendungen sind vielleicht nicht im Einsatz oder wurden durch neuere Versionen ersetzt. Und manche sind noch gar nicht dafür gedacht, deployt zu werden.

Wir haben in diesem Buch empfohlen, keine direkten Änderungen an Ressourcen vorzunehmen, sondern Änderungen durch das Anwenden aktualisierter Manifest-Dateien zu erreichen (siehe Abschnitt 7.2.2). Aber die Leute folgen nicht immer den guten Ratschlägen (was Berater seit Anbeginn der Zeiten beklagen).

Auf jeden Fall ist es sehr wahrscheinlich, dass Entwickler während des initialen Deployments und beim Testen von Apps Einstellungen wie die Anzahl an Replicas oder Node Affinities per Hand vornehmen und sie erst dann in der Versionsverwaltung speichern, wenn die richtigen Werte gefunden wurden.

Wenn Ihr Cluster vollständig heruntergefahren wurde oder alle Ressourcen gelöscht sind (hoffentlich ein unwahrscheinliches Szenario, aber ein nützliches Gedankenexperiment) – wie würden Sie es wieder neu erstellen?

Auch wenn Sie ein wohlüberlegtes und aktuelles Automatisierungs-System für das Cluster haben, das alles in ein neues Cluster redeployen kann – woher *wissen* Sie, dass der Status dieses Clusters dem des verlorenen entspricht?

Eine Möglichkeit, dies sicherzustellen, ist das Erstellen eines Snapshots des laufenden Clusters, auf den Sie sich im Fall von Problemen später beziehen können.

11.3.5 Große und kleine Katastrophen

Es ist eher unwahrscheinlich, dass Sie das gesamte Cluster verlieren: Tausende Kubernetes-Kontributoren haben hart daran gearbeitet, dafür zu sorgen, dass das nicht passiert.

Es kann eher passieren, dass Sie (oder Ihr neuestes Team-Mitglied) unabsichtlich einen Namensraum löschen, ein Deployment beenden, ohne das zu wollen, oder bei einem `kubectl delete` die falschen Labels angeben, und damit mehr löschen, als Sie eigentlich wollten.

Was auch immer die Ursache ist – Katastrophen geschehen, daher schauen wir uns ein Backup-Tool an, das Ihnen dabei helfen kann, das zu vermeiden.

11.3.6 Velero

Velero (früher unter dem Namen Ark bekannt) ist ein freies Open-Source-Tool, das Ihren Cluster-Status und die persistenten Daten sichern und wiederherstellen kann. Es läuft in Ihrem Cluster und verbindet sich mit einem Cloud Storage Service Ihrer Wahl (zum Beispiel Amazon S3 oder Azure Storage). Folgen Sie den Anweisungen unter *https://velero.io*, um Velero für Ihre Plattform einzurichten.

Velero konfigurieren

Bevor Sie Velero einsetzen können, müssen Sie ein BackupStorageLocation-Objekt in Ihrem Kubernetes-Cluster erstellen und ihm mitteilen, wo es die Backups ablegen soll (zum Beispiel in einem AWS S3 Cloud Storage Bucket). Hier ein Beispiel, das Velero so konfiguriert, dass es in das Bucket `demo-backup` sichert:

```
apiVersion: velero.io/v1
kind: BackupStorageLocation
metadata:
  name: default
  namespace: velero
spec:
  provider: aws
  objectStorage:
    bucket: demo-backup
  config:
    region: us-east-1
```

Sie müssen mindestens eine Storage Location namens `default` haben, können aber noch weitere mit anderen Namen hinzufügen, wenn Sie möchten.

Velero kann auch den Inhalt Ihrer persistenten Volumes sichern. Um ihm mitzuteilen, wo es diesen ablegen soll, müssen Sie ein Objekt vom Typ *VolumeSnapshotLocation* erzeugen:

```
apiVersion: velero.io/v1
kind: VolumeSnapshotLocation
metadata:
  name: aws-default
  namespace: velero
spec:
  provider: aws
  config:
    region: us-east-1
```

Ein Velero-Backup erstellen

Wenn Sie mithilfe des Befehls `velero backup` eine Sicherung erstellen, spricht der Velero-Server die Kubernetes-API an, um die Ressourcen zu erhalten, die zum von Ihnen angegebenen Selektor passen (standardmäßig werden alle Ressourcen gesichert). Sie können einen Satz Namensräume sichern oder ein Backup vom gesamten Cluster erstellen:

```
velero backup create demo-backup --include-namespaces demo
```

Dann werden all diese Ressourcen in eine angegebene Datei in Ihrem Cloud Storage Bucket exportiert, das durch Ihre konfigurierte BackupStorageLocation definiert wurde. Die Metadaten und Inhalte Ihrer persistenten Volumes werden ebenfalls an Ihre konfigurierte VolumeSnapshotLocation gesichert.

Alternativ können Sie alles in Ihrem Cluster *außer* bestimmte Namensräume exportieren (zum Beispiel `kube-system`). Auch ist es möglich, automatische Backups zu schedulen: Zum Beispiel können Sie Velero Ihr Cluster jede Nacht oder stündlich sichern lassen.

Jedes Velero-Backup ist für sich vollständig, es handelt sich nicht um ein inkrementelles Backup. Um also ein solches Backup wiederherzustellen, benötigen Sie nur die neueste Backup-Datei.

Daten wiederherstellen

Sie können Ihre verfügbaren Backups mit dem Befehl `velero backup get` ausgeben lassen:

```
velero backup get
NAME         STATUS     CREATED              EXIRES  SELECTOR
demo-backup  Completed  2018-07-14 10:54:20  29d     <none>
```

Um herauszufinden, was sich in einem bestimmten Backup befindet, nutzen Sie `velero backup download`:

```
velero backup download demo-backup
Backup demo-backup has been successfully downloaded to
$PWD/demo-backup-data.tar.gz
```

Bei der heruntergeladenen Datei handelt es sich um ein *.tar.gz*-Archiv, das Sie mit den Standard-Tools auspacken und begutachten können. Wollen Sie zum Beispiel nur das Manifest einer bestimmten Ressource haben, können Sie es aus der Backup-Datei extrahieren und einzeln mit `kubectl apply -f` anwenden.

Um das gesamte Backup wiederherzustellen, wird `velero restore` den Prozess beginnen und alle Ressourcen und Volumes neu erzeugen, die im angegebenen Snapshot definiert sind. Alles, was schon besteht, wird dabei übersprungen.

Existiert die Ressource, unterscheidet sich aber von der im Backup, wird Velero Sie warnen, die bestehende Ressource aber nicht überschreiben. Wollen Sie zum Beispiel den Status eines laufenden Deployments auf den Stand des letzten Snapshots zurücksetzen, löschen Sie erst das laufende Deployment und stellen es dann mithilfe von Velero her.

Prozeduren und Tests zum Wiederherstellen

Sie sollten eine detaillierte Schritt-für-Schritt-Prozedur erstellen, in der beschrieben ist, wie Sie Daten aus Backups wiederherstellen, und dafür sorgen, dass alle wissen, wo sie dieses Dokument finden. Kommt es zur Katastrophe, geschieht diese im Allgemeinen zur unpassendsten Zeit, wenn die wichtigen Leute nicht da sind und alle in Panik im Kreis herumrennen. Daher sollte Ihre Prozedur so klar und präzise sein, dass sie auch von jemandem umgesetzt werden kann, der nicht mit Velero und nicht einmal mit Kubernetes vertraut ist.

Führen Sie jeden Monat einen Restore-Test durch, bei dem jeweils ein anderes Team-Mitglied die Restore-Prozedur in ein temporäres Cluster umsetzt. Damit wird einerseits kontrolliert, dass Ihre Backups in Ordnung sind und die Restore-Prozedur funktioniert, und andererseits stellen Sie so sicher, dass alle mit dem Vorgehen vertraut sind.

Velero-Backups schedulen

Alle Backups sollten automatisiert werden und Velero ist da keine Ausnahme. Sie können ein regelmäßiges Backup mit dem Befehl `velero schedule create` erstellen:

```
velero schedule create demo-schedule --schedule="0 1 * * *" --include-
namespaces demo
Schedule "demo-schedule" created successfully.
```

Das Argument `schedule` legt im Unix-`cron`-Format fest, wann das Backup durchgeführt werden soll (siehe Abschnitt 9.5.4). Im Beispiel sorgt `0 1 * * *` dafür, dass das Backup täglich um 01:00 Uhr läuft.

Um zu sehen, welche Backups Sie geschedult haben, nutzen Sie `velero schedule get`:

```
velero schedule get
NAME          STATUS  CREATED    SCHEDULE  BACKUP TTL LAST BACKUP  SELECTOR
demo-schedule Enabled 2018-07-14 * 9 * * * 720h0m0s 10h ago <none>
```

Das Feld `BACKUP TTL` zeigt, wie lange das Backup aufgehoben wird, bevor es automatisch gelöscht wird (standardmäßig 720 Stunden, was einem Monat entspricht).

Andere Einsatzmöglichkeiten für Velero

Velero ist für das Desaster-Recovery ausgesprochen nützlich, aber Sie können es auch verwenden, um Ressourcen und Daten von einem Cluster in ein anderes zu überführen – ein Prozess, der manchmal als *Lift and Shift* bezeichnet wird.

Das regelmäßige Erstellen von Velero-Backups kann Ihnen auch dabei helfen, zu verstehen, wie sich Ihr Kubernetes-Einsatz mit der Zeit verändert – zum Beispiel, indem Sie den aktuellen Status mit dem vor einem Monat, vor sechs Monaten oder einem Jahr vergleichen.

Die Snapshots können zudem eine nützliche Quelle für Audit-Informationen sein. Damit ist es beispielsweise möglich, herauszufinden, was in Ihrem Cluster zu einem gegebenen Zeitpunkt lief und wie und wann sich der Cluster-Status verändert hat.

Tipp

Nutzen Sie Velero, um Ihren Cluster-Status und Ihre persistenten Daten regelmäßig zu sichern – am besten jede Nacht. Führen Sie mindestens einmal monatlich einen Restore-Test durch.

11.4 Den Cluster-Status monitoren

Das Monitoren von Cloud Native Applications ist ein großes Thema, zu dem (wie Sie in Kapitel 15 sehen werden) Dinge wie Oversability, Metriken, Logging, Tracing und klassisches Black-Box-Monitoring gehören.

In diesem Kapitel soll es nur um das Monitoring des Kubernetes-Clusters selbst gehen: der Zustand des Clusters, der Status einzelner Knoten und die Auslastung des Clusters sowie der Fortschritt seiner Workloads.

11.4.1 kubectl

Sie haben das unverzichtbare `kubectl` schon in Kapitel 2 kennengelernt, aber wir haben noch gar nicht all seine Möglichkeiten vorgestellt. Neben seinen Fähigkeiten als allgemeines Administrations-Tool für Kubernetes-Ressourcen kann `kubectl` auch nützliche Informationen über den Status der Cluster-Komponenten ausgeben.

Status der Steuerungsebene

Mit `kubectl get componentstatuses` (oder kurz `kubectl get cs`) erhalten Sie Informationen über den Zustand der Komponenten der Steuerungsebene – Scheduler, Controller Manager und *etcd*:

```
kubectl get componentstatuses
NAME                 STATUS   MESSAGE              ERROR
controller-manager   Healthy  ok
scheduler            Healthy  ok
etcd-0               Healthy  {"health": "true"}
```

Gäbe es ein ernsthaftes Problem mit einer dieser Komponenten, würde das sowieso schnell offensichtlich werden, aber es ist trotzdem praktisch, sich diese Informationen ausgeben lassen zu können – als eine Art Top-Level-Status-Indikator für das Cluster.

Wenn sich eine Ihrer Komponenten der Steuerungsebene nicht im Status `Healthy` befindet, muss das behoben werden. Bei einem Managed Kubernetes Service sollte das niemals der Fall sein, aber bei selbst gehosteten Clustern werden Sie sich darum auch selbst kümmern müssen.

Knoten-Status

Ein weiterer nützlicher Befehl ist `kubectl get nodes`, durch den Sie alle Knoten in Ihrem Cluster zusammen mit deren Status und der Kubernetes-Version erhalten:

```
kubectl get nodes
NAME                 STATUS   ROLES    AGE   VERSION
docker-for-desktop   Ready    master   5d    v1.10.0
```

Da Cluster bei Docker Desktop immer nur einen Knoten haben, ist diese Ausgabe nicht sonderlich informativ. Schauen wir uns daher einmal die Ausgabe eines kleinen Clusters in der Google Kubernetes Engine an, um ein realistischeres Ergebnis zu erhalten:

```
kubectl get nodes
NAME                              STATUS  ROLES   AGE VERSION
gke-k8s-cluster-1-n1-stan...--816n Ready  <none>  9d  v1.10.2-gke.1
gke-k8s-cluster-1-n1-stan...--dwtv Ready  <none>  19d v1.10.2-gke.1
gke-k8s-cluster-1-n1-stan...--67ch Ready  <none>  20d v1.10.2-gke.1
...
```

Beachten Sie, dass in der Ausgabe von `get nodes` für einen Docker Desktop die Rolle des Knotens `master` ist. Das ist logisch – wenn es nur einen Knoten gibt, muss dieser der Master sein und gleichzeitig auch der einzige Worker Node.

In der Google Kubernetes Engine und manchen anderen Managed Kubernetes Services haben Sie keinen direkten Zugriff auf die Master Nodes. Dementsprechend gibt `kubectl get nodes` auch nur die Worker Nodes aus (eine Rolle <none> steht für einen Worker Node).

Wenn einer dieser Knoten den Status `NotReady` hat, gibt es ein Problem. Ein Neustart des Knotens behebt es eventuell, aber wenn nicht, müssen Sie tiefer in die Fehlersuche einsteigen – oder den Knoten einfach löschen und stattdessen einen neuen anlegen.

Um defekte Knoten genauer zu untersuchen, können Sie den Befehl `kubectl describe node` verwenden, über den Sie mehr Informationen erhalten:

```
kubectl describe nodes/gke-k8-cluster-1-n1-standard-2-pool--816n
```

Damit erhalten Sie zum Beispiel die Speicher- und CPU-Kapazität des Knotens und die aktuell durch Pods genutzten Ressourcen.

Workloads

Sie erinnern sich vielleicht an Abschnitt 4.6.5, in dem beschrieben ist, dass Sie mit `kubectl` auch alle Pods (oder andere Ressourcen) in Ihrem Cluster ausgeben lassen können. Im dortigen Beispiel haben Sie nur die Pods im Standard-Namensraum aufgeführt, aber mit dem Flag `--all-namespaces` können Sie sich alle Pods im gesamten Cluster anzeigen lassen:

```
kubectl get pods --all-namespaces
NAMESPACE    NAME                      READY STATUS           RESTARTS AGE
cert-manager cert-manager-cert-ma...   1/1   Running          1        10d
pa-test      permissions-auditor-...   0/1   CrashLoopBackOff 1720     6d
freshtracks  freshtracks-agent-77...   3/3   Running          5        20d
...
```

Das kann Ihnen eventuell einen Überblick darüber verschaffen, was gerade in Ihrem Cluster läuft und welche Probleme es auf Pod-Ebene gibt. Befindet sich ein Pod nicht im Status `Running`, wie hier beispielsweise der Pod `permissions-auditor`, müssen Sie sich das genauer anschauen.

Die Spalte `READY` zeigt, wie viele Container im Pod im Vergleich zur konfigurierten Menge tatsächlich laufen. So zeigt zum Beispiel der Pod `freshtracks-agent` den Wert 3/3 an: Drei von drei Containern laufen, also ist alles in Ordnung.

Bei `permissions-auditor` hingegen steht `0/1`: Null Container laufen, aber einer ist erforderlich. Der Grund zeigt sich in der Spalte `STATUS`: `CrashLoopBackOff`. Der Container startet nicht sauber.

Stürzt ein Container ab, versucht Kubernetes, ihn mit einer zunehmend länger werdenden Pause neu zu starten. Es beginnt mit zehn Sekunden, das Intervall verdoppelt sich immer weiter, bis zu maximal fünf Minuten. Diese Strategie wird als *Exponential Backoff* bezeichnet, daher die Statusnachricht `CrashLoopBackOff`.

11.4.2 CPU- und Speicherauslastung

Eine andere nützliche Sicht auf Ihr Cluster erhalten Sie über den Befehl `kubectl top`. Er zeigt für Knoten die jeweilige CPU- und Speicherkapazität sowie die entsprechende Auslastung an:

```
kubectl top nodes
NAME                        CPU(cores)  CPU%  MEMORY(bytes)  MEMORY%
gke-k8s-cluster-1...816n    151m        7%    2783Mi         49%
gke-k8s-cluster-1...dwtv    155m        8%    3449Mi         61%
gke-k8s-cluster-1...67ch    580m        30%   3172Mi         56%
...
```

Für Pods wird angezeigt, wie viel CPU und Speicher verwendet werden:

```
kubectl top pods -n kube-system
NAME                                    CPU(cores)  MEMORY(bytes)
event-exporter-v0.1.9-85bb4fd64d-2zjng  0m          27Mi
fluentd-gcp-scaler-7c5db745fc-h7ntr     10m         27Mi
fluentd-gcp-v3.0.0-5m627                11m         171Mi
...
```

11.4.3 Konsole des Cloud-Providers

Setzen Sie einen Managed Kubernetes Service ein, der Ihnen von Ihrem Cloud-Provider angeboten wird, werden Sie auch Zugriff auf eine Web-basierte Konsole erhalten, in der Sie hilfreiche Informationen über Ihr Cluster, dessen Knoten und Workloads vorfinden.

So gibt zum Beispiel die Konsole der Google Kubernetes Engine (GKE) all Ihre Cluster, Details für jedes Cluster, Node Pools und so weiter aus (siehe Abbildung 11–1).

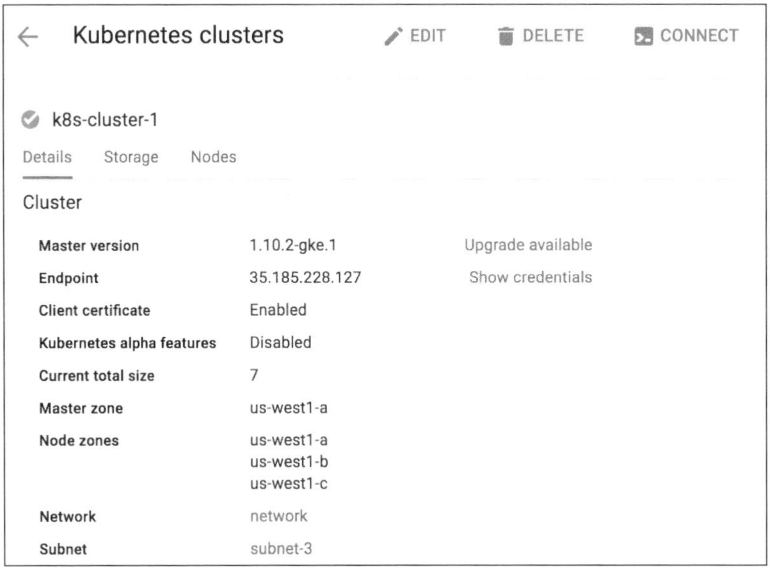

Abb. 11–1 Die Konsole der Google Kubernetes Engine

Sie können auch Workloads, Services und Konfigurationsdetails für das Cluster ausgeben lassen. Ein Großteil dieser Informationen entspricht dem, was auch `kubectl` liefert, aber die GKE-Konsole ermöglicht es Ihnen zudem, administrative Aufgaben zu erledigen: Cluster erstellen, Knoten aktualisieren und alles das, was nötig ist, um Ihr Cluster tagtäglich zu betreuen.

Die Azure Kubernetes Services, AWS Elastic Container Services for Kubernetes und andere Managed Kubernetes Provider bieten ähnliche Hilfsmittel. Es ist eine gute Idee, sich mit der Management-Konsole des von Ihnen genutzten Kubernetes-Service vertraut zu machen, denn Sie werden sie häufig nutzen.

11.4.4 Kubernetes Dashboard

Das Kubernetes Dashboard *(https://kubernetes.io/docs/tasks/access-application-cluster/web-ui-dashboard)* ist eine Web-basierte Oberfläche für Kubernetes-Cluster (Abbildung 11–2). Betreiben Sie Ihr eigenes Kubernetes-Cluster, statt einen Managed Service zu verwenden, können Sie das Kubernetes Dashboard einsetzen, um mehr oder weniger die gleichen Informationen zu erhalten, die auch die Konsole eines Managed Service bieten würde.

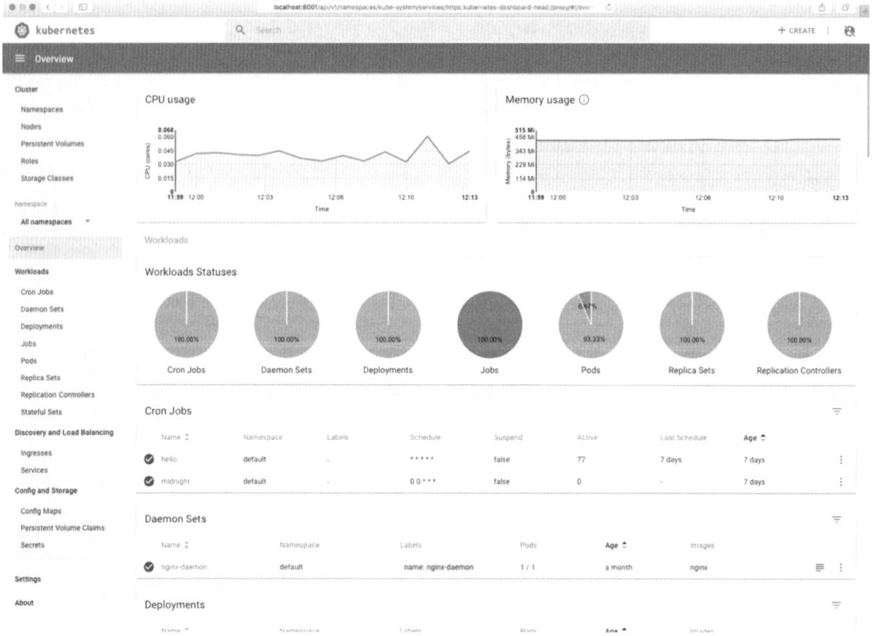

Abb. 11–2 Das Kubernetes Dashboard zeigt nützliche Informationen über Ihr Cluster an.

Wie Sie erwarten würden, können Sie mit dem Dashboard den Status Ihrer Cluster, Knoten und Workloads begutachten – so wie bei `kubectl`, aber mit einer grafischen Oberfläche. Auch können Sie über das Dashboard Ressourcen erstellen und löschen.

Weil das Dashboard so viele nützliche Informationen über Ihr Cluster und Ihre Workloads bereitstellt, ist es außerordentlich wichtig, es gut abzusichern und nie über das öffentliche Internet zugänglich zu machen. Mit dem Dashboard können Sie die Inhalte von ConfigMaps und Secrets anzeigen lassen, wobei es sich um Credentials und Schlüssel handeln kann. Daher müssen Sie den Zugriff auf das Dashboard so stark begrenzen, wie Sie es auch mit dem Zugriff auf die Secrets selbst machen würden.

Im Jahr 2018 hat die Sicherheitsfirma RedLock Hunderte von Kubernetes Dashboards ohne Passwortschutz im Internet gefunden *(https://redlock.io/blog/cryptojacking-tesla)*, unter anderem auch eines von Tesla, Inc. Darüber konnten Security Credentials für die Cloud ausgelesen und damit wiederum auf weitere kritische Informationen zugegriffen werden.

Tipp

Müssen Sie das Kubernetes Dashboard nicht laufen lassen (weil Sie zum Beispiel schon eine Kubernetes-Konsole eines Managed Service wie GKE haben), dann tun Sie das auch nicht. Wenn Sie es benötigen, stellen Sie sicher, dass es minimale Berechtigungen besitzt *(https://blog.heptio.com/on-securing-the-kubernetes-dashboard-16b09b1b7aca)* und niemals im Internet erreichbar ist. Greifen Sie stattdessen darauf per `kubectl proxy` zu.

11.4.5 Weave Scope

Weave Scope *(https://github.com/weaveworks/scope)* ist ein großartiges Tool zum Visualisieren und Monitoren Ihres Clusters. Es zeigt Ihnen eine Echtzeit-Karte Ihrer Knoten, Container und Prozesse an. Auch können Sie sich darüber Metriken und Metadaten darstellen lassen und sogar Container über Scope starten und stoppen.

11.4.6 kube-ops-view

Anders als das Kubernetes Dashboard will kube-ops-view *(https://github.com/hjacobs/kube-ops-view)* kein allumfassendes Cluster-Management-Tool sein. Stattdessen bietet es Ihnen eine Visualisierung dessen, was in Ihrem Cluster geschieht: Welche Knoten gibt es, wie hoch sind CPU- und Speicherauslastung derselben, wie viele Pods laufen auf jedem Knoten und wie sieht der Status dieser Pods aus (Abbildung 11–3).

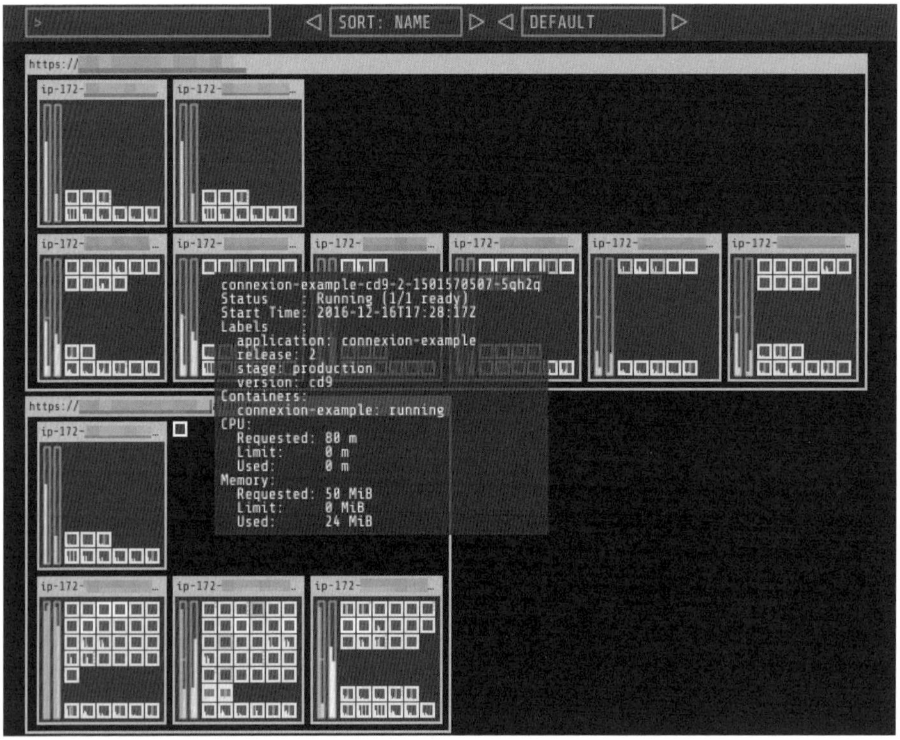

Abb. 11–3 *kube-ops-view bietet eine operative Sicht auf Ihr Kubernetes-Cluster.*

11.4.7 node-problem-detector

Bei node-problem-detector *(https://github.com/kubernetes/node-problem-detector)* handelt es sich um ein Add-on für Kubernetes, das eine Reihe von Problemen auf Knoten-Ebene entdecken und melden kann: Hardware-Probleme wie CPU- oder Speicherfehler, angeschlagene Dateisysteme und hängen bleibende Container-Runtimes.

Aktuell berichtet node-problem-detector von Problemen durch das Verschicken von Events an die Kubernetes-API. Es bringt eine Go-Client-Bibliothek mit, die Sie nutzen können, um die Funktionalität in Ihre eigenen Tools zu integrieren.

Auch wenn Kubernetes aktuell keinerlei Aktivitäten als Reaktion auf Events von node-problem-detector auslöst, kann es in Zukunft eine tiefere Integration geben, die es dem Scheduler zum Beispiel ermöglicht, zu vermeiden, Pods auf problematischen Knoten laufen zu lassen.

Dies ist eine gute Möglichkeit, sich einen allgemeinen Überblick über Ihr Cluster und die Aktivitäten darin zu verschaffen. Es ist kein Ersatz für das Dashboard oder spezialisierte Monitoring-Tools, aber eine gute Ergänzung dazu.

11.5 Weitere Informationen

Die Sicherheit von Kubernetes ist ein komplexes und sehr spezielles Thema und wir haben gerade einmal an der Oberfläche gekratzt. Es ist ein eigenes Buch wert ... und jetzt gibt es das auch. Die Sicherheitsexperten Liz Rice und Michael Hausenblas haben das ausgezeichnete *Kubernetes Security* (O'Reilly, *https://www.oreilly.com/library/view/kubernetes-security/9781492039075*) geschrieben. Es behandelt das sichere Cluster-Setup, Container-Sicherheit, Secrets-Management und mehr. Wir möchten es Ihnen sehr ans Herz legen.

11.6 Zusammenfassung

Sicherheit ist kein Produkt und kein Endergebnis, sondern ein fortlaufender Prozess, der Wissen, Nachdenken und Aufmerksamkeit erfordert. Container-Sicherheit ist da nicht anders und Werkzeuge, die Ihnen dabei helfen sollen, stehen bereits zur Verfügung. Haben Sie die Informationen in diesem Kapitel gelesen und verstanden, wissen Sie alles, was Sie wissen müssen, um Ihre Container in Kubernetes sicher zu konfigurieren – aber wir gehen davon aus, dass Sie uns verstanden haben und Ihnen klar ist, dass dies der Ausgangspunkt Ihres Sicherheits-Prozesses sein sollte, nicht der Abschluss.

Die wichtigsten Dinge sind:

- Role-Based Access Control (RBAC) ermöglicht Ihnen ein feingranulares Management der Berechtigungen in Kubernetes. Sorgen Sie dafür, dass es aktiv ist, und nutzen Sie RBAC-Rollen, um den einzelnen Benutzern und Anwendungen nur die für das Erledigen ihrer Aufgaben minimal notwendigen Berechtigungen zuzuweisen.
- Container sind nicht auf magische Weise von Sicherheits- und Malware-Problemen ausgenommen. Nutzen Sie ein Scanning-Tool, um alle Container zu prüfen, die Sie produktiv laufen lassen.
- Kubernetes ist wirklich toll, aber Sie brauchen weiterhin Backups. Nutzen Sie Velero, um Ihre Daten und den Status des Clusters zu sichern. Es ist auch sehr nützlich, um Dinge zwischen Clustern zu kopieren.
- `kubectl` ist ein leistungsfähiges Tool, um alle Aspekte Ihres Clusters und dessen Workloads zu untersuchen und auszugeben. Machen Sie sich damit vertraut. Sie werden viel Zeit miteinander verbringen.
- Nutzen Sie die Web-Konsole Ihres Kubernetes-Providers und kube-ops-view für eine grafische Übersicht dessen, was gerade passiert. Verwenden Sie das Kubernetes Dashboard, sichern Sie es so gut ab, wie Sie auch Ihre Cloud-Credentials und Schlüssel sichern.

12 Kubernetes-Anwendungen deployen

Ich liege auf dem Rücken und bin überrascht, wie ruhig und konzentriert ich mich fühle, wo ich doch auf viereinhalb Millionen Pfund Sprengstoff geschnallt bin.

– Ron Garan, Astronaut

In diesem Kapitel kümmern wir uns um die Frage, wie Sie Ihre Manifest-Dateien in laufende Anwendungen verwandeln können. Sie werden erfahren, wie Sie Helm-Charts für Ihre Anwendungen bauen, und sich ein paar alternative Tools für das Manifest-Management anschauen: ksonnet, kustomize, kapitan und kompose.

12.1 Manifeste mit Helm bauen

Sie haben in Kapitel 2 gesehen, wie man Anwendungen mit Kubernetes-Ressourcen deployt und managt, die aus YAML-Manifesten erstellt wurden. Es hält Sie nichts davon ab, all Ihre Kubernetes-Anwendungen mithilfe der reinen YAML-Dateien zu verwalten, aber das ist nicht sehr ideal. Das Warten dieser Dateien ist schwierig und es gibt ein Problem mit der Verteilung.

Stellen Sie sich vor, Sie wollen Ihre Anwendung anderen Leuten zur Verfügung stellen, sodass diese sie in ihren eigenen Clustern laufen lassen können. Natürlich können Sie die Manifest-Dateien mitliefern, aber diese werden auf jeden Fall bei ein paar Einstellungen an die neue Umgebung angepasst werden müssen.

Dazu müssen Sie eigene Kopien der Kubernetes-Konfiguration erstellen, die verschiedenen Einstellungen suchen (eventuell an mehreren Stellen) und bearbeiten.

Mit der Zeit werden eigene Kopien der Dateien gewartet werden müssen, und wenn Sie Updates anbieten, müssen diese geholt und mit den eigenen Änderungen abgeglichen werden.

Das wird irgendwann wirklich anstrengend. Wir wollen daher die Möglichkeit haben, die reinen Manifest-Dateien von den speziellen Einstellungen und Variablen trennen zu können, die Sie oder ein anderer Nutzer der Anwendung eventuell anpassen müssen. Idealerweise könnten wir diese in einem Standardformat anbieten, das jeder herunterladen und in einem Kubernetes-Cluster installieren kann.

Haben wir das, kann jede Anwendung nicht nur Konfigurationswerte bereitstellen, sondern alle Abhängigkeiten zu anderen Anwendungen oder Services. Ein intelligentes Tool zum Paket-Management kann dann eine Anwendung zusammen mit all ihren Abhängigkeiten mit einem einzigen Befehl installieren und ausführen.

In Abschnitt 4.7 haben wir das Helm-Tool vorgestellt und Ihnen gezeigt, wie Sie damit öffentliche Charts installieren. Schauen wir uns diese ein wenig genauer an und versuchen, eigene zu erstellen.

12.1.1 Was befindet sich in einem Helm-Chart?

Öffnen Sie im Demo-Repo das Verzeichnis *hello-helm/k8s*, um zu sehen, was sich in unserem Helm-Chart befindet.

Jeder Helm-Chart besitzt eine standardisierte Struktur. So liegt er in einem Verzeichnis mit dem gleichen Namen wie der Chart (in diesem Fall *demo*):

```
demo
├── Chart.yaml
├── production-values.yaml
├── staging-values.yaml
├── templates
│   ├── deployment.yaml
│   └── service.yaml
└── values.yaml
```

Die Datei Chart.yaml

Darin findet sich eine Datei *Chart.yaml*, die den Namen und die Version des Charts angibt:

```
name: demo
sources:
  - http://github.com/cloudnativedevops/demo
version: 1.0.1
```

Es gibt viele optionale Felder, die Sie in *Chart.yaml* einsetzen können, unter anderem (wie hier) ein Link auf den Quellcode des Projekts, aber die einzigen verpflichtenden Informationen sind der Name und die Version.

Die Datei values.yaml

Es gibt zudem eine Datei namens *values.yaml*, die vom Benutzer anpassbare Einstellungen enthält, die der Autor des Charts bereitgestellt hat:

```
environment: development
container:
  name: demo
  port: 8888
  image: cloudnatived/demo
  tag: hello
replicas: 1
```

Das sieht ein bisschen aus wie ein YAML-Manifest von Kubernetes, aber es gibt einen entscheidenden Unterschied. Die Datei *values.yaml* ist ein völlig frei definierbares YAML ohne vorgegebenes Schema: Es liegt bei Ihnen, die Namen und Werte von Variablen zu definieren.

Es muss in Ihrem Helm-Chart auch gar keine Variablen geben, aber wenn es sie gibt, können Sie sie in *values.yaml* eintragen und sich dann an anderer Stelle im Chart darauf beziehen.

Ignorieren Sie zunächst die Dateien *production-values.yaml* und *staging-values.yaml* – wir werden bald darauf zurückkommen.

12.1.2 Helm-Templates

Wo werden diese Variablen nun eingesetzt? Wenn Sie in das Unterverzeichnis *templates* schauen, finden Sie dort eine Reihe vertraut vorkommender Dateien:

```
ls k8s/demo/templates
deployment.yaml service.yaml
```

Das sind die gleichen Manifest-Dateien für das Deployment und den Service wie im vorigen Beispiel, nur dass es sich diesmal um *Templates* handelt: Statt sich direkt auf Dinge wie den Container-Namen zu beziehen, enthalten sie einen Platzhalter, den Helm durch den Wert aus *values.yaml* ersetzen wird.

So sieht das Deployment-Template aus:

```
apiVersion: extensions/v1beta1
kind: Deployment
metadata:
  name: {{ .Values.container.name }}-{{ .Values.environment }}
spec:
  replicas: {{ .Values.replicas }}
  selector:
    matchLabels:
      app: {{ .Values.container.name }}
  template:
    metadata:
      labels:
```

```
        app: {{ .Values.container.name }}
        environment: {{ .Values.environment }}
    spec:
      containers:
        - name: {{ .Values.container.name }}
          image: {{ .Values.container.image }}:{{ .Values.container.tag }}
          ports:
            - containerPort: {{ .Values.container.port }}
          env:
            - name: ENVIRONMENT
              value: {{ .Values.environment }}
```

Tipp

Die geschweiften Klammern zeigen einen Platz an, an dem Helm den Wert einer Variablen einsetzen sollte. Tatsächlich handelt es sich um einen Teil der *Template-Syntax von Go.*

(Ja, Go ist überall. Kubernetes und Helm selbst sind in Go geschrieben, daher ist es nicht überraschend, dass Helm-Charts Go-Templates nutzen.)

12.1.3 Variablen interpolieren

Es gibt eine Reihe von Variablen, die in diesem Template referenziert werden:

```
...
metadata: {{ .Values.container.name }}-{{ .Values.environment }}
```

Dieser gesamte Textabschnitt, einschließlich der geschweiften Klammern, wird *interpoliert* (also ersetzt) durch die Werte von `container.name` und `environment`, die aus *values.yaml* übernommen werden. Das generierte Ergebnis wird dann wie folgt aussehen:

```
...
metadata:
  name: demo-development
```

Dies ist sehr leistungsfähig, weil Werte wie `container.name` mehr als einmal im Template referenziert werden. Natürlich wird er auch im Service-Template genutzt:

```
apiVersion: v1
kind: Service
metadata:
  name: {{ .Values.container.name }}-service-{{ .Values.environment }}
  labels:
    app: {{ .Values.container.name }}
spec:
  ports:
  - port: {{ .Values.container.port }}
    protocol: TCP
    targetPort: {{ .Values.container.port }}
```

```
    selector:
      app: {{ .Values.container.name }}
  type: ClusterIP
```

Sie sehen zum Beispiel, wie oft `.Values.container.name` referenziert wird. Selbst in einem so einfachen Chart wie diesem müssen Sie die gleichen Informationen immer wieder verwenden. Mit Helm-Variablen können Sie diese mehrfachen Angaben vermeiden. Um zum Beispiel den Container-Namen zu ändern, müssen Sie nur noch *values.yaml* anpassen und den Chart neu installieren – die Änderung wird dann in alle Templates übernommen.

Das Go-Template-Format ist sehr leistungsfähig und Sie können es für viel mehr als eine einfache Variablen-Substitution einsetzen: Es unterstützt Schleifen, Ausdrücke, Bedingungen und sogar den Aufruf von Funktionen. Helm-Charts können diese Features nutzen, um aus den Eingabewerten ziemliche komplexe Konfigurationen zu erstellen, die weit über das hinausgehen, was unser Beispiel einsetzt.

Mehr über das Schreiben von Helm-Charts finden Sie in der Helm-Dokumentation unter *https://helm.sh/docs/chart_template_guide*.

12.1.4 Template-Werte mit Anführungszeichen versehen

Mithilfe der Funktion `quote` können Sie in Helm Werte in Ihren Templates automatisch mit Anführungszeichen versehen:

```
name: {{.Values.MyName | quote }}
```

Nur String-Werte sollten so behandelt werden – nutzen Sie die Funktion `quote` nicht bei numerischen Werten wie zum Beispiel Portnummern.

12.1.5 Abhängigkeiten festlegen

Was ist, wenn Ihr Chart von anderen Charts abhängt? Falls Ihre Anwendung zum Beispiel Redis verwendet, muss im Helm-Chart für die App eventuell der `redis`-Chart als eine Abhängigkeit angegeben werden.

Das erreichen Sie über die Datei *requirements.yaml*:

```
dependencies:
  - name: redis
    version: 1.2.3
  - name: nginx
    version: 3.2.1
```

Führen Sie jetzt den Befehl `helm dependency update` aus, wird Helm diese Charts herunterladen, sodass sie zusammen mit Ihrer eigenen Anwendung installiert werden können.

12.2 Helm-Charts deployen

Schauen wir uns an, was tatsächlich alles passiert, wenn ein Helm-Chart zum Deployen einer Anwendung genutzt wird. Eines der wertvollsten Features von Helm ist dessen Fähigkeit, Konfigurationseinstellungen festzulegen, zu ändern, zu aktualisieren und zu überschreiben. In diesem Abschnitt werden Sie sehen, wie das funktioniert.

12.2.1 Variablen setzen

Sie haben gesehen, dass der Autor eines Helm-Charts all die vom Benutzer veränderbaren Einstellungen in *values.yaml* unterbringen kann – zusammen mit den Standard-Werten für diese Einstellungen. Wie ändert oder überschreibt nun der *Benutzer* eines Charts diese Werte so, dass sie zu seiner lokalen Site oder seiner Umgebung passen? Der Befehl `helm install` ermöglicht es Ihnen, zusätzliche Werte-Dateien an der Befehlszeile festzulegen, die Standard-Werte aus *values.yaml* überschreiben. Schauen wir uns ein Beispiel an.

Eine Umgebungsvariable erstellen

Stellen Sie sich vor, Sie wollen eine Version der Anwendung in einer Staging-Umgebung deployen. Für unser Beispiel kommt es nicht darauf an, was das in der Praxis bedeutet, aber nehmen wir an, die Anwendung weiß anhand einer Umgebungsvariablen `ENVIRONMENT`, ob sie sich in Staging oder Produktion befindet, und verhält sich entsprechend. Wie wird diese Umgebungsvariable nun erstellt?

Schauen Sie sich noch mal das Template *deployment.yaml* an. Dort wird die Umgebungsvariable mithilfe des folgenden Codes an den Container übergeben:

```
...
env:
  - name: ENVIRONMENT
    value: {{ .Values.environment }}
```

Der Wert von `environment` stammt aus *values.yaml*:

```
environment: development
...
```

Installieren Sie also den Chart mit den Standardwerten, wird die Variable `ENVIRONMENT` des Containers den Wert `development` enthalten. Wie können Sie die nun nach `staging` ändern? Sie könnten die Datei *values.yaml* anpassen, besser aber ist es, eine zusätzliche YAML-Datei mit einem Wert nur für diese eine Variable anzulegen:

```
environment: staging
```

Sie finden diesen Wert in der Datei *k8s/demo/staging-values.yaml*, die nicht zum Helm-Chart gehört – wir haben sie nur mitgeliefert, um Ihnen ein wenig Tipparbeit zu ersparen.

12.2.2 Werte in einem Helm-Release angeben

Um eine zusätzliche Datei mit Werten für den Befehl `helm install` anzugeben, nutzen Sie das Flag `--values`:

```
helm install --name demo-staging --values=./k8s/demo/staging-values.yaml ./
k8s/demo ...
```

Damit wird ein neues Release mit einem neuen Namen (`demo-staging`) erzeugt und die Variable `ENVIRONMENT` des Containers wird statt auf `development` auf `staging` gesetzt. Die Variablen, die wir in der mit `--values` angegebenen zusätzlichen Werte-Datei spezifiziert haben, werden mit denen aus der Standard-Wertedatei (*values.yaml*) kombiniert. In diesem Fall gibt es nur eine Variable (`environment`) und der Wert aus *staging-values.yaml* überschreibt den aus der Standard-Wertedatei.

Sie können auch Werte für `helm install` direkt an der Befehlszeile mithilfe des Flags `--set` setzen, aber das passt nicht zum Geist der Infrastruktur als Code. Um stattdessen die Einstellungen für einen Helm-Chart anzupassen, erstellen Sie eine YAML-Datei, die den Standard überschreibt, wie in diesem Beispiel *staging-values.yaml*, und wenden diese an der Befehlszeile mit dem Flag `--values` an.

Natürlich können Sie auf diesem Weg Konfigurationswerte beim Installieren Ihrer eigenen Helm-Charts setzen, aber auch bei öffentlichen Charts ist das möglich. Um die Liste der Werte zu erhalten, die Ihnen ein Chart zur Verfügung stellt, führen Sie `helm inspect values` zusammen mit einem Chart-Namen aus:

```
helm inspect values stable/prometheus
```

12.2.3 Eine Anwendung mit Helm aktualisieren

Sie haben erfahren, wie Sie einen Helm-Chart mit den Standard-Werten und mit einer eigenen Werte-Datei installieren, aber wie ist es, wenn Sie Werte für eine Anwendung ändern wollen, die schon läuft?

Dafür ist der Befehl `helm update` gedacht. Nehmen wir uns zum Beispiel vor, die Zahl der Replicas für die Demo-App anzupassen. Standardmäßig ist sie 1, wie Sie aus der Datei *values.yaml* erkennen:

```
replicas: 1
```

Sie wissen, wie Sie dies mit einer eigenen Werte-Datei überschreiben, also passen Sie *staging-values.yaml* an und tragen eine entsprechende Einstellung ein:

```
environment: staging
replicas: 2
```

Führen Sie den folgenden Befehl aus, um Ihre Änderungen auf das *bestehende* Deployment `demo-staging` anzuwenden, statt ein neues zu erstellen:

```
helm upgrade demo-staging --values=./k8s/demo/staging-values.yaml ./k8s/demo
Release "demo-staging" has been upgraded. Happy Helming!
```

Sie können `helm upgrade` so oft ausführen, wie Sie wollen, um ein laufendes Deployment anzupassen – Helm wird sich um alles kümmern.

12.2.4 Zu früheren Versionen zurückrollen

Wenn Sie der Meinung sind, dass Sie die gerade deployte Version nicht mögen, oder sich ein Problem ergibt, können Sie mit dem Befehl `helm rollback` und der Angabe der Nummer eines früheren Releases (die Sie in der Ausgabe von `helm history` finden) problemlos wieder zu einer früheren Version zurückrollen:

```
helm rollback demo-staging 1
Rollback was a success! Happy Helming!
```

Tatsächlich muss der Rollback gar nicht unbedingt zu einem früheren Release geschehen – Sie können zum Beispiel auch zu Version 1 zurückrollen und sich dann dazu entscheiden, nach Version 2 *vorwärts* zu gehen. Führen Sie `helm rollback demo-staging 2` aus, geschieht genau das.

Automatisches Rollback mit helm-monitor

Sie können mit Helm sogar abhängig von Metriken automatisch zu einem Release zurückrollen (siehe Kapitel 16). Stellen Sie sich beispielsweise vor, Sie lassen Helm in einer Continuous Deployment Pipeline laufen (siehe Kapitel 14). Dort wollen Sie ein Release automatisch zurücknehmen, wenn die Menge an Fehlern, die von Ihrem Monitoring-System erfasst wird, eine bestimmte Grenze überschreitet.

Dazu können Sie das Plugin `helm-monitor` nutzen, das einen Prometheus-Server (siehe Abschnitt 16.6.1) auf von Ihnen definierte Metrik-Ausdrücke abfragen und ein Rollback auslösen kann, wenn entsprechende Werte zurückgeliefert werden. `helm-monitor` beobachtet die Metrik fünf Minuten lang und rollt das Release zurück, wenn in dieser Zeit ein Problem auftritt. Mehr zu `helm-monitor` finden Sie in einem Blog-Post unter *https://Container-solutions.com/automated-rollback-helm-releases-based-logs-metrics*.

12.2.5 Ein Helm-Chart-Repo erstellen

Bisher haben wir Helm genutzt, um Charts aus einem lokalen Verzeichnis oder aus dem `stable`-Repo zu installieren. Sie benötigen kein eigenes Chart-Repo, um Helm einzusetzen, da es üblich ist, das Helm-Chart einer Anwendung in deren eigenem Repo abzulegen.

Aber wenn Sie Ihr eigenes Helm-Chart-Repo nutzen wollen, ist das sehr einfach. Die Charts müssen per HTTP verfügbar sein und es gibt eine Reihe von Möglichkeiten, dies zu erreichen: in einem Cloud Storage Bucket, über GitHub Pages oder einen bestehenden Webserver.

Sind all Ihre Charts unter einem Verzeichnis versammelt, führen Sie `helm repo index` aus, das die Datei *index.yaml* mit den Repo-Metadaten enthält.

Und schon kann Ihr Chart-Repo eingesetzt werden! In der Helm-Dokumentation unter *https://helm.sh/docs/developing_charts/#the-chart-repository-guide* finden Sie mehr Informationen über den Umgang mit Chart-Repos.

Um Charts aus Ihrem Repo zu installieren, müssen Sie zuallererst das Repo zu Helms Liste hinzufügen:

```
helm repo add myrepo http://myrepo.example.com
helm install myrepo/myall
```

12.2.6 Helm-Chart-Secrets mit Sops managen

Sie haben in Abschnitt 10.2 gesehen, wie man Secret-Daten in Kubernetes speichert und über Umgebungsvariablen oder gemountete Dateien an Anwendungen übergibt. Müssen Sie mehr als ein oder zwei Secrets betreuen, finden Sie es vielleicht einfacher, eine einzelne Datei mit allen Secrets zu erstellen, statt viele Dateien, die jeweils nur ein Secret enthalten. Und wenn Sie Helm zum Deployen Ihrer Anwendung nutzen, können Sie diese Datei zu einer Werte-Datei machen und sie mit Sops verschlüsseln (siehe Abschnitt 10.4).

Wir haben für Sie ein Beispiel im Demo-Repo im Verzeichnis *hello-sops* erstellt, das Sie ausprobieren können:

```
cd hello-sops
tree

.
├── k8s
│   └── demo
│       ├── Chart.yaml
│       ├── production-secrets.yaml
│       ├── production-values.yaml
│       ├── staging-secrets.yaml
│       ├── staging-values.yaml
│       ├── templates
│       │   ├── deployment.yaml
│       │   └── secrets.yaml
│       └── values.yaml
└── temp.yaml

3 directories, 9 files
```

Das ähnelt unserem Helm-Chart aus dem vorigen Beispiel (siehe Abschnitt 12.1.1). Hier haben wir ein `Deployment` und ein `Secret` definiert. Aber in diesem Beispiel haben wir noch dafür gesorgt, dass es einfacher wird, mehrere Secrets für verschiedene Umgebungen zu managen.

Schauen wir uns die Secrets an, die unsere Anwendung benötigt:

```
cat k8s/demo/production-secrets.yaml
secret_one: ENC[AES256_GCM,data:ekH3...=,iv:C95Ki...1g==,type:str]
secret_two: ENC[AES256_GCM,data:0Xcm...=,iv:PQOcI...XQ==,type:str]
...
```

Wir haben mit Sops die Werte der verschiedenen Secrets für unsere Anwendung verschlüsselt.

Jetzt schauen wir uns die Kubernetes-Datei *secrets.yaml* an:

```
cat k8s/demo/templates/secrets.yaml
apiVersion: v1
kind: Secret
metadata:
  name: {{ .Values.container.name }}-secrets
type: Opaque
data:
  {{ $environment := .Values.environment }}
  app_secrets.yaml: {{ .Files.Get (nospace (cat $environment
    "-secrets.yaml")) | b64enc }}
```

In den letzten beiden Zeilen haben wir das Helm-Chart mit Go-Templates ergänzt, die die Secrets entweder aus *production-secrets.yaml* oder *staging-secrets.yaml* lesen – abhängig davon, auf was `environment` in der Datei *values.yaml* gesetzt ist.

Als Ergebnis erhalten Sie ein einzelnes Kubernetes-Secret-Manifest namens *app_secrets.yaml* mit *allen* Schlüssel/Wert-Paaren aus der Secret-Datei. Dieses Secret wird dann im Deployment als einzelne Datei für die Anwendung gemountet.

Am Ende der letzten Zeile haben wir noch `... | b64enc` hinzugefügt. Das ist ein weiteres nützliches Feature der Go-Templates in Helm – die Secret-Daten werden so automatisch von reinem Text nach `base64` codiert, was standardmäßig das ist, was Kubernetes bei Secrets erwartet (siehe Abschnitt »base64« auf Seite 206).

Wir müssen erst die Dateien temporär mit Sops entschlüsseln und dann die Änderungen auf ein Kubernetes-Cluster anwenden. Hier eine Befehls-Pipeline, um eine Staging-Version der Demo-Anwendung mit ihren Staging-Secrets zu deployen:

```
sops -d k8s/demo/staging-secrets.yaml > temp-staging-secrets.yaml\
 && helm upgrade --install staging-demo --values \
staging-values.yaml --values temp-staging-secrets.yaml \
./k8s/demo && rm temp-staging-secrets.yaml
```

Das funktioniert so:

1. Sops entschlüsselt die Datei *staging-secrets.yaml* und schreibt die entschlüsselte Ausgabe nach *temp-staging-secrets.yaml*.
2. Helm installiert den `demo`-Chart mit Werten aus *staging-values.yaml* und *temp-staging-secrets.yaml*.
3. Die Datei *temp-staging-secrets.yaml* wird gelöscht.

Weil all das in einem Schritt geschieht, hinterlassen wir keine Datei mit den Secrets als reinem Text, die eventuell von den falschen Leuten gefunden werden könnte.

12.3 Mehrere Charts mit Helmfile managen

Als wir Helm in Abschnitt 4.7 vorgestellt haben, haben wir Ihnen auch gezeigt, wie Sie das Helm-Chart für die Demo-Anwendung in ein Kubernetes-Cluster deployen. So nützlich Helm auch ist – es arbeitet immer nur mit einem Chart gleichzeitig. Woher sollen Sie aber wissen, welche Anwendungen in Ihrem Cluster laufen sollten – zusammen mit den eigenen Anpassungen, die Sie vorgenommen haben, als Sie sie mit Helm installiert haben?

Es gibt ein praktisches Tool namens Helmfile *(https://github.com/roboll/helmfile)*, das Ihnen dabei helfen kann. So wie Helm es Ihnen ermöglicht, eine einzelne Anwendung mithilfe von Templates und Variablen zu deployen, können Sie mit Helmfile alles deployen, was in Ihrem Cluster installiert werden soll – mit einem einzigen Befehl.

12.3.1 Was befindet sich in einem Helmfile?

Es gibt ein Beispiel für den Einsatz von Helmfile im `demo`-Repository. Im Ordner *hello-helmfile* finden Sie *helmfile.yaml*:

```
repositories:
  - name: stable
    url: https://kubernetes-charts.storage.googleapis.com/

releases:
  - name: demo
    namespace: demo
    chart: ../hello-helm/k8s/demo
    values:
      - "../hello-helm/k8s/demo/production-values.yaml"

  - name: kube-state-metrics
    namespace: kube-state-metrics
    chart: stable/kube-state-metrics
```

```
- name: prometheus
  namespace: prometheus
  chart: stable/prometheus
  set:
    - name: rbac.create
      value: true
```

Der Abschnitt `repositories` definiert die Repositories für die Helm-Charts, auf die wir uns beziehen werden. In diesem Fall ist das einzige Repository `stable` – das offizielle stabile Kubernetes-Chart-Repository. Nutzen Sie Ihr eigenes Helm-Chart-Repo (siehe Abschnitt 12.2.5), fügen Sie es hier hinzu.

Als Nächstes definieren wir einen Satz von `releases`: Anwendungen, die wir gerne im Cluster deployen würden. Jedes Release spezifiziert einige der folgenden Metadaten:

- `name` des zu deployenden Helm-Charts
- `namespace`, in den deployt werden soll
- `chart` ist die URL oder der Pfad auf den Chart selbst.
- `values` legt den Pfad auf eine Datei *values.yaml* fest, die zusammen mit dem Deployment genutzt werden soll.
- `set` definiert zusätzliche Werte (neben denen aus der Werte-Datei).

Wir haben hier drei Releases definiert: die Demo-App, dazu Prometheus (siehe Abschnitt 16.6.1) und `kube-state-metrics` (siehe Abschnitt 16.2.4).

12.3.2 Chart-Metadaten

Beachten Sie, dass wir einen relativen Pfad auf den `demo`-Chart und die Werte-Dateien angegeben haben:

```
- name: demo
  namespace: demo
  chart: ../hello-helm/k8s/demo
  values:
    - "../hello-helm/k8s/demo/production-values.yaml"
```

So müssen sich Ihre Charts nicht in einem Chart-Repository befinden, damit Helmfile damit umgehen kann – Sie könnten sie beispielsweise auch alle im gleichen Quellcode-Repo aufbewahren.

Beim `prometheus`-Chart haben wir einfach `stable/prometheus` angegeben. Da dies kein Dateisystem-Pfad ist, weiß Helmfile, dass es nach dem Chart im Repo `stable` schauen muss, das wir weiter oben im Abschnitt `repositories` definiert haben:

```
- name: stable
  url: https://kubernetes-charts.storage.googleapis.com/
```

Alle Charts besitzen unterschiedliche Standard-Werte in ihren eigenen *values.yaml*-Dateien. Im Abschnitt `set:` des Helmfiles können Sie andere Werte angeben, mit denen diese überschrieben werden sollen, wenn die Anwendung installiert wird.

In diesem Beispiel haben wir für das `prometheus`-Release den Standard-Wert für `rbac.create` von `false` auf `true` geändert:

```
- name: prometheus
  namespace: prometheus
  chart: stable/prometheus
  set:
    - name: rbac.create
      value: true
```

12.3.3 Das Helmfile anwenden

Die Datei *helmfile.yaml* legt also deklarativ alles fest, was im Cluster laufen sollte (oder zumindest eine Untermenge davon) – wie die Kubernetes-Manifeste. Wenden Sie dieses deklarative Manifest an, sorgt Helmfile dafür, dass das Cluster sich diesen Anforderungen anpasst.

Dazu führen Sie aus:

```
helmfile sync
exec: helm repo add stable https://kubernetes-charts.storage.googleapis.com/
"stable" has been added to your repositories
exec: helm repo update
Hang tight while we grab the latest from your chart repositories...
...Skip local chart repository
...Successfully got an update from the "cloudnativedevops" chart repository
...Successfully got an update from the "stable" chart repository
Update Complete. ? Happy Helming!?
exec: helm dependency update .../demo/hello-helm/k8s/demo
...
```

Das führt zum gleichen Ergebnis wie ein Aufruf von `helm install`/`helm upgrade` für jeden der definierten Helm-Charts.

Sie können zum Beispiel `helmfile sync` automatisch als Teil Ihrer Continuous Deployment Pipeline ausführen (siehe Kapitel 14). Statt `helm install` manuell aufzurufen, um eine neue Anwendung ins Cluster zu bringen, könnten Sie einfach Ihr Helmfile bearbeiten, es in die Versionsverwaltung einchecken und darauf warten, dass der Automatismus Ihre Änderungen ausrollt.

Tipp

Nutzen Sie eine Single Source of Truth. Kombinieren Sie kein manuelles Deployen einzelner Charts mit Helm mit einem deklarativen Managen all Ihrer Charts im Cluster mit Helmfile. Entscheiden Sie sich für eines von beidem. Wenden Sie ein Helmfile an und nutzen dann Helm, um Anwendungen außer der Reihe zu deployen oder anzupassen, wird das Helmfile nicht mehr länger die Single Source of Truth für Ihr Cluster sein. Das wird unweigerlich zu Problemen führen. Setzen Sie also Helmfile ein, dann erledigen Sie all Ihre Deployments nur mit Helmfile.

Wenn Ihnen Helmfile nicht so zusagt, gibt es auch ein paar andere Tools, die mehr oder weniger das Gleiche machen:

- Landscape *(https://github.com/Eneco/landscaper)*
- Helmsman *(https://github.com/Praqma/helmsman)*

Wie bei jedem neuen Tool empfehlen wir Ihnen, sich durch die Dokumentation zu arbeiten, die verschiedenen Optionen zu vergleichen, sie auszuprobieren und sich dann für ein Tool zu entscheiden, das zu Ihnen passt.

12.4 Fortgeschrittene Tools zur Manifest-Verwaltung

Helm ist zwar ein großartiges Tool und kommt auch oft zum Einsatz, aber es hat ein paar Einschränkungen. Das Schreiben und Bearbeiten von Helm-Templates macht nicht wirklich Spaß. Die YAML-Dateien in Kubernetes sind kompliziert, ausufernd und sich wiederholend. Und genauso sind Helm-Templates.

Es entsteht gerade eine Reihe neuer Tools, die versuchen, dieses Problem anzugehen und die Arbeit mit Kubernetes-Manifesten einfacher zu gestalten – entweder, indem sie in einer leistungsfähigeren Sprache als YAML geschrieben werden (wie zum Beispiel Jsonnet), oder durch das Gruppieren der YAML-Dateien zu grundlegenden Mustern und das Anpassen durch Overlay-Dateien.

12.4.1 ksonnet

Manchmal reicht deklaratives YAML nicht aus – insbesondere für große und komplexe Deployments, bei denen Sie Logik und Berechnungen brauchen könnten. So wollen Sie vielleicht die Anzahl an Replicas dynamisch von der Größe des Clusters abhängig machen. Dazu brauchen Sie eine richtige Programmiersprache:

> *Die YAML-Dateien von Kubernetes waren nie dazu gedacht, von Menschen bearbeitet zu werden. ksonnet hat zum Ziel, ein einziges Tool zu sein, das die Konfiguration von Kubernetes-Anwendungen für verschiedene Cluster und Umgebungen vereinfacht.*
>
> *– Joe Beda (Heptio, https://blog.heptio.com/the-next-chapter-for-ksonnet-1dcbbad30cb)*

Mit ksonnet *(https://ksonnet.io)* können Sie Kubernetes-Manifeste mithilfe einer Sprache namens Jsonnet gestalten, bei der es sich um eine erweiterte Form von JSON handelt (das wiederum ein deklaratives Datenformat äquivalent zu YAML ist und von Kubernetes ebenfalls verstanden wird). Jsonnet erweitert JSON um wichtige Fähigkeiten – Variablen, Schleifen, Berechnungen, bedingte Anweisungen, Fehlerbehandlung und so weiter:

```
local env = std.extVar("__ksonnet/environments");
local params = std.extVar("__ksonnet/params").components.demo;
[
  {
    "apiVersion": "v1",
    "kind": "Service",
    "metadata": {
      "name": params.name
    },
    "spec": {
      "ports": [
        {
          "port": params.servicePort,
          "targetPort": params.containerPort
          ...
```

Am wichtigsten ist, dass ksonnet die Idee von *Prototypen* einführt: Das sind vorbereitete Kombinationen aus Kubernetes-Ressourcen, mit denen Sie häufig genutzte Manifest-Muster umsetzen können.

So ist beispielsweise einer von ksonnets eingebauten Prototypen `deployed-service`, der ein Deployment für einen gegebenen Container und dazu einen Service erzeugt, der den Traffic routet. Das ist für die meisten Anwendungen, die Sie in Kubernetes laufen lassen wollen, ein guter Ausgangspunkt.

Es gibt eine Bibliothek mit öffentlichen Prototypen, auf die Sie zugreifen können, und Sie können noch eigene Site-spezifische definieren, sodass Sie nicht so viel Manifest-Code für all Ihre Anwendungen und Services duplizieren müssen.

12.4.2 Kapitan

Kapitan *(https://github.com/deepmind/kapitan)* ist ebenfalls ein Manifest-Tool, das auf Jsonnet basiert und sich auf den gemeinsamen Einsatz von Konfigurationswerten über mehrere Anwendungen oder sogar Cluster hinweg konzentriert. Kapitan besitzt eine hierarchische Datenbank mit Konfigurationswerten (als *Inventory* bezeichnet), mit der Sie Manifest-Muster wiederverwenden können, in die Sie abhängig von der Umgebung oder Anwendung verschiedene Werte einfügen:

```
local kube = import "lib/kube.libjsonnet";
local kap = import "lib/kapitan.libjsonnet";
local inventory = kap.inventory();
local p = inventory.parameters;
```

```
{
  "00_namespace": kube.Namespace(p.namespace),
  "10_serviceaccount": kube.ServiceAccount("default")
}
```

12.4.3 kustomize

kustomize *(https://github.com/kubernetes-sigs/kustomize)* ist ein weiteres Tool zum Verwalten von Manifesten, das allerdings reines YAML nutzt, statt auf Templates oder eine alternative Sprache wie Jsonnet zurückzugreifen. Sie beginnen mit einem Basis-YAML-Manifest und nutzen dann *Overlays*, um das Manifest für unterschiedliche Umgebungen oder Konfigurationen zu patchen. Das Befehlszeilentool `kustomize` erzeugt dann die finalen Manifeste aus den Basis-Dateien zusammen mit den Overlays:

```
namePrefix: staging-
commonLabels:
  environment: staging
  org: acmeCorporation
commonAnnotations:
  note: Hello, I am staging!
bases:
- ../../base
patchesStrategicMerge:
- map.yaml
EOF
```

Das Deployen von Manifesten kann dann ganz einfach sein:

```
kustomize build /myApp/overlays/stagingq | kubectl apply -f -
```

Wenn Ihnen Templates oder Jsonnet nicht gefallen und Sie mit reinen Kubernetes-Manifesten arbeiten wollen, lohnt sich ein Blick auf dieses Tool.

12.4.4 kompose

Lassen Sie produktive Services in Docker-Containern laufen, verwenden aber nicht Kubernetes, ist Ihnen Docker Compose vielleicht vertraut.

Mit Compose können Sie Gruppen von Containern definieren und deployen, die zusammenarbeiten: zum Beispiel ein Webserver, eine Backend-Anwendung und eine Datenbank wie Redis. Eine einzelne Datei *docker-compose.yaml* kann genutzt werden, um zu definieren, wie diese Container miteinander kommunizieren.

kompose *(https://github.com/kubernetes/kompose)* ist ein Tool, das *docker-compose.yaml*-Dateien in Kubernetes-Manifeste umwandelt und Ihnen damit hilft, von Docker Compose nach Kubernetes zu migrieren, ohne Ihre eigenen Kubernetes-Manifeste oder Helm-Charts von Grund auf selbst schreiben zu müssen.

12.4.5 Ansible

Sie kennen Ansible vielleicht schon – ein beliebtes Tool zur Infrastruktur-Automatisierung. Es ist nicht Kubernetes-spezifisch, aber es kann mithilfe von Erweiterungsmodulen viele verschiedene Arten von Ressourcen managen – so ähnlich wie Puppet (siehe Abschnitt 3.5.8).

Neben dem Installieren und Konfigurieren von Kubernetes-Clustern kann Ansible Kubernetes-Ressourcen wie Deployments oder Services direkt mithilfe des Moduls `k8s` verwalten *(https://docs.ansible.com/ansible/latest/modules/k8s_module.html)*.

Wie Helm kann Ansible Kubernetes-Manifeste per Template erzeugen, wofür es seine Standard-Template-Sprache Jinja verwendet, und es besitzt durch ein hierarchisches System ausgefeiltere Möglichkeiten zum Variableneinsatz. So können Sie zum Beispiel allgemeine Werte für eine Gruppe von Anwendungen oder eine Deployment-Umgebung wie `staging` setzen.

Nutzen Sie Ansible schon in Ihrem Unternehmen, lohnt es sich auf jeden Fall, zu untersuchen, ob Sie es auch für das Managen von Kubernetes-Ressourcen einsetzen sollten. Basiert Ihre Infrastruktur nur auf Kubernetes, kann Ansible eventuell eine Nummer zu groß sein, aber für kombinierte Infrastrukturen ist ein einziges Tool für die gesamte Verwaltung durchaus von Vorteil:

```
kube_resource_configmaps:
  my-resource-env: "{{ lookup('template', template_dir +
'/my-resource-env.j2') }}"
kube_resource_manifest_files: "{{ lookup('fileglob',template_dir+
'/*manifest.yml') }}"
- hosts: "{{ application }}-{{ env }}-runner"
  roles:
    - kube-resource
```

Ein Interview mit dem Ansible-Experten Will Thames unter *https://willthames.github.io/ansiblefest2018/#* zeigt einige der Möglichkeiten bei der Verwaltung von Kubernetes mit Ansible.

12.4.6 kubeval

Anders als die anderen in diesem Abschnitt beschriebenen Tools dient kubeval *(https://github.com/instrumenta/kubeval)* nicht dazu, Kubernetes-Manifeste zu generieren oder per Template zu erzeugen, sondern dazu, sie zu validieren.

Jede Version von Kubernetes besitzt ein anderes Schema für ihre YAML- oder JSON-Manifeste und es ist wichtig, automatisch sicherstellen zu lassen, dass Ihre Manifeste diesem Schema entsprechen. So kontrolliert kubeval beispielsweise, ob Sie alle erforderlichen Felder für ein bestimmtes Objekt angegeben haben und ob die Werte den richtigen Typ besitzen.

`kubectl` prüft ebenfalls Manifeste beim Anwenden und gibt Ihnen einen Fehler zurück, wenn Sie versuchen, ein ungültiges Manifest anzuwenden. Aber es ist auch sehr hilfreich, sie im Voraus validieren lassen zu können. kubeval benötigt keinen Zugriff auf ein Cluster und kann zudem gegen jede Version von Kubernetes validieren.

Es ist nicht verkehrt, kubeval in Ihre Continuous Deployment Pipeline mit aufzunehmen, sodass Manifeste automatisch validiert werden, sobald Sie sie ändern. Sie können kubeval auch nutzen, um beispielsweise zu prüfen, ob Ihre Manifeste angepasst werden müssen, damit sie mit der neuesten Version von Kubernetes zusammenarbeiten, bevor Sie ein Upgrade durchführen.

12.5 Zusammenfassung

Sie können Anwendungen in Kubernetes zwar mit reinen YAML-Manifesten deployen, aber das ist unbequem. Helm ist ein leistungsfähiges Tool, das Ihnen dabei helfen kann – sofern Sie verstehen, wie Sie das Beste aus ihm herausholen.

Es gibt viele neue Tools, die aktuell entstehen und das Deployen in Kubernetes in Zukunft viel einfacher machen werden. Manche ihrer Features werden sich auch in Helm wiederfinden. Auf jeden Fall ist es wichtig, mit den Grundlagen von Helm vertraut zu sein:

- Ein Chart ist eine Paket-Spezifikation in Helm, die Metadaten über das Paket und Konfigurationswerte dazu enthält sowie Template-Kubernetes-Objekte, die sich auf diese Werte beziehen.
- Das Installieren eines Charts erzeugt ein Helm-Release. Jedes Mal, wenn Sie eine Instanz eines Charts installieren, wird ein neues Release erzeugt. Aktualisieren Sie ein Release durch andere Konfigurationswerte, zählt Helm die Release-Versionsnummer hoch.
- Um ein Helm-Chart an Ihre eigenen Bedürfnisse anzupassen, erstellen Sie eine eigene Werte-Datei, mit der Sie genau die Werte überschreiben, die Ihnen wichtig sind, und nehmen Sie mit in die Befehlszeile bei `helm install` oder `helm upgrade` auf.
- Sie können eine Variable verwenden (zum Beispiel `environment`), um verschiedene Sätze an Werten oder Secrets abhängig von Ihrer Deployment-Umgebung einzusetzen: Staging, Production und so weiter.
- Mit Helmfile können Sie deklarativ einen Satz von Helm-Charts und Werten festlegen, die auf Ihr Cluster angewendet werden sollen, und diese mit einem einzigen Befehl installieren oder aktualisieren.

- Helm kann zusammen mit Sops eingesetzt werden, um den Umgang mit Secrets in Ihren Charts zu verbessern. Auch kann es eine Funktion nutzen, um Ihre Secrets automatisch per base64 zu codieren, was von Kubernetes vorausgesetzt wird.
- Helm ist nicht das einzige Tool, mit dem man Kubernetes-Manifeste managen kann. Ksonnet und Kapitan verwenden Jsonnet, eine andere Templating-Sprache. kustomize verfolgt einen unterschiedlichen Ansatz und statt Variablen zu interpolieren, setzt es auf YAML-Overlays, um Manifeste zu konfigurieren.
- Eine schnelle Möglichkeite, Manifeste zu testen und zu validieren, ist der Einsatz von `kubeval`, das auf eine gültige Syntax und häufige Fehler in Manifesten prüft.

13 Entwicklungs-Workflow

Surfen ist so ein tolles Konzept. Sie stellen sich der Natur mit einem kleinen Holzbrett und sagen: »Ich werde dich bezwingen!« Und sehr oft sagt die Natur: »Nö, tust du nicht!«, und wirft dich einfach ab.

– Jolene Blalock

In diesem Kapitel werden wir das Thema aus Kapitel 12 weiterführen und unsere Aufmerksamkeit dem gesamten Anwendungs-Lebenszyklus widmen – von der lokalen Entwicklung bis zum Deployen von Updates in ein Kubernetes-Cluster, einschließlich der kniffligen Aufgabe einer Datenbank-Migration. Wir werden ein paar Tools vorstellen, die Ihnen dabei helfen, Ihre Anwendungen zu entwickeln, zu testen und zu deployen: Skaffold, Draft, Telepresence und Knative. Sind Sie dann dazu bereit, Ihre Anwendung in das Cluster zu deployen, werden Sie noch etwas über komplexere Deployments mit Helm und dem Einsatz von Hooks erfahren.

13.1 Entwicklungs-Tools

In Kapitel Kapitel 12 haben Sie sich ein paar Tools angeschaut, die Ihnen dabei helfen, Ihre Manifeste für die Kubernetes-Ressourcen zu schreiben, zu bauen und zu deployen. Das ist so weit sehr schön, aber häufig wollen Sie beim Entwickeln einer Anwendung, die in Kubernetes laufen soll, Dinge ausprobieren und die Änderungen sofort sehen, ohne eine vollständige Schleife aus Build, Push, Deploy und Update durchlaufen zu müssen.

13.1.1 Skaffold

Skaffold *(https://github.com/GoogleContainerTools/skaffold)* ist ein Open-Source-Tool von Google, das dazu gedacht ist, einen schnellen lokalen Entwicklungs-Workflow zu ermöglichen. Es baut Ihre Container automatisch neu, während Sie lokal entwickeln, und deployt diese Änderungen entweder auf ein lokales oder ein Remote-Cluster.

Sie definieren Ihren gewünschten Workflow in einer Datei *skaffold.yaml* in Ihrem Repository und führen das Befehlszeilen-Tool `skaffold` aus, um die Pipeline zu starten. Wenn Sie Änderungen an Dateien in Ihrem lokalen Verzeichnis vornehmen, erwacht Skaffold zum Leben, baut einen neuen Container mit den Änderungen und deployt diesen dann für Sie automatisch, was Ihnen eine Schleife zur Container-Registry erspart.

13.1.2 Draft

Bei Draft *(https://github.com/Azure/draft)* handelt es sich um ein Open-Source-Tool, das vom Azure-Team bei Microsoft betreut wird. Wie Skaffold kann es Helm nutzen, um automatisch Updates in ein Cluster zu deployen, wenn sich der Code ändert.

Draft bringt zudem das Konzept von Draft Packs mit: Dabei handelt es sich um vorbereitete Dockerfiles und Helm-Charts für die jeweils von Ihrer App genutzte Programmiersprache. Aktuell gibt es Packs für .NET, Go, Node, Erlang, Clojure, C#, PHP, Java, Python, Rust, Swift und Ruby.

Beginnen Sie gerade erst mit einer neuen Anwendung und haben noch kein Dockerfile oder keinen Helm-Chart, kann Draft das perfekte Tool für Sie sein, um schnell in Fahrt zu kommen. Führen Sie `draft init && draft create` aus, wird Draft die Dateien in Ihrem lokalen Anwendungsverzeichnis untersuchen und versuchen, herauszufinden, welche Sprache Ihr Code nutzt. Dann erzeugt es ein Dockerfile und einen Helm-Chart für Ihre Sprache.

Um beides anzuwenden, führen Sie den Befehl `draft up` aus. Damit wird ein lokaler Docker-Container gebaut, wozu das erstellte Dockerfile genutzt wird, und dieser dann auf Ihr Kubernetes-Cluster deployt.

13.1.3 Telepresence

Telepresence *(https://www.telepresence.io)* verfolgt einen etwas anderen Ansatz als Skaffold oder Draft. Sie benötigen kein lokales Kubernetes-Cluster, stattdessen läuft ein Telepresence-Pod in Ihrem echten Cluster als Platzhalter für Ihre Anwendung. Traffic für den Anwendungs-Pod wird dann abgefangen und an den Container geleitet, der auf Ihrer lokalen Maschine läuft.

Damit kann der Entwickler seine lokale Maschine zu einem Teil des Remote-Clusters machen. Nimmt er Änderungen am Anwendungs-Code vor, spiegeln sich diese im Live-Cluster wider, ohne dass ein neuer Container dorthin deployt werden muss.

13.1.4 Knative

Während sich die anderen vorgestellten Tools darauf konzentrieren, die lokale Entwicklungs-Schleife zu beschleunigen, hat Knative *(https://github.com/knative/docs)* ambitioniertere Ziele. Es will einen Standard-Mechanismus für das Deployen aller Arten von Workloads auf Kubernetes bieten – nicht nur Containerisierte Anwendungen, sondern auch Funktionen im *Serverless*-Stil.

Knative arbeitet sowohl mit Kubernetes als auch mit Istio zusammen (siehe Abschnitt 9.7), um eine umfassende Plattform zum Deployen von Anwendungen und Funktionen sowie einen *Eventing*-Mechanismus anzubieten, der den Weg standardisiert, auf dem Anwendungen Messaging- und Queuing-Systeme nutzen (zum Beispiel Pub/Sub, Kafka oder RabbitMQ).

Das Knative-Projekt steckt noch in einer frühen Phase, lohnt aber, im Auge behalten zu werden.

13.2 Deployment-Strategien

Wenn Sie eine laufende Anwendung manuell aktualisieren wollen – ohne Hilfe von Kubernetes –, ist es eine Möglichkeit, die Anwendung einfach herunterzufahren, die neue Version zu installieren und sie dann neu zu starten. Aber das führt zu Downtime. Haben Sie mehrere Replicas, wäre es besser, nacheinander jede Replica zu aktualisieren, sodass es keine Unterbrechung des Service gibt: ein sogenanntes *Zero-Downtime Deployment*. Nicht alle Anwendungen benötigen Zero Downtime – interne Services, die beispielsweise Message Queues verarbeiten, sind idempotent, sodass sie alle gleichzeitig aktualisiert werden können. Dadurch ist das Upgrade zwar schneller abgeschlossen, aber bei Applikationen, die Endanwender zu Gesicht bekommen, ist es uns im Allgemeinen wichtiger, eine Downtime zu vermeiden, als die Upgrades schnell durchzuführen.

In Kubernetes können Sie sich aussuchen, welche dieser Strategien passender ist. `RollingUpdate` ist die Zero-Downtime-Variante, die Pod für Pod vorgeht, während es sich bei `Recreate` um die schnelle Option handelt, bei der alle Pods gleichzeitig angegangen werden. Es gibt zudem ein paar Felder, an denen Sie drehen können, um genau das gewünschte Verhalten für Ihre Anwendung zu erreichen.

Eine Deployment-Strategie ist in Kubernetes im Deployment-Manifest definiert. Standard ist `RollingUpdate` – geben Sie also keine Strategie an, wird diese gewählt. Um stattdessen `Recreate` zu wählen, gehen Sie so vor:

```
apiVersion: extensions/v1beta1
kind: Deployment
spec:
  replicas: 1
  strategy:
    type: Recreate
```

Schauen wir uns diese Deployment-Strategien nun genauer an, um herauszufinden, wie sie funktionieren.

13.2.1 Rollierende Updates

Bei einem rollierenden Update werden die Pods nacheinander aktualisiert, bis alle Replicas durch die neue Version ersetzt wurden.

Gehen wir beispielsweise von einer Anwendung mit drei Replicas aus, auf denen jeweils `v1` läuft. Der Entwickler startet ein Upgrade auf `v2` durch `kubectl apply ...` oder `helm upgrade ...` Was passiert nun?

Als Erstes wird einer der drei `v1`-Pods beendet. Kubernetes markiert ihn als nicht verfügbar und schickt keinen Traffic mehr dorthin. Es wird ein neuer `v2`-Pod hochgefahren, der seinen Platz einnehmen soll. Während wir darauf warten, dass der erste `v2`-Pod bereit ist, haben wir nur zwei laufende Pods, können aber weiterhin die Anwender bedienen.

Steht der `v2`-Pod zur Verfügung, beginnt Kubernetes damit, Traffic dorthin zu schicken – wie auch weiterhin zu den anderen beiden `v1`-Pods. Aktuell haben wir wieder drei Pods.

Dieser Prozess setzt sich fort – Pod für Pod – bis alle `v1`-Pods durch `v2`-Pods ersetzt wurden. Es gibt zwar Zeiten, in denen weniger Pods als üblich zur Verfügung stehen, um den Traffic zu behandeln, aber die Anwendung als Ganzes ist nie komplett heruntergefahren. Das ist ein Zero-Downtime-Deployment.

Hinweis

Während eines rollierenden Updates laufen gleichzeitig die alte und die neue Version Ihrer Anwendung. Das ist zwar meist kein Problem, aber eventuell müssen Sie durch zusätzliche Schritte dafür sorgen, dass dies ohne Komplikationen abläuft. Gehört zu Ihrer Änderung zum Beispiel eine Datenbank-Migration (siehe Abschnitt 13.3), ist ein normales rollierendes Update nicht möglich.

Wenn Ihre Pods manchmal kurze Zeit nach einer eigentlichen Verfügbarkeit abstürzen oder fehlerhaft agieren, nutzen Sie das Feld `minReadySeconds`, um mit dem Fortfahren des Rollouts zu warten, bis die jeweiligen Pods stabil sind (siehe Abschnitt 5.2.7).

13.2.2 Recreate

Im Modus `Recreate` werden alle laufenden Replicas auf einmal beendet und dann die neuen gestartet.

Bei Anwendungen, die nicht direkt Requests beantworten, sollte das akzeptabel sein. Ein Vorteil von `Recreate` ist, dass die Situation vermieden wird, zwei verschiedene Versionen der Anwendung simultan laufen zu lassen (siehe Abschnitt 13.2.1).

13.2.3 maxSurge und maxUnavailable

Während ein rollierendes Update voranschreitet, wollen Sie manchmal mehr Pods laufen lassen, als nominell durch den Wert von `replicas` vorgegeben – und manchmal weniger. Zwei wichtige Einstellungen steuern dieses Verhalten: `maxSurge` und `maxUnavailable`:

- `maxSurge` definiert die maximale Menge an zusätzlichen Pods. Haben Sie beispielsweise 10 Replicas und setzen `maxSurge` auf 30 %, werden nicht mehr als 13 Pods gleichzeitig laufen.
- `maxUnavailable` gibt die maximale Menge an nicht verfügbaren Pods an. Gibt es nominell 10 Replicas und hat `maxUnavailable` den Wert von 20 %, wird Kubernetes die Anzahl an verfügbaren Pods niemals unter 8 fallen lassen.

Diese Werte können entweder als Zahl oder als Prozentwert gesetzt werden:

```
apiVersion: extensions/v1beta1
kind: Deployment
spec:
  replicas: 10
  strategy:
    type: RollingUpdate
    rollingUpdate:
      maxSurge: 20%
      maxUnavailable: 3
```

Normalerweise sind die Standardwerte für beides (je nach verwendeter Kubernetes-Version 25 % oder 1) ausreichend und Sie werden sie nicht anpassen wollen. In manchen Situationen müssen Sie aber an ihnen drehen, um sicherzustellen, dass Ihre Anwendung während eines Upgrades noch ausreichend Kapazität anbieten kann. In sehr großen Maßstäben kann es sein, dass 75 % Verfügbarkeit nicht ausreichend sind und Sie `maxUnavailable` etwas verringern.

Je größer der Wert von `maxSurge` ist, desto schneller wird Ihr Rollout abgeschlossen, aber desto mehr Zusatzlast gibt es für die Ressourcen Ihres Clusters. Große Werte von `maxUnavailable` beschleunigen die Rollouts ebenfalls – dann auf Kosten der Kapazität Ihrer Anwendung.

Kleine Werte für `maxSurge` und `maxUnavailable` verringern hingegen die Auswirkungen auf Ihr Cluster und Ihre Anwender, können aber dafür sorgen, dass Ihre Rollouts länger brauchen. Nur Sie können entscheiden, was für Ihre Situation am sinnvollsten ist.

13.2.4 Blue/Green-Deployments

Bei einem *Blue/Green*-Deployment werden die Pods nicht einer nach dem anderen beendet und ersetzt, sondern es wird ein vollständiges neues Deployment erstellt und ein neuer, getrennter Satz Pods, auf denen `v2` läuft, wird neben dem bestehenden `v1`-Deployment gestartet.

Ein Vorteil dieser Strategie ist, dass Sie nicht mit der Situation umgehen müssen, dass die alte und die neue Version Ihrer Anwendung gleichzeitig Requests verarbeiten. Andererseits muss Ihr Cluster groß genug sein, um die doppelte Zahl von Replicas laufen lassen zu können, die für Ihre Anwendung erforderlich sind – das kann teuer sein und viel ungenutzte Kapazität bedeuten, die den größten Teil der Zeit nicht verwendet wird (sofern Sie Ihr Cluster nicht nach Bedarf hoch- und wieder herunterfahren).

In Abschnitt 4.6.4 haben wir beschrieben, dass Kubernetes Labels nutzt, um zu entscheiden, welche Pods Traffic von einem Service empfangen sollen. Eine Möglichkeit, ein Blue/Green-Deployment umzusetzen, ist, verschiedene Labels für Ihre alten und neuen Pods zu setzen (siehe Abschnitt 9.1).

Mit einer kleinen Veränderung der Service-Definition für unsere Beispiel-Anwendung können Sie Traffic nur an Pods schicken, die das Label `deployment: blue` tragen:

```
apiVersion: v1
kind: Service
metadata:
  name: demo
spec:
  ports:
  - port: 8080
    protocol: TCP
    targetPort: 8080
  selector:
    app: demo
    deployment: blue
  type: ClusterIP
```

Beim Deployen einer neuen Version können Sie diese mit dem Label `deployment: green` versehen. Sie wird keinerlei Traffic empfangen, auch wenn alles funktioniert und lauffähig ist, weil ihn der Service nur an `blue`-Pods schickt. Sie können die Version testen, ob sie bereit ist, bevor Sie den Wechsel durchführen.

Um zum neuen Deployment zu wechseln, bearbeiten Sie den Service so, dass der Selektor zu `deployment: green` geändert wird. Nun werden die neuen `green`-Pods Traffic erhalten und sobald sich alle alten `blue`-Pods im Leerlauf befinden, können Sie sie herunterfahren.

13.2.5 Rainbow-Deployments

In seltenen Fällen – insbesondere, wenn Pods sehr langlebige Verbindungen haben (zum Beispiel Web Sockets) – sind nur Blue und Green eventuell nicht ausreichend. Vielleicht brauchen Sie drei oder mehr Versionen Ihrer Anwendung, die gleichzeitig laufen müssen.

Das wird manchmal als *Rainbow-Deployment* bezeichnet. Jedes Mal, wenn Sie ein Update deployen, bekommen Sie ein Set von Pods mit einer neuen Farbe. Wenn die Verbindungen für Ihren ältesten Satz an Pods dann beendet sind, können Letztere heruntergefahren werden.

Brandon Dimcheff beschreibt ein Beispiel für ein Rainbow-Deployment im Detail unter *https://github.com/bdimcheff/rainbow-deploys*.

13.2.6 Canary-Deployments

Der Vorteil von Blue/Green- (oder Rainbow-) Deployments ist: Wenn Sie die neue Version nicht mögen oder sie sich nicht ordentlich benimmt, können Sie einfach zur alten zurückschalten, weil diese noch läuft. Aber das ist teuer, weil Sie die Kapazität benötigen, beide Versionen simultan laufen zu lassen.

Ein alternatives Vorgehen, das dieses Problem löst, ist ein *Canary-Deployment*. Wie ein Kanarienvogel in einer Kohlenmine wird eine kleine Handvoll neuer Pods der gefährlichen Produktiv-Welt ausgesetzt, um zu sehen, was mit ihnen passiert. Überleben sie, kann der Rollout fortgeführt und abgeschlossen werden. *Gibt* es ein Problem, ist der Explosionsradius stark begrenzt.

Wie bei Blue/Green-Deployments können Sie das über Labels erreichen (siehe Abschnitt 9.1). Ein ausführlich beschriebenes Beispiel für ein Canary-Deployment finden Sie in der Dokumentation zu Kubernetes unter *https://kubernetes.io/docs/concepts/cluster-administration/manage-deployment/#canary-deployments*.

Ein ausgefeilterer Weg ist der Einsatz von Istio (siehe Abschnitt 9.7), der es Ihnen erlaubt, zufällig einen variablen Teil des Traffics an eine oder mehrere Service-Versionen zu routen. Das erleichtert auch Dinge wie A/B-Tests.

13.3 Migration mit Helm

Zustandslose Anwendungen lassen sich leicht deployen und aktualisieren, aber wenn eine Datenbank mit im Spiel ist, kann die Situation komplizierter sein. Änderungen am Schema einer Datenbank erfordern meist einen *Migrations*-Task, der zu einem bestimmten Zeitpunkt während des Rollouts ausgeführt wird. So müssen Sie beispielsweise bei Rails-Apps `rake db:migrate` ausführen, bevor Sie die neuen Pods starten.

Bei Kubernetes können Sie dazu eine Job-Ressource verwenden (siehe Abschnitt 9.5.3). Sie könnten dies über `kubectl`-Befehle als Teil Ihres Upgrade-Prozesses verskripten. Wenn Sie Helm im Einsatz haben, können Sie ein eingebautes Feature namens *Hooks* nutzen.

13.3.1 Helm Hooks

Helm Hooks ermöglichen es Ihnen, die Reihenfolge zu steuern, in der die Dinge während eines Deployments ablaufen. Auch können Sie so ein Upgrade abbrechen, wenn etwas schiefgeht.

Hier ein Beispiel für einen Datenbank-Migrationsjob für eine Rails-Anwendung, die mit Helm deployt wird:

```
apiVersion: batch/v1
kind: Job
metadata:
  name: {{ .Values.appName }}-db-migrate
  annotations:
    "helm.sh/hook": pre-upgrade
    "helm.sh/hook-delete-policy": hook-succeeded
spec:
  activeDeadlineSeconds: 60
  template:
    name: {{ .Values.appName }}-db-migrate
    spec:
      restartPolicy: Never
      containers:
      - name: {{ .Values.appName }}-migration-job
        image: {{ .Values.image.repository }}:{{ .Values.image.tag }}
        command:
          - bundle
          - exec
          - rails
          - db:migrate
```

Die `helm.sh/hook`-Eigenschaften werden im Abschnitt `annotations` definiert:

```
annotations:
  "helm.sh/hook": pre-upgrade
  "helm.sh/hook-delete-policy": hook-succeeded
```

Die Einstellung `pre-upgrade` weist Helm an, dieses Job-Manifest anzuwenden, bevor ein Upgrade durchgeführt wird. Der Job wird den Standard-Befehl von Rails zum Migrieren ausführen.

Mit `"helm.sh/hook-delete-policy": hook-succeeded` wird Helm mitgeteilt, den Job zu löschen, wenn das Upgrade erfolgreich durchgeführt wurde (es also mit dem Status 0 endet).

13.3.2 Umgang mit fehlgeschlagenen Hooks

Wenn der Job einen Exit-Code ungleich null hat, ist das ein Zeichen dafür, dass es einen Fehler gab und die Migration nicht erfolgreich abgeschlossen wurde. Helm wird den Job dann in seinem Failed-Status belassen, sodass Sie debuggen können, was falsch lief.

Wenn dies geschieht, wird der Release-Prozess stoppen und die Anwendung wird nicht aktualisiert. Durch Ausführen von kubectl get pods -a sehen Sie die fehlgeschlagenen Pods, sodass Sie sich die Logs anschauen können, um herauszufinden, was passiert ist.

Wurde das Problem behoben, können Sie den fehlgeschlagenen Job löschen (kubectl delete job <job-name>) und das Update erneut ausführen.

13.3.3 Andere Hooks

Es gibt für Hooks noch andere Phasen als pre-upgrade. Sie können einen Hook in jedem der folgenden Stadien eines Release einsetzen:

- pre-install wird ausgeführt, nachdem die Templates gerendert wurden, aber bevor Ressourcen erzeugt werden.
- post-install wird ausgeführt, nachdem alle Ressourcen geladen wurden.
- pre-delete wird bei einem Löschvorgang ausgeführt, bevor irgendwelche Ressourcen gelöscht werden.
- post-delete wird bei einem Löschvorgang ausgeführt, nachdem alle Ressourcen des Release gelöscht wurden.
- pre-upgrade wird bei einem Upgrade-Request ausgeführt, nachdem die Templates gerendert, aber noch bevor Ressourcen geladen wurden (zum Beispiel vor einem kubectl apply).
- post-upgrade wird bei einem Upgrade ausgeführt, nachdem alle Ressourcen aktualisiert wurden.
- pre-rollback wird bei einem Rollback-Request ausgeführt, nachdem Templates gerendert, aber noch bevor Ressourcen zurückgerollt wurden.
- post-rollback wird bei einem Rollback-Request ausgeführt, nachdem alle Ressourcen verändert wurden.

13.3.4 Hooks verketten

Helm-Hooks können auch in einer bestimmten Reihenfolge verkettet werden – über die Eigenschaft helm.sh/hook-weight. Die Hooks werden dabei vom niedrigsten zum höchsten Wert ausgeführt, sodass ein Job mit einem hook-weight von 0 vor einem mit einem hook-weight von 1 läuft:

```
apiVersion: batch/v1
kind: Job
metadata:
  name: {{ .Values.appName }}-stage-0
  annotations:
    "helm.sh/hook": pre-upgrade
    "helm.sh/hook-delete-policy": hook-succeeded
    "helm.sh/hook-weight": "0
```

Alles, was Sie über die Hooks in Helm wissen müssen, finden Sie in der Dokumentation unter *https://helm.sh/docs/developing_charts/#hooks*.

13.4 Zusammenfassung

Das Deployen von Kubernetes-Anwendungen kann mühsam sein, wenn Sie ein Container-Image für das Testen jeder kleinsten Code-Änderung bauen, pushen und deployen müssen. Tools wie Draft, Skaffold und Telepresence beschleunigen diese Schleife deutlich und sorgen somit auch für eine schnellere Entwicklung.

Insbesondere das Ausrollen von Änderungen in die Produktiv-Umgebung ist mit Kubernetes viel leichter als mit klassischen Servern, sofern Sie die grundlegenden Konzepte verstanden haben und wissen, wie Sie diese an Ihre Anwendungen anpassen können:

- Die Standard-Deployment-Strategie `RollingUpdate` von Kubernetes aktualisiert immer nur ein paar Pods gleichzeitig und wartet bei jedem ersetzten Pod darauf, dass er verfügbar ist, bevor der alte heruntergefahren wird.
- Rollierende Updates vermeiden Downtime, dafür benötigen sie länger. Zudem laufen so alte und neue Versionen Ihrer Anwendungen während der Rollout-Zeit parallel.
- Sie können die Felder `maxSurge` und `maxUnavailable` nutzen, um rollierende Updates anzupassen. Abhängig von der verwendeten Kubernetes-API können die Standardwerte für Sie passen – oder auch nicht.
- Die `Recreate`-Strategie wirft einfach alle alten Pods weg und startet alle neuen gleichzeitig. Das ist schnell, führt aber zu Downtime, daher passt sie nicht zu Anwendungen, die Benutzer direkt zu Gesicht bekommen.
- Bei einem Blue/Green-Deployment werden alle neuen Pods gestartet und aktiv geschaltet, erhalten aber noch keinen Traffic. Dann wird der gesamte Traffic auf einmal auf die neuen Pods geschaltet, bevor die alten verworfen werden.
- Rainbow-Deployments entsprechen Blue/Green-Deployments, aber mit mehr als zwei Versionen eines Service, die gleichzeitig laufen.
- Sie können Blue/Green- und Rainbow-Deployments in Kubernetes implementieren, indem Sie die Labels Ihrer Pods anpassen und den Selektor des Frontend-Service verändern, um den Traffic auf die richtigen Pods umzulenken.

- Helm-Hooks bieten die Möglichkeit, bestimmte Kubernetes-Ressourcen (im Allgemeinen Jobs) in einem bestimmten Stadium eines Deployments anzuwenden, um zum Beispiel eine Datenbank-Migration durchzuführen. Mit Hooks kann die Reihenfolge festgelegt werden, wie die Ressourcen während eines Deployments anzuwenden sind, und wenn etwas nicht erfolgreich war, lässt sich das Deployment auch stoppen.

14 Continuous Deployment in Kubernetes

Der Sinn ist ewig ohne Machen, und nichts bleibt ungemacht.

– Laotse

In diesem Kapitel werden Sie sich mit dem *Continuous Deployment* ein zentrales DevOps-Prinzip anschauen und sehen, wie Sie dies in einer Cloud-Native-Umgebung mit Kubernetes umsetzen können. Wir beschreiben ein paar der Möglichkeiten für das Aufsetzen von Continuous Deployment (CD) Pipelines zusammen mit Kubernetes und zeigen Ihnen ein voll funktionsfähiges Beispiel, das Googles Cloud Build einsetzt.

14.1 Was ist Continuous Deployment?

Continuous Deployment (CD) ist das automatische Deployen erfolgreicher Builds in die Produktiv-Umgebung. Wie die Test-Suite sollte auch das Deployment zentral und automatisch verwaltet werden. Entwickler sollten neue Versionen deployen können, indem sie entweder einen Button anklicken, einen Merge-Request zusammenführen oder ein Git-Release-Tag pushen.

CD kommt oft zusammen mit *Continuous Integration* (CI) – die automatische Integration und das Testen der Änderungen von Entwicklern gegen den Main-Branch. Dahinter steckt die Idee, dass Sie bei Änderungen an einem Branch, der beim Mergen mit dem Main-Branch den Build abbrechen lassen würde, mit Continuous Integration sofort informiert werden, statt erst dann, wenn Sie mit dem Branch fertig sind und den abschließenden Merge durchführen. Die Kombination aus Continuous Integration und Deployment wird oft *CI/CD* genannt.

Die Maschinerie des Continuous Deployment wird häufig als *Pipeline* beschrieben: eine Abfolge automatisierter Aktionen, die den Code von der Workstation des Entwicklers bis in die Produktion transportieren und dabei eine Serie von Tests und Akzeptanz-Stadien durchlaufen.

Eine typische Pipeline für Containerisierte Anwendungen kann so aussehen:

1. Ein Entwickler schiebt seine Code-Änderungen nach Git.
2. Das Build-System baut automatisch die aktuelle Version des Codes und führt Tests aus.
3. Sind alle Tests erfolgreich, wird das Container-Image in die zentrale Container-Registry übertragen.
4. Der neu gebaute Container wird automatisch in eine Staging-Umgebung deployt.
5. Die Staging-Umgebung führt automatische Akzeptanz-Tests durch.
6. Das überprüfte Container-Image wird in die Produktiv-Umgebung deployt.

Zentral ist hier, dass es sich beim getesteten und in die diversen Umgebungen deployten Artefakt nicht um den *Quellcode*, sondern um den *Container* handelt. Es gibt viele Möglichkeiten, dass sich Fehler zwischen Quellcode und laufendem Binary einschleichen, und das Testen des Containers statt des Codes kann dabei helfen, viele davon wieder einzufangen.

Der große Vorteil von CD ist, dass es *in der Produktion keine Überraschungen gibt* – nichts wird deployt, bevor das exakte Binary-Image nicht erfolgreich in Staging getestet wurde.

Ein ausführliches Beispiel einer CD-Pipeline finden Sie in Abschnitt 14.4.

14.2 Welches CD-Tool soll ich verwenden?

Wie so häufig ist das Problem nicht ein Fehlen verfügbarer Tools, sondern die schiere Masse möglicher Optionen. Es gibt eine Reihe von CD-Tools, die speziell für Cloud-Native-Anwendungen entworfen wurden, und schon lange verwendete klassische Build-Tools wie Jenkins haben mittlerweile Plug-Ins, damit sie mit Kubernetes und Containern arbeiten können.

Nutzen Sie schon CD, müssen Sie daher vermutlich nicht zu einem ganz neuen System wechseln. Migrieren Sie bestehende Anwendungen nach Kubernetes, können Sie das sehr wahrscheinlich mit ein paar Änderungen an Ihrem bestehenden Build-System erreichen.

Haben Sie noch kein CD-System im Einsatz, werden wir Ihnen hier ein paar Optionen vorstellen.

14.2.1 Jenkins

Jenkins *(https://jenkins.io)* ist ein oft genutztes CD-Tool, das es schon viele Jahre gibt. Es besitzt Plug-Ins für so gut wie alles, was Sie in einem CD-Workflow zum Einsatz bringen könnten, einschließlich Docker, `kubectl` und Helm.

Es gibt auch ein neueres Nebenprojekt, um Jenkins in Ihrem Kubernetes-Cluster laufen zu lassen, das den Namen JenkinsX trägt *(https://jenkins-x.io)*.

14.2.2 Drone

Bei Drone *(https://github.com/drone/drone)* handelt es sich um ein neueres CD-Tool, das aus Containern aufgebaut ist und auch dazu dient, Container zu bauen. Es ist einfach und schlank, die Pipeline wird durch eine einzelne YAML-Datei definiert. Da jeder Build-Schritt aus dem Ausführen eines Containers besteht, heißt das, Sie können alles, was in einem Container nutzbar ist, auch mit Drone verwenden.[11]

14.2.3 Google Cloud Build

Lassen Sie Ihre Infrastruktur auf der Google Cloud Platform laufen, sollte Google Cloud Build *(https://cloud.google.com/cloud-build)* für CD Ihre erste Wahl sein. Wie Drone führt Cloud Build Container in den diversen Build-Schritten aus und die YAML-Konfiguration befindet sich in Ihrem Code-Repository.

Sie können Cloud Build so konfigurieren, dass es Ihr Git-Repository beobachtet (eine GitHub-Integration steht zur Verfügung). Wird eine vorher definierte Bedingung erfüllt, wie zum Beispiel das Pushen in einen bestimmten Branch oder mit einem bestimmten Tag, führt Cloud Build Ihre angegebene Pipeline aus, baut neue Container, startet Ihre Test-Suite, veröffentlicht das Image und deployt die neue Version vielleicht nach Kubernetes.

Ein vollständiges, funktionierendes Beispiel einer CD-Pipeline mit Cloud Build finden Sie in Abschnitt 14.4.

14.2.4 Concourse

Concourse *(https://concourse-ci.org)* ist ein Open-Source-CD-Tool, das in Go geschrieben wurde. Es nutzt ebenfalls eine deklarative Pipeline (so wie Drone und Cloud Build) und greift auf eine YAML-Datei zu, um die Build-Schritte zu definieren und auszuführen. Concourse besitzt schon einen offiziellen stabilen Helm-Chart, um es auf Kubernetes zu deployen, womit es einfacher ist, eine Containerisierte Pipeline schnell aufzusetzen.

14.2.5 Spinnaker

Spinnaker ist sehr leistungsfähig und flexibel, kann aber auf den ersten Blick ein wenig einschüchternd wirken. Es wurde von Netflix entwickelt und brilliert bei sehr großen und komplexen Deployments, wie zum Beispiel bei Blue/Green-Deployments (siehe Abschnitt 13.2.4). Es gibt unter *https://www.spinnaker.io/publications/ebook* ein kostenloses E-Book zu Spinnaker, mit dem Sie besser herausfinden können, ob dieses Tool Ihre Bedürfnisse erfüllt.

---

11. Das Dev-Team der *New York Times* hat unter *https://nyti.ms/2E636iB* ein nützliches Blog-Posting zum Deployen nach GKE mit Drone geschrieben.

14.2.6 GitLab CI

GitLab ist eine beliebte Alternative zu GitHub, wenn es um das Hosten von Git-Repositories geht. Es besitzt zudem ein leistungsfähiges CD-Tool namens GitLab CI *(https://about.gitlab.com/product/continuous-integration)*, das zum Testen und Deployen Ihres Codes eingesetzt werden kann.

Haben Sie GitLab schon im Einsatz, ist es sinnvoll, sich GitLab CI für das Implementieren Ihrer CD-Pipeline genauer anzuschauen.

14.2.7 Codefresh

Codefresh *(https://codefresh.io)* ist ein Managed CD Service zum Testen und Deployen von Anwendungen nach Kubernetes. Ein interessantes Feature ist die Möglichkeit, temporäre Staging-Umgebungen für jeden Feature-Branch zu deployen.

Codefresh nutzt Container und kann On-Demand-Umgebungen bauen, testen und deployen; dann können Sie konfigurieren, wie Sie Ihre Container in die verschiedenen Umgebungen Ihres Clusters deployen möchten.

14.2.8 Azure Pipelines

Der Azure DevOps Service von Microsoft (ehemals bekannt als Visual Studio Team Services) besitzt auch die Möglichkeit, eine Continuous Delivery Pipeline namens Azure Pipelines *(https://azure.microsoft.com/de-de/services/devops/pipelines)* zu verwenden, die Google Cloud Build ähnelt.

14.3 CD-Komponenten

Haben Sie schon ein gut konfiguriertes CD-System im Einsatz und müssen nur noch eine Komponente für das Bauen von Containern ergänzen – oder das Deployen, sobald sie gebaut wurden –, gibt es eine Reihe von Optionen, mit denen Sie dies in Ihr bestehendes System integrieren können.

14.3.1 Docker Hub

Einer der einfachsten Wege, automatisch neue Container zu bauen, wenn sich Code ändert, ist Docker Hub *(https://docs.docker.com/docker-hub/builds)*. Haben Sie dort einen Account (siehe Abschnitt 2.4), können Sie einen Trigger für ein GitHub- oder BitBucket-Repository erstellen, durch den automatisch neue Container gebaut und in Docker Hub veröffentlicht werden.

14.3.2 Gitkube

Bei Gitkube *(https://gitkube.sh)* handelt es sich um ein selbst zu hostendes Tool, das in Ihrem Kubernetes-Cluster läuft, ein Git-Repo beobachtet und automatisch einen neuen Container baut und pusht, wenn einer Ihrer Trigger anspringt. Es ist sehr einfach und portabel und lässt sich leicht einrichten.

14.3.3 Flux

Das Muster, eine CD-Pipeline (oder andere automatisierte Prozesse) für Git-Branches oder -Tags auszulösen, wird manchmal als *GitOps* bezeichnet *(https://www.weave.works/blog/gitops-operations-by-pull-request)*. Flux *(https://github.com/weaveworks/flux)* weitet diese Idee noch aus, indem es auf Änderungen in einer Container-Registry statt in einem Git-Repo achtet. Wird ein neuer Container gepusht, deployt Flux ihn automatisch in Ihr Kubernetes-Cluster.

14.3.4 Keel

Keel *(https://keel.sh)* kümmert sich wie Flux darum, neue Container-Images aus einer Registry zu deployen. Es kann so konfiguriert werden, dass es auf Webhooks reagiert, es ist in der Lage, Slack-Messages zu verschicken und zu empfangen, vor einem Deployen auf eine Genehmigung zu warten und andere nützliche Workflows zu erledigen.

14.4 Eine CD-Pipeline mit Cloud Build

Nachdem Sie nun die allgemeinen Prinzipien von CD kennen und Ihnen ein paar der Möglichkeiten für die Umsetzung vorgestellt wurden, wollen wir uns ein vollständiges End-to-End-Beispiel für eine CD-Pipeline anschauen.

Es geht nicht darum, dass Sie unbedingt genau die gleichen Tools und dieselbe Konfiguration wie wir einsetzen – stattdessen hoffen wir, dass Sie verstehen, wie alles zusammenpasst, und Teile dieses Beispiels an Ihre eigene Umgebung anpassen können.

In diesem Beispiel werden wir die Google Cloud Platform (GCP), Google Kubernetes Engine Cluster (GKE) und Google Cloud Build verwenden, aber wir greifen dabei auf keine spezifischen Features eines dieser Produkte zurück. Sie können so eine Art von Pipeline mit beliebigen Tools umsetzen.

Wenn Sie dieses Beispiel mit Ihrem eigenen GCP-Account durcharbeiten wollen, bedenken Sie bitte, dass dabei auch Kosten anfallen können. Es ist kein Vermögen, aber Sie sollten auf jeden Fall danach alle Cloud-Ressourcen wieder löschen und aufräumen, damit Sie nicht mehr in Rechnung gestellt bekommen, als notwendig ist.

14.4.1 Google Cloud und GKE einrichten

Wenn Sie sich das erste Mal an der Google Cloud anmelden, werden Sie ein nettes Guthaben erhalten, mit dem Sie Kubernetes-Cluster und andere Ressourcen eine ganze Zeit lang betreiben können, ohne etwas bezahlen zu müssen. Mehr Informationen dazu und über das Erstellen eines Accounts finden Sie auf der Google Cloud Platform unter *https://cloud.google.com/free*.

Haben Sie sich registriert und an Ihrem eigenen Google-Cloud-Projekt angemeldet, folgen Sie den Anweisungen unter *https://cloud.google.com/kubernetes-engine/docs/how-to/creating-a-cluster*, um ein GKE-Cluster zu erstellen.

Als Nächstes initialisieren Sie Helm im Cluster (siehe Abschnitt 4.7).

Um nun die Pipeline einzurichten, werden wir Sie bei den folgenden Schritten begleiten:

1. Das Demo-Repository in Ihren eigenen GitHub-Account forken
2. Einen Cloud-Build-Trigger erstellen, um einen Push in einen Git-Branch zu bauen und zu testen
3. Einen Trigger für das Deployen nach GKE per Git-Tags erstellen

14.4.2 Das Demo-Repository forken

Wenn Sie einen GitHub-Account haben, nutzen Sie das GitHub-Interface, um das Demo-Repo *(https://github.com/cloudnativedevops/demo)* zu forken.

Wenn Sie GitHub nicht verwenden, erstellen Sie eine Kopie unseres Repos und pushen es auf Ihren eigenen Git-Server.

14.4.3 Erste Schritte in Cloud Build

In Cloud Build besteht – wie bei Drone und vielen anderen modernen CD-Plattformen – jeder Schritt Ihrer Build-Pipeline aus dem Ausführen eines Containers. Die Build-Schritte werden über eine YAML-Datei definiert, die sich in Ihrem Git-Repo befindet.

Wenn die Pipeline durch einen Commit ausgelöst wird, erstellt Cloud Build eine Kopie des Repos von diesem angegebenen Commit-SHA und führt dann nacheinander jeden Pipeline-Schritt aus.

Innerhalb des Demo-Repositorys gibt es einen Ordner namens *hello-cloud-build*. Darin finden Sie die Datei *cloudbuild.yaml*, die unsere Cloud-Build-Pipeline definiert.

Schauen wir uns nun jeden der Build-Schritte aus dieser Datei an.

14.4.4 Den Test-Container bauen

Dies ist der erste Schritt:

```
- id: build-test-image
  dir: hello-cloudbuild
  name: gcr.io/cloud-builders/docker
  entrypoint: bash
  args:
    - -c
    - |
      docker image build --target build --tag demo:test .
```

Wie alle Schritte von Cloud Build besteht dieser aus einer Reihe von Schlüssel/Wert-Paaren in YAML:

- `id` definiert ein lesbares Label für den Build-Schritt.
- `dir` legt das Unterverzeichnis des Git-Repos fest, in dem gearbeitet werden soll.
- `name` kennzeichnet den Container, der für diesen Schritt auszuführen ist.
- `entrypoint` legt den Befehl fest, der im Container auszuführen ist, wenn es sich nicht um den Standardbefehl handelt.
- `args` definiert die notwendigen Argumente für den Entrypoint-Befehl.

Und das ist alles!

Dieser Schritt dient dazu, einen Container zu bauen, den wir zum Ausführen unserer Anwendungstests nutzen können. Da wir einen Multi-Stage Build verwenden (siehe Abschnitt 2.3.1), wollen wir jetzt nur den ersten Schritt bauen. Also führen wir diesen Befehl aus:

```
docker image build --target build --tag demo:test .
```

Das Argument `--target build` weist Docker an, nur den Teil im Dockerfile unter `FROM golang:1.11-alpine AS build` zu bauen und dann zu stoppen.

So sind im entstehenden Container trotzdem Go und alle Pakete und Dateien aus dem mit `... AS build` gekennzeichneten Schritt installiert. Dies wird ein Wegwerf-Container sein, der nur zum Ausführen der Test-Suite unserer Anwendung dient und danach wieder entsorgt wird.

14.4.5 Die Tests ausführen

Dies ist der nächste Schritt:

```
- id: run-tests
  dir: hello-cloudbuild
  name: gcr.io/cloud-builders/docker
  entrypoint: bash
```

```
    args:
      - -c
      - |
        docker container run demo:test go test
```

Da wir unseren Wegwerf-Container mit `demo:test` getaggt haben, steht dieses temporäre Image für den Rest des Builds innerhalb von Cloud Build zur Verfügung und dieser Schritt wird `go test` gegen diesen Container ausführen. Schlägt ein Test fehl, wird der Build beendet und der Fehler protokolliert. Ansonsten geht es zum nächsten Schritt weiter.

14.4.6 Den Anwendungs-Container bauen

Jetzt führen wir wieder `docker build` aus, aber ohne das Flag `--target`, sodass wir den ganzen Multistage-Build durchlaufen und den endgültigen Anwendungs-Container erhalten:

```
  - id: build-app
    dir: hello-cloudbuild
    name: gcr.io/cloud-builders/docker
    entrypoint: bash
    args:
      - -c
      - |
        docker image build --tag gcr.io/${PROJECT_ID}/demo:${COMMIT_SHA} .
```

14.4.7 Die Kubernetes-Manifeste überprüfen

Nun haben wir einen Container, der die Tests durchlief und in Kubernetes ausgeführt werden kann. Um ihn tatsächlich zu deployen, nutzen wir ein Helm-Chart. In diesem Schritt werden wir `helm template` verwenden, um die Kubernetes-Manifeste zu generieren, danach pipen wir sie an das `kubeval`-Tool, um sie zu überprüfen (siehe Abschnitt 12.4.6):

```
  - id: kubeval
    dir: hello-cloudbuild
    name: cloudnatived/helm-cloudbuilder
    entrypoint: sh
    args:
      - -c
      - |
        helm template ./k8s/demo/ | kubeval
```

Hinweis

Beachten Sie, dass wir hier unser eigenes Helm-Container-Image verwenden (`cloudnatived/helm-cloudbuilder`). Für ein Tool, das speziell für das Deployen von Containern gedacht ist, ist es zwar ungewöhnlich, aber Helm besitzt kein offizielles Container-Image. Für das Beispiel können Sie unseres verwenden, aber im Produktiv-Umfeld werden Sie wohl Ihr eigenes bauen wollen.

14.4.8 Das Image veröffentlichen

Wenn die Pipeline erfolgreich durchlaufen wurde, wird Cloud Build das daraus entstandene Container-Image automatisch in der Registry veröffentlichen. Um festzulegen, welche Images veröffentlicht werden sollen, führen Sie sie in der Cloud-Build-Datei unter `images` auf:

```
images:
  - gcr.io/${PROJECT_ID}/demo:${COMMIT_SHA}
```

14.4.9 Git-SHA-Tags

Was ist mit diesem `COMMIT_SHA`-Tag? In Git besitzt jeder Commit einen eigenen Bezeichner namens SHA (für Secure Hash Algorithm, der ihn generiert). Ein SHA ist eine lange Zeichenkette aus Hexziffern, wie zum Beispiel `5ba6bfd64a31eb4013ccaba27d95cddd15d50ba3`.

Verwenden Sie diesen SHA, um Ihr Image zu taggen, erhalten Sie so einen Link auf den Git-Commit, der es erzeugt hat, wobei es sich gleichzeitig um einen Snapshot auf genau den Code aus dem Container handelt. Nett an dem Taggen von Build-Artefakten mit dem ursprünglichen Git-SHA ist, dass Sie so viele Feature-Branches simultan bauen und testen können, ohne dass es zu Konflikten führt.

Nachdem Sie nun gesehen haben, wie die Pipeline funktioniert, wenden wir unsere Aufmerksamkeit den Build-Triggern zu, die die Pipeline nach unseren Bedingungen tatsächlich starten.

14.4.10 Den ersten Build-Trigger erstellen

Ein Trigger für Cloud Build legt ein Git-Repo fest, das beobachtet werden soll, eine Bedingung, durch die er aktiviert wird (wie zum Beispiel das Pushen in einen bestimmten Branch oder mit einem bestimmten Tag), und eine Pipeline-Datei, die auszuführen ist.

Also erstellen Sie jetzt einen neuen Trigger. Melden Sie sich an Ihrem Google-Cloud-Projekt an und rufen Sie *https://console.cloud.google.com/cloud-build/triggers?pli=1* auf.

Klicken Sie auf den Button *Add Trigger*, um einen neuen Build-Trigger zu erstellen, und wählen Sie GitHub als Source-Repository aus.

Sie werden nun gebeten, es Google Cloud zu ermöglichen, auf Ihr GitHub-Repo zuzugreifen. Wählen Sie `YOUR_GITHUB_USERNAME/demo`, dann wird sich Google Cloud mit Ihrem Repository verbinden.

Als Nächstes konfigurieren Sie den Trigger wie in Abbildung 14–1 zu sehen.

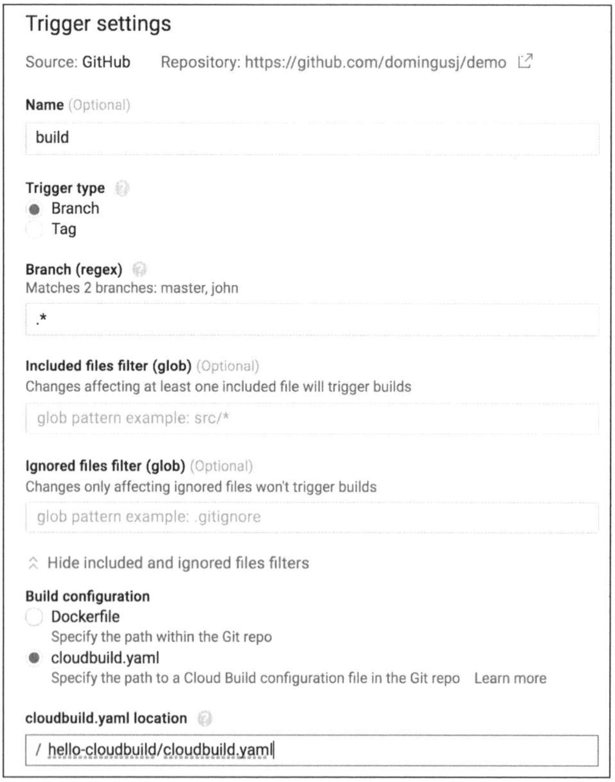

Abb. 14–1 *Einen Trigger erstellen*

Den Namen des Triggers können Sie nach Belieben festlegen. Im Abschnitt `branch` belassen Sie den Standardwert `.*`, damit jeder Branch passt.

Ändern Sie den Abschnitt `configuration` von `Dockerfile` nach `cloudbuild.yaml`.

Das Feld `cloudbuild.yaml Location` definiert für Cloud Build, wo es unsere Pipeline-Datei mit den Build-Schritten findet. In diesem Fall ist das *hello-cloudbuild/cloudbuild.yaml*.

Wenn Sie fertig sind, klicken Sie auf den Button *Create trigger*. Nun können Sie den Trigger ausprobieren und schauen, was passiert!

14.4.11 Den Trigger testen

Also, nehmen Sie nun eine Änderung an Ihrer Kopie des Demo-Repositorys vor. Erstellen wir zum Beispiel einen neuen Branch und verändern die Begrüßung von `Hello` nach `Hola`:

```
cd hello-cloudbuild
git checkout -b hola
Switched to a new branch hola
```

Öffnen Sie *main.go* und *main_test.go*, ersetzen Sie `Hello` durch `Hola` (oder was Ihnen ansonsten lieber ist) und speichern Sie beide Dateien.

Führen Sie die Tests für sich aus, um sicherzustellen, dass alles funktioniert:

```
go test
PASS
ok    github.com/cloudnativedevops/demo/hello-cloudbuild 0.011s
```

Jetzt checken Sie die Änderungen ein und pushen sie in Ihr geforktes Repository. Wenn alles funktioniert, sollte damit Cloud Build angetriggert werden, damit dies einen neuen Build startet. Rufen Sie *https://console.cloud.google.com/cloud-build/builds* auf.

In der Liste der letzten Builds werden Sie Ihr Projekt sehen. Ganz oben sollte das mit der gerade gepushten Änderung stehen. Eventuell läuft es noch, vielleicht ist es aber auch schon fertig.

Hoffentlich erhalten Sie ein grünes Häkchen, das zeigt, dass alle Schritte erfolgreich waren. Wenn nicht, schauen Sie sich die Log-Ausgabe im Build an, um herauszufinden, was nicht funktionierte.

Wenn alles geklappt hat, sollte nun ein Container in Ihrer privaten Google Container Registry veröffentlicht worden sein, der mit dem Git-Commit-SHA Ihrer Änderung getaggt ist.

14.4.12 Von einer CD-Pipeline deployen

Jetzt können Sie einen Build durch einen Git-Push auslösen, Tests ausführen und den entstandenen Container in der Registry veröffentlichen. Nun ist es an der Zeit, diesen Container nach Kubernetes zu deployen.

Für dieses Beispiel gehen wir davon aus, dass es zwei Umgebungen gibt – eine für `production` und eine für `staging` –, und wir werden in unterschiedliche Namensräume deployen: `staging-demo` und `production-demo`.

Wir werden Cloud Build so konfigurieren, dass es nach Staging deployt, wenn es ein Git-Tag mit `staging` vorfindet, und in die Produktiv-Umgebung, wenn es ein Git-Tag mit `production` gibt. Das erfordert eine neue Pipeline in einer eigenen YAML-Datei *cloudbuild-deploy.yaml*. Hier die Schritte:

Credentials für das Kubernetes-Cluster erhalten

Um mit Helm nach Kubernetes zu deployen, müssen wir `kubectl` so konfigurieren, dass es mit unserem Cluster reden kann:

```
- id: get-kube-config
  dir: hello-cloudbuild
  name: gcr.io/cloud-builders/kubectl
  env:
  - CLOUDSDK_CORE_PROJECT=${_CLOUDSDK_CORE_PROJECT}
  - CLOUDSDK_COMPUTE_ZONE=${_CLOUDSDK_COMPUTE_ZONE}
```

```
    - CLOUDSDK_CONTAINER_CLUSTER=${_CLOUDSDK_CONTAINER_CLUSTER}
    - KUBECONFIG=/workspace/.kube/config
    args:
      - cluster-info
```

In diesem Schritt greifen wir auf Variablen wie `${_CLOUDSDK_CORE_PROJECT}` zurück. Wir können diese Variablen entweder im Build-Trigger definieren (wie wir es hier auch tun) oder sie in der Pipeline-Datei selbst im Abschnitt `substitutions` anlegen:

```
substitutions:
  _CLOUDSDK_CORE_PROJECT=demo_project
```

Durch den Benutzer definierte Substitutionen müssen mit einem Unterstrich (_) beginnen und dürfen nur Großbuchstaben und Ziffern enthalten. Cloud Build stellt uns außerdem ein paar vordefinierte Substitutionen wie `$PROJECT_ID` oder `$COMMIT_SHA` bereit (die vollständige Liste finden Sie unter *https://cloud.google.com/cloud-build/docs/configuring-builds/substitute-variable-values*).

Sie müssen es zudem dem Service-Account von Cloud Build erlauben, Änderungen an Ihrem Kubernetes Engine Cluster vorzunehmen. Weisen Sie daher im IAM-Abschnitt in GCP dem Service-Account die IAM-Rolle *Kubernetes Engine Developer* in Ihrem Projekt zu.

Ein Umgebungs-Tag hinzufügen

In diesem Schritt werden wir den Container mit dem gleichen Git-Tag auszeichnen, das auch den Deploy ausgelöst hat:

```
- id: update-deploy-tag
  dir: hello-cloudbuild
  name: gcr.io/cloud-builders/gcloud
  args:
    - container
    - images
    - add-tag
    - gcr.io/${PROJECT_ID}/demo:${COMMIT_SHA}
    - gcr.io/${PROJECT_ID}/demo:${TAG_NAME}
```

In das Cluster deployen

Hier führen wir Helm aus, um die Anwendung im Cluster tatsächlich zu aktualisieren – dabei nutzen wir die Kubernetes-Credentials, die wir weiter oben angefordert haben:

```
- id: deploy
  dir: hello-cloudbuild
  name: cloudnatived/helm-cloudbuilder
  env:
    - KUBECONFIG=/workspace/.kube/config
  args:
    - helm
```

```
- upgrade
- --install
- ${TAG_NAME}-demo
- --namespace=${TAG_NAME}-demo
- --values
- k8s/demo/${TAG_NAME}-values.yaml
- --set
- container.image=gcr.io/${PROJECT_ID}/demo
- --set
- container.tag=${COMMIT_SHA}
- ./k8s/demo
```

Wir übergeben dem Befehl `helm upgrade` ein paar zusätzliche Flags:

- `namespace`
  Der Namensraum, in den die Anwendung deployt werden soll
- `values`
  Die Werte-Datei für Helm, die für diese Umgebung zu verwenden ist
- `set container.image`
  Setzt den zu deployenden Container-Namen
- `set container.tag`
  Deployt das Image mit diesem Tag (dem auslösenden Git-SHA)

14.4.13 Einen Deploy-Trigger erstellen

Jetzt wollen wir Trigger für das Deployen nach `staging` und `production` anlegen.

Erstellen Sie in Cloud Build einen neuen Trigger, wie Sie das schon in Abschnitt 14.4.10 getan haben, aber dieses Mal konfigurieren Sie ihn so, dass er einen Build auslöst, wenn ein Tag statt eines Branches gepusht wird.

Und statt die Datei *hello-cloudbuild/cloudbuild.yaml* zu verwenden, werden wir für diesen Build auf *hello-cloudbuild/cloudbuild-deploy.yaml* zurückgreifen.

Im Abschnitt `Substitution variables` werden wir Werte speziell für den Staging-Build setzen:

- `_CLOUDSDK_CORE_PROJECT` muss auf den Wert Ihrer Google-Cloud-Project-ID gesetzt werden, in dem Ihr GKE-Cluster läuft.
- `_CLOUDSDK_COMPUTE_ZONE` sollte die Availability Zone Ihres Clusters enthalten (oder die Region, wenn es sich um ein regionales Cluster handelt).
- `_CLOUDSDK_CONTAINER_CLUSTER` ist der eigentliche Name Ihres GKE-Clusters.

Diese Variablen sorgen dafür, dass wir dieselbe YAML-Datei für das Deployen nach Staging wie auch nach Produktion nutzen können, selbst, wenn wir diese Umgebungen in verschiedenen Clustern oder sogar in getrennten GCP-Projekten betreiben wollen.

Haben Sie den Trigger für das Tag `staging` erstellt, probieren Sie ihn aus, indem Sie ein `staging`-Tag in das Repo pushen:

```
git tag -f staging
git push -f origin refs/tags/staging
Total 0 (delta 0), reused 0 (delta 0)
To github.com:domingusj/demo.git
 * [new tag]         staging -> staging
```

Wie zuvor können Sie den Build-Fortschritt beobachten *(https://console.cloud.google.com/projectselector/cloud-build/builds?supportedpurview=project&pli=1)*. Wenn alles planmäßig verläuft, sollte sich Cloud Build erfolgreich an Ihrem GKE-Cluster anmelden und die Staging-Version Ihrer Anwendung in den Namensraum `staging-demo` deployen. Sie können das prüfen, indem Sie einen Blick auf das GKE Dashboard *(https://console.cloud.google.com/kubernetes/workload)* werfen (oder `helm status` nutzen).

Führen Sie nun noch die gleichen Schritte durch, um einen Trigger für das Deployen in die Produktiv-Umgebung zu erstellen, der auf einen Push mit dem Tag `production` reagiert.

14.4.14 Die Build-Pipeline optimieren

Wenn Sie ein Container-basiertes CD-Pipeline-Tool wie Cloud Build verwenden, ist es wichtig, die Container für jeden Schritt so klein wie möglich zu gestalten (siehe Abschnitt 2.3.2). Wenn Sie jeden Tag Dutzende oder Hunderte von Builds laufen lassen, summiert sich die Pull-Time dicker Container durchaus zu einem hübschen Sümmchen.

Nutzen Sie beispielsweise Sops, um Secrets zu entschlüsseln (siehe Abschnitt 10.4), hat das offizielle Container-Image `mozilla/sops` eine Größe von 800 MiB. Wenn Sie mit einem Multi-Stage Build Ihr eigenes Image bauen, können Sie die Image-Größe bis auf etwa 20 MiB drücken. Da dieses Image bei jedem Build geladen wird, lohnt es sich wirklich, die Größe um den Faktor 40 zu verringern.

Es gibt unter *https://github.com/bitfield/sops* eine Sops-Version mit einem angepassten Dockerfile, um ein minimales Container-Image zu bauen.

14.4.15 Die Beispiel-Pipeline anpassen

Wir hoffen, dieses Beispiel hat die zentralen Konzepte einer CD-Pipeline deutlich gemacht. Wenn Sie Cloud Build verwenden, können Sie den Beispielcode als Ausgangspunkt für Ihre eigene Pipeline verwenden. Nutzen Sie andere Tools, sollte es recht einfach sein, die hier gezeigten Schritte in Ihrer eigenen Umgebung umzusetzen.

14.5 Zusammenfassung

Mit dem Einrichten einer Continuous Deployment Pipeline für Ihre Anwendungen können Sie Software konsistent, zuverlässig und schnell deployen. Idealerweise sollten Entwickler Code in das Quellcode-Repository einchecken und alle Build-, Test- und Deploy-Phasen werden dann automatisch durch eine zentrale Pipeline erledigt.

Weil es so viele Optionen für CD-Software und -Techniken gibt, können wir Ihnen nicht das eine Rezept präsentieren, das für jeden funktioniert. Stattdessen wollten wir Ihnen zeigen, wie und warum CD Vorteile bringt, und ein paar wichtige Punkte zum Nachdenken mitgeben, wenn es um die Umsetzung in Ihrer eigenen Organisation geht:

- Es ist beim Aufbau einer neuen Pipeline sehr wichtig, die richtigen CD-Tools zu wählen. Alle in diesem Buch erwähnten Tools können mit so gut wie allen bestehenden CD-Tools zusammenarbeiten.
- Jenkins, GitLab, Drone, Cloud Build und Spinnaker sind nur ein paar der beliebtesten CD-Tools, die gut mit Kubernetes zusammenspielen. Es gibt noch viele neuere Tools, wie zum Beispiel Gitkube, Flux und Keel, die speziell für das automatische Deployen auf Kubernetes-Cluster gedacht sind.
- Mit dem Definieren der Schritte einer Build-Pipeline als Code können Sie diese Schritte zusammen mit Ihrem Anwendungscode verfolgen und anpassen.
- Container ermöglichen es Entwicklern, Build-Artefakte in Umgebungen wie Test, Staging und schließlich Produktion zu bringen – idealerweise, ohne einen neuen Container bauen zu müssen.
- Unsere Beispiel-Pipeline mit Cloud Build sollte sich einfach an andere Tools und Anwendungs-Arten anpassen lassen. Die Schritte zum Bauen, Testen und Deployen sind in jeder CD-Pipeline mehr oder weniger gleich – unabhängig von den eingesetzten Tools oder der Art von zu erstellender Software.

15 Observability und Monitoring

An Bord eines Schiffes ist niemals alles völlig in Ordnung.

– William Langewiesche, The Outlaw Sea

In diesem Kapitel werden wir uns mit der Observability und dem Monitoring für Cloud Native Applications befassen. Was ist Observability? Wie steht es mit Monitoring in Zusammenhang? Wie monitoren, tracen und loggen Sie in Kubernetes und wie erstellen Sie Metriken?

15.1 Was ist Observability?

Observability (oder *Beobachtbarkeit*) mag Ihnen kein Begriff sein, aber er findet zunehmend Verbreitung, um die größere Welt auszudrücken, die über das klassische Monitoring hinausgeht. Kümmern wir uns zuerst um das *Monitoring*, bevor wir uns ansehen, wie dies durch Observability erweitert wird.

15.1.1 Was ist Monitoring?

Funktioniert Ihre Website gerade? Schauen Sie mal nach – wir warten so lange. Die simpelste Möglichkeit, herauszufinden, ob all Ihre Anwendungen und Services so laufen, wie sie es tun sollten, ist, sie sich direkt anzuschauen. Aber wenn wir in einem DevOps-Kontext über Monitoring reden, geht es uns fast immer um das *automatisierte Monitoring*.

Beim automatisierten Monitoring wird die Verfügbarkeit oder das Verhalten einer Website oder eines Service auf irgendeine programmatische Art und Weise geprüft – meist in regelmäßigen Zeitabständen und mit einer Möglichkeit, automatisch menschliche Techniker zu benachrichtigen, wenn es ein Problem gibt. Aber was definiert ein Problem?

15.1.2 Black-Box Monitoring

Schauen wir uns den einfachen Fall einer statischen Website an – zum Beispiel das Blog zu diesem Buch *(https://cloudnativedevopsblog.com)*. Wenn es gar nicht funktioniert, reagiert es einfach nicht oder Sie sehen eine Fehlermeldung im Browser (hoffentlich nicht, aber niemand ist vollkommen). Der einfachste Monitoring-Check für diese Site ist also, die Seite zu laden und den HTTP-Status-Code zu prüfen (200 steht für einen erfolgreichen Request). Sie könnten dies mit einem Befehlszeilen-HTTP-Client wie `httpie` oder `curl` durchführen. Wenn der Exit-Status des Clients nicht null ist, gab es beim Laden der Seite ein Problem.

Aber stellen Sie sich vor, etwas ist mit der Konfiguration des Webservers schiefgegangen und auch wenn der Server funktioniert und mit dem HTTP-Status `200 OK` reagiert, liefert er tatsächlich nur eine leere Seite aus (oder eine Standard- oder Willkommens-Seite – oder vielleicht auch einfach irgendeine falsche Seite). Unser sehr einfacher Monitoring-Check würde sich nicht beschweren, weil der HTTP-Request erfolgreich war. Aber für die Anwender ist die Site nicht nutzbar – sie können unsere faszinierenden und informativen Blog-Posts nicht lesen.

Ein ausgefeilterer Monitoring-Check hält stattdessen vielleicht Ausschau nach bestimmtem Text auf der Seite, wie zum Beispiel *Cloud Native DevOps*. Dies würde das Problem eines fehlkonfigurierten, aber laufenden Webservers aufdecken.

Mehr als statische Seiten

Sie können sich vorstellen, dass für komplexere Websites auch ein komplexeres Monitoring erforderlich ist. Wenn die Site beispielsweise dem Anwender die Möglichkeit bietet, sich anzumelden, kann der Monitoring-Check auch versuchen, sich mit einem vordefinierten Benutzer-Account anzumelden, und eine Warnung ausgeben, wenn das nicht funktioniert. Oder wenn die Site eine Suchfunktion besitzt, kann der Check ein Textfeld mit zu suchendem Text ausfüllen, das Anklicken des Such-Buttons simulieren und prüfen, ob die Ergebnisse einen erwarteten Text enthalten.

Bei einfachen Websites mag eine *Ja/Nein*-Antwort auf die Frage »Funktioniert sie?« ausreichend sein. Bei Cloud-Native-Anwendungen, die meist komplexere verteilte Systeme sind, teilt sich die Frage eher in mehrere Fragen auf:

- Ist meine Anwendung überall auf der Welt erreichbar? Oder nur in bestimmten Regionen?
- Wie lange dauert das Laden für die meisten meiner Anwender?
- Was ist mit Anwendern, die nur eine langsame Leitung haben?
- Funktionieren alle Features meiner Website wie erwartet?
- Funktionieren bestimmte Features langsam oder gar nicht und wie viele Benutzer sind betroffen?

- Was passiert mit meiner Anwendung, wenn sie von einem Service von dritter Seite abhängt und dieser fehlerhaft oder nicht verfügbar ist?
- Was passiert, wenn mein Cloud-Provider einen Ausfall hat?

Es wird immer klarer, dass in der Welt des Monitorings von Cloud-Native Distributed Systems überhaupt nicht viel klar ist.

Die Grenzen des Black-Box Monitoring

Aber egal, wie kompliziert diese Checks werden – sie fallen alle in dieselbe Monitoring-Kategorie: *Black-Box Monitoring*. Black-Box Checks beobachten nur – wie der Name schon sagt – das externe Verhalten eines Systems, ohne zu versuchen, herauszufinden, was darin abläuft.

Bis vor ein paar Jahren war Black-Box Monitoring – durchgeführt von beliebten Tools wie Nagios, Icinga, Zabbix, Sensu oder Check_MK – mehr oder weniger State of the Art. Um das klarzustellen: *Jede* Form von Monitoring für Ihre Systeme ist deutlich besser als gar kein Monitoring. Aber Black-Box Checks haben ihre Grenzen:

- Sie können nur vorhersehbare Fehler erkennen (zum Beispiel, dass eine Website nicht reagiert).
- Sie prüfen nur das Verhalten von Teilen des Systems, die nach außen sichtbar sind.
- Sie sind passiv und reaktiv – sie machen Sie erst auf ein Problem aufmerksam, *nachdem* es eingetreten ist.
- Sie können die Frage beantworten, was kaputt ist, aber nicht die viel wichtigere Frage, warum es kaputt ist.

Um die Frage nach dem *Warum* zu beantworten, müssen wir über das Black-Box Monitoring hinausgehen.

Es gibt noch ein weiteres Problem mit dieser Art von *Up/Down*-Test – was heißt *Up* überhaupt?

15.1.3 Was heißt »Up«?

In Operations ist es üblich, die Resilienz und Verfügbarkeit unserer Anwendungen als *Uptime* zu messen – meist einem Prozentwert. So war zum Beispiel eine Anwendung mit 99 % Uptime nicht mehr als 1 % des relevanten Zeitabschnitts nicht verfügbar. 99,9 % Uptime – auch als *Three Nines* bezeichnet – steht für etwa neun Stunden Downtime pro Jahr, was für die durchschnittliche Webanwendung ein guter Wert ist. Four Nines (99,99 %) ist weniger als eine Stunde Downtime pro Jahr und Five Nines (99,999 %) sind nur etwa fünf Minuten.

Sie denken nun vielleicht: »Je mehr Neunen, desto besser.« Aber wenn Sie es so betrachten, lassen Sie einen wichtigen Punkt außer Acht:

Neunen sind nicht wichtig, wenn die Benutzer nicht glücklich sind.

– Charity Majors (https://red.ht/2FMZcMZ)

Neunen sind nicht wichtig, wenn die Benutzer nicht glücklich sind

Eine Redensart besagt, dass das, was man misst, auch maximiert wird. Also achten Sie sehr genau darauf, was Sie messen. Wenn Ihr Service für die Anwender nicht funktioniert, ist es egal, was Ihre internen Metriken besagen – *der Service ist down*. Es gibt viele Möglichkeiten, warum ein Service die Anwender unglücklich macht, auch wenn er nominell *Up* ist.

Um mal einen offensichtlichen Grund zu nennen: Was, wenn Ihre Website zum Laden zehn Sekunden benötigt? Vielleicht funktioniert sie danach super, aber wenn sie zu langsam reagiert, ist das, als ob sie ganz down wäre. Die Anwender werden sich woanders hinwenden.

Klassisches Black-Box Monitoring versucht eventuell, dieses Problem anzugehen, indem es eine Ladezeit von vielleicht fünf Sekunden als *Up* klassifiziert und alles darüber hinaus als *Down* ansieht und eine Benachrichtigung verschickt. Aber was ist, wenn die Benutzer ganz unterschiedliche Ladezeiten erfahren – von zwei bis zehn Sekunden? Bei einer harten Grenze könnten Sie den Service für manche Benutzer als *Down* ansehen, für andere aber als *Up*. Was ist, wenn die Ladezeiten für die Anwender in Nordamerika in Ordnung sind, die Site von Europa oder Asien aus aber unbenutzbar ist?

Cloud-Native-Anwendungen sind niemals Up

Sie können zwar immer komplexere Regeln und Schwellenwerte definieren, um eine *Up/Down*-Antwort zum Status des Service zu erhalten, aber in Wirklichkeit ist die Frage komplett kaputt. Verteilte Systeme wie Cloud-Native-Anwendungen sind niemals *Up (https://red.ht/2hMHwSL)* – sie befinden sich dauerhaft in einem Zustand einer bereichsweisen Teilfunktionalität.

Das ist ein Beispiel für eine Klasse von Problemen, die als *Gray Failures* bezeichnet werden *(https://blog.acolyer.org/2017/06/15/gray-failure-the-achilles-heel-of-cloud-scale-systems)*. Sie sind per Definition schwer zu entdecken, insbesondere mit nur einer Sichtweise oder Beobachtung.

Black-Box Monitoring mag also ein guter Ausgangspunkt für Ihre Observability-Entwicklung sein, aber es muss Ihnen klar sein, dass Sie dort nicht aufhören dürfen. Schauen wir, ob es besser geht.

15.1.4 Logging

Die meisten Anwendungen erzeugen die eine oder andere Art von *Logs*. Dabei handelt es sich um eine Reihe von Datensätzen, die meist mit einem Zeitstempel versehen sind, um kenntlich zu machen, wann und in welcher Reihenfolge sie geschrieben wurden. So zeichnet beispielsweise ein Webserver jeden Request in seinen Logs auf, unter anderem mit Informationen wie:

- der angeforderten URL,
- der IP-Adresse des Clients oder
- dem HTTP-Status des Response.

Wenn die Anwendung auf einen Fehler trifft, loggt sie das normalerweise zusammen mit Informationen, die für die Techniker manchmal hilfreich sind, um die Ursache des Problems zu finden.

Häufig werden die Logs verschiedener Anwendungen und Services in einer zentralen Datenbank (zum Beispiel Elasticsearch) *aggregiert*, wo sie dann abgefragt und grafisch dargestellt werden können, um bei einer Fehlersuche Unterstützung zu erhalten. Tools wie Logstash und Kibana oder gehostete Services wie Splunk oder Loggly sind dazu gedacht, Ihnen dabei zu helfen, große Mengen an Log-Daten einzusammeln und zu analysieren.

Die Grenzen des Logging

Logs können nützlich sein, aber sie haben auch ihre Grenzen. Die Entscheidung darüber, was geloggt wird und was nicht, trifft der Programmierer, während die Anwendung geschrieben wird. Daher können Logs – wie Black-Box Checks – nur Fragen beantworten oder Probleme aufdecken, die sich vorhersagen lassen.

Es kann zudem ausgesprochen schwierig sein, Informationen aus den Logs zu ziehen, weil jede Anwendung die Logs in einem anderen Format schreibt und die Techniker dann angepasste Parser für jede Art von Log-Datensatz schreiben müssen, um sie in nützliche numerische oder Event-Daten umzuwandeln.

Weil Logs genug Informationen aufzeichnen müssen, um jede denkbare Art von Problem diagnostizieren zu können, haben sie meist ein schlechtes Signal/Rausch-Verhältnis. Loggen Sie alles, ist es schwierig und zeitaufwendig, durch Hunderte Seiten von Logs zu waten, um die eine Fehlermeldung zu finden, die Sie benötigen. Loggen Sie nur gelegentlich Fehler, ist es schwer zu wissen, was *normal* bedeutet.

Logs lassen sich schlecht skalieren

Logs skalieren auch nicht sehr gut mit zunehmendem Traffic. Wenn jeder Benutzer-Request eine Log-Zeile erzeugt, die an den Aggregator geschickt werden muss, verlieren Sie eventuell viel Netzwerk-Bandbreite (die damit dann nicht mehr Benutzeranfragen zur Verfügung steht) und Ihr Log-Aggregator kann zum Flaschenhals werden.

Viele gehostete Logging-Provider rechnen auch nach der Menge an Logs ab, die Sie erzeugen, was verständlich, aber unglücklich ist – so werden Sie finanziell dafür belohnt, weniger Informationen zu loggen, weniger Anwender zu haben, weniger Traffic auszuliefern!

Das Gleiche gilt für selbst gehostete Logging-Lösungen: Je mehr Daten Sie speichern, desto mehr Hardware, Storage und Netzwerk-Ressourcen müssen Sie bezahlen und umso mehr Techniker-Zeit geht dafür drauf, alleine die Log-Aggregation am Laufen zu halten.

Ist Logging in Kubernetes nützlich?

Wir haben in Abschnitt 7.3.1 ein bisschen darüber berichtet, wie Container Logs erzeugen und wie Sie diese direkt in Kubernetes anschauen können. Das ist für einzelne Container eine hilfreiche Technik beim Debuggen.

Loggen Sie, sollten Sie statt reiner Text-Datensätze lieber strukturierte Daten nutzen, wie zum Beispiel in JSON, die automatisch geparst werden können (siehe Abschnitt 15.2).

Eine zentrale Log-Aggregierung (mit Services wie ELK) kann bei Kubernetes-Anwendungen hilfreich sein, aber das ist noch nicht alles. Es gibt zwar ein paar Business Use Cases für ein zentrales Logging (zum Beispiel Audit- und Sicherheits-Anforderungen oder Customer Analytics), aber Logs können uns nicht all die Informationen geben, die wir für eine echte Observability benötigen. Dafür müssen wir über Logs hinausschauen und uns etwas viel Mächtigerem zuwenden.

15.1.5 Metriken

Ein ausgefeilterer Weg, Informationen über Ihre Services zu sammeln, ist der Einsatz von *Metriken*. Wie der Name schon andeutet, ist eine Metrik ein numerischer Messwert von etwas. Abhängig von der Anwendung können relevante Metriken unter anderem enthalten:

- Die Anzahl an Requests, die aktuell verarbeitet werden
- Die Anzahl an Requests pro Minute (oder pro Sekunde oder pro Stunde)
- Die Anzahl an Fehlern, die beim Abarbeiten von Requests aufgetreten sind
- Die durchschnittliche Zeit, die beim Bedienen eines Requests benötigt wird (oder die maximale Zeit oder die 99. Perzentile)

Es ist auch hilfreich, neben Metriken über Ihre Anwendungen solche über Ihre Infrastruktur zu sammeln:

- Die CPU-Auslastung einzelner Prozesse oder Container
- Die Disk-I/O-Aktivität von Knoten und Servern
- Der ein- und ausgehende Netzwerk-Traffic von Maschinen, Clustern oder Load Balancern

Metriken helfen beim Beantworten des Warum

Metriken eröffnen eine neue Dimension des Monitorings, die über das schlichte *funktioniert/funktioniert nicht* hinausgeht. Wie der Tacho in Ihrem Auto oder die Temperaturskala Ihres Thermometers liefern sie numerische Informationen über das, was gerade geschieht. Anders als Logs können Metriken problemlos auf diversen Wegen verarbeitet werden: Es lassen sich Diagramme zeichnen, Statistiken erstellen oder bei vordefinierten Grenzwerten Alarme auslösen. So könnte Ihr Monitoring-System Sie zum Beispiel benachrichtigen, wenn die Fehlerrate für eine Anwendung in einem bestimmten Zeitraum 10 % überschreitet.

Metriken können auch beim Beantworten des *Warum* helfen. Stellen Sie sich beispielsweise vor, dass Anwender mit langen Response-Zeiten Ihrer App kämpfen (High *Latency*). Sie schauen sich die Metriken an und sehen, dass die Spitze der *Latency*-Metrik mit einer Spitze der *CPU-Auslastung* zusammenhängt. Damit haben Sie gleich einen ersten Hinweis, wo Sie mit der Suche nach dem Problem anfangen sollten. Vielleicht ist die Komponente überlastet, versucht wiederholt, eine fehlerhafte Operation auszuführen oder der Host-Knoten hat ein Hardware-Problem.

Metriken helfen dabei, Probleme vorherzusehen

Metriken können auch *prediktiv* sein: Wenn Dinge schiefgehen, tun sie das normalerweise nicht ganz plötzlich. Bevor sich ein Problem bei Ihnen oder Ihren Anwendern bemerkbar macht, kann ein Anstieg einer Metrik schon darauf hinweisen, dass Ärger im Anmarsch ist.

So steigt vielleicht die Festplatten-Auslastung nach und nach und erreicht irgendwann den Punkt, an dem die Platte tatsächlich voll ist und es zu Fehlern kommt. Werden Sie wegen dieser Metrik benachrichtigt, bevor die echten Fehler auftreten, könnten Sie eventuell verhindern, dass das geschieht.

Manche Systeme nutzen sogar Techniken des maschinellen Lernens, um Metriken zu analysieren, Anomalien zu erkennen und Annahmen zur Ursache zu treffen. Das kann hilfreich sein, insbesondere in komplexen, verteilten Systemen, aber meist reicht auch schon die Möglichkeit, Metriken zu sammeln, grafisch darzustellen und sich benachrichtigen zu lassen.

Metriken überwachen Anwendungen im Inneren

Bei Black-Box Checks müssen die Techniker Annahmen über die interne Implementierung der App oder des Service annehmen und abschätzen, was für Fehler geschehen und welche Auswirkungen das auf das externe Verhalten haben könnte. Metriken erlauben es den Anwendungsentwicklern, im Gegensatz dazu zentrale Informationen über die verborgenen Aspekte des Systems zu exportieren – basierend auf ihrem Wissen, wie es tatsächlich funktioniert (oder eben auch fehlschlägt):

> *Hören Sie damit auf, Anwendungen per Reverse Engineering zu untersuchen, und beginnen Sie damit, Monitoring aus dem Inneren zu betreiben.*
>
> – *Kelsey Hightower, Monitorama 2016 (https://vimeo.com/173610242)*

Tools wie Prometheus, statsd und Graphite oder Hosted Services wie Datadog, New Relic oder Dynatrace kommen oft zum Einsatz, um Metrik-Daten zu sammeln und zu managen.

Sie werden in Kapitel 16 mehr über Metriken erfahren, unter anderem auch, worauf Sie sich fokussieren und was Sie mit ihnen anstellen sollten. Beschließen wir jetzt unseren Überblick der Observability mit dem Tracing.

15.1.6 Tracing

Eine weitere nützliche Technik im Monitoring-Werkzeugkasten ist das *Tracing*. Vor allem in verteilten Systemen ist es ausgesprochen wichtig. Metriken und Logs können Ihnen sagen, was auf jeder einzelnen Komponente Ihres Systems geschieht, aber Tracing folgt einem einzelnen Benutzer-Request über seinen gesamten Lebenszyklus.

Stellen Sie sich vor, Sie wollen herausfinden, warum manche Anwender bei ihren Requests eine sehr hohe Latenz erfahren. Sie schauen sich die Metriken jeder Ihrer System-Komponenten an: Load Balancer, Ingress, Webserver, Anwendungs-Server, Datenbank, Message Bus und so weiter, und alles erscheint normal. Wo liegt also das Problem?

Tracen Sie einen einzelnen (hoffentlich repräsentativen) Request vom Öffnen der Anwender-Verbindung bis zu ihrem Schließen, erhalten Sie ein Bild davon, wie sich die gesamte Latenz auf die Reise des Requests durch das System aufteilt.

So finden Sie vielleicht heraus, dass die einzelnen Schritte in der Pipeline jeweils gar nicht so viel Zeit verbrauchen – nur die Datenbank braucht 100 Mal länger als üblich. Auch wenn die Datenbank wunderbar läuft und ihre Metriken keine Probleme anzeigen, muss aus irgendeinem Grund der Anwendungs-Server sehr lange darauf warten, dass Requests an die Datenbank abgeschlossen werden.

Sie finden schließlich heraus, dass es an zu viel verlorenen Paketen bei einer Netzwerkverbindung zwischen den Anwendungs-Servern und dem Datenbank-Server liegt. Ohne die *Sichtweise des Requests*, die Sie durch das Distributed Tracing einnehmen konnten, ist es schwer, solche Probleme zu erkennen.

Beliebte Tools zum Distributed Tracing sind Zipkin, Jaeger und LightStep. Der Entwickler Masroor Hasan hat unter *https://medium.com/@masroor.hasan/tracing-infrastructure-with-jaeger-on-kubernetes-6800132a677* ein hilfreiches Blog-Post geschrieben, in dem erklärt wird, wie man Jaeger für ein Distributes Tracing in Kubernetes einsetzt.

Das OpenTracing-Framework (*https://opentracing.io*, Teil der Cloud Native Computing Foundation) hat zum Ziel, einen Standard-Satz von APIs und Bibliotheken für das Distributed Tracing bereitzustellen.

15.1.7 Observability

Weil der Begriff *Monitoring* für jeden etwas anderes bedeutet – von den guten, alten Black-Box Checks bis hin zu einer Kombination aus Metriken, Logging und Tracing –, hat es sich eingebürgert, *Observability* als umfassenden Begriff zu nutzen, der all diese Techniken abdeckt. Die Observability Ihres Systems beschreibt, wie gut es zu messen ist und wie leicht Sie herausfinden können, was gerade darin geschieht. Manche Leute sagen, dass Observability eine Obermenge des Monitorings ist, andere, dass sie eine ganz andere Mentalität als beim klassischen Monitoring bedeutet.

Vielleicht lassen sich diese beiden Begriffe am nützlichsten unterscheiden, indem man sagt, dass das Monitoring Ihnen mitteilt, *ob das System funktioniert*, während Sie sich bei der Observability fragen, *warum es nicht funktioniert*.

Observability dreht sich um Verstehen

Allgemeiner geht es bei Observability um *Verstehen*: Was tut Ihr System und wie tut es das? Rollen Sie beispielsweise eine Codeänderung aus, die dazu gedacht ist, die Performance eines bestimmten Features um 10 % zu verbessern, kann Ihnen die Observability sagen, ob das erfolgreich war oder nicht. Wenn die Performance nur ein bisschen besser wurde oder sogar etwas schlechter, müssen Sie sich den Code nochmals anschauen.

Wenn die Performance andererseits um 20 % angestiegen ist, war die Änderung erfolgreicher, als Sie erwartet haben, und vielleicht müssen Sie darüber nachdenken, warum Ihre Vorhersage zu kurz gegriffen hat.

Observability hilft Ihnen dabei, Ihr gedankliches Modell über die Interaktion der verschiedenen Teile Ihres Systems aufzubauen und zu verfeinern.

Und bei Observability geht es auch um *Daten*. Wir müssen wissen, welche Daten wir erzeugen, welche wir sammeln, wie wir sie aggregieren (wenn überhaupt), auf welche Ergebnisse wir uns fokussieren und wie wir sie abfragen und anzeigen.

Software ist nicht transparent

Beim klassischen Monitoring haben wir viele Daten über die *Maschinerie* – CPU-Last, Festplatten-Aktivität, Netzwerk-Pakete und so weiter. Aber es ist schwierig, daraus darauf zurückzuschließen, was unsere *Software* tut. Dazu müssen wir die Software selbst mit Messpunkten ausstatten:

> *Software ist standardmäßig nicht transparent – sie muss Daten erzeugen, damit Menschen sehen können, was sie tut. Observable Systeme ermöglichen es Menschen, die Frage »Funktioniert es korrekt?« zu beantworten – und wenn die Antwort »Nein« lautet, die Auswirkungen zu diagnostizieren und zu ermitteln, was falsch läuft.*
>
> *– Christine Spang (Nylas, https://twitter.com/jetarrant/status/1025122034735435776)*

Eine Observability-Kultur schaffen

Noch allgemeiner geht es bei Observability um *Kultur.* Ein zentraler Grundsatz der DevOps-Philosophie ist, die Schleife zwischen dem Entwickeln von Code und dem Ausführen im großen, produktiven Maßstab zu schließen. Entwickler und Operations-Mitarbeiter müssen eng zusammenarbeiten, um Services observabel zu machen, und dann den besten Weg zu erarbeiten, wie die bereitgestellten Informationen konsumiert werden und darauf reagiert wird:

> *Ziel eines Observability-Teams ist es nicht, Logs, Metriken oder Traces zu sammeln. Es geht darum, eine Entwicklungs-Kultur zu schaffen, die auf Fakten und Feedback beruht, und diese Kultur dann in der Organisation zu verbreiten.*
>
> *– Brian Knox (Digital Ocean, https://twitter.com/taotetek/status/974989022115323904)*

15.2 Die Observability-Pipeline

Wie funktioniert Observability praktisch gesehen? Meist hat man mehrere Datenquellen (Logs, Metriken und so weiter), die eher ad hoc an unterschiedlichen Orten abgelegt sind.

So können Ihre Logs beispielsweise an einen ELK-Server gehen, während die Metriken an drei oder vier verschiedene Managed Services geschickt werden und die klassischen Monitoring-Checks zu noch einem anderen Service wandern. Das ist nicht ideal.

Zum einen lässt es sich nur schwer skalieren. Je mehr Datenquellen und Speicherorte Sie haben, desto mehr Querverbindungen gibt es und desto mehr Traffic entsteht durch diese Verbindungen. Es ist nicht sinnvoll, Entwicklungszeit zu investieren, um all diese verschiedenen Arten von Verbindungen stabil und zuverlässig zu gestalten.

Und je enger Sie Ihre Systeme mit bestimmten Lösungen oder Providern verbinden, desto schwerer ist es, sie zu verändern oder Alternativen auszuprobieren.

Ein Weg, dieses Problem anzugehen, der zunehmend Verbreitung findet, ist die *Observability-Pipeline (https://dzone.com/articles/the-observability-pipeline)*:

> *Mit einer Observability-Pipeline entkoppeln wir die Datenquellen von den Zielen und stellen einen Puffer zur Verfügung. Damit lassen sich die Observability-Daten leichter konsumieren. Wir müssen uns nicht länger überlegen, welche Daten wir von Containern, VMs und Infrastruktur schicken, wohin wir sie senden und wie wir das tun. Stattdessen werden alle Daten in die Pipeline geschickt, die sie filtert und an die richtigen Orte verteilt. So haben wir auch eine größere Flexibilität, wenn wir Datenziele hinzufügen oder entfernen, und wir bekommen einen Puffer zwischen den Datenproduzenten und -empfängern.*
>
> *– Tyler Treat*

Eine Observability-Pipeline bietet eine Menge Vorteile. Jetzt geht es beim Hinzufügen einer neuen Datenquelle nur noch darum, sie mit Ihrer Pipeline zu verbinden. Und eine neue Darstellung oder ein Benachrichtigungs-Service wird einfach zu weiteren Konsumenten der Pipeline.

Weil die Pipeline Daten puffert, geht nichts verloren. Steigt plötzlich der Traffic an und entstehen massenhaft Metrik-Daten, bleiben diese in der Pipeline, statt verloren zu gehen.

Bei einer Observability-Pipeline müssen Sie ein Standard-Metrik-Format nutzen (siehe Abschnitt 16.6.1) und idealerweise strukturiertes Logging von Anwendungen mit JSON oder einem anderen sinnvollen serialisierten Datenformat verwenden. Statt reine Textlogs auszugeben und diese später mit fragilen regulären Ausdrücken zu parsen, setzen Sie gleich von Anfang an auf strukturierte Daten.

15.3 Monitoring in Kubernetes

Jetzt verstehen Sie ein bisschen besser, was Black-Box Monitoring ist und wie es ganz allgemein zu Observability steht. Schauen wir nun, wie es sich bei Kubernetes-Anwendungen einsetzen lässt.

15.3.1 Externe Black-Box Checks

Wie Sie gesehen haben, kann Ihnen Black-Box Monitoring nur sagen, dass Ihre Anwendung down ist. Aber das ist immer noch eine sehr nützliche Information. Bei einer Cloud-Native-Anwendung kann alles Mögliche schiefgehen und trotzdem lassen sich vielleicht noch ein paar Requests anständig bearbeiten. Techniker können eventuell daran arbeiten, interne Probleme wie langsame Abfragen oder gestiegene Fehlerraten zu beheben, ohne dass die Anwender etwas bemerken.

Aber eine kritischere Problem-Klasse führt zu vollständigen *Outages* – die Anwendung ist nicht verfügbar oder funktioniert für die meisten Benutzer einfach nicht. Das ist für die Anwender schlecht und abhängig von der App kann das auch für Ihre Firma schlecht sein. Um einen Outage zu erkennen, muss Ihr Monitoring den Service genauso konsumieren, wie das ein Benutzer tun würde.

Das Monitoring imitiert das Benutzerverhalten

Handelt es sich beispielsweise um einen HTTP-Service, muss das Monitoring-System HTTP-Requests stellen, statt einfach nur TCP-Verbindungen zu prüfen. Liefert der Service nur statischen Text zurück, kann das Monitoring prüfen, ob der Text zu bestimmten erwarteten Strings passt. Normalerweise ist es aber ein bisschen komplizierter, und wie Sie in Abschnitt 15.1.2 gesehen haben, können auch Ihre Checks komplizierter werden.

Bei einem Outage ist es aber sehr wahrscheinlich, dass schon eine einfache Text-Kontrolle ausreicht, um zu klären, ob die Anwendung down ist. Es reicht allerdings nicht, diese Black-Box Checks innerhalb Ihrer Infrastruktur durchzuführen (zum Beispiel in Kubernetes). Ein Outage kann auch durch allerlei Probleme und Ausfälle zwischen dem Anwender und der äußeren Grenze Ihrer Infrastruktur entstehen, unter anderem durch:

- schlechte DNS-Records
- Netzwerk-Trennung
- Paketverluste
- fehlkonfigurierte Router
- fehlende oder schlechte Firewall-Regeln
- Ausfälle des Cloud-Providers

In all diesen Situationen werden Ihre internen Metriken und ein internes Monitoring eventuell gar keine Probleme anzeigen. Daher sollte es Ihre wichtigste Aufgabe in Bezug auf Observability sein, die Verfügbarkeit Ihrer Services von einem Punkt aus zu monitoren, der außerhalb Ihrer eigenen Infrastruktur liegt. Es gibt viele Services von dritter Seite, die diese Art von Monitoring für Sie erledigen (manchmal als Monitoring as a Service oder MaaS bezeichnet), unter anderem Uptime Robot, Pingdom oder Wormly.

Bauen Sie sich keine eigene Monitoring-Infrastruktur auf

Die meisten dieser Services sind entweder kostenlos oder sie verlangen nur eine ziemlich geringe Gebühr. Was auch immer Sie für sie zahlen – betrachten Sie es als wichtige operative Ausgaben. Versuchen Sie nicht, Ihre eigene externe Monitoring-Infrastruktur aufzubauen – es lohnt sich nicht. Die jährlichen Kosten einer Pro-Subskription von Uptime Robot dürften geringer sein als auch nur eine Stunde Ihrer Techniker.

Achten Sie bei einem Provider für externes Monitoring auf folgende wichtige Features:

- HTTP/HTTPS-Checks
- Erkennen, ob Ihr TLS-Zertifikat ungültig oder ausgelaufen ist
- Schlüsselwort-Erkennung (Warnung, wenn das Schlüsselwort fehlt *oder* wenn es auftaucht)
- Automatisches Erstellen oder Anpassen von Checks über eine API
- Warnungen per E-Mail, SMS, Webhook oder einen anderen, einfachen Mechanismus

In diesem Buch unterstützen wir immer wieder die Idee von Infrastructure as Code, daher sollte es möglich sein, Ihre externen Monitoring-Checks ebenfalls durch Code zu automatisieren. So besitzt beispielsweise Uptime Robot eine einfache REST-API für das Erstellen neuer Checks und Sie können sie mit einer Client-Bibliothek oder einem Befehlszeilen-Tool wie `uptimerobot` *(https://github.com/bitfield/uptimerobot)* automatisieren.

Es ist egal, welchen externen Monitoring-Service Sie verwenden, solange Sie überhaupt einen verwenden. Aber das reicht nicht aus. Im nächsten Abschnitt werden wir zeigen, was Sie tun können, um den Status von Anwendungen innerhalb des Kubernetes-Clusters selbst zu monitoren.

15.3.2 Interne Health-Checks

Fehler treten in Cloud-Native-Anwendungen auf komplexen, unvorhersehbaren und schwer zu entdeckenden Wegen auf. Anwendungen müssen so entworfen sein, dass sie widerstandsfähig sind und möglichst elegant Teile deaktivieren können *(Graceful Degradation)*, falls es zu unerwarteten Ausfällen kommt. Ironischerweise lassen sich solche Ausfälle aber umso schlechter durch Black-Box Monitoring erkennen, je resilienter die Applikationen sind.

Um dieses Problem zu lösen, können und sollten Anwendungen ihre eigenen Health Checks durchführen. Der Entwickler eines bestimmten Features oder Service weiß am besten, was *healthy* bedeutet, und er kann Code schreiben, um dies zu prüfen und die Ergebnisse so bereitzustellen, dass sie außerhalb des Containers kontrolliert werden können (zum Beispiel über einen HTTP-Endpoint).

Sind die Anwender glücklich?

Kubernetes stellt uns einen einfachen Mechanismus für Anwendungen zur Verfügung, über den sie ihre Liveness und Readiness mitteilen können (siehe Abschnitt 5.2.1) – das ist schon einmal ein guter Ausgangspunkt. Normalerweise sind die Liveness- und Readiness-Proben in Kubernetes ziemlich schlicht – die Anwendung reagiert auf Requests immer mit »OK«. Wenn sie nicht reagiert, geht Kubernetes dann davon aus, dass sie down oder nicht bereit ist.

Aber wie viele Programmierer aus bitterer Erfahrung wissen: Nur weil ein Programm läuft, heißt das nicht unbedingt, dass es korrekt arbeitet. Eine ausgefeiltere Readiness-Probe sollte daher fragen: »Was braucht diese Anwendung, damit sie ihre Arbeit machen kann?«

Wenn sie beispielsweise mit einer Datenbank sprechen muss, kann sie prüfen, ob es eine gültige und funktionierende Datenbank-Verbindung gibt. Wenn sie von anderen Services abhängt, kann sie die Verfügbarkeit dieser Services prüfen. (Weil Health Checks regelmäßig ausgeführt werden, sollten sie aber nicht allzu teuer sein, um das Bedienen der Requests echter Anwender nicht auszubremsen.)

Beachten Sie, dass wir auf die Readiness-Probe immer noch nur eine binäre Ja/Nein-Antwort geben. Nur ist diese Antwort mit mehr Wissen hinterlegt. Wir wollen aber eine möglichst genaue Antwort auf die Frage haben, ob die Anwender glücklich sind.

Services und Circuit Breaker

Sie wissen ja: Wenn der *Liveness*-Check eines Containers fehlschlägt, startet Kubernetes ihn automatisch neu in einer exponentiellen Backoff-Schleife. Ist mit dem Container eigentlich alles in Ordnung, aber eine der Dependencies hat ein Problem, ist das nicht sehr hilfreich. Die Semantik eines fehlschlagenden *Readiness*-Checks hingegen lautet: »Ich bin in Ordnung, aber ich kann momentan keine Benutzer-Requests beantworten.«

In dieser Situation wird der Container aus allen Services entfernt, für die er eingetragen ist, und Kubernetes schickt keine Requests mehr an ihn, bis er wieder bereit ist. Das ist eine bessere Vorgehensweise bei fehlschlagenden Dependencies.

Stellen Sie sich vor, Sie haben eine Kette von zehn Microservices, die jeweils vom nächsten abhängen, um entscheidende Teile ihrer Arbeit zu erledigen. Der letzte Service in der Kette hat nun ein Problem. Der vorletzte Service in der Kette erkennt das und seine Readiness-Probe ist nicht mehr erfolgreich. Kubernetes koppelt ihn ab, der nächste Service in der Reihe wird darauf aufmerksam und so weiter. Schließlich schlägt der vorderste Service fehl und es wird (hoffentlich) eine Warnung durch das Black-Box Monitoring ausgelöst.

Ist das Problem an der Wurzel gelöst oder vielleicht durch einen automatischen Neustart behoben, werden nach und nach alle anderen Services in der Kette wieder verfügbar, ohne neu gestartet werden zu müssen oder ihren Status verloren zu haben. Das ist ein Beispiel für ein *Circuit Breaker Pattern (https://martinfowler.com/bliki/CircuitBreaker.html)*. Erkennt eine Anwendung ein Problem im Downstream, nimmt sie sich selbst aus dem Service (über den Readiness-Check), um zu verhindern, dass weiterhin Requests bei ihr landen, bis das Problem behoben ist.

Graceful Degradation

Während ein Circuit Breaker nützlich ist, um Probleme so schnell wie möglich an die Oberfläche zu bringen, sollten Sie Ihre Services so entwerfen, dass nicht das ganze System ausfällt, wenn eine oder mehrere Komponenten nicht verfügbar sind. Versuchen Sie stattdessen, bei Ihren Services eine *Graceful Degradation* umzusetzen – auch wenn sie nicht alles tun können, wozu sie gedacht sind, lassen sich manche Dinge vielleicht noch erledigen.

In verteilten Systemen müssen wir annehmen, dass Services, Komponenten und Verbindungen die ganze Zeit aus seltsamen Gründen in unregelmäßigen Abständen ausfallen. Ein resilientes System kann damit umgehen, ohne vollständig zu versagen.

15.4 Zusammenfassung

Über Monitoring lässt sich viel erzählen. Wir haben nicht den Platz, um über all das zu schreiben, was wir gerne sagen würden, aber wir hoffen, dass Ihnen dieses Kapitel ein paar nützliche Informationen über klassische Monitoring-Techniken vermitteln konnte, was sie können und was sie nicht können und wie sich die Dinge in einer Cloud-Native-Umgebung ändern müssen.

Die Idee der *Observability* sorgt für einen besseren Überblick, als uns klassische Log-Dateien und Black-Box Checks vermitteln können. Metriken sind ein wichtiger Teil dieser Idee und im nächsten und abschließenden Kapitel werden wir die Welt der Metriken in Kubernetes genauer betrachten.

Bevor Sie umblättern, rufen Sie sich aber nochmals diese zentralen Punkte in Erinnerung:

- Black-Box Monitoring-Checks beobachten das externe Verhalten eines Systems, um vorhersagbare Fehler zu erkennen.
- Verteilte Systeme zeigen die Grenzen des klassischen Monitorings auf, weil sie nicht entweder *Up* oder *Down* sind – sie funktionieren dauerhaft nur teilweise. Mit anderen Worten: An Bord eines Schiffes ist niemals alles völlig in Ordnung.
- Logs können bei der Fehlersuche nach Zwischenfällen hilfreich sein, sie lassen sich aber nur schlecht skalieren.

- Metriken eröffnen eine völlig neue Dimension über das schlichte *funktioniert/ funktioniert nicht* hinaus und sie liefern Ihnen fortlaufend numerische Zeitreihen zu Hunderten oder Tausenden von Aspekten Ihres Systems.
- Metriken können Ihnen dabei helfen, die Frage nach dem *Warum* zu beantworten und problematische Trends zu erkennen, bevor diese zu Ausfällen führen.
- Beim Tracing werden Ereignisse mit präzisem Zeitablauf über den Lebenszyklus eines einzelnen Requests verfolgt, um Ihnen dabei zu helfen, Performance-Probleme zu klären.
- Observability ist die Vereinigung von klassischem Monitoring, Logging, Metriken und Tracing und allen anderen Wegen, wie Sie Ihr System verstehen können.
- Observability steht auch für einen Wechsel hin zu einer Team-Kultur des Entwickelns, das auf Fakten und Feedback beruht.
- Es ist weiterhin wichtig, mit externen Black-Box Checks zu prüfen, ob Ihre Frontend-Services laufen. Aber versuchen Sie nicht, selbst welche zu bauen: Greifen Sie lieber auf Dienste von dritter Seite zurück, wie zum Beispiel Uptime Robot.
- Neunen sind nicht wichtig, wenn die Benutzer nicht glücklich sind.

16 Metriken in Kubernetes

Es ist möglich, soviel über eine Sache zu wissen, dass man völlig unwissend wird.

– Frank Herbert, Die Ordensburg des Wüstenplaneten

In diesem Kapitel nehmen wir das Konzept der Metriken, das wir in Kapitel 15 vorgestellt haben, und gehen in die Details: Was für Arten von Metriken gibt es, welche sind für Cloud Native Services wichtig, auf welche Metriken konzentrieren Sie sich, wie analysieren Sie Metrik-Daten, um empirisch unterfütterte Aktionen auszuführen, und wie verwandeln Sie die rohen Metrik-Daten in nützliche Dashboards und Alarme? Und schließlich stellen wir ein paar der Tools und Plattformen rund um Metriken vor.

16.1 Was sind Metriken wirklich?

Da ein Observability-Ansatz über Metriken für die DevOps-Welt recht neu ist, wollen wir einen Moment dazu nutzen, zu erklären, was Metriken genau sind und wie man sie am besten einsetzt.

Wie Sie in Abschnitt 15.1.5 gesehen haben, handelt es sich bei Metriken um numerische Messungen bestimmter Dinge. Ein vertrautes Beispiel aus der Welt der klassischen Server ist die Speicherauslastung eines Rechners. Wenn nur 10 % des physischen Speichers aktuell durch Anwender-Prozesse genutzt wird, hat die Maschine freie Kapazitäten. Sind aber 90 % im Einsatz, ist die Maschine vermutlich ziemlich beschäftigt.

Somit gehören zu den wertvollen Informationen, die uns Metriken liefern können, Schnappschüsse dessen, was gerade auf einer bestimmten Instanz geschieht. Aber es geht noch mehr. Die Speicherauslastung geht immer wieder hoch und runter, während Workloads bearbeitet und abgeschlossen werden, und manchmal sind wir daran interessiert, wie sich die Speicherauslastung mit der Zeit *verändert*.

16.1.1 Zeitreihen-Daten

Wenn Sie die Speicherauslastung regelmäßig erfassen, können Sie eine *Zeitreihe* für diese Daten erstellen. In Abbildung 16–1 sehen Sie ein Diagramm mit den Zeitreihen-Daten für die Speicherauslastung auf einem Google-Kubernetes-Engine-Knoten über eine Woche. Das liefert ein deutlich verständlicheres Bild dessen, was gerade passiert, als es eine Handvoll einzelner Werte bieten kann.

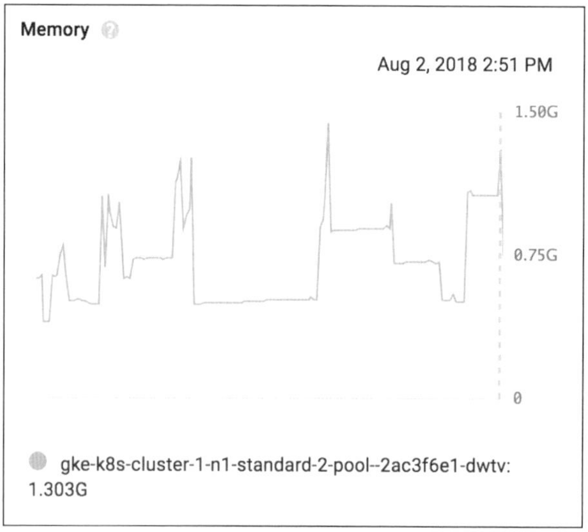

Abb. 16–1 *Zeitreihen-Diagramm der Speicherauslastung eines GKE-Knotens*

Die meisten Metriken, an denen wir für eine Cloud-Native-Observability interessiert sind, lassen sich als Zeitreihen ausdrücken. Und sie sind alle numerisch. Anders als beispielsweise Log-Daten sind Metriken Werte, mit denen Sie rechnen können und für die sich Statistiken erstellen lassen.

16.1.2 Zähler und Maße

Was für Zahlen gibt es dabei? Während sich manche Daten durch Ganzzahlen ausdrücken lassen (zum Beispiel die Anzahl an realen CPUs in einem Rechner), sind für die meisten Kommawerte erforderlich, und um sich den Ärger mit zwei verschiedenen Arten von Zahlen zu ersparen, werden Metriken so gut wie immer als Gleitkommawerte dargestellt.

Dabei gibt es zwei Hauptarten von Metrik-Werten: *Zähler* und *Maße*. Zähler können nur wachsen (oder auf null zurückgesetzt werden) – sie sind dafür gedacht, so etwas wie die Anzahl von bearbeiteten Requests oder die Menge an empfangenen Fehlern zu messen. Maße können hingegen steigen und fallen – sie lassen sich für kontinuierlich veränderliche Mengen wie die Speicherauslastung oder für Verhältnisse anderer Mengen verwenden.

Die Antworten auf manche Fragen sind nur *Ja* oder *Nein*: Reagiert beispielsweise ein bestimmter Endpoint auf HTTP-Verbindungen? In diesem Fall ist die passende Metrik ein Maß mit einem beschränkten Wertebereich – vielleicht 0 und 1.

Ein HTTP-Check eines Endpoints kann zum Beispiel `http.can_connect` heißen und sein Wert wäre 1, wenn der Endpoint reagiert, und 0, wenn er es nicht tut.

16.1.3 Was können uns Metriken sagen?

Welchen Nutzen haben Metriken? Nun, wie Sie weiter oben gesehen haben, können Ihnen Metriken zeigen, ob Dinge kaputt sind. Wenn beispielsweise Ihre Fehlerrate plötzlich steigt (oder die Requests an Ihre Support-Seite einen starken Anstieg aufweisen), kann das auf ein Problem hindeuten. Sie können automatisch Warnungen ausgeben lassen, wenn bestimmte Metriken einen Grenzwert überschreiten.

Aber Metriken können Ihnen auch sagen, wie gut alles läuft – zum Beispiel, wie viele Benutzer Ihre Anwendung aktuell gleichzeitig unterstützt. Langfristige Trends bei diesen Werten können nützlich sein, um Entscheidungen in Operations zu treffen und um Business Intelligence zu unterstützen.

16.2 Die Wahl guter Metriken

Vielleicht denken Sie: »Wenn Metriken gut sind, müssen viele Metriken noch besser sein!« Aber so funktioniert es nicht. Sie können nicht alles monitoren. Google Stackdriver stellt beispielsweise wirklich Hunderte von Metriken zu Ihren Cloud-Ressourcen bereit, unter anderem:

- `instance/network/sent_packets_count`
  Die Anzahl an Netzwerk-Paketen, die von jeder Recheninstanz verschickt wurden
- `storage/object_count`
  Die Gesamtmenge an Objekten in jedem Storage Bucket
- `container/cpu/utilization`
  Der Prozentwert der CPU-Auslastung, die ein Container aktuell nutzt

Die Liste ist noch (viel, viel) länger *(https://cloud.google.com/monitoring/api/metrics)*. Selbst wenn Sie Diagramme mit all diesen Metriken auf einmal anzeigen lassen könnten – was einen Monitor in der Größe eines Hauses erfordern würde –, wären Sie doch nie dazu in der Lage, all diese Informationen zu erfassen und daraus etwas Nützliches abzuleiten. Dafür müssen wir uns auf die Untermenge an Metriken fokussieren, die uns wichtig sind.

Worauf sollten Sie sich dann konzentrieren, wenn Sie Ihre eigenen Anwendungen beobachten? Die Antwort können Sie sich nur selbst geben, aber wir haben ein paar Vorschläge, die vielleicht helfen. Im restlichen Teil dieses Abschnitts werden wir ein paar gebräuchliche Metrik-Muster zur Observability vorstellen, die sich an unterschiedliche Zielgruppen richten, um die verschiedenen Anforderungen zu erfüllen.

Es sei hier darauf hingewiesen, dass dies eine perfekte Gelegenheit für eine DevOps-Zusammenarbeit ist, und Sie sollten schon zu Beginn der Entwicklung darüber nachdenken und reden, welche Metriken Sie benötigen – und nicht erst am Ende (siehe Abschnitt 1.2.4).

16.2.1 Services: Das RED-Muster

Die meisten Leute, die Kubernetes einsetzen, lassen irgendeine Form von Webservice laufen: Anwender schicken Requests und die Applikation schickt Responses zurück. Die *Benutzer* könnten Programme oder andere Services sein – in einem verteilten System, das auf Microservices basiert, stellt jeder Service Requests an andere Services und nutzt die Ergebnisse, um wiederum Informationen an noch mehr Services zurückzugeben. Auf jeden Fall handelt es sich um ein Request-gesteuertes System.

Was möchte man über ein solches System wissen?

- Ein offensichtlicher Wert ist die Anzahl an *Requests*, die Sie erhalten.
- Ein weiterer ist die Anzahl an Requests, die auf die eine oder andere Art und Weise fehlschlagen – also die Menge an *Fehlern (Errors)*.
- Eine dritte nützliche Metrik ist die *Dauer (Duration)* jedes Requests. Damit erhalten Sie einen Eindruck davon, wie gut Ihr Service läuft und wie unglücklich Ihre Anwender eventuell werden.

Das *Request-Errors-Duration(RED)*-Muster ist ein klassisches Observability-Werkzeug, das es schon in der Frühzeit von Online-Services gab. Googles Buch *Site Reliability Engineering* spricht von den Four Golden Signals, bei denen es sich im Prinzip um Requests, Fehler, Dauer und *Sättigung (Saturation)* handelt (um die Sättigung geht es gleich noch).

Entwickler Tom Wilkie, von dem das Kürzel *RED* stammt, hat den Grundgedanken hinter diesem Muster in einem Blog-Post umrissen:

> *Warum sollten Sie die gleichen Metriken für jeden Service messen? Ist nicht jeder Service etwas Besonderes? Die Vorteile, jeden Service (aus Sicht des Monitorings) gleich zu behandeln, ist die Skalierbarkeit in Ihrem Operations-Teams. Indem jeder Service gleich aussieht, sich anfühlt und schmeckt, verringern Sie die kognitive Last derer, die auf einen Zwischenfall reagieren. Und dazu lassen sich repetitive Aufgaben automatisieren, wenn Sie all Ihre Services gleich behandeln.*
>
> – *Tom Wilkie*

Wie genau messen wir nun diese Werte? Die die Gesamtanzahl an Requests immer nur steigt, ist es sinnvoller, sich die Request-*Rate* anzuschauen: zum Beispiel, wie viele Requests es pro Sekunde gibt. Damit erhalten wir ein besseres Gespür dafür, wie viel Traffic das System in einem gegebenen Zeitintervall verarbeitet.

Weil die Fehlerrate mit der Request-Rate in Verbindung steht, ist es auch sinnvoll, die Fehler als Anteil der Requests zu messen. Ein typisches Service-Dashboard kann daher diese Werte zeigen:

- Empfangene Requests pro Sekunde
- Prozentwert der Requests, die einen Fehler zurückgeben
- Dauer der Requests (auch als *Latenz* bekannt)

16.2.2 Ressourcen: Das USE-Muster

Sie haben gesehen, dass Ihnen das RED-Muster nützliche Informationen darüber liefert, wie Ihre Services laufen und wie Ihre Anwender damit arbeiten können. Es lässt sich als Top-Down-Ansicht von Observability-Daten betrachten.

Das USE-Muster andererseits *(http://www.brendangregg.com/usemethod.html)* – entwickelt vom Netflix Performance Engineer Brendan Gregg verfolgt hingegen einen Bottom-Up-Ansatz, der dabei helfen soll, Performance-Probleme zu analysieren und Engstellen zu finden. USE steht für Utilization, Saturation und Errors.

Statt an Services sind wir bei USE an *Ressourcen* interessiert: reale Server-Komponenten wie CPU und Festplatten oder Netzwerk-Schnittstellen und Verbindungen. All dies kann ein Flaschenhals bei der System-Performance sein und die USE-Metriken werden uns dabei helfen, herauszufinden, wer der Schuldige ist:

- *Utilization (Auslastung)*
  Die durchschnittliche Zeit, die die Ressource mit dem Bedienen von Requests beschäftigt war, oder der Anteil der Ressourcen-Kapazität, der aktuell verwendet wird. So hat beispielsweise eine Festplatte, die zu 90 % gefüllt ist, eine Auslastung von 90 %.
- *Saturation (Sättigung)*
  Die Überlastung der Ressource oder die Länge der Queue mit Requests, die darauf warten, dass die Ressource verfügbar wird. Gibt es zum Beispiel 10 Prozesse, die darauf warten, auf einer CPU zu laufen, hat die Sättigung den Wert 10.
- *Errors (Fehler)*
  Die Häufigkeit, mit der eine Operation auf dieser Ressource fehlgeschlagen ist. So kann beispielsweise eine Festplatte mit ein paar defekten Sektoren eine Fehlerrate von 25 fehlgeschlagenen Lesevorgängen haben.

Das Messen dieser Daten für die wichtigsten Ressourcen in Ihrem System ist eine gute Möglichkeit, Engstellen aufzudecken. Ressourcen mit geringer Auslastung, keiner Sättigung und keinen Fehlern sind vermutlich in Ordnung. Alles, was davon abweicht, lohnt einen Blick. Wenn zum Beispiel eine Ihrer Netzwerkverbindungen gesättigt ist oder einen hohen Fehlerwert hat, trägt sie eventuell zu Performance-Problemen bei, die das gesamte System betreffen:

> *Die USE-Methode ist eine einfache Strategie, mit der Sie einen vollständigen Check der System Health durchführen können, um häufig vorkommende Engpässe und Fehler zu finden. Sie kann bei Untersuchungen frühzeitig deployt werden, um schnell problematische Bereiche zu erkennen, die sich dann bei Bedarf mit anderen Methoden genauer analysieren lassen.*
>
> *Die Stärke von USE ist ihre Schnelligkeit und Sichtbarkeit: Indem Sie alle Ressourcen berücksichtigen, ist die Gefahr gering, irgendwelche Dinge zu übersehen. Aber Sie finden damit nur bestimmte Arten von Problemen – Flaschenhälse und Fehler – und diese Methode sollte nur als ein Tool in einem umfassenderen Werkzeugkasten angesehen werden.*
>
> *– Brendan Gregg*

16.2.3 Business-Metriken

Wir haben uns Anwendungs- und Service-Metriken angeschaut (Abschnitt 16.2.1), die für Entwickler vermutlich am bedeutsamsten sind, und Hardware-Metriken (Abschnitt 16.2.2), die Ops- und Infrastruktur-Techniker interessieren. Aber was ist mit dem Business? Kann die Observability auch Managern und Executives dabei helfen, zu verstehen, wie das Geschäft läuft, und ihnen nützliche Informationen zum Unterfüttern von Geschäftsentscheidungen liefern? Und welche Metriken würden da helfen?

Die meisten Business beobachten bereits die Key Performance Indicators (KPIs), die für sie wichtig sind, wie zum Beispiel Umsatz, Marge und Kundengewinnungskosten. Diese Metriken stammen meist aus der Finanzabteilung und sie benötigen keine Unterstützung durch Entwickler oder Infrastruktur-Mitarbeiter.

Aber es gibt andere nützliche Business-Metriken, die durch Anwendungen und Services erzeugt werden können. So muss zum Beispiel ein Abonnements-Business, wie ein Software-as-a-Service(SaaS)-Produkt, Daten über seine Abonnenten wissen:

- Kundentrichter (wie viele Leute kommen auf die Landingpage, wie viele klicken sich bis zur Registrierungsseite durch, wie viele schließen die Transaktion ab und so weiter)
- Anmelde- und Abbruch-Rate (Churn)

- Umsatz pro Kunde (nützlich zum Berechnen der monatlich wiederkehrenden Umsätze, des durchschnittlichen Umsatzes pro Kunde und des Customer Lifetime Values)
- Effektivität von Hilfs- und Support-Seiten (zum Beispiel der Anteil der Leute, die bei der Frage »Hat diese Seite Ihr Problem gelöst?« auf *Ja* geklickt haben)
- Traffic zur Seite mit dem *Systemstatus* (der oft eine Lastspitze hat, wenn es Ausfälle oder nur teilweise funktionierende Services gibt)

Viele dieser Informationen lassen sich leichter durch das Erzeugen von Echtzeit-Metriken aus Ihren Anwendungen beschaffen, als zu versuchen, im Nachhinein Logs auszuwerten und Datenbanken abzufragen. Wenn Sie Ihre Anwendungen so ausrüsten, dass sie entsprechende Metriken erzeugen, vergessen Sie nicht die Informationen, die für das Business wichtig sind.

Es gibt keine klare Linie zwischen Observability-Informationen, die die Business- und Customer-Engagement-Experten benötigen, und solchen, die die Techniker brauchen. Tatsächlich gibt es eine große Schnittmenge. Es lohnt sich, schon frühzeitig mit allen beteiligten Stakeholdern über Metriken zu sprechen und sich darauf zu einigen, welche Daten gesammelt werden müssen, wie oft das geschieht, wie sie aggregiert werden und so weiter.

Nichtsdestotrotz haben diese beiden (oder mehrere) Gruppen unterschiedliche Fragen zu beantworten, bei denen die von Ihnen gesammelten Observability-Daten helfen können, daher braucht jede ihre eigene Sicht auf diese Daten. Sie können den gemeinsamen *Data Lake* nutzen, um Dashboards (siehe Abschnitt 16.4) und Berichte für die verschiedenen beteiligten Gruppen zu erzeugen.

16.2.4 Kubernetes-Metriken

Wir haben Observability und Metriken ganz allgemein vorgestellt und uns verschiedene Arten von Daten und Analysewegen angeschaut. Wie setzt man das nun in Kubernetes um? Welche Metriken sollten in Kubernetes-Clustern dokumentiert werden und bei welchen Entscheidungen können sie uns helfen?

Auf unterster Ebene überwacht ein Tool namens `cAdvisor` den Ressourcen-Einsatz und die Performance-Statistiken für die Container, die auf all den Cluster-Knoten laufen – zum Beispiel, wie viel CPU, Speicher und Festplattenplatz jeder Container verwendet. cAdvisor ist ein Teil des Kubelets.

Kubernetes selbst konsumiert diese cAdvisor-Daten, indem es das Kubelet abfragt, und nutzt die Informationen, um beim Scheduling, Autoscaling und so weiter Entscheidungen zu treffen. Sie können diese Daten aber auch in einen Metrik-Service von dritter Seite exportieren, um sie dort als Diagramme anzuzeigen und sich Warnungen schicken zu lassen. So wäre es beispielsweise nützlich, zu verfolgen, wie viel CPU und Speicher jeder Container verwendet.

Sie können auch Kubernetes selbst monitoren, wozu ein Tool namens `kube-state-metrics` dient. Dieses fragt die Kubernetes-API ab und gibt Informationen über logische Objekte wie Knoten, Pods und Deployments aus. Solche Daten sind ebenfalls für die Observability von Clustern hilfreich. Wenn es zum Beispiel Replicas gibt, die für ein Deployment konfiguriert wurden, aber aus irgendwelchen Gründen aktuell nicht geschedult werden können (vielleicht, weil das Cluster nicht ausreichend Kapazität besitzt), wollen Sie sicherlich darüber Bescheid wissen.

Wie immer besteht das Problem nicht aus zu wenig Metrik-Daten, sondern darin, zu entscheiden, auf welche zentralen Metriken Sie sich fokussieren sollen, um diese zu dokumentieren und zu visualisieren. Hier ein paar Vorschläge.

Cluster-Health-Metriken

Um den Zustand und die Performance Ihres Clusters auf oberster Ebene zu überwachen, sollten Sie sich mindestens die folgenden Dinge anschauen:

- Anzahl an Knoten
- Health-Status der Knoten
- Anzahl an Pods pro Knoten und insgesamt
- Ressourcen-Verwendung/Anforderung pro Knoten und insgesamt

Mit diesen Übersichts-Metriken können Sie besser erkennen, wie gut Ihr Cluster läuft, ob es ausreichend Kapazität besitzt, wie sich die Auslastung mit der Zeit ändert und ob Sie das Cluster erweitern oder verkleinern müssen.

Nutzen Sie einen Managed Kubernetes Service wie GKE, werden angeschlagene Knoten automatisch erkannt und repariert (sofern die Autoreparatur für Ihr Cluster und Ihren Knoten-Pool aktiviert ist). Es ist trotzdem nützlich, zu wissen, ob Sie eine ungewöhnlich große Fehlermenge haben, was auf ein zugrunde liegendes Problem hindeuten kann.

Deployment-Metriken

Es lohnt sich, für all Ihre Deployments folgende Aspekte zu kennen:

- Anzahl an Deployments
- Anzahl an konfigurierten Replicas pro Deployment
- Anzahl an nicht verfügbaren Replicas pro Deployment

Es ist besonders nützlich, diese Informationen im Zeitverlauf verfolgen zu können, wenn Sie eine der diversen Autoscaling-Optionen für Kubernetes aktiviert haben (siehe Abschnitt »Autoscaling« auf Seite 112). Insbesondere die Daten zu nicht verfügbaren Replicas helfen Ihnen dabei, bei Kapazitätsproblemen eine Warnung bekommen zu können.

Container-Metriken

Auf Ebene der Container sind diese Informationen am nützlichsten:

- Anzahl an Containern/Pods pro Knoten und insgesamt
- Ressourcen-Auslastung für jeden Container im Verhältnis zu seinen Anforderungen/Grenzen (siehe Abschnitt 5.1.2)
- Liveness/Readiness von Containern
- Anzahl an Neustarts von Containern/Pods
- Netzwerk-Traffic: In/Out und Fehler für jeden Container

Weil Kubernetes Container automatisch neu startet, die Fehler zeigen oder ihre Ressourcen-Grenzen überschritten haben, müssen Sie wissen, wie oft dies geschieht. Eine hohe Zahl an Neustarts kann Sie darauf hinweisen, dass es ein Problem mit einem bestimmten Container gibt. Reißt ein Container regelmäßig seine Ressourcen-Grenzen, kann das ein Hinweis auf einen Programmierfehler sein, aber vielleicht müssen Sie auch nur die Grenzen ein wenig erhöhen.

Anwendungs-Metriken

Egal, welche Sprache oder Software-Plattform Ihre Anwendung nutzt – es gibt wahrscheinlich eine Bibliothek oder ein Tool, die/das es Ihnen erlaubt, eigene Metriken zu exportieren. Diese sind vor allem für Entwickler und Operations-Teams nützlich, um zu sehen, was die Anwendung so treibt, wie oft sie aktiv ist und wie lange sie läuft. Das sind wichtige Indikatoren für Performance- oder Verfügbarkeits-Probleme.

Die Wahl der aufzuzeichnenden Anwendungs-Metriken hängt davon ab, was genau Ihre Anwendung tut. Aber es gibt ein paar allgemeine Muster. Wenn Ihr Service beispielsweise Nachrichten aus einer Queue konsumiert, verarbeitet und dann daraus Aktivitäten ableitet, wollen Sie vielleicht die folgenden Metriken messen:

- Anzahl an empfangenen Nachrichten
- Anzahl an erfolgreich verarbeiteten Nachrichten
- Anzahl an ungültigen oder fehlerhaften Nachrichten
- Verarbeitungszeit für jede Nachricht
- Anzahl an erfolgreich generierten Aktivitäten
- Anzahl an fehlerhaften Aktivitäten

Und wenn Ihre Anwendung vor allem Request-gesteuert ist, können Sie das RED-Muster nutzen (siehe Abschnitt 16.2.1):

- Empfangene Requests
- Zurückgegebene Fehler
- Dauer (Verarbeitungszeit für jeden Request)

Es kann schwierig sein, herauszufinden, welche Metriken nützlich sein werden, wenn Sie sich noch in einem frühen Entwicklungsstadium befinden. Wenn Sie sich nicht sicher sind, zeichnen Sie lieber alles auf. Metriken sind billig – irgendwann einmal stoßen Sie vielleicht rechtzeitig auf ein unvorhergesehenes Problem im Produktiv-Umfeld anhand von Metrik-Daten, die damals gar nicht wichtig erschienen.

> *Wenn es sich bewegt, stellen Sie es dar. Und auch wenn es sich nicht bewegt, stellen Sie es dar, denn vielleicht bewegt es sich eines Tages.*
>
> *– Laurie Denness (Bloomberg, https://twitter.com/lozzd/status/604064191603834880)*

Lassen Sie Ihre Anwendungen Business-Metriken erzeugen (siehe Abschnitt 16.2.3), können Sie diese ebenfalls als eigene Metriken ermitteln und exportieren.

Für das Business kann es ebenfalls nützlich sein, zu sehen, wie Ihre Anwendungen in Relation zu Service Level Objectives (SLOs) oder Service Level Agreements (SLAa) laufen, die Sie vielleicht mit Kunden ausgemacht haben, oder wie sich die Services von Dritten in Bezug auf SLOs verhalten. Sie könnten eine eigene Metrik erstellen, die zum Beispiel die Ziel-Dauer von Requests zeigt (beispielsweise 200 ms), und dann ein Dashboard anlegen, das diesen Wert mit der tatsächlichen aktuellen Performance vergleicht.

Runtime-Metriken

Auf Runtime-Ebene werden die meisten Metrik-Bibliotheken ebenfalls nützliche Daten darüber liefern, was das Programm tut, zum Beispiel:

- Anzahl an Prozessen/Threads/Goroutines
- Heap- und Stack-Auslastung
- Nonheap-Speicherauslastung
- Network/I/O-Buffer-Pools
- Garbage-Collector-Läufe und -Dauer (für Sprachen mit Garbage Collection)
- Verwendete File Descriptors/Network Sockets

Diese Art von Informationen kann für die Diagnose einer schlechten Performance oder auch bei Abstürzen sehr wertvoll sein. So ist es beispielsweise bei lang laufenden Anwendungen nicht ungewöhnlich, dass sie mehr und mehr Speicher verbrauchen, bis sie abgeschossen und neu gestartet werden, weil die Ressourcen-Grenzen von Kubernetes überschritten sind. Runtime-Metriken für die Anwendung können Ihnen dabei helfen, genau herauszufinden, wo dieser Speicher verbraucht wird – insbesondere in Kombination mit eigenen Metriken darüber, was die Anwendung tut.

Nachdem Sie nun wissen, welche Metrik-Daten sich zu erfassen lohnen, schauen wir uns im nächsten Abschnitt an, was Sie mit diesen Daten *tun* können – mit anderen Worten: wie Sie sie analysieren.

16.3 Metriken analysieren

Daten sind nicht das Gleiche wie Informationen. Um aus den gesammelten Rohdaten nützliche Informationen zu ziehen, müssen wir sie aggregieren, verarbeiten und analysieren – also *Statistiken* daraus erstellen. Statistiken können knifflig sein, insbesondere im Abstrakten, daher wollen wir diese Diskussion mit einem konkreten Beispiel illustrieren: die Request-Dauer.

In Abschnitt 16.2.1 haben wir erwähnt, dass Sie die Dauer von Service-Requests messen sollten, aber wir haben nicht genau erklärt, wie das gemacht wird. Was genau meinen wir mit Dauer? Normalerweise sind wir an der Zeit interessiert, die der Anwender darauf warten muss, einen Response zu einem Request zu erhalten.

Bei einer Website können wir beispielsweise die Dauer definieren als die Zeit zwischen dem Moment, in dem sich der Benutzer mit dem Server verbindet, und dem, wenn der Server erstmals Daten als Response zurückschickt. (Die Gesamtwartezeit des Anwenders ist tatsächlich länger, denn es dauert Zeit, die Verbindung herzustellen, genauso wie das Einlesen der Response-Daten und das Rendern in einem Browser. Normalerweise haben wir aber keinen Zugang zu diesen Daten, daher arbeiten wir mit dem, was wir bekommen können.)

Jeder Request hat eine andere Dauer – wie aggregieren wir dann die Daten von Hunderten oder gar Tausenden Requests zu einer einzigen Zahl?

16.3.1 Was ist an einem einfachen Durchschnitt falsch?

Die offensichtliche Antwort wäre, den Durchschnitt zu nehmen. Aber bei genauerer Betrachtung ist die Bedeutung von *Durchschnitt* nicht mehr ganz so klar. Ein alter Witz unter Statistikern lautet, dass die durchschnittliche Person etwas weniger als zwei Beine hat. Oder anders ausgedrückt: Die meisten Menschen haben mehr Beine als der Durchschnitt. Wie kann das sein?

Die meisten Personen haben zwei Beine, aber manche haben nur eines oder gar keine, was den Gesamtdurchschnitt verringert. (Eventuell gibt es ein paar Menschen mit mehr als zwei Beinen, aber viel mehr haben weniger als zwei.) Ein einfacher Durchschnitt liefert uns also nicht so nützliche Informationen über die Beinverteilung in der Bevölkerung oder die Erfahrung der meisten Leute mit ihrem Bein-Besitz.

Es gibt zudem mehr als eine Art von Durchschnitt. Vermutlich wissen Sie, dass mit *Durchschnitt* im Allgemeinen der *Mittelwert* gemeint ist. Der Mittelwert einer Menge von Werten ist die Summe aller Werte, geteilt durch die Anzahl der Werte. So ist beispielsweise der Mittelwert des Alters einer Gruppe von drei Personen die Summe aller drei Alter, geteilt durch drei.

Der *Median* bezieht sich andererseits auf den Wert, der die Menge an Werten in zwei gleiche Hälften teilen würde – eine mit Werten oberhalb des Median, die anderen mit den Werten darunter. So ist zum Beispiel in einer beliebigen Menschengruppe per Definition die Hälfte kleiner als der Median der Größe, während die andere Hälfte größer ist.

16.3.2 Mittelwert, Median und Ausreißer

Wo ist nun das Problem, einfach den Durchschnitt (Mittelwert) von Request-Dauern zu nehmen? Eines ist, dass der Mittelwert durch *Ausreißer* leicht verzerrt wird: Ein oder zwei extreme Werte können den Durchschnitt ein wenig verschieben.

Daher ist der Median, der durch Ausreißer weniger betroffen ist, hilfreicher, wenn es darum geht, von Metriken einen aggregierten Wert zu bilden. Wenn der Median der Latenz eines Service bei einer Sekunde liegt, erfährt die Hälfte Ihrer Anwender eine Latenz unter dieser Sekunde, die andere Hälfte eine darüber.

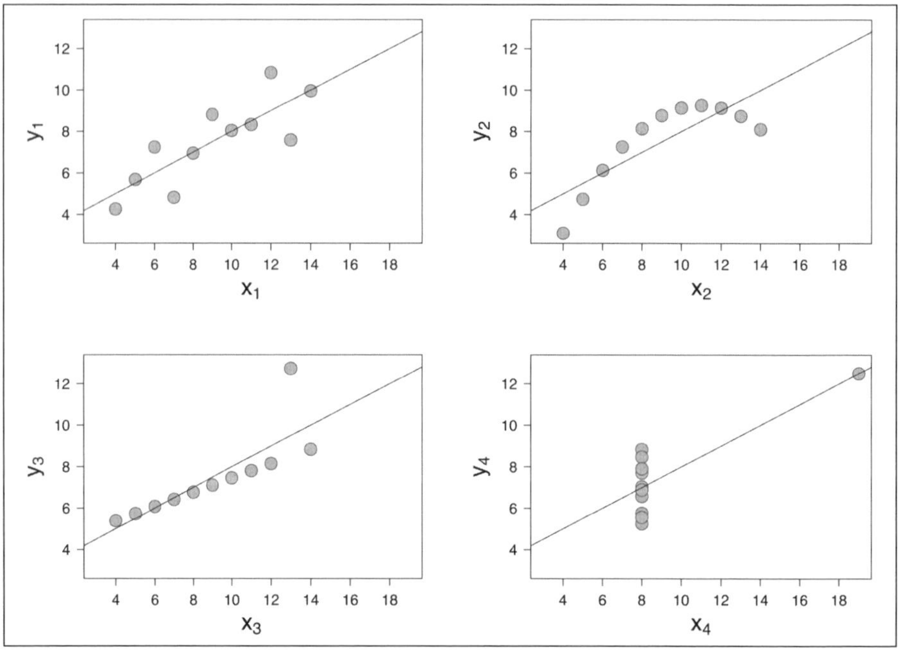

Abb. 16–2 *Diese vier Mengen von Datenpunkten haben alle den gleichen Durchschnittswert (Mittelwert) (Bild von Schutz, CC BY-SA 3.0, https://de.wikipedia.org/wiki/Anscombe-Quartett#/media/Datei:Anscombe's_quartet_3.svg)*

In Abbildung 16–2 sehen Sie, wie ein Durchschnitt in die Irre leiten kann. Alle vier Mengen von Datenpunkten haben den gleichen Mittelwert, sehen aber im Diagramm sehr unterschiedlich aus (Statistiker kennen dieses Beispiel als *Anscombe-Quartett*). Dies ist gleichzeitig (gewollt) ein guter Weg, zu zeigen, wie wichtig es ist, Daten grafisch darzustellen, statt sich nur auf reine Zahlen zu verlassen.

16.3.3 Perzentile

Wenn wir uns über Metriken zum Beobachten von Request-getriebenen Systemen unterhalten, sind wir meist daran interessiert, zu wissen, wie groß die *schlechteste* Latenz für Anwender ist – der Durchschnitt ist weniger wichtig. Denn schließlich ist ein Median von einer Sekunde für die Latenz für alle Anwender für die kleine Gruppe von Leuten unwichtig, die Latenzen von zehn Sekunden oder mehr erfahren.

Um diese Informationen zu erhalten, teilt man die Daten in *Perzentile*. Die 90er-Perzentil-Latenz (oft als *P90* bezeichnet) ist der Wert, der größer ist, als ihn 90 % Ihrer Anwender erfahren. Mit anderen Worten: 10 % Ihrer Benutzer werden eine höhere Latenz haben als der P90-Wert.

So ausgedrückt ist der Median die 50er-Perzentile oder P50. Andere Perzentile, die oft bei der Observability zum Einsatz kommen, sind P95 und P99 – die 95er- und 99er-Perzentile.

16.3.4 Perzentile auf Metrikdaten anwenden

Igor Wiedler von Travis CI beschreibt unter *https://igor.io/latency* sehr nett, was das konkret bedeutet – ausgehend von einem Datensatz mit 135.000 Requests an einen produktiven Service innerhalb von zehn Minuten (Abbildung 16–3). Wie Sie sehen, sind diese Daten sehr verrauscht und es gibt viele Spitzen, daher ist es nicht so einfach, aus dem Rohmaterial sinnvolle Schlussfolgerungen zu ziehen.

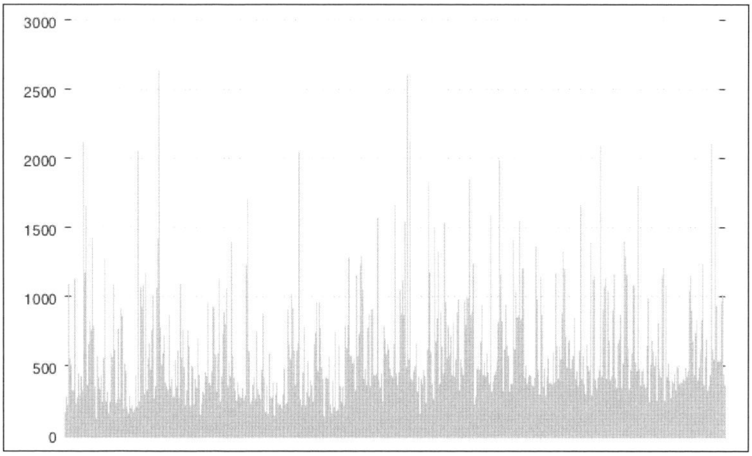

Abb. 16–3 *Latenz-Rohdaten für 135.000 Requests in Millisekunden*

Schauen wir uns nun an, was passiert, wenn wir für die Daten in 10-Sekunden-Intervallen Mittelwerte bilden (Abbildung 16–4). Das sieht toll aus – alle Datenpunkte liegen unter 50 ms. Also erfahren die meisten unserer Anwender Latenzen, die unter 50 ms liegen. Aber stimmt das wirklich?

Abb. 16–4 *Durchschnittliche Latenz (Mittelwert) für die gleichen Daten in 10-Sekunden-Intervallen*

Stellen wir stattdessen lieber die P99-Latenz grafisch dar. Das ist die maximal beobachtete Latenz, wenn wir das oberste 1 % der Werte verwerfen. Nun erhalten wir ein ganz anderes Ergebnis (Abbildung 16–5), das sehr gezackt ist und bei dem die meisten Werte im Bereich zwischen 0 und 500 ms liegen – wobei es eine Reihe von Spitzen bis zu 1000 ms gibt.

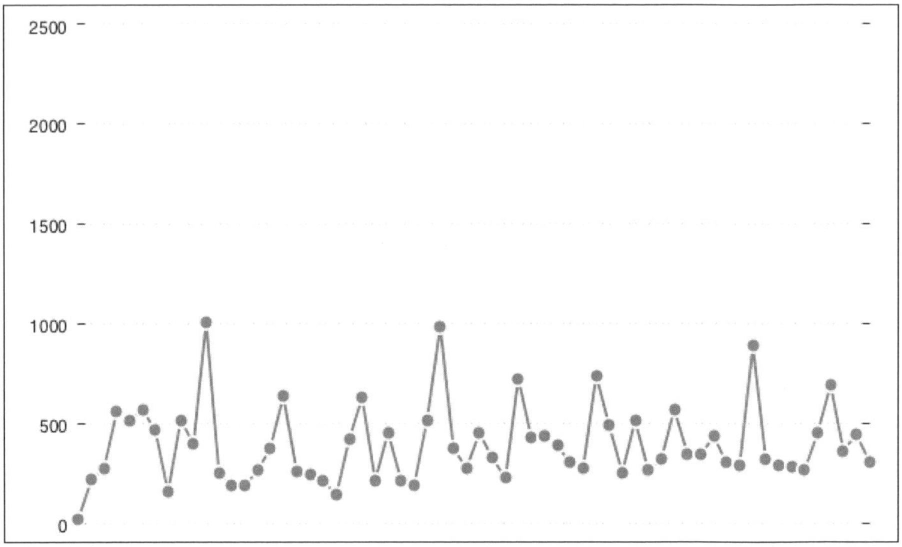

Abb. 16–5 *P99-Latenz (99er-Perzentil) für die gleichen Daten*

16.3.5 Meist wollen wir das Schlimmste wissen

Da uns langsame Web-Requests besonders auffallen, vermitteln uns die P99-Daten vermutlich ein realistischeres Bild der von den Benutzern wahrgenommenen Latenz. Stellen Sie sich beispielsweise eine stark besuchte Website mit einer Million Page Views pro Tag vor. Liegt die P99-Latenz bei 10 Sekunden, brauchen 10.000 Page Views mehr als 10 Sekunden. Das sind viele unglückliche Anwender.

Aber es wird noch schlimmer: In verteilten Systemen kann es sein, dass jeder Page View zu Dutzenden oder gar Hunderten von internen Requests führt. Liegt die P99-Latenz jedes internen Service bei 10 s und erfordert ein Page View zehn interne Requests, steigt die Anzahl an langsamen Page Views auf 100.000 pro Tag. Jetzt sind rund 10 % der Anwender unglücklich, was ein großes Problem ist *(https://engineering.linkedin.com/performance/who-moved-my-99th-percentile-latency)*.

16.3.6 Mehr als Perzentile

Ein Problem bei Perzentil-Latenzen – wie sie von vielen Metrik-Services umgesetzt werden – ist, dass Requests eher lokal gemessen, die Statistiken dann aber zentral aggregiert werden. Somit erhalten Sie Ihre P99-Latenz als Durchschnitt der P99-Latenzen von allen Agenten – und das sind möglicherweise Hunderte.

Nun ist ein Perzentil schon ein Durchschnitt, und wenn Sie versuchen, von Durchschnitten den Durchschnitt zu bilden, treten Sie in eine bekannte statistische Falle *(https://de.wikipedia.org/wiki/Simpson-Paradoxon)*. Das Ergebnis ist nicht unbedingt das Gleiche wie der wahre Durchschnitt.

Abhängig davon, wie wir die Daten aggregieren, kann das endgültige P99-Latenz-Diagramm bis zu einem Faktor 10 variieren. Das lässt nicht gerade auf ein sinnvolles Ergebnis schließen. Sofern Ihr Metrik-Servive nicht jedes einzelne Roh-Ergebnis aufnimmt und einen echten Durchschnitt bildet, wird solch ein Diagramm nicht zuverlässig sein.

Der Entwickler Yan Cui schlägt vor *(https://medium.com/theburningmonk-com/we-can-do-better-than-percentile-latencies-2257d20c3b39)*, dass es besser ist, zu dokumentieren, was *falsch* ist, und nicht, was *richtig* ist:

> *Was könnten wir statt Perzentile als wichtigste Metrik nutzen, um die Performance unserer Anwendung zu überwachen und benachrichtigt zu werden, wenn sie schlechter wird?*
>
> *Schauen Sie sich Ihre SLOs und SLAs nochmals an, wird dort vermutlich so etwas stehen wie: »99 % der Requests sollen in 1 s oder weniger beantwortet werden.« Mit anderen Worten: Weniger als 1 % der Requests dürfen länger als 1 s brauchen.*

Wie wäre es also, wenn wir stattdessen den Prozentsatz an Requests monitoren, die über dieser Grenze liegen? Um benachrichtigt zu werden, wenn unsere SLAs verletzt werden, können wir Alarme auslösen, falls dieser Prozentwert in einem definierten Zeitfenster größer als 1 % ist.

– Yan Cui

Wenn jeder Agent eine Metrik mit der Gesamtzahl an Requests und der Anzahl an Requests, die über dem Grenzwert liegen, abliefert, *können* wir von diesen Daten einen sinnvollen Mittelwert bilden und einen Prozentsatz an Requests ermitteln, die das SLO überschreiten – und dann benachrichtigt werden.

16.4 Metriken in Dashboards visualisieren

Jetzt haben Sie in diesem Kapitel erfahren, warum Metriken nützlich sind, welche Metriken Sie aufzeichnen sollten, und Sie haben ein paar statistische Techniken kennengelernt, um sie zu analysieren. Das ist alles schön und gut, aber was wollen wir mit all diesen Metriken denn nun tatsächlich *tun*?

Die Antwort ist einfach: Wir werden sie grafisch darstellen, in Dashboards gruppieren und uns eventuell davon benachrichtigen lassen. Um das Alerting wird es im nächsten Abschnitt gehen, hier wollen wir ein paar Tools und Techniken für die grafische Darstellung und das Erzeugen von Dashboards vorstellen.

16.4.1 Ein Standard-Layout für alle Services verwenden

Haben Sie mehr als eine Handvoll Services, ist es sinnvoll, Ihre Dashboards für jeden Service immer gleich aufzubauen. Im Bereitschaftsdienst reicht so ein Blick auf das Dashboard des betroffenen Service, um sofort zu wissen, wie die Daten zu interpretieren sind, ohne mit dem entsprechenden Service sehr vertraut sein zu müssen.

Tom Wilkie schlägt in einem Weaveworks-Blogpost *(https://www.weave.works/blog/the-red-method-key-metrics-for-microservices-architecture)* das folgende Standardformat vor (siehe Abbildung 16–6):

- Eine Zeile pro Service
- Request- und Fehlerrate auf der linken Seite, wobei die Fehlerrate als Prozentwert der Requests ausgegeben wird
- Latenz auf der rechten Seite

Sie müssen sich nicht exakt an dieses Layout halten – wichtig ist, dass Sie immer das gleiche Layout für jedes Dashboard verwenden und dass jeder damit vertraut ist. Sie sollten sich Ihre wichtigsten Dashboards regelmäßig anschauen (mindestens einmal pro Woche) und sie mit den Daten der Vorwoche vergleichen, sodass jeder weiß, wie der *Normalzustand* aussieht.

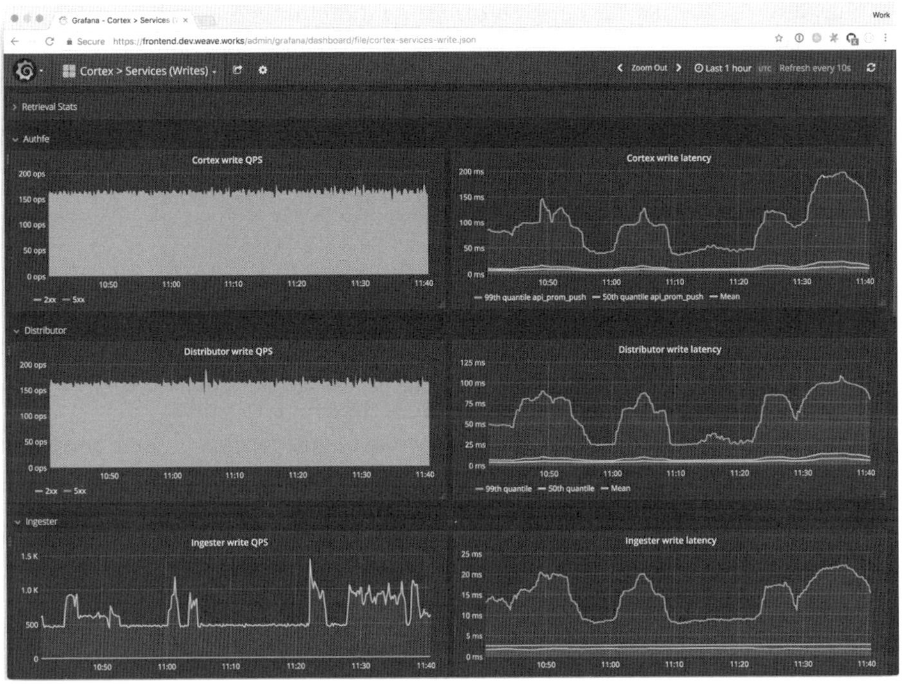

Abb. 16–6 *Von Weaveworks vorgeschlagenes Dashboard-Layout für Services*

Das Dashboard-Layout *Requests, Errors, Duration* ist für Services sehr nützlich (siehe Abschnitt 16.2.1). Bei Ressourcen, wie zum Beispiel Cluster-Knoten, Festplatten und Netzwerk-Verbindungen, ist es meist wichtiger, *Utilization, Saturation, Errors* zu kennen (siehe Abschnitt 16.2.2).

16.4.2 Einen Information Radiator mit Master Dashboards bauen

Haben Sie Hunderte von Services, haben Sie auch Hunderte von Dashboards, aber Sie werden vermutlich nicht allzu häufig daraufschauen. Es ist trotzdem wichtig, diese Informationen verfügbar zu haben (um beispielsweise besser herauszufinden, welcher Service ein Problem hat), aber in dieser Größenordnung brauchen Sie einen noch allgemeineren Überblick.

Dazu erstellen Sie ein Master-Dashboard, das Requests, Fehler und Dauer aggregiert für *alle* Ihre Services anzeigt. Verkünsteln Sie sich nicht mit Dingen wie gestapelten Flächendiagrammen – bleiben Sie bei einfachen Liniendiagrammen mit der Gesamtzahl an Requests, der gesamten Fehlerrate und der Gesamt-Latenz. Solche Diagramme lassen sich leichter interpretieren und es sind genauere Visualisierungen als bei komplexeren Graphen.

Idealerweise werden Sie einen *Information Radiator* einsetzen (auch als Wallboard oder Big Visible Chart bekannt). Dabei handelt es sich um einen großen Bildschirm, der die zentralen Observability-Daten für jeden im relevanten Team oder Büro sichtbar macht. Zweck eines Information Radiator ist:

- Den aktuellen Systemstatus auf einen Blick zeigen
- Eine klare Botschaft vermitteln, welche Metriken das Team als wichtig betrachtet
- Die Leute damit vertraut machen, wie der *Normalzustand* aussieht

Was sollten Sie auf diesen Radiator aufnehmen? Nur die lebenswichtigen Informationen – also *wirklich wichtig*, aber auch im Sinne von *Lebenszeichen*: Informationen, die Ihnen etwas zur Gesundheit des Systems sagen.

Die Monitore, die Sie neben einem Krankenhausbett sehen, sind ein gutes Beispiel. Sie zeigen die wichtigsten Metriken für den menschlichen Körper: Herzfrequenz, Blutdruck, Sauerstoffsättigung, Temperatur und Atemfrequenz. Es gibt noch viel mehr Metriken, die Sie für einen Patienten erfassen könnten, und diese erfüllen auch wichtige medizinische Zwecke, aber auf dem Master-Dashboard sind das die wichtigsten. Jedes ernsthafte medizinische Problem wird sich in einer oder mehrerer dieser Metriken zeigen – alles andere ist eine Frage der Diagnose.

Genauso sollte Ihr Information Radiator die Lebenszeichen Ihres Business oder Service zeigen. Handelt es sich um Zahlen, sollten nicht mehr als vier oder fünf davon zu sehen sein. Bei Diagrammen sollte es nicht mehr als vier oder fünf Diagramme geben.

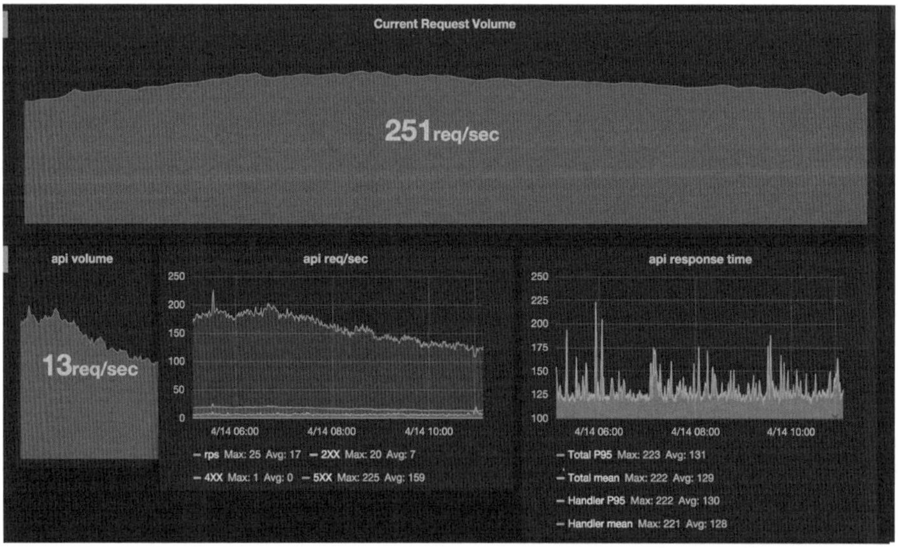

Abb. 16–7 *Beispiel für einen Information Radiator, erzeugt mit Grafana Dash Gen (https://github.com/uber/grafana-dash-gen)*

Es ist verlockend, zu viele Informationen in ein Dashboard zu stopfen, damit es kompliziert und technisch aussieht. Das ist aber nicht das Ziel. Es geht darum, sich auf ein paar wichtige Dinge zu konzentrieren und sie für alle im Raum leicht erkennbar zu machen (siehe Abbildung 16–7).

16.4.3 Dashboards mit Fehlerursachen

Neben Ihrem zentralen Information Radiator und Dashboards für einzelne Services und Ressourcen sollten Sie eventuell Dashboards für spezifische Metriken erstellen, die Ihnen wichtige Dinge über das System mitteilen. Ein paar davon fallen Ihnen vielleicht schon ausgehend von der Systemarchitektur ins Auge. Aber eine weitere nützliche Informationsquelle sind *Dinge, die Fehler auslösen.*

Jedes Mal, wenn Sie einen Zwischenfall oder Ausfall haben, suchen Sie nach einer Metrik oder einer Kombination aus Metriken, mit der Sie vor diesem Problem im Voraus gewarnt worden wären. Haben Sie beispielsweise einen Produktiv-Ausfall aufgrund einer vollen Festplatte, ist es möglich, dass ein Diagramm mit dem Plattenplatz auf dem Server Sie gewarnt hätte, dass der verfügbare Platz deutlich abnimmt und Sie bald in gefährliche Gefilde leitet.

Es geht hier nicht um Probleme, die innerhalb von Minuten oder Stunden entstehen – diese werden normalerweise durch automatische Warnungen abgefangen (siehe Abschnitt 16.5). Stattdessen sind wir an den langsamen Eisbergen interessiert, die im Verlauf von Tagen oder Wochen näherkommen und die Ihr System zum Sinken bringen werden, wenn Sie sie nicht erkennen und darauf reagieren.

Stellen Sie sich nach einem Zwischenfall immer die Frage: »Was hätte uns vor diesem Problem gewarnt, wenn wir davon gewusst hätten?« Wenn die Antwort Daten sind, die Ihnen schon zur Verfügung standen, denen Sie aber bisher keine Aufmerksamkeit geschenkt haben, dann machen Sie diese Daten sichtbar. Ein Dashboard ist ein möglicher Weg dazu.

Während Sie Warnungen zwar darüber informieren können, dass ein Wert eine vorgegebene Grenze über- oder unterschritten hat, können Sie nicht immer im Voraus wissen, wo der gefährliche Bereich beginnt. Ein Diagramm zeigt Ihnen, wie sich dieser Wert in großen Zeiträumen verhält, und es hilft Ihnen, problematische Trends zu erkennen, bevor sie tatsächlich das System beeinflussen.

16.5 Alarme durch Metriken

Sie sind vielleicht überrascht, dass wir den größten Teil dieses Kapitels mit Observability und Monitoring verbracht haben, ohne Alarme zu erwähnen. Für manchen sind Alarme das, um das es beim Monitoring überhaupt geht. Wir sind der Meinung, dass sich das aus einer Reihe von Gründen ändern muss.

16.5.1 Was ist falsch an Alarmen?

Alarme weisen auf unerwartete Abweichungen von einem stabilen, funktionierenden Status hin. Aber verteilte Systeme haben diesen Status nicht!

Wie schon erwähnt, sind im großen Maßstab verteilte Systeme niemals *Up* – sie befinden sich so gut wie immer in einem Status eines teilweise eingeschränkten Service (siehe Abschnitt »Cloud-Native-Anwendungen sind niemals Up« auf Seite 290). Es gibt so viele Metriken und würden sie jedes Mal einen Alarm aussenden, wenn eine davon den Normbereich verlässt, gäbe es täglich Hunderte von SMS-Nachrichten ohne guten Grund:

> *Die Leute schicken sich einfach zu viele Alarme, weil ihre Observability wächst und sie ihren Tools nicht trauen, um das Problem zuverlässig zu debuggen und zu diagnostizieren. Also bekommen sie Dutzende oder Hunderte von Warnungen, aus denen sie versuchen, Hinweise zu erkennen, was die eigentliche Ursache sein könnte. Sie fliegen blind. In der chaotischen Zukunft, auf die wir alle zusteuern, müssen Sie tatsächlich so diszipliniert sein, deutlich weniger Warn-SMS zu bekommen, und nicht mehr. Request-Rate, Latenz, Fehlerrate, Sättigung.*
>
> *– Charity Majors (https://www.infoq.com/articles/charity-majors-observability-failure)*

Für manch Unglücklichen sind SMS im Bereitschaftsdienst ein Lebensstil. Das ist schlecht – nicht nur aus den offensichtlichen gesundheitlichen Gründen. Alarm Fatigue ist ein bekanntes Problem im medizinischen Umfeld, wo Mediziner und Pflegepersonal schnell durch andauernde Alarmierungen abstumpfen und dadurch viel eher echte Probleme übersehen.

Damit ein Monitoring-System nützlich ist, muss es ein sehr hohes Signal/Rausch-Verhältnis haben. Fehlalarme sind nicht nur nervig, sondern gefährlich: Sie reduzieren das Vertrauen in das System und trainieren die Leute darauf, dass Alarme problemlos ignoriert werden können.

Exzessive, pausenlose und irrelevante Alarmierungen waren ein entscheidender Faktor beim Reaktorunfall im Kernkraftwerk Three Mile Island *(https://humanisticsystems.com/2015/10/16/fit-for-purpose-questions-about-alarm-system-design-from-theory-and-practice)*, und selbst wenn die einzelnen Alarme wohlüberlegt sind, können Operations-Mitarbeiter von zu vielen gleichzeitig eintreffenden Warnungen überwältigt werden.

Ein Alarm sollte etwas ganz Einfaches bedeuten: *Es muss jetzt etwas durch einen Menschen getan werden (https://www.infoworld.com/article/3268126/beware-the-danger-of-alarm-fatigue-in-it-monitoring.html).*

Ist keine Aktivität erforderlich, braucht man auch keinen Alarm. Wenn *irgendwann* etwas zu tun ist, aber nicht jetzt, kann der Alarm auf eine E-Mail oder Chat-Nachricht herabgestuft werden. Wenn die Aktivität durch ein automatisiertes System durchgeführt werden kann, dann automatisieren Sie sie – wecken Sie dafür keinen wertvollen Mitarbeiter auf.

16.5.2 Bereitschaftsdienst sollte nicht die Hölle sein

Während die Idee, im Bereitschaftsdienst für Ihren eigenen Service zu sein, Kern der DevOps-Philosophie ist, ist es genauso wichtig, dass dieser Bereitschaftsdienst so schmerzlos wie möglich ablaufen sollte.

Warn-SMS sollten eine seltene Ausnahme bleiben. Wenn sie eintreffen, sollte es eine etablierte und effektive Prozedur dazu geben, die den Verantwortlichen so wenig wie möglich belastet.

Niemand sollte durchgehend in Bereitschaft sein. Wenn das der Fall ist, sorgen Sie für mehr Leute, die sich daran beteiligen. Sie müssen kein Experte für das Gebiet sein, um Bereitschaftsdienst zu machen – Ihre Hauptaufgabe ist es, das Problem zu bewerten, zu entscheiden, ob Aktivitäten nötig sind, und es an die richtigen Leute zu eskalieren.

Auch wenn die Last des Bereitschaftsdiensts gerecht verteilt werden sollte, gibt es bei den Leuten unterschiedliche Lebensumstände. Haben Sie eine Familie oder andere Verpflichtungen außerhalb der Arbeit, mag es für Sie nicht so einfach sein, Bereitschaftsschichten zu übernehmen. Es erfordert ein sorgfältiges und einfühlsames Management, um den Bereitschaftsdienst so zu organisieren, dass sich jeder fair behandelt fühlt.

Gehört der Bereitschaftsdienst zum Job, sollte das schon bei der Einstellung klar gemacht werden. Erwartungen zur Häufigkeit und den Umständen von Bereitschaftsschichten sollten in den Vertrag geschrieben werden. Es ist nicht fair, jemanden für einen Job mit festen Arbeitszeiten von 9 bis 17 Uhr einzustellen und dann zu entscheiden, dass er auch des Nachts und am Wochenende Bereitschaft schieben soll.

Der Bereitschaftsdienst sollte durch Geld, Zeitausgleich oder einen anderen deutlichen Vorteil ausgeglichen werden. Dabei spielt es keine Rolle, ob es tatsächlich Alarme gab – wenn Sie Bereitschaft haben, sind Sie zu einem gewissen Anteil bei der Arbeit.

Auch sollte es eine feste Obergrenze geben, wie viel Zeit jemand in Bereitschaft verbringen darf. Leute mit mehr Freizeit oder Energie übernehmen vielleicht freiwillig Schichten, um ihren Kollegen Stress abzunehmen – das ist toll, aber niemand sollte sich dadurch überlasten.

Denken Sie daran – wenn Sie Leuten Bereitschaftsdienst auferlegen, setzen Sie Humanressourcen ein. Nutzen Sie sie weise.

16.5.3 Dringende, wichtige und umsetzbare Alarme

Wenn Alarme so schlimm sind, warum schreiben wir dann über sie? Nun, Sie brauchen trotzdem Alarme. Dinge gehen schief, fliegen einem um die Ohren, bleiben stehen oder stürzen ab – meist im unpassendsten Moment.

Observability ist wunderbar, aber Sie finden niemals ein Problem, wenn Sie nicht nach einem suchen. Dashboards sind toll, aber Sie bezahlen niemanden dafür, den ganzen Tag auf ein Dashboard zu starren. Um einen Ausfall oder ein Problem zu erkennen, der oder das gerade passiert, und einen Menschen darauf aufmerksam zu machen, gibt es nichts Besseres als automatisierte Alarme, die auf Grenzwerten basieren.

So wollen Sie vielleicht, dass das System Sie benachrichtigt, wenn die Fehlerrate für einen bestimmten Service für eine gewisse Zeitdauer – beispielsweise fünf Minuten – 10 % überschreitet. Oder Sie erzeugen einen Alarm, wenn die P99-Latenz für einen Service einen Wert von 1000 ms überschreitet.

Hat ein Problem ganz allgemein reale oder potenzielle Auswirkungen auf das Business und muss jetzt etwas durch einen Menschen ausgeführt werden, ist das ein möglicher Kandidat für einen Alarm.

Alarmieren Sie nicht für alle Metriken. Von den Hunderten oder gar Tausenden von Metriken sollten Sie nur eine Handvoll haben, die Warnungen auslösen. Und auch wenn diese Warnungen erzeugen, muss das nicht notwendigerweise heißen, dass Sie jemandem eine SMS schicken müssen.

SMS sollten auf Warnungen beschränkt sein, die *dringend*, *wichtig* und *umsetzbar* sind:

- Warnungen, die wichtig, aber nicht dringend sind, können während der normalen Arbeitszeit behandelt werden. Nur Dinge, die nicht bis morgen früh warten können, sollten per SMS verbreitet werden.
- Warnungen, die dringend, aber nicht wichtig sind, sollten auch nicht dazu führen, dass man jemanden weckt – zum Beispiel der Ausfall eines wenig genutzten, internen Service, der keine Kunden betrifft.
- Gibt es nichts, was man direkt tun kann, um das Problem zu beheben, lohnt es sich auch nicht, einen Alarm zu verschicken.

Für alles andere können Sie asynchrone Benachrichtigungen verschicken: Slack-Nachrichten, E-Mails, Support-Tickets, Projekt-Issues und so weiter. Sie werden im passenden Zeitrahmen gelesen und bearbeitet werden, wenn Ihr System korrekt funktioniert. Sie müssen niemanden erschrecken, indem Sie ihn mitten in der Nacht aus dem Schlaf reißen.

16.5.4 Dokumentieren Sie Warnungen und Alarme außerhalb der Bürozeiten und in der Nacht

Ihre Mitarbeiter sind für Ihre Infrastruktur genauso wichtig wie Ihre Cloud-Server und die Kubernetes-Cluster – wenn nicht wichtiger. Sie sind vermutlich teurer und lassen sich sicherlich schlechter ersetzen. Es ist daher sinnvoll, zu monitoren, was mit Ihren Leuten geschieht – so wie Sie monitoren, was mit Ihren Services passiert.

Die Menge an Warnungen, die pro Woche entstehen, ist ein guter Indikator für den Gesamtzustand und die Stabilität Ihres Systems. Die Menge an dringenden SMS, insbesondere die, die außerhalb der Bürozeiten, am Wochenende und in der Nacht verschickt werden, ist ein guter Indikator für die Gesundheit und Moral Ihres Teams.

Sie sollten ein Budget für die Anzahl an dringenden SMS festlegen, insbesondere derer, die außerhalb der Bürozeiten verschickt werden – und es sollte sehr niedrig sein. Ein oder zwei SMS außerhalb der normalen Arbeitszeit pro Bereitschafts-Techniker pro Woche ist eine gute Obergrenze. Wird diese regelmäßig überschritten, müssen Sie an den Alarmen arbeiten, das System besser machen oder mehr Techniker einstellen.

Schauen Sie sich mindestens einmal wöchentlich alle dringenden SMS an und korrigieren oder verhindern Sie alle falschen oder unnötigen Alarme. Nehmen Sie das nicht ernst, werden auch Ihre Mitarbeiter die Alarme nicht ernst nehmen. Und wenn Sie regelmäßig den Schlaf oder das Privatleben der Leute durch unnötige Alarme unterbrechen, werden sie sich nach besseren Jobs umschauen.

16.6 Tools und Services für Metriken

Jetzt wollen wir es aber genauer wissen. Welche Tools oder Services sollten wir nutzen, um Metriken einzusammeln, zu analysieren und zu kommunizieren? In Abschnitt »Bauen Sie sich keine eigene Monitoring-Infrastruktur auf« auf Seite 299 haben wir darauf hingewiesen, dass Sie sich im Angesicht eines verbreiteten Problems auch einer verbreiteten Lösung zuwenden sollten. Heißt das, Sie müssen auf jeden Fall einen Hosted Metrics Service von dritter Seite einsetzen, wie zum Beispiel Datadog oder New Relic?

Die Antwort ist hier nicht so eindeutig. Diese Services bieten zwar viele leistungsfähige Features, aber sie können – insbesondere im großen Maßstab – auch teuer sein. Es gibt keine zwingenden Gründe gegen das Betreiben eines eigenen Metrik-Servers, denn Ihnen steht ein ausgezeichnetes freies Open-Source-Produkt zur Verfügung.

16.6.1 Prometheus

Die De-facto-Standard-Lösung für die Arbeit mit Metriken in der Cloud-nativen Welt ist Prometheus. Es kommt sehr oft zum Einsatz – insbesondere mit Kubernetes – und so gut wie alles kann auf die eine oder andere Art und Weise mit Prometheus zusammenarbeiten. Daher sollte diesem Produkt Ihre erste Überlegung gelten, wenn Sie über das Monitoring von Metriken nachdenken.

Prometheus ist ein Open-Source-Toolkit zum Monitoren von Systemen und zum Benachrichtigen. Es baut dabei auf Zeitreihen mit Metrik-Daten auf. Im Kern enthält Prometheus einen Server, der die Metriken einsammelt und speichert. Es gibt eine ganze Reihe anderer, optionaler Komponenten, wie zum Beispiel ein Alarm-Tool (Alertmanager), und Client-Bibliotheken für Programmiersprachen wie Go, mit denen Sie Messwerte aus Ihren Anwendungen exportieren können.

Das klingt alles sehr kompliziert, aber in der Praxis ist es sehr einfach. Sie können Prometheus in Ihrem Kubernetes-Cluster mit einem einzigen Befehl installieren, indem Sie ein Standard-Helm-Chart einsetzen (siehe Abschnitt 4.7). Dann werden automatisch Metriken aus dem Cluster zusammengetragen und auch über einen Prozess namens *Scraping* von anderen Anwendungen geholt, sofern Sie das einrichten.

Prometheus »kratzt« diese Metriken zusammen, indem es eine HTTP-Verbindung zu Ihrer Anwendung auf einem vorher definierten Port herstellt und alle verfügbaren Metrik-Daten herunterlädt. Dann legt es die Daten in seiner Datenbank ab, wo sie Ihnen zum Abfragen, grafischen Darstellen und Benachrichtigen zur Verfügung stehen.

Tipp

Der Ansatz von Prometheus zum Einsammeln der Metriken wird als *Pull*-Monitoring bezeichnet. Dabei kontaktiert der Monitoring-Server die Anwendung und holt die Metrik-Daten ab. Der entgegengesetzte Ansatz des *Push*-Monitorings kommt bei anderen Monitoring-Tools wie StatsD zum Einsatz: Die Anwendungen kontaktieren den Monitoring-Server und schicken ihm die Metriken.

Wie Kubernetes selbst ist Prometheus durch Googles eigene Infrastruktur inspiriert. Es wurde bei SoundCloud entwickelt, hat aber viele Ideen von einem Tool namens Borgmon übernommen. Borgmon wurde – wie der Name andeutet – entworfen, um das Borg-Container-Orchestrierungs-System von Google zu monitoren (siehe Abschnitt 1.5.1):

> *Kubernetes baut direkt auf die jahrzehntelange Erfahrung von Google mit seinem eigenen Cluster-Scheduling-System Borg auf. Prometheus' Verbindung zu Google ist deutlich loser, aber es hat sich viel Inspiration bei Borgmon geholt, dem internen Monitoring-System, das bei Google ungefähr*

zur gleichen Zeit entstand wie Borg. Sehr grob ausgedrückt: So wie es sich bei Kubernetes um Borg für Normalsterbliche handelt, gilt dies ebenso für Prometheus und Borgmon. Bei beiden handelt es sich um »Second Systems«, die versuchen, die guten Aspekte ihrer Vorgänger zu verbessern und gleichzeitig die Fehler und Sackgassen zu vermeiden.

– Björn Rabenstein (SoundCloud, https://www.oreilly.com/ideas/google-infrastructure-for-everyone-else)

Mehr über Prometheus können Sie auf der Site *(https://prometheus.io)* lesen, dort finden Sie auch Anleitungen, wie Sie es in Ihrer Umgebung installieren und konfigurieren.

Während sich Prometheus darauf konzentriert, Metriken zu sammeln und zu speichern, gibt es andere qualitativ hochwertige Open-Source-Lösungen für das grafische Darstellen, das Anlegen von Dashboards und das Benachrichtigen. Grafana *(https://grafana.com)* ist eine leistungsfähige und umfassende Engine zum grafischen Darstellen von Zeitserien-Daten (Abbildung 16–8).

Abb. 16–8 *Ein Grafana-Dashboard, das Daten aus Prometheus anzeigt*

Zum Prometheus-Projekt gehört auch ein Tool namens Alertmanager *(https://prometheus.io/docs/alerting/alertmanager)*, das sehr gut mit Prometheus zusammenarbeitet, aber auch unabhängig davon zum Einsatz kommen kann. Seine Aufgabe ist es, Warnungen aus diversen Quellen entgegenzunehmen (auch von Prometheus-Servern) und sie zu verarbeiten (siehe Abschnitt 16.5).

Der erste Schritt beim Prozessieren von Warnungen ist, Duplikate zu entfernen. Alertmanager kann dann die erkannten Warnungen zu Gruppen bündeln, deren Elemente zusammengehören – zum Beispiel führt ein größerer Netzwerkausfall eventuell zu Hunderten einzelner Warnungen, die von Alertmanager in einer einzigen Nachricht zusammengefasst werden, sodass die Empfänger nicht mit SMS überschüttet werden.

Schließlich leitet Alertmanager die verarbeiteten Warnungen an einen passenden Benachrichtigungs-Service wie PagerDuty, Slack oder E-Mail weiter.

Praktischerweise wird das Metrik-Format von Prometheus von sehr vielen Tools und Services unterstützt und dieser De-facto-Standard ist nun die Basis für OpenMetrics *(https://openmetrics.io)*, einem Projekt der Cloud Native Computing Foundation, das ein neutrales Standard-Format für Metrik-Daten schaffen soll. Aber Sie müssen nicht darauf warten, dass OpenMetrics etwas liefert – schon jetzt kann so gut wie jeder Metrik-Service, unter anderem Stackdriver, Cloudwatch, Datadog oder New Relic, Prometheus-Daten importieren und verarbeiten.

16.6.2 Google Stackdriver

Auch wenn Stackdriver von Google kommt, ist es nicht auf die Google Cloud beschränkt – es arbeitet ebenso mit AWS zusammen. Stackdriver kann Metriken und Log-Daten aus einer Reihe von Quellen einsammeln, grafisch darstellen und Warnungen dazu herausgeben. Es erkennt Ihre Cloud-Ressourcen automatisch und überwacht sie – einschließlich VMs, Datenbanken und Kubernetes-Cluster. Stackdriver bringt all diese Daten in eine zentrale Web-Konsole, wo Sie eigene Dashboards und Warnungen anlegen können.

Stackdriver weiß, wie es operative Metriken aus bekannten Software-Tools wie Apache, Nginx, Cassandra oder Elasticsearch ausliest. Wollen Sie Ihre eigenen Metriken aus Ihren Anwendungen mit aufnehmen, können Sie die Client-Bibliothek von Stackdriver nutzen, um beliebige Daten zu exportieren.

Sind Sie in der Google Cloud unterwegs, ist Stackdriver für alle GCP-bezogenen Metriken frei. Für eigene Metriken oder Metriken von anderen Cloud-Plattformen zahlen Sie pro Megabyte an Monitoring-Daten pro Monat.

Stackdriver *(https://cloud.google.com/monitoring)* ist zwar nicht so flexibel wie Prometheus oder so ausgefeilt wie teurere Tools wie Datadog, aber es ist eine gute Möglichkeit, mit Metriken loszulegen, ohne etwas installieren oder konfigurieren zu müssen.

16.6.3 AWS Cloudwatch

Amazons eigenes Cloud-Monitoring-Projekt Cloudwatch besitzt ähnliche Features wie Stackdriver. Es arbeitet mit allen AWS-Services zusammen und Sie können eigene Metriken über das Cloudwatch-SDK oder Befehlszeilentools exportieren.

Cloudwatch bietet eine kostenlose Variante, mit der Sie *Basis*-Daten in Fünf-Minuten-Intervallen sammeln können (wie zum Beispiel die CPU-Auslastung für VMs), eine bestimmte Menge an Dashboards und Warnungen zur Verfügung haben und so weiter. Darüber hinaus zahlen Sie pro Metrik, pro Dashboard oder pro Alarm und Sie können auch für höher aufgelöste Metriken (in Ein-Minuten-Intervallen) pro Instanz bezahlen.

Wie Stackdriver bedient Cloudwatch *(https://aws.amazon.com/de/cloudwatch)* die Grundlagen, ist aber effektiv. Liegt Ihre hauptsächliche Cloud-Infrastruktur in AWS, ist Cloudwatch ein guter Ausgangspunkt für den Einstieg in die Arbeit mit Metriken und für kleine Deployments kann es auch schon alles sein, was Sie benötigen.

16.6.4 Azure Monitor

Monitor *(https://docs.microsoft.com/en-us/azure/azure-monitor/overview)* ist das Azure-Äquivalent zu Googles Stackdriver und AWS Cloudwatch. Es sammelt Logs und Metrik-Daten von all Ihren Azure-Ressourcen (auch Kubernetes-Clustern) ein und ermöglicht es Ihnen, sie zu visualisieren und sich benachrichtigen zu lassen.

16.6.5 Datadog

Verglichen mit den von den Providern bereitgestellten Tools wie Stackdriver oder Cloudwatch handelt es sich bei Datadog *(https://www.datadoghq.com)* um eine sehr ausgefeilte und leistungsfähige Monitoring- und Analytics-Plattform. Es bietet eine Integration für über 250 Plattformen und Services, unter anderem all die Cloud-Services von den großen Providern und beliebte Software wie Jenkins, Varnish, Puppet, Consul und MySQL.

Datadog besitzt auch eine Komponente zum Application Performance Monitoring (APM), die dazu gedacht ist, Ihnen dabei zu helfen, die Performance Ihrer Anwendungen zu überwachen und zu analysieren. Egal, ob Sie Go, Java, Ruby oder eine andere Software-Plattform im Einsatz haben – Datadog kann Metriken, Logs und Traces aus Ihrer Software einsammeln und Fragen für Sie beantworten wie:

- Wie ist die User Experience für einen bestimmten einzelnen Anwender meines Service?
- Wer sind die zehn Kunden, die bei einem bestimmten Endpoint die langsamsten Responses erhalten?
- Welche meiner diversen verteilten Services tragen am meisten zur Gesamt-Latenz von Requests bei?

Zusammen mit den üblichen Features für Dashboards (siehe Abbildung 16–9) und Benachrichtigung (automatisierbar über die Datadog-API und Client-Bibliotheken, unter anderem Terraform), bietet Datadog auch Features wie eine Anomalie-Erkennung durch maschinelles Lernen.

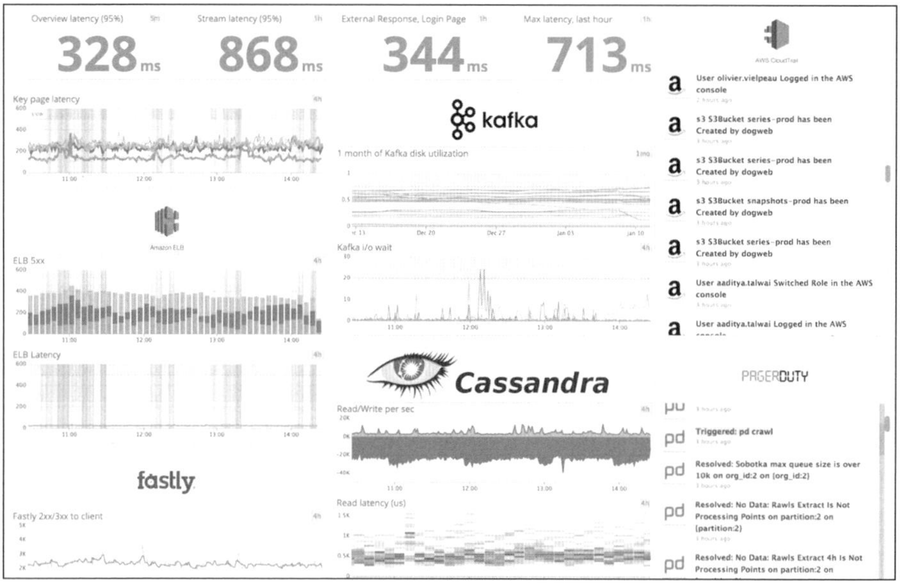

Abb. 16–9 Datadog-Dashboard

Wie Sie erwarten würden, ist Datadog auch einer der teureren Monitoring-Services, aber wenn Ihnen Observability wirklich wichtig ist und Sie eine komplexe Infrastruktur mit Performance-kritischen Anwendungen im Einsatz haben, sind die Kosten durchaus gerechtfertigt.

Mehr über Datadog erfahren Sie auf der Website unter *https://www.datadoghq.com*.

16.6.6 New Relic

New Relic ist eine bewährte und weitverbreitete Metrik-Plattform, die sich auf das Application Performance Monitoring (APM) konzentriert. Ihre Hauptstärke liegt im Diagnostizieren von Performance-Problemen und Flaschenhälsen innerhalb von Anwendungen und verteilten Systemen (siehe Abbildung 16–10). Es gibt aber auch Infrastruktur-Metriken und Monitoring, Benachrichtigungen, Software-Analyse und alles andere, was Sie so erwarten würden.

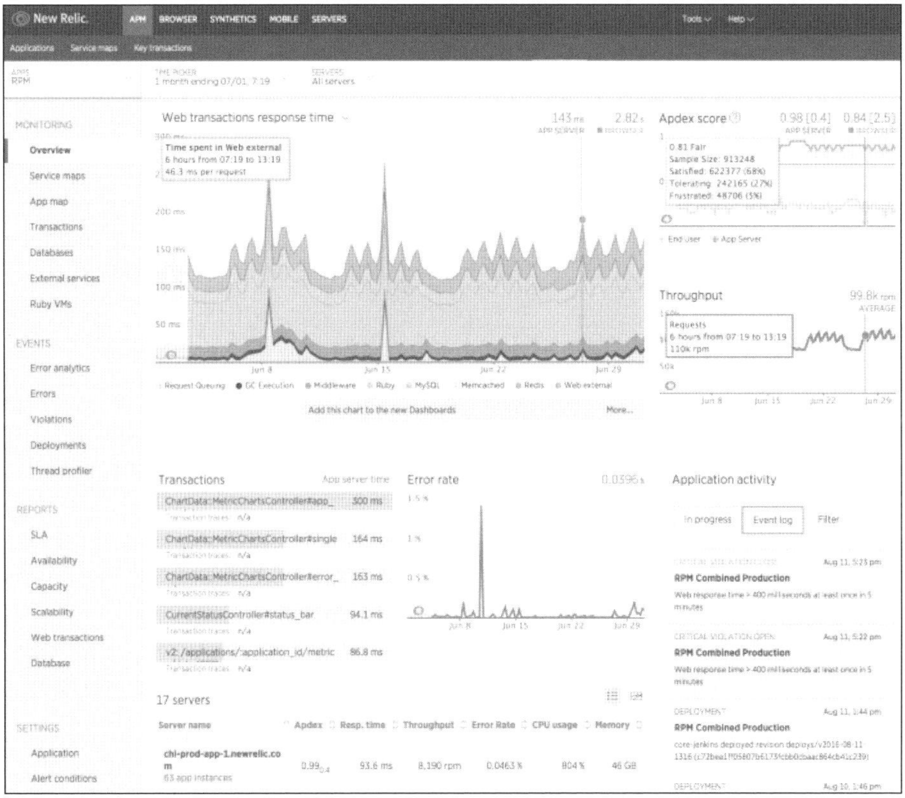

Abb. 16–10 *APM-Dashboard von New Relic*

Wie bei jedem auf Unternehmen zugeschnittenen Service dürfen Sie auch bei New Relic Geld lassen – speziell beim Einsatz im großen Maßstab. Im Markt der Premium-Plattformen für Unternehmens-Metriken sind New Relic (etwas anwendungsorientierter) und Datadog (etwas Infrastruktur-lastiger) die beiden Hauptakteure. Beide bieten auch eine gute Unterstützung von Infrastructure as Code – so können Sie beispielsweise jeweils Monitoring-Dashboards und Benachrichtigungen mithilfe offizieller Terraform-Provider erstellen.

16.7 Zusammenfassung

Zweimal messen, einmal schneiden ist ein beliebter Spruch unter Ingenieuren. In der Cloud-nativen Welt ist es ohne ordentliche Metriken und Observability-Daten sehr schwierig, zu wissen, was vor sich geht. Haben Sie andererseits erst einmal die Metrik-Fluttore geöffnet, können zu viele Informationen genauso nutzlos sein wie zu wenige.

Der Trick ist, gleich die richtigen Daten einzusammeln, sie richtig zu verarbeiten, mit ihnen die richtigen Fragen zu beantworten, sie richtig zu visualisieren und durch sie die richtigen Leute zur richtigen Zeit über die richtigen Dinge zu benachrichtigen.

Wenn Sie sonst alles aus diesem Kapitel vergessen wollen – merken Sie sich wenigstens dies:

- Konzentrieren Sie sich auf zentrale Metriken für jeden Service: Requests, Errors und Duration (RED). Und für jede Ressource: Utilization, Saturation und Errors (USE).
- Sorgen Sie dafür, dass Ihre Anwendungen Metriken bereitstellen, sowohl für die interne Observability wie auch für Business-KPIs.
- Zu den nützlichen Kubernetes-Metriken gehören auf Cluster-Ebene die Anzahl an Knoten, die Pods pro Knoten und die Ressourcen-Auslastung der Knoten.
- Monitoren Sie auf Deployment-Ebene Deployments und Replicas, insbesondere die nicht verfügbaren Replicas, die zu einem Kapazitätsproblem führen können.
- Monitoren Sie auf Container-Ebene die Ressourcen-Auslastung pro Container, Liveness und Readiness, Neustarts, Netzwerk-Traffic und Netzwerk-Fehler.
- Bauen Sie ein Dashboard mit einem Standard-Layout für jeden Service und einen zentralen Information Radiator, der die Vitalparameter des Gesamtsystems anzeigt.
- Alarmieren Sie anhand von Metriken, sollten diese Alarme dringend, wichtig und ausführbar sein. Alert-Rauschen sorgt für Abstumpfung und reduziert die Moral.
- Verfolgen Sie die Anzahl an dringenden SMS, die Ihr Team erhält – insbesondere des Nachts und am Wochenende.
- Die De-facto-Standard-Lösung für Metriken ist in der Cloud-nativen Welt Prometheus – so gut wie jede Komponente kennt dessen Datenformat.
- Managed Metric Services von dritter Seite sind unter anderem Google Stackdriver, Amazon Cloudwatch, Datadog und New Relic.

17 Nachwort

Und zu bedenken bleibt hierbei, wie kein Beginnen schwieriger, für den Erfolg nicht zweifelhafter, noch mißlicher in der Behandlung ist, als wenn man sich dazu aufwerfen will, eine neue Verfassung einzuführen.

– Niccolò Macchiavelli

Na, das war ja eine spannende Reise. Wir haben in diesem Buch sehr viel behandelt, aber alles folgte einem einfachen Prinzip: Wir sind der Meinung, *Sie müssen es wissen*, wenn Sie Kubernetes produktiv einsetzen wollen.

Man sagt, ein Experte ist einfach jemand, der im Handbuch eine Seite voraus ist. Daher ist es durchaus möglich, dass Sie nach dem Lesen dieses Buches der Kubernetes-Experte in Ihrer Firma sein werden – zumindest zu Beginn. Wir hoffen, Sie finden dieses Buch nützlich, aber es kann nur ein Anfang sein.

17.1 Wohin als Nächstes?

Vielleicht finden Sie diese Ressourcen hilfreich – sowohl, um mehr über Kubernetes und Cloud Native zu lernen, aber auch, um immer auf dem neuesten Stand zu bleiben:

- *http://slack.k8s.io*
  Der offizielle Kubernetes Slack. Hier können Sie Fragen stellen und mit anderen Anwendern chatten.
- *https://discuss.kubernetes.io*
  Ein öffentliches Forum, in dem alles Mögliche rund um Kubernetes besprochen wird.
- *https://kubernetespodcast.com*
  Ein wöchentlicher Podcast von Google. Die Folgen sind meist um die 20 Minuten lang. Es gibt News rund um Kubernetes und Interviews mit Beteiligten.

- *https://github.com/heptio/tgik*
  TGIK8s ist ein wöchentlicher Live-Video-Stream, der von Joe Beda bei Heptio aufgesetzt wurde. Meist wird etwa eine Stunde lang etwas aus dem Kubernetes-Ökosystem vorgeführt. Alle Videos sind archiviert und lassen sich auch später noch anschauen.

Wir wollen auch auf ein (englischsprachiges) Blog hinweisen *(https://cloudnative-devopsblog.com)*, das mit diesem Buch verbandelt ist. Schauen Sie gelegentlich einmal vorbei, um die letzten Neuigkeiten und Blog-Posts rund um Cloud Native DevOps zu erfahren.

Hier noch ein paar E-Mail-Newsletter, bei denen Sie sich anmelden können und die Themen wie Software-Entwicklung, Sicherheit, DevOps und Kubernetes behandeln:

- KubeWeekly (*https://twitter.com/kubeweekly*, kuratiert von der CNCF)
- SRE Weekly *(https://sreweekly.com)*
- DevOps Weekly *(https://www.devopsweekly.com)*
- DevOps'ish *(https://devopsish.com)*
- Security Newsletter *(https://securitynewsletter.co)*

17.2 Willkommen an Bord

Wir lernen nichts, indem wir richtig liegen.

– Elizabeth Bibesco

Bei Ihrer Reise durch die Welt von Kubernetes sollte es Ihre wichtigste Aufgabe sein, Ihr Wissen so weit wie möglich zu verteilen – und so viel wie möglich von anderen zu lernen. Keiner von uns weiß alles, aber jeder weiß etwas. Zusammen können wir viel herausfinden.

Und haben Sie keine Angst, zu experimentieren. Bauen Sie Ihre eigene Demo-App oder leihen Sie sich unsere aus, und probieren Sie damit Dinge aus, die Sie vermutlich in der Produktiv-Umgebung brauchen werden. Wenn alles perfekt funktioniert, was Sie tun, experimentieren Sie nicht genug. Echtes Lernen geht nur durch Fehlschläge und indem Sie versuchen, herauszufinden, was falsch lief und wie es besser geht. Je mehr Fehler Sie machen, desto mehr lernen Sie.

Wir haben Dinge über Kubernetes gelernt, weil wir viele Fehler gemacht haben. Hoffentlich tun Sie das auch. Viel Spaß!

Index

A

Abhängigkeiten 7
ACI 55
Admission Controller 184
AKS 46
Alarme 321
  Probleme 321
Alertmanager 327
Aliasse 123
Alpine Linux 28
Amazon Elastic Container Service for Kubernetes 45
Amazon Fargate 55
Anchore Engine 224
Anforderungen 78
Anmerkungen 171
Anscombe-Quartett 314
Ansible 8, 255
Aqua 223
Ark *siehe* Velero
Auditing 116
Autoscaling 14, 45, 112
  Horizontal Pod Autoscaler 183
  Vertical Pod Autoscaler 93
Autovervollständigen 125
Availability Zone 39
AWS Cloudwatch 328
AWS Lambda 16
Azure Container Instances 55
Azure Cosmos DB 17
Azure Event Grid 55
Azure Kubernetes Service 46
Azure Monitor 329
Azure Pipelines 274

B

Backups 224
  Cluster 226
  etcd 225
  Ressourcen 226
  Velero 227
BackupStorageLocation 227
Bare-Metal 54, 111
base64 206
Base-Image 27
bash_profile 123
Batch Processing 182
Berechtigungen 217
Bereitschaftsdienst 323
Black-Box Monitoring 288
Blue/Green-Deployments 13, 264
Borg 12
Borgmon 326
BusyBox 136

C

cAdvisor 309
CAMS 5
Canary-Deployments 13, 265
Capabilities 159
Certified Kubernetes 114
Certified Kubernetes Administrator 115
cert-manager 189
Chaos Gorilla 119
Chaos Monkey 119
Chaos Testing 118
chaoskube 120
Chart 71, 73
  installieren 72
Chart.yaml 240
CI/CD 271

Circuit Breaker 300
CKA 115
CKE 47
Clair 223
Click 142
Cloud
  Cloud Service 3
  Entstehung 2
  Funktionen 16
  Idee 3
  Instanztypen 110
Cloud Native 1, 16
  Bedeutung 17
  Cloud Native DevOps 1
Cloud Native Computing Foundation xix, 16
cloud-controller-manager 37
Cloudwatch 328
Cluster 11
  abfragen 69
  Architektur 36
  Cluster Management 11
  Control Plane 36
  Federated 108
  Kosten optimieren 91
  maximale Größe 107
  mehrere 108
  minimale Größe 106
  monitoren 230
  Multizone 44
  Sizing 105
  skalieren 111
  Steuerungsebene 36
  Zugriffskontrolle 217
cluster-admin 221
Clusterless Container Services 54
ClusterRole 219
ClusterRoleBinding 220
CNCF Certification 114
CNCF *siehe* Cloud Native Computing Foundation
Codefresh 274
Committed Use Discounts 98
Concourse 273
ConfigMaps 195
  Änderung 203
  erstellen 196
  Helm-Chart 203
  Konfigurationsdatei 201
  Umgebungsvariable 197, 199
  Volume 202
Container 8, 147
  als Nicht-Root-Benutzer 157
  bauen 27
  Befehle ausführen 134
  Container Runtime 9
  Digests 153
  Entrypoint 149
  Inhalt 148
  klein halten 80
  Lebenszyklus 81
  Liveness 81
  Logs 132
  Manifest 151
  Metriken 311
  Port 154
  Privilege Escalation 159
  Readiness 83
  Registries 30
  root blockieren 158
  Runtime 37
  Sicherheit 156
  starten 25
  verbinden 133
  Vorteile 10
  vs. Virtuelle Maschine 10
Containerisieren 12
Containership Kubernetes Engine 47
Continuous Deployment 271
  Komponenten 274
  Pipeline 271
  Tools 272
Continuous Integration 271
Contour 190
Control Plane 36
Controller 60
  Admission Controller 184
  Ingress 189
  Pod 178
Copper 117
CPU 10
CRD 186
CRI-O 37
Cronjobs 182
Custom Resource Definitions 186

D

Daemon 179
DaemonSets 178
Dashboards 234, 318
Datadog 329

Dateisystem
  Layer 10
  Read-Only 158
Demo-Anwendung 25
Dependencies 7
Deployments 60
  Blue/Green 264
  Canary 265
  Informationen 61
  optimieren 91
  Rainbow 265
  RBAC 221
  Rollierende Updates 262
  Strategien 261
Descheduler 102
Developer Productivity Engineering 20
DevOps xxi, 3
  CAMS 5
  Dreifaltigkeit 5
  Grenzen 19
  Idee 5
  NoOps 5
  Observability 296
Diff 131
Digests 153
DNS-Namen 88
Docker 23, 37
  Beschreibung 24
  Docker Compose 254
  Docker Desktop 24
  Docker Engine 24
  Docker Hub 31, 274
  Docker ID 31
Dockerfile 27
Downtime 261
DPE *siehe* Developer Productivity Engineering
Draft 260
Draining 112
Drone 273
Durchschnitt 313
Dynamisches Provisionieren 165

E

ECS 45
Eggs 8
Einheiten 78
EKS 45
Elastic Container Service 45
Elasticsearch 291
emptyDir 163
Encryption at Rest 207
Entrypoint 149
Entwicklung 259
  Tools 259
Envoy 191
etcd 36
  Backup 225
Eviction 85

F

FaaS *siehe* Functions as a Service
Fanout 187
Federated Cluster 108
Fehlersuche 135
Flux 275
Functions as a Service 15
Funtainer 16

G

GCP 275
Gems 8
Gestrandete Ressourcen 94
Git xxii, 25
  SHA-Tags 279
Gitkube 275
GitLab CI 274
GKE 44, 275
Go 26
Google 12
Google Cloud Build 273, 275
Google Cloud Core 78
Google Cloud Platform 275
Google Cloud Vision API 16
Google Kubernetes Engine 44
Google Kubernetes Engine Cluster 275
Google Pub/Sub 17
Google Stackdriver 328
Graceful Degradation 17, 299, 301
Grafana 327
Gray Failures 290
gRPC 83

H

Hard Affinities 100, 172
Headless Service 180
Helm 71
  Abhängigkeiten 243
  Anwendung aktualisieren 245

Charts 71
deployen 244
Inhalt 240
installieren 72
Helmfile 249
anwenden 251
Inhalt 249
Metadaten 250
helm-monitor 246
Hooks 266
installieren 71
Manifest 239
Migration 265
Release anzeigen 73
Rollback 246
Templates 241
Variablen 242
Heptio Kubernetes Subscription 46
Hilfe 125
HKS 46
Hochverfügbarkeit 38
Horizontal Pod Autoscaler 183
HPA 183
Hyperthread 78

I

IaaS *siehe* Infrastructure as a Service
IBM Cloud Kubernetes Service 46
Image Pull Secrets 165
Image Repository 152
Images
ausführen 31
Base-Image 27
Bezeichner 152
minimale 28
Name 29, 31
Pull-Richtlinie 155
Scratch-Image 28
Virtual Machine Image 8
Information Radiator 319
Infrastructure as a Service 3
Infrastruktur als Code 6, 226
Ingress 187
Controller 189
Regeln 187
TLS-Termination 188
Installer 48
Instanzgruppen 111
IOPS 95
Istio 190

J

JAR-Dateien 8
Jenkins 272
Jinja 255
Jobs 181
aufräumen 98
jq 127
JSON 66, 127
Jsonnet 253

K

K8Guard 117
Kapazitätsplanung 106
Kapitan 253
Kaufen vs. Bauen 51
KCSP 115
Keel 275
Knative 16, 261
Knoten
Größe 109
heterogen 110
Master Nodes 37
maximale Pod-Anzahl 94
optimieren 93
Worker Nodes 37
kompose 254
Konfiguration 7
Konfigurationsmanagement 8
Konfigurationsdateien 201
Secret 205
Konfigurationsdaten 195
Konformität 113
Konsolen 233
Kontexte 139
kops 48, 53
ksonnet 252
kubeadm 49
kube-apiserver 36
kube-bench 118
kube-controller-manager 36
kubectl 32, 69, 123
Autovervollständigen 125
Hilfe 125
kubectx 140
kubed-sh 143
Kubeformation 50
kube-hunter 224
kubelet 37, 106
kube-monkey 120
kubens 140

kube-ops-view 235
kube-proxy 37
kube-ps1 141
Kubernetes xxi, 12
  Anwendungen 239
  Dashboard 234
  deklarativ 65
  deklarativ vs. imperativ 129
  Grenzen 15
  Helm 71
  imperativ 128
  Installation 35
  Installer 48
  Kaufen vs. Bauen 39
  Kosten 39
  Kubernetes The Hard Way 49
  Managed Services 44
  Metriken 309
  Monitoring 297
  Scheduler 64
  Self-Hosting 53
  Shells 142
  Turnkey-Lösungen 47
  Vendor Lock-In 52
Kubernetes Audit Logging 118
Kubernetes Certified Service Provider 115
kube-scheduler 36
kube-shell 142
Kubespray 48, 53
kubespy 133
kubesquash 138
kube-state-metrics 310
kube-system 87
kubeval 255, 278
kustomize 254

L

Labels 167
  Beschreibung 167
  Einschränkungen 171
  Selektoren 168
  vs. Anmerkungen 171
Latency Monkey 119
latest 153
LetsEncrypt 189
Lift and Shift 230
LimitRange 90
Linux Foundation 17
Liveness-Probe 81
Load Balancer 69
Logging 132, 291
  Grenzen 291

M

Managed Services 42, 44
Manifeste 65
  anwenden 66
  Container 151
  Deployment 66
  generieren 130
  Helm 239
Master Nodes 37, 106
Median 314
Metadaten, Owner 96
Metriken 184, 292, 303
  Alarme 321
  analysieren 313
  Anwendung 311
  Business 308
  Cluster 310
  Container 311
  Dashboards 318
  Deployment 310
  gute Metriken 305
  Inhalt 303
  Kubernetes 309
  Perzentile 315
  RED-Muster 306
  Runtime 312
  Tools 325
  USE-Muster 307
  Zähler und Maße 304
  Zeitreihe 304
MicroScanner 223
Microservices 18
Microsoft Cognitive Services 16
Migration 265
Millicores 78
Millicpus 78
Minikube 24, 34
Minimale Container-Images 28
Mittelwert 313, 314
Monitoring 287
  automatisiert 287
  Black-Box 288
    extern 298
    Grenzen 289
  eigene Infrastruktur 299
  interne Health-Checks 299
  Up 289

Multi-Stage Build 28
Multizone Cluster 44

N

Name-based virtual Hosting 188
Namensräume 86, 108, 139
  Rolle 219
  Standard 87
  virtuelles Cluster 88
Namespaces *siehe* Namensräume
Netflix 119
Neustart-Richtlinien 165
New Relic 330
nginx-ingress 190
Node Affinities 100, 171
Node Pools 111
node-problem-detector 236
NoOps 5

O

Observability 18, 287, 295
  DevOps 296
  Kultur 296
  Metriken 303
  Pipeline 296
Omnibus Package 8
On-Prem 54
OpenFaaS 16
OpenMetrics 328
OpenShift 46
OpenTracing-Framework 295
Operations, Zukunft 19
Operatoren 186
Orchestrieren 11
  Container 11
Overcommitting 80

P

Paketmanager 71
Pay-per-Use 2
Persistente Volumes 164
PersistentVolumeClaim 164
Perzentile 315
Pod 61
Pod Affinities 173
Pod Anti-Affinities 173
Pod Disruption Budgets 85
Pod Security Contexts 161
Pod Security Policies 161
Pod Template 61
PodPresets 184
Pods 147, 167
  auseinanderhalten 175
  Controller 178
  Inhalt 150
  optimieren 92
  pro Knoten 94
  zusammenhalten 174
Port-Forwarding 30, 134
PowerfulSeal 121
Präemptive Instanzen 99
Prinzip des kleinsten Privilegs 156
Privilege Escalation 159
Prometheus 326
Pulumi 134
Puppet 8
  Kubernetes Module 50

Q

QoS 80
Quality of Service 80, 91
Quorum 38

R

Rainbow-Deployments 265
Rancher Kubernetes Engine 50
RBAC 218
  aktivieren 218
  Anwendungen 221
  Deployment 221
  Fehlersuche 222
  Rolle 219
Readiness-Probe 83
  Dateibasiert 84
Reconciliation Loop 63
RED-Muster 306, 311
Registries, Container 30
Registry
  Google Container Registry 281
  Hostnamen 152
Release 73
Replicas 60, 62, 183
ReplicaSet 60, 62
Repository 73
  Image Repository 152
  Namensraum 152
Request-Errors-Duration *siehe* RED-Muster

Reservierte Instanzen 98
Resource Quotas 89
Ressourcen 65, 77
    abfragen 70
    Anforderungen 78
    ConfigMap 196
    diff 131
    Einheiten 78
    exportieren 131
    gestrandet 94
    Grenzen 79, 110
    Ingress 187
    Limit 79
    nicht ausgelastet 97
    Request 78
    Service 67
    überbuchen 80
    ungenutzte 96
    USE-Muster 307
    verlorene 96
RKE 50
rkt 37
Role Binding 220
Role-Based Access Control *siehe* RBAC
Rollen 219
    cluster-admin 221
    ClusterRole 219
    Role 219
    Role Binding 220
Rollierende Updates 262
root 156
Run Less Software 51

S

SaaS *siehe* Software as a Service
Sättigung 306, 307
Saturation 306, 307
Scheduled Jobs 11
Scheduler 64
    Node Affinities 100
Scheduling 11
Scratch-Image 28
Secrets 203
    anzeigen 205
    base64 206
    Encryption at Rest 207
    Konfigurationsdatei 205
    Management-Tool 209
    Remote Storage 209
    Sops 211
    Umgebungsvariable 204
    Versionsverwaltung 208
    verwalten 207
    Volume 205
    Zugriff 206
Security Monkey 119
Security Scanning 223
Selektoren 168
Self-Hosting 53
Serverless 15
    Bezeichnung 16
Service Mesh 190
Service-Accounts 162
Services 67, 83
    Monitoring 300
    RED-Muster 306
SHA-Tags 279
Shell-Aliasse 123
Shells 142
Sicherheit, Container 156
Sidecar 179
Simian Army 119
Single Points of Failure 17
Site Reliability Engineer 21
Skaffold 259
Skalieren
    Cluster 111
    nach unten 112
Soft Affinities 100, 172, 173
Soft Anti-Affinities 175
Software as a Service 3
Sonobuoy 115
Sops 211
    Einführung 211
    Helm-Charts 247
    KMS 214
Source of Truth 129
Spinnaker 273
Spot-Instanzen 99
SRE *siehe* Site Reliability Engineer
Stackdriver 328
Stackpoint 47
StatefulSets 180
Stern 143
Steuerungsebene 36
    Ausfall 38
    hochverfügbar 38
Storage optimieren 95
Superuser 156

T

Tag 152
  latest 153
Taints 176
Tarmak 50
Telepresence 260
TK8 49
TLS Termination 188
Todesschleife 82
Tolerations 176
Tracing 294
Traefik 190
Turnkey-Lösungen 47

U

Überbuchen 80
UID 157
Umgebungsvariablen 155
  ConfigMap 197, 199
  Secret 204
Undifferenziertes Heavy Lifting 3, 51
Updates, rollierende 262
Uptime 289
USE-Muster 307

V

Validierung 116
values.yaml 241
Vault 210
vCore 78
vCPU 78
Velero 227
  Backup erstellen 228
  Backup schedulen 229
  Backup wiederherstellen 228
  konfigurieren 227
Vendor Lock-In 52
Verteilte Systeme 3
Vertical Pod Autoscaler 93
Virtuelle Maschine
  Virtual Machine Image 8
  vs. Container 10
Virtuelles Cluster 88
Visual Studio Code 26
Volumes 162
  ConfigMap 202
  emptyDir 163
  persistent 164
  Secret 205

W

Weave Scope 235
Worker Nodes 37

Y

YAML 65, 66

Z

Zeitreihen 304
Zero-Downtime Deployment 261
Zugriffskontrolle 217

K. Spichale

API-Design

Praxishandbuch für Java- und Webservice-Entwickler

Mit APIs bzw. Schnittstellen zum Zweck der Arbeitsteilung, Wiederverwendung oder Modularisierung haben Entwickler täglich zu tun. Dieses Buch zeigt, was gute APIs ausmacht. Nach der erfolgreichen Lektüre können Sie APIs für Softwarekomponenten und Webservices entwerfen, dokumentieren und anpassen.

2., überarbeitete und erweiterte Auflage
2019, 382 Seiten, Broschur, € 36,90 (D)
ISBN 978-3-86490-611-4

M. Bancila

Die C++-Challenge

Echte Probleme lösen und zum C++-Experten werden – 100 Aufgaben und ausprogrammierte Lösungen

Dieses Buch zeigt dir viele bemerkenswerte Features, die C++ zu bieten hat, und wie du sie implementierst. Jedes Problem ist einzigartig und testet nicht nur deine Sprachkenntnisse, sondern ebenso deine Fähigkeit, über den Tellerrand hinaus zu denken und die besten Lösungen zu finden.

2019, 306 Seiten, Broschur, € 29,90 (D)
ISBN 978-3-86490-626-8

D. Bader

Python-Tricks

Praktische Tipps für Fortgeschrittene

Wenn du schon eine Weile in Python programmierst und bereit bist, in die Tiefe zu gehen, deine Kenntnisse abzurunden und deinen Code pythonischer zu machen, dann ist dieses Buch genau das Richtige für dich. Du wirst einen wahren Schatz an praktischen Tipps und Entwurfsmustern finden, die dir helfen, ein noch besserer Python-Programmierer zu werden.

2018, 210 Seiten, Broschur, € 29,90 (D)
ISBN 978-3-86490-568-1

H. Mössenböck

Kompaktkurs C# 7

Dieses Buch beschreibt in kompakter Form den gesamten Sprachumfang von C# 7. Es richtet sich an Leser, die bereits Erfahrung mit einer anderen Programmiersprache wie Java oder C++ haben und sich rasch in C# einarbeiten wollen, um damit produktiv zu werden. Mit zahlreichen Beispielen und weit über 100 Übungsaufgaben mit Musterlösungen.

2019, 344 Seiten, Broschur, € 29,90 (D)
ISBN 978-3-86490-631-2

M. Simons

Spring Boot 2

Moderne Softwareentwicklung mit Spring 5

Spring Boot verdrängt seit einigen Jahren zunehmend »klassische« Spring-Anwendungen. Dieses Buch bietet eine umfassende und praktische Einführung in die von Spring Boot 2 unterstützten Spring-Module und -Technologien. Behandelt werden dabei Themen wie Testen, Security, Deployment und Dokumentation.

2018, 460 Seiten, Broschur, € 36,90 (D)
ISBN 978-3-86490-525-4

R. Preißel · B. Stachmann

Git

Dezentrale Versionsverwaltung im Team
Grundlagen und Workflows

Nach einer kompakten Einführung in die wichtigen Konzepte und Befehle von Git beschreiben die Autoren ausführlich deren Anwendung in typischen Workflows, z. B. »Mit Feature-Branches entwickeln«, »Ein Release durchführen«, »Große Projekte aufteilen« oder »Continuous Delivery« und parallele Releases.

5., aktualisierte und erweiterte Auflage
3. Quartal 2019, 360 Seiten, Broschur, € 34,90 (D)
ISBN 978-3-86490-649-7

F. Maurice

PHP 7 und MySQL

Ihr praktischer Einstieg in die Programmierung dynamischer Websites

Mit diesem Buch meistern Sie elegant den Einstieg in die Programmierung dynamischer Webseiten mit PHP & MySQL. Anhand vieler Beispiele und Übungen und immer gut vermittelt Ihnen Florence Maurice verständlich Grundlagen und fortgeschrittene Techniken für die Entwicklung sicherer Websites.

5., aktualisierte und erweiterte Auflage
2019, 600 Seiten, Festeinband, € 22,90 (D)
ISBN 978-3-86490-601-5

L. D. Gardner

JavaScript für Raspi, Arduino & Co.

Roboter, Maker-Projekte und IoT-Geräte programmieren und steuern

Verwenden Sie JavaScript zur Steuerung von kleinen Robotern, kreativen Maker-Projekten und IoT-Geräten. Mit dem Node.js-Ökosystem funktioniert Hardware-Prototyping intuitiv. Dieses ansprechend illustrierte Buch lehrt, wie man Plattformen wie Arduino, Tessel 2 und Raspberry Pi einsetzt.

2018, 514 Seiten, Broschur, € 32,90 (D)
ISBN 978-3-86490-554-4

F. Malcher · J. Hoppe · D. Koppenhagen

Angular

Grundlagen, fortgeschrittene Themen und Best Practices – inklusive NativeScript und NgRx

Suchen Sie einen Schnelleinstieg in das populäre JavaScript-Framework von Google? Dieses Buch führt Sie anhand eines Beispielprojekts schrittweise an die Entwicklung heran und vermittelt, wie Sie strukturierte und modularisierte Single-Page-Anwendungen mit dem neuen Angular (ab Version 8) programmieren.

2., aktualisierte und erweiterte Auflage
2019, 746 Seiten, Festeinband, € 36,90 (D)
ISBN 978-3-86490-646-6

E. Matthes

Python Crashkurs

Eine praktische, projektbasierte Programmiereinführung

Zunächst werden Sie mit grundlegenden Programmierkonzepten wie Listen, Wörterbüchern, Klassen und Schleifen vertraut gemacht. Sie erlernen das Schreiben von sauberem Code und wie Sie ihn sicher testen. In der zweiten Hälfte des Buches werden Sie Ihr neues Wissen mit drei praxisnahen Projekten umsetzen.

2017, 622 Seiten, Broschur, € 32,90 (D)
ISBN 978-3-86490-444-8

R. G. Haselier · K. Fahnenstich

Microsoft Office 2019 – Das Handbuch

Für alle Editionen inklusive Office 365

Ob auf dem Desktop oder in der Cloud mit Office 365 – dieses umfassende Handbuch bietet Ihnen das notwendige Know-how für den Einsatz von Word 2019, Excel 2019, PowerPoint 2019 und Outlook 2019.

2019, 960 Seiten, Festeinband, € 29,90 (D)
ISBN 978-3-96009-103-5 (O'Reilly)

B. Jelen · T. Syrstad

Microsoft Excel 2019 VBA und Makros

In diesem praktischen Leitfaden erfahren Sie, wie Sie mithilfe von VBA und Makros nahezu jede Excel-Routineaufgabe automatisieren und zuverlässigere und effizientere Excel-Arbeitsblätter erstellt, um in kürzerer Zeit mehr Aufgaben zu erledigen.

2019, 706 Seiten, Broschur, € 39,90 (D)
ISBN 978-3-86490-693-0 (Microsoft Press)

W. Assaf · R. West · S. Aelterman · M. Curnutt

SQL Server Administration

Insider-Wissen – praxisnah & kompetent

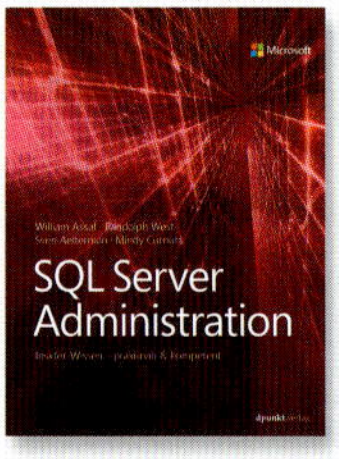

Dieses von Experten für Experten geschriebene Handbuch ist vollgepackt mit hilfreichen Tipps, zeitsparenden Problemlösungen und allem, was Sie zum Planen, Implementieren, Verwalten und Sichern von SQL Server benötigen – egal ob am eigenen Standort, in der Cloud oder in einer Hybridinstallation.

2019, 674 Seiten, Festeinband, € 49,90 (D)
ISBN 978-3-86490-584-1 (Microsoft Press)

T. Geis · G. Tesch

Basiswissen Usability und User Experience

Systematisch und strukturiert vom Nutzungskontext zum gebrauchstauglichen Produkt

Aus- und Weiterbildung zum UXQB® Certified Professional for Usability and User Experience – Foundation Level (CPUX-F)

Gebrauchstaugliche Produkte, die ein positives Benutzererlebnis erzeugen, sind das Ergebnis eines systematischen Prozesses. Die Autoren geben einen fundierten Einstieg sowie einen Überblick über die Kompetenzfelder »Usability und User Experience« und deren Zusammenspiel anhand zahlreicher Beispiele für Gestaltungsprinzipien und Gestaltungsregeln.

2019, 282 Seiten, Festeinband, € 34,90 (D)
ISBN 978-3-86490-599-5

T. Geis · K. Polkehn

Praxiswissen User Requirements

Nutzungsqualität systematisch, nachhaltig und agil in die Produktentwicklung integrieren

Aus- und Weiterbildung zum UXQB® Certified Professional for Usability and User Experience – Advanced Level »User Requirements Engineering« (CPUX-UR)

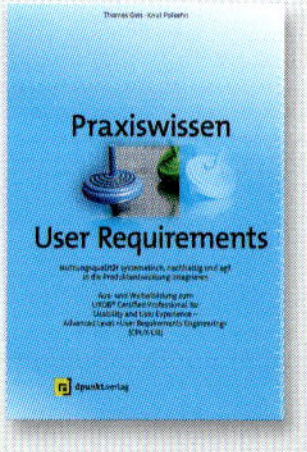

Im Buch wird fundiert aufgezeigt, wie mit User Requirements erfolgreich die Usability & User Experience und damit die Nutzungsqualität von Produkten maximiert werden kann. Die systematische Herleitung, Spezifikation und Strukturierung von Nutzungsanforderungen aus dem Nutzungskontext werden im Detail erörtert.

2018, 220 Seiten, Festeinband, € 32,90 (D)
ISBN 978-3-86490-527-8

M. Unterauer

Workshops im Requirements Engineering

Methoden, Checklisten und Best Practices für die Ermittlung von Anforderungen

Dieses Buch zeigt, wie Workshops zur schrittweisen Ermittlung von Anforderungen effektiv gestaltet werden können. Der Autor geht dabei über eine theoretische Betrachtung allgemeiner Methoden hinaus und tief hinein in die Mühen der täglichen Arbeit als Projektleiter, Business Analyst oder Requirements Engineer. Die 2. Auflage enthält weitere Workshop-Ideen speziell für agile Teams.

2., überarbeitete und erweiterte Auflage
4. Quartal 2019, ca. 218 Seiten, Festeinband, ca. € 29,90 (D)
ISBN 978-3-86490-695-4

T. Weilkiens · A. Huwaldt · J. Mottok · S. Roth · A. Willert

Modellbasierte Softwareentwicklung für eingebettete Systeme verstehen und anwenden

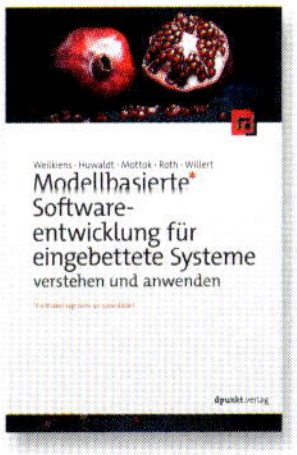

Das Buch beschreibt den effektiven Einsatz der Modellierung eingebetteter Software von den Anforderungen über die Architektur bis zum Design, der Codegenerierung und dem Testen. Für jede Phase werden Paradigmen, Methoden, Techniken und Werkzeuge beschrieben, wobei die praktische Anwendung im Vordergrund steht.

2018, 384 Seiten, Broschur, € 39,90 (D)
ISBN 978-3-86490-524-7

K. Pohl · C. Rupp

Basiswissen Requirements Engineering

Aus- und Weiterbildung nach IREB®-Standard zum Certified Professional for Requirements Engineering – Foundation Level

Dieses Lehrbuch für die Zertifizierung zum Foundation Level des CPRE umfasst Grundlagenwissen in den Gebieten Ermittlung, Dokumentation, Prüfung und Abstimmung, Verwaltung von Anforderungen sowie die Werkzeugunterstützung. Die 4. Auflage ist konform zum IREB®-Lehrplan Foundation Level Version 2.2.

4., überarbeitete Auflage
2015, 192 Seiten, Festeinband, € 29,90 (D)
ISBN 978-3-86490-283-3

V. Vernon

Domain-Driven Design kompakt

Aus dem Englischen von Carola Lilienthal und Henning Schwentner

Dieses Buch bietet einen kompakten Einstieg in die wesentlichen DDD-Konzepte, wie Ubiquitous Language, Bounded Contexts, Aggregates, Entities und Subdomänen. Nach der Lektüre sind Sie in der Lage, in Projekten eine gemeinsame Sprache für Fachanwender und Entwickler auch über Teamgrenzen hinweg zu finden.

2017, 158 Seiten, Broschur, € 29,90 (D)
ISBN 978-3-86490-439-4

Auch als englische Ausgabe erhältlich

C. Lilienthal

Langlebige Software-Architekturen

Technische Schulden analysieren, begrenzen und abbauen

Die Autorin beschreibt, wie langlebige Softwarearchitekturen entworfen, umgesetzt und erhalten werden können. Sie erörtert an Beispielen aus real existierenden Systemen, wie die typischen Fehler in Softwarearchitekturen aussehen und was sinnvolle Lösungen sind. Hinzugekommen in der 2. Auflage sind u.a. der Modularity Maturity Index und Mob Architecting.

2., überarbeitete und erweiterte Auflage
2017, 304 Seiten, Broschur, € 34,90 (D)
ISBN 978-3-86490-494-3

Auch als englische Ausgabe erhältlich

M. Gharbi · A. Koschel · A. Rausch · G. Starke

Basiswissen für Softwarearchitekten

Aus- und Weiterbildung nach iSAQB®-Standard zum Certified Professional for Software Architecture – Foundation Level

Dieses Buch vermittelt das nötige Grundlagenwissen, um eine dem Problem angemessene Softwarearchitektur für Systeme zu entwerfen. Es behandelt die wichtigen Begriffe und Konzepte der Softwarearchitektur sowie deren Bezug zu anderen Disziplinen. Die 3. Auflage ist konform zum iSAQB®-Lehrplan Version 2017.

3., überarbeitete und aktualisierte Auflage
2018, 228 Seiten, Festeinband, € 32,90 (D)
ISBN 978-3-86490-499-8

E. Wolff

Das Microservices-Praxisbuch

Grundlagen, Konzepte und Rezepte

Eberhard Wolff zeigt Microservices-Rezepte, die Architekten anpassen und zu einem Menü kombinieren können. So lässt sich deren Implementierung individuell auf die Anforderungen im Projekt ausrichten. Demo-Projekte und Anregungen für die Vertiefung runden das Buch ab.

2018, 328 Seiten, Broschur, € 36,90 (D)
ISBN 978-3-86490-526-1

E. Wolff

Microservices

Grundlagen flexibler Softwarearchitekturen

Eberhard Wolff bietet hier »einen umfassenden und tiefen Einstieg« (iX) in Microservices, inklusive deren Vor- und Nachteile. Dabei erklärt er die übergreifende Architektur von Microservices-Systemen, die Architektur einzelner Services und die Auswirkungen auf Projektorganisation, Deployment und Betrieb.

2., aktualisierte Auflage
2018, 384 Seiten, Broschur, € 36,90 (D)
ISBN 978-3-86490-555-1

K. Hightower · B. Burns · J. Beda

Kubernetes

Eine kompakte Einführung

Kubernetes vereinfacht das Bauen, Deployen und Warten skalierbarer, verteilter Systeme in der Cloud radikal. Dieser praktische Leitfaden zeigt Ihnen, wie Kubernetes und die Container-Technologie dabei helfen können, in Bezug auf Schnelligkeit, Agilität, Zuverlässigkeit und Effizienz in ganz neue Bereiche vorzudringen.

2018, 204 Seiten, Broschur, € 29,90 (D)
ISBN 978-3-86490-542-1

J. Arundel · J. Domingus

Cloud Native DevOps mit Kubernetes

Bauen, Deployen und Skalieren moderner Anwendungen in der Cloud

Dieses praxisorientierte Buch zeigt wie Kubernetes funktioniert und was es kann. Bauen Sie Schritt für Schritt eine Cloud-native Anwendung und die zugehörige Infrastruktur inkl. Continuous-Development-Pipeline auf, die Sie für Ihre eigenen Anwendungen nutzen können.

3. Quartal 2019, ca. 380 Seiten, Broschur, ca. € 36,90 (D)
ISBN 978-3-86490-698-5

A. Spillner · T. Linz

Basiswissen Softwaretest

Aus- und Weiterbildung zum Certified Tester – Foundation Level nach ISTQB®-Standard

Das Buch umfasst den benötigten Stoff zum Ablegen der Prüfung »Certified Tester« (Foundation Level) nach dem Standard des International Software Testing Qualifications Board (ISTQB®) und ist auch für das Selbststudium geeignet. Die 6. Auflage wurde komplett überarbeitet, beinhaltet praxiserprobte Testverfahren aus dem aktuellen ISO-Standard 29119 und ist konform zum ISTQB®-Lehrplan Version 2018.

6., überarbeitete und aktualisierte Auflage
2019, 378 Seiten, Festeinband, € 39,90 (D)
ISBN 978-3-86490-583-4

A. Spillner · T. Roßner · M. Winter · T. Linz

Praxiswissen Softwaretest – Testmanagement

Aus- und Weiterbildung zum Certified Tester – Advanced Level nach ISTQB®-Standard

In diesem Buch werden Grundlagen, praxiserprobte Methoden und Techniken sowie die täglichen Aufgaben und Herausforderungen des Testmanagements vorgestellt und anhand eines durchgängigen Beispiels erläutert. Es umfasst den benötigten Stoff zum Ablegen der Prüfung Certified Tester – Advanced Level – Testmanager.

4., überarbeitete und erweiterte Auflage
2014, 506 Seiten, Festeinband, € 44,90 (D)
ISBN 978-3-86490-052-5

T. Linz

Testen in Scrum-Projekten – Leitfaden für Softwarequalität in der agilen Welt

Aus- und Weiterbildung zum ISTQB® Certified Agile Tester – Foundation Extension

Entwicklungsleiter, Projektleiter, Testmanager und Qualitätsmanager erhalten in dem Buch Hinweise und Tipps, wie Testen und Qualitätssicherung in agilen Projekten erfolgreich organisiert werden können. Tester erfahren, wie sie in agilen Teams mitarbeiten und ihre Expertise optimal einbringen können. Die 2. Auflage ist konform zum ISTQB®-Lehrplan Foundation Level Agile »Agile Tester«.

2., aktualisierte und überarbeitete Auflage
2017, 270 Seiten, Festeinband, € 34,90 (D)
ISBN 978-3-86490-414-1

G. Bath · J. McKay

Praxiswissen Softwaretest – Test Analyst und Technical Test Analyst

Aus- und Weiterbildung zum Certified Tester – Advanced Level nach ISTQB®-Standard

Das Buch deckt sowohl funktionale als auch technische Aspekte des Softwaretestens ab und vermittelt damit das notwendige Praxiswissen für Test Analysts und Technical Test Analysts – beides entscheidende Rollen in Testteams. Es umfasst den benötigten Stoff zum Ablegen der Prüfung Certified Tester – Advanced Level – TA/TTA.

3., überarbeitete Auflage
2015, 588 Seiten, Festeinband, € 44,90 (D)
ISBN 978-3-86490-137-9

M. Winter · T. Roßner · C. Brandes · H. Götz

Basiswissen modellbasierter Test

Aus- und Weiterbildung zum ISTQB® Foundation Level – Certified Model-Based Tester

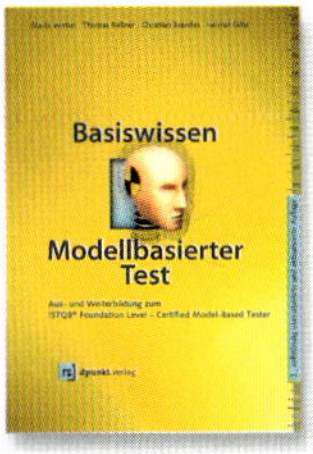

Modellbasiertes Testen umfasst die Erstellung und Nutzung von Modellen für die Systematisierung, Formalisierung und Automatisierung von Testaktivitäten. Dieses Buch vermittelt die Grundlagen und gibt einen fundierten Überblick über den modellbasierten Testprozess. Die 2. Auflage ist konform zum ISTQB®-Lehrplan Foundation Level Specialist »Model-Based Tester«.

2., vollständig überarbeitete und aktualisierte Auflage
2016, 474 Seiten, Festeinband, € 44,90 (D)
ISBN 978-3-86490-297-0

M. Daigl · R. Glunz

ISO 29119

Die Softwaretest-Normen verstehen und anwenden

Die ISO/IEC/IEEE 29119 stellt eine neue Normenreihe für Softwareprüfungen dar, die Vokabular, Prozesse, Dokumentation und Techniken für Softwaretesten beschreibt. Das Buch gibt eine praxisorientierte Einführung und einen fundierten Überblick über diese Normen (Teil 1 bis 4) und zeigt insbesondere die Umsetzung der Anforderungen aus der ISO 29119 hinsichtlich der Testaktivitäten auf.

2016, 264 Seiten, Festeinband, € 34,90 (D)
ISBN 978-3-86490-237-6

J. Albrecht-Zölch

Testdaten und Testdatenmanagement

Vorgehen, Methoden und Praxis

Der Leser erfährt in diesem Buch, wie man Testdaten gewinnt, nutzt, archiviert und inwiefern der Datenschutz zu beachten ist. Es zeigt Methoden, Best Practices und ein Vorgehen zum Verbessern eines Testdatenmanagements auf. Mustergliederungen und Checklisten helfen bei der Umsetzung in der Praxis.

2018, 454 Seiten, Festeinband, € 42,90 (D)
ISBN 978-3-86490-486-8

K. Franz · T. Tremmel · E. Kruse

Basiswissen Testdatenmanagement

Aus- und Weiterbildung zum Test Data Specialist Certified Tester Foundation Level nach GTB

Das Buch gibt einen praxisorientierten Überblick über das Testdatenmanagement sowie konkrete Anregungen für die effiziente Bereitstellung von Testdaten. Der Inhalt ist konform zum Lehrplan »Certified Tester Foundation Level Test Data Specialist« nach GTB und eignet sich gleichermaßen für das Selbststudium wie als Begleitliteratur zu den entsprechenden Schulungen.

2018, 208 Seiten, Festeinband, € 32,90 (D)
ISBN 978-3-86490-558-2

C. Ebert

Systematisches Requirements Engineering

Anforderungen ermitteln, dokumentieren, analysieren und verwalten

Dieses Buch beschreibt praxisorientiert und systematisch das gesamte Requirements Engineering vom Konzept über Analyse und Realisierung bis zur Wartung und Evolution eines Produkts. Die 6. Auflage vertieft Themen wie agile Entwicklung, Design Thinking, verteilt arbeitende Teams sowie Soft Skills.

6., überarbeitete und erweiterte Auflage
2019, 496 Seiten, Broschur, € 39,90 (D)
ISBN 978-3-86490-562-9

F. Simon · J. Grossmann · C. A. Graf · J. Mottok · M. A. Schneider

Basiswissen Sicherheitstests

Aus- und Weiterbildung zum ISTQB® Advanced Level Specialist – Certified Security Tester

Die Autoren geben einen fundierten, praxisorientierten Überblick über die technischen, organisatorischen, prozessoralen, aber auch menschlichen Aspekte des Sicherheitstestens und vermitteln das erforderliche Praxiswissen, um für IT-Anwendungen die Sicherheit zu erhalten, die für eine wirtschaftlich sinnvolle und regulationskonforme Inbetriebnahme von Softwaresystemen notwendig ist.

2019, 414 Seiten, Festeinband, € 39,90 (D)
ISBN 978-3-86490-618-3

J. Noack · J. Diaz

Das Design Sprint Handbuch

Ihr Wegbegleiter durch die Produktentwicklung

Design Sprints sind eine ideale Methode, um mit einem klaren Fokus auf Kundenbedürfnisse innovative Lösungen zu entwickeln – egal ob digitale oder physische. Dieses Handbuch dient als Wegbegleiter für den Sprint Master, der den Sprint durchführt. Es ist Ablaufplan, Guideline und Checkliste in einem.

2019, 220 Seiten, Klappenbroschur, € 24,90 (D)
ISBN 978-3-86490-656-5

T. Steimle · D. Wallach

Collaborative UX Design

Lean UX und Design Thinking: Teambasierte Entwicklung menschzentrierter Produkte

Dieses Buch bietet einen praxisorientierten Überblick zu Grundlagen und Anwendungen kollaborativer Methoden des User Experience Design. Von einem durchgängigen Praxisbeispiel ausgehend werden disziplinübergreifende UX-Methoden vorgestellt und in einem kohärenten Vorgehensmodell miteinander verknüpft.

2018, 240 Seiten, Festeinband, € 29,90 (D)
ISBN 978-3-86490-532-2

J. Bergsmann

Requirements Engineering für die agile Softwareentwicklung

Methoden, Techniken und Strategien

Das Buch gibt einen praxisorientierten Überblick über die am weitesten verbreiteten Techniken für die Anforderungsspezifikation und das Requirements Management in agilen Projekten. Es beschreibt sowohl sinnvolle Anwendungsmöglichkeiten als auch Fallstricke der einzelnen Techniken. Die 2. Auflage berücksichtigt den IREB®-Lehrplan RE@Agile Primer.

2., überarbeitete und aktualisierte Auflage
2018, 386 Seiten, Festeinband, € 36,90 (D)
ISBN 978-3-86490-485-1

A. Gerling · G. Gerling

Der Design-Thinking-Werkzeugkasten

Eine Methodensammlung für kreative Macher

Die Autoren beschreiben kompakt und praxisnah den Design-Thinking-Prozess in sechs Phasen. Sie geben dem Leser einen strukturierten und für die tägliche Arbeit nützlichen Werkzeugkasten an die Hand. Die konkret beschriebenen Anleitungen für den gesamten Projektverlauf erleichtern die Entscheidung für das richtige Werkzeug zur richtigen Zeit.

2018, 160 Seiten, Klappenbroschur, € 16,95 (D)
ISBN 978-3-86490-589-6

G. Gerling · M. Breunig

Pragmatische Innovation

Ein Leitfaden für Macher und Manager im Zeitalter der Digitalisierung

Dieses Buch führt Sie an die systematische Entwicklung insbesondere digitaler Innovationen heran. Es vermittelt anschaulich die Phasen des Innovationsprozesses, Innovationsstrategie und -portfolio sowie organisatorische Voraussetzungen. Die Verwendung von Design Thinking und Business Model Canvas wird im Kontext erläutert.

4. Quartal 2019, ca. 250 Seiten, Broschur, ca. € 29,90 (D)
ISBN 978-3-86490-544-5

mit Poster zu SAFe 4.5

C. Mathis

SAFe – Das Scaled Agile Framework

Lean und Agile in großen Unternehmen skalieren

Das Buch gibt einen praxisorientierten Überblick über die Struktur, Rollen, Schlüsselwerte und Prinzipien von SAFe und führt den Leser im Detail durch die Ebenen des Frameworks. Dabei steht die Umsetzung in den agilen Teams im Vordergrund. Die 2. Auflage wurde auf SAFe Version 4.5 aktualisiert.

2., überarbeitete und aktualisierte Auflage
2018, 254 Seiten, Broschur, € 34,90 (D)
ISBN 978-3-86490-529-2

K. Bittner · P. Kong · D. West

Mit dem Nexus™ Framework Scrum skalieren

Kontinuierliche Bereitstellung eines integrierten Produkts mit mehreren Scrum-Teams

Das Nexus™-Framework ist ein einfacher und effektiver Ansatz, um Scrum in mehreren Teams über verschiedene Standorte und Zeitzonen hinweg erfolgreich anzuwenden. Die Autoren zeigen in kompakter Form, wie Teams mit Nexus™ ein komplexes Produkt in kurzen Zyklen und ohne Einbußen bei der Konsistenz oder Qualität liefern können.

2019, 166 Seiten, Broschur, € 29,90 (D)
ISBN 978-3-86490-576-6

C. Larman · B. Vodde

Large-Scale Scrum

Scrum erfolgreich skalieren mit LeSS

Das Skalierungsframework LeSS setzt auf Scrum auf und unterstützt Unternehmen dabei, Agilität über den gesamten Projektlebenszyklus hinweg zu skalieren: von der Sprint-Planung bis hin zur Retrospektive. Die Autoren zeigen, welche Anpassungen gegenüber Scrum im Kleinen für einen Einsatz im Großen notwendig sind und wie diese Anpassungen so minimal wie möglich gehalten werden können.

2017, 396 Seiten, Broschur, € 34,90 (D)
ISBN 978-3-86490-376-2

Sven Röpstorff · Robert Wiechmann

Scrum in der Praxis

Erfahrungen, Problemfelder und Erfolgsfaktoren

Anhand zahlreicher Praxisbeispiele erfährt der Leser, wie agile Softwareprojekte aufgesetzt und durchgeführt werden können, welche typischen Fehler dabei auftreten und wie diese zu vermeiden sind. Die 2. Auflage wurde um weitere Praxistipps ergänzt und auf Neuerungen im »Scrum Guide« aktualisiert.

2., aktualisierte und überarbeitete Auflage
2016, 368 Seiten, Festeinband, € 36,90 (D)
ISBN 978-3-86490-258-1

Openbook zum Thema:
www.dpunkt.de/s/spm

S. Roock · H. Wolf

Scrum – verstehen und erfolgreich einsetzen

Die Autoren beschreiben in kompakter Form die Scrum-Grundlagen und die hinter Scrum stehenden Werte und Prinzipien sowie die kontinuierliche Prozessverbesserung. Dabei unterscheiden sie zwischen den produktbezogenen Aspekten, den entwicklungsbezogenen Aspekten und dem kontinuierlichen Verbesserungsprozess. Neu hinzugekommen sind in der 2. Auflage Techniken wie Storytelling, Story Mapping, Roadmap Planning sowie Lean Forecasting.

2., aktualisierte und erweiterte Auflage
2018, 264 Seiten, Broschur, € 29,90 (D)

U. Vigenschow · B. Schneider · I. Meyrose

Soft Skills für Softwareentwickler

Fragetechniken, Konfliktmanagement, Kommunikationstypen und -modelle

Die Autoren zeigen praxisnahe Wege auf, im Arbeitsumfeld besser miteinander zu kommunizieren und Konflikte frühzeitig zu erkennen, um sie erfolgreich zu lösen. Aus ihrer langjährigen Entwickler- und Projektleiterpraxis heraus vermitteln sie die verschiedensten arbeitspsychologischen Modelle und Techniken anhand konkreter Beispiele aus der IT.

4., überarbeitete Auflage
2019, 376 Seiten, Broschur, € 36,90 (D)
ISBN 978-3-86490-697-8

M. Burrows

Openbook zum Thema: www.dpunkt.de/s/kanb

Kanban

Verstehen, einführen, anwenden

Mike Burrows vermittelt die Kanban-Methode anhand von neun Werten, wodurch er den Prinzipien und Praktiken Kanbans ein starkes Gerüst verleiht. Weiter werden neuere Konzepte wie die drei »Agenden« und die »Kanban-Linse« sowie die Implementierung von Kanban mittels STATIK (Systems Thinking Approach to Introducing Kanban) vorgestellt.

2015, 272 Seiten, Broschur, € 34,90 (D)
ISBN 978-3-86490-253-6

S. Kaltenecker

Tatort Kanban

Ein agiler Kriminalroman

Ein Sicherheitsunternehmen, das sich Agilität auf die Fahnen geschrieben hat. Ein Whiteboard, an dem viele bunte Karten hängen. Ein Mitarbeiter, der vor dem Board tot aufgefunden wird. War es Mord? Bei seiner Ermittlungsarbeit muss Chefinspektor Nemecek ein dichtes Netz an Beziehungen entwirren, entdeckt dabei Kanban und setzt es sogar für die eigenen Untersuchungen ein.

2019, 316 Seiten, Broschur, € 19,95 (D)
ISBN 978-3-86490-653-4

D. J Anderson · A. Carmichael

Die Essenz von Kanban

kompakt

Dieses Buch bietet in einem kompakten Überblick die »Essenz« dessen, was Kanban ist und wie es effektiv eingesetzt werden kann. Es führt in die Werte, die grundlegenden Prinzipien und Praktiken sowie wesentlichen Metriken für die Verbesserungsarbeit ein und gibt einen ersten Einblick in die Implementierung von Kanban in Organisationen.

2018, 112 Seiten, Broschur, € 14,95 (D)
ISBN 978-3-86490-531-5

D. J Anderson · T. Bozheva

Kanban Maturity Model

So werden Unternehmen Fit for Purpose

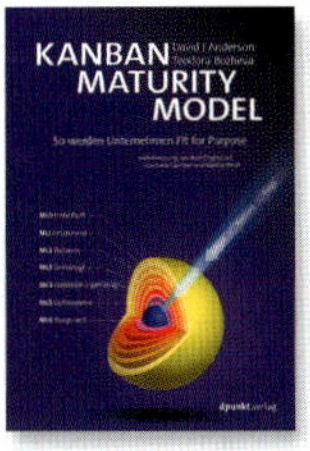

Das Kanban Maturity Model entstand durch die Arbeit in den letzten zehn Jahren bei der Einführung von Kanban in kleinen und großen Unternehmen verschiedener Branchen. Es spiegelt die Erfahrung wider, dass die angewendeten Kanban-Praktiken zur organisatorischen Reife des Unternehmens passen müssen. Die KMM-Roadmap und konkrete Maßnahmen ermöglichen, die gewünschte Business-Agilität zu erreichen.

4. Quartal 2019, ca. 220 Seiten, Broschur, ca. € 34,90 (D)
ISBN 978-3-86490-608-4

H. Koschek · R. Dräther

Neue Geschichten vom Scrum

Von Führung, Lernen und Selbstorganisation in fortschrittlichen Unternehmen

Drei Jahre nach dem Bau der besten Drachenfalle aller Zeiten hat Scrum viele Anhänger gefunden. Der Open Space beim zweiten Wiemmerländer Scrum-Treffen ist deshalb vollgepackt mit Themen – von Führung über Selbstorganisation bis Vertrauen. Und dann geraten die agilen Werte in Gefahr!

2018, 464 Seiten, Broschur, € 32,90 (D)
ISBN 978-3-86490-273-4

V. Kotrba · R. Miarka

Agile Teams lösungsfokussiert coachen

Sinnvolle Selbstorganisation braucht Vertrauen. Wie können agile Teams zusammen wachsen? Wie kann Kooperation gefördert werden? Die Autoren stellen lösungsorientierte Coaching-Methoden vor und erklären, wie sie im beruflichen Alltag erfolgreich angewendet werden können. Die 3. Auflage enthält zusätzliche Tools und neue Gedanken zum Thema Selbstorganisation.

3., überarbeitete und erweiterte Auflage
2019, 284 Seiten, Broschur, € 32,90 (D)
ISBN 978-3-86490-614-5

S. Kaltenecker

Selbstorganisierte Unternehmen

Management und Coaching in der agilen Welt

Das Buch bietet Ihnen alles, was Sie für die Gestaltung agiler Unternehmen brauchen. Es vermittelt ein solides Grundverständnis sozialer Systeme, beschreibt bewährte Prinzipien und Praktiken der Selbstorganisation und bietet eine breite Palette von Praxisbeispielen, die das Zusammenspiel von Management und Coaching veranschaulichen.

2017, 330 Seiten, Broschur, € 34,90 (D)
ISBN 978-3-86490-453-0

S. Kaltenecker

Selbstorganisierte Teams führen

Arbeitsbuch für Lean & Agile Professionals

Der Autor beschreibt, wie Führung in einem sich selbst organisierenden Umfeld funktioniert, und zeigt, wie die eigenen Führungskompetenzen durch den Einsatz bewährter Techniken systematisch ausgebaut werden können. Die 2. Auflage wurde komplett überarbeitet und um neue Werkzeuge und Fallbeispiele ergänzt.

2., überarbeitete und erweiterte Auflage
2018, 254 Seiten, Broschur, € 32,90 (D)
ISBN 978-3-86490-551-3

M. Burrows

Agendashift™

Ergebnisorientertes Change Management und kontinuierliche Transformation

Agendashift™ ist ein Framework und Teil des Engagement-Modells zur Implementierung einer partizipativen Kultur in Organisationen. Dieses Buch bietet eine pragmatische Anleitung für einen klar strukturierten fünfstufigen Prozess, um kulturelle Veränderungen zu ermöglichen. Dabei werden Techniken und Konzepte aus Lean-Agile, Kanban, Clean Language, Cynefin, Lean Startup und A3 eingesetzt.

4. Quartal 2019, ca. 186 Seiten, Broschur, ca. € 26,90 (D)
ISBN 978-3-86490-665-7

C. Avery

The Responsibility Process

Wie Sie sich selbst und andere wirkungsvoll führen und coachen

Der Autor zeigt mit »The Responsibility Process™« den Weg und die Zwischenschritte hin zu echter Verantwortungsübernahme. Er gibt Ihnen konkrete Werkzeuge, Praktiken und Leadership-Weisheiten an die Hand, mit denen Sie lernen, diesen Prozess bewusst einzusetzen, um sich selbst und anderen kraft- und wirkungsvolles Handeln zu ermöglichen.

2019, 294 Seiten, Broschur, € 24,90 (D)
ISBN 978-3-86490-577-3

Auch als Hörbuch erhältlich

R. van Solingen

Der Bienenhirte – über das Führen von selbstorganisierten Teams

Ein Roman für Manager und Projektverantwortliche

Dieses außergewöhnliche Buch handelt von der Geschichte von Mark, einer Führungskraft in einer Supermarktkette, in der auf Selbstorganisation umgestellt wird. Eines Tages erfährt Mark von seinem Großvater, wie dieser vom Schafhirten zum Imker wurde und was er dabei gelernt hat. Seine klugen und praktischen Lektionen scheinen überraschend gut auf Marks Situation zu passen.

2017, 126 Seiten, Broschur, € 19,95 (D)
ISBN 978-3-86490-495-0

J. Hoffmann · S. Roock

Agile Unternehmen

Veränderungsprozesse gestalten, agile Prinzipien verankern, Selbstorganisation und neue Führungsstile etablieren

Agile Unternehmen agieren flexibler am Markt, entwickeln begeisternde Produkte und bieten Mitarbeitern sinnstiftendere Arbeitsplätze. Die Autoren beschreiben, was agile Unternehmen ausmacht, und bieten konkrete Praktiken an, mit denen das eigene Unternehmen schrittweise agiler gestaltet werden kann – mit vielen Fallbeispielen aus der Praxis.

2018, 214 Seiten, Broschur, € 29,90 (D)
ISBN 978-3-86490-399-1

F.-U. Pieper · S. Roock

Agile Verträge

Vertragsgestaltung bei agiler Entwicklung für Projektverantwortliche

Die Autoren beschreiben die vertragsrechtlichen Grundlagen bei agiler Softwareentwicklung, die verschiedenen Varianten der Vertragsgestaltung sowie die einzelnen Vertragsformen mit ihren Eigenschaften, Funktionsweisen, Vorteilen und Risiken, wobei auch eine formalrechtliche Einordnung vorgenommen wird.

2017, 168 Seiten, Broschur, € 26,90 (D)
ISBN 978-3-86490-400-4

P. Koning

Toolkit für agile Führungskräfte

Selbstorganisierte Teams zum Erfolg führen

Sie fühlen sich verantwortlich für Ihre agilen Teams. Sie möchten, dass die Teams wachsen, schneller auf Veränderungen in komplexen und sich schnell verändernden Märkten agieren und selbstorganisiert arbeiten. Was ist das richtige Maß an Selbstorganisation für Ihre Teams? Wann sollten Sie Raum geben, wann eingreifen? Peter Koning zeigt anhand konkreter Werkzeuge zur kontinuierlichen Verbesserung, wie Sie auf neue, effektive Art und Weise führen können.

2019, 192 Seiten, Festeinband, € 26,90 (D)
ISBN 978-3-86490-628-2

A. Rüping

Gute Entscheidungen in IT-Projekten

Unbewusste Einflüsse erkennen,
Hintergründe verstehen, Prozesse verbessern

Gute Entscheidungen in IT-Projekten zu treffen, ist nicht einfach. Manchmal fehlt das notwendige Wissen, manchmal kann sich eine gute Meinung nicht durchsetzen. Oft erschweren auch kognitive Verzerrungen die Entscheidungsfindung. Wer jedoch auf diese Hindernisse vorbereitet ist und mit ihnen umzugehen weiß, trifft bessere Entscheidungen; gerade in Projekten, die komplex oder unübersichtlich sind.

2019, 204 Seiten, Broschur, € 29,90 (D)
ISBN 978-3-86490-648-0

D. J Anderson · A. Zheglov

Fit for Purpose

Wie Unternehmen Kunden finden,
zufriedenstellen und binden

Dynamische Märkte erfordern an den Kundenbedürfnissen ausgerichtete Produkte. Erfahren Sie, wie Sie Kunden finden, kontinuierlich zufriedenstellen und langfristig binden. Finden Sie konkrete Antworten darauf, ob Produkte an Kundenbedürfnissen ausgerichtet sind und wie diese verbessert werden können. Lernen Sie mit dem »Fit for Purpose«-Framework ein pragmatisches Vorgehen kennen, das Sie hierbei unterstützt.

2019, 302 Seiten, Broschur, € 34,90 (D)
ISBN 978-3-86490-579-7

R. Finger (Hrsg.)

BI & Analytics in der Cloud

Architektur, Vorgehen und Praxis

Die Autoren geben einen fundierten Überblick und behandeln im Detail Themen wie die Cloud als Agilitätshebel für BI und Analytics, Big Data in der Cloud, Cloud Services, Cloud-Nutzungsstrategien für Data Analytics und Social-Media-Integration. Abgerundet wird das Buch mit einem Marktüberblick zu Cloud BI. Die Beiträge spiegeln dabei die konkreten Umsetzungserfahrungen der Autoren wider.

2019, 262 Seiten, Festeinband, € 59,90 (D)
ISBN 978-3-86490-591-9

U. Haneke · S. Trahasch · M. Zimmer · C. Felden (Hrsg.)

Data Science

Grundlagen, Architekturen und Anwendungen

Das Buch bietet eine umfassende Einführung in Data Science und dessen praktische Relevanz für Unternehmen. Es behandelt die wichtigen Aufgabenfelder, Methoden, Rollen- und Organisationsmodelle sowie grundlegenden Konzepte und Architekturen für Data Science. Zahlreiche Anwendungsfälle helfen bei der konkreten Umsetzung in der Praxis.

2019, 336 Seiten, Festeinband, € 59,90 (D)
ISBN 978-3-86490-610-7

M. Knoll

Praxisorientiertes IT-Risikomanagement

Konzeption, Implementierung und Überprüfung

Das Buch beschreibt die Grundlagen sowie Organisationsstrukturen und Elemente des IT-Risikomanagement-Prozesses. Dabei werden gängige Methoden sowie der Einsatz von Werkzeugen anhand von Beispielen aus der Praxis erläutert. Die 2. Auflage wurde komplett überarbeitet und um Themen wie DevOps, Schatten-IT, Industrie 4.0 erweitert.

2., überarbeitete und erweiterte Auflage
3. Quartal 2019, ca. 448 Seiten, Festeinband, ca. € 46,90 (D)
ISBN 978-3-86490-655-8

U. Troppens · N. Haustein

Speichernetze

Grundlagen, Architekturen, Datenmanagement

Lernen Sie die grundlegenden Techniken für die Speicherung von Daten auf Disk- und Flashsystemen, Magnetbändern, Dateisystemen sowie Objektspeichern kennen und erfahren Sie alles über wesentliche Übertragungstechniken wie Fibre Channel, iSCSI, InfiniBand und NVMe sowie deren praktischen Einsatz.

3., aktualisierte und erweiterte Auflage
2019, 960 Seiten, Festeinband, € 69,90 (D)
ISBN 978-3-86490-503-2

L. Betz · T. Widhalm

Icinga 2

Ein praktischer Einstieg ins Monitoring

Die erweiterte und aktualisierte Neuauflage von »Icinga 2« gibt eine umfassende Einführung in das Monitoringprodukt. Dabei zeigt es Umsteigern und Monitoring-Neulingen praxisnah, wie eine Umgebung aufgebaut und Schritt für Schritt immer umfangreicher und umfassender gestaltet wird.

2., aktualisierte und erweiterte Auflage
2018, 686 Seiten, Broschur, € 44,90 (D)
ISBN 978-3-86490-556-8

E. Glatz

Betriebssysteme

Grundlagen, Konzepte, Systemprogrammierung

Dieses Buch bietet eine umfassende Einführung in die Grundlagen der Betriebssysteme und in die Systemprogrammierung. Im Vordergrund stehen die Prinzipien moderner Betriebssysteme und die Nutzung ihrer Dienste für die systemnahe Programmierung. Die 4. Auflage ist in zahlreichen Details überarbeitet. Neu aufgenommen wurden u.a. das Thread-Pool-Konzept, CFS und Container-Systeme.

4., überarbeitete und aktualisierte Auflage
4. Quartal 2019, ca. 718 Seiten, Festeinband, ca. € 42,90 (D)
ISBN 978-3-86490-705-0

Secorvo (Hrsg.)

Datenschutz und Informationssicherheit

Handbuch für Praktiker und Begleitbuch zum T.I.S.P.

Das Grundlagenwerk strukturiert das Basiswissen der Informationssicherheit in 27 aufeinander aufbauenden Kapiteln. Es stammt aus der Feder von Praktikern mit langjähriger Erfahrung in allen Bereichen der IT-Sicherheit. Das Buch eignet sich als Begleitbuch zur T.I.S.P.-Schulung.

3., aktualisierte und erweiterte Auflage
3. Quartal 2019, ca. 826 Seiten, Festeinband, € 84,90 (D)
ISBN 978-3-86490-596-4

J. Forshaw

Netzwerkprotokolle hacken

Sicherheitslücken verstehen, analysieren und schützen

Top-Bug-Hunter James Forshaw befasst sich mit Netzwerken auf Protokollebene aus der Perspektive eines Angreifers, um Schwachstellen zu finden, auszunutzen und letztendlich zu schützen. Das Buch ist damit ein Muss für jeden Penetration Tester, Bug Hunter oder Security-Entwickler.

2018, 366 Seiten, Broschur, € 36,90 (D)
ISBN 978-3-86490-569-8

J. Jacobsen

Website-Konzeption

Erfolgreiche und nutzerfreundliche Websites planen, umsetzen und betreiben

In seinem erfolgreichen Klassiker zur Website-Konzeption vermittelt Jens Jacobsen Ihnen, wie Sie eine Website planen, konzipieren, umsetzen und betreiben. Ob Sie alles selbst machen oder mit Agenturen und/oder Auftragnehmern arbeiten – Sie sehen, wie Sie schon in der Konzeptionsphase Fehler vermeiden, die später nur schwer zu korrigieren sind.

8., aktualisierte Auflage
2017, 500 Seiten, Broschur, € 39,90 (D)
ISBN 978-3-86490-427-1

S. Schulze

Auf dem Tablet erklärt

Wie Sie Ihre guten Ideen einfach und digital visualisieren

Weitere Titel zum Thema Zeichnen: www.dpunkt.de/s/zeichnen

Lassen Sie sich inspirieren, wie Sie mit einfachen Mitteln Ihre Ideen verdeutlichen, Gedanken strukturieren und Ihre Botschaft visuell darstellen. Von ersten Skizzen bis zur fertigen Präsentation – hier finden Sie Anleitungen, kleine Helfer und hilfreiche Tipps für das Zeichnen mit dem Tablet.

2018, 316 Seiten, Broschur, € 24,90 (D)
ISBN 978-3-86490-513-1

K. Sckommodau

Magazindesign

Gestaltungsgrundlagen und Umsetzung mit InDesign und Photoshop

Diese Anleitung führt Sie praxisnah durch den gesamten Workflow – von den grundlegenden Überlegungen zur Gestaltung über die Umsetzung in InDesign und die Bildbearbeitung bis hin zur fertigen Druckausgabe. Zudem finden Sie gezielt Lösungen für konkrete Fragestellungen und Checklisten.

2018, 320 Seiten, Festeinband, € 36,90 (D)
ISBN 978-3-86490-530-8

A. Weiss

Sketchnotes & Graphic Recording

Eine Anleitung

Visuell erfassen, festhalten, lernen, präsentieren – diese Anleitung führt vom einfachen Basisbildvokabular über die Umsetzung komplexer Themen in Bilder bis hin zum grafischen Verlaufsprotokoll in Wandgröße. Mit zahlreichen Beispielen, Anregungen, Übungen und Tipps zum simultanen Zeichnen vor Publikum.

2016, 206 Seiten, Festeinband, € 26,90 (D)
ISBN 978-3-86490-359-5

K. Posselt · D. Frölich

Barrierefreie PDF-Dokumente erstellen

Das Praxishandbuch für den Arbeitsalltag –
Mit Beispielen zur Umsetzung in Adobe InDesign und Microsoft Office / LibreOffice

Mit starkem Praxisbezug und anhand vieler Beispiele lernen Sie, barrierefreie PDF-Dokumente zu erstellen. Nach den gesetzlichen Anforderungen und den technischen Grundlagen zeigen die Autoren die praktische Umsetzung in den Standardprogrammen und die abschließende Prüfung und Korrektur der Dokumente.

2019, 614 Seiten, Broschur, € 46,90 (D)
ISBN 978-3-86490-487-5

Java 3
Programmierung 4
Webentwicklung 5
Microsoft 6
Softwareentwicklung 7
Softwarearchitektur 9
Softwarequalität & Testen 10
Agile Methoden 12
Agile Leadership 15
IT & Business 17
Administration & IT-Sicherheit 18
Design & Publishing 19

Stand: 07/2019

Unsere Buch-Empfehlungen für Sie
Computing
dpunkt.verlag